权威·前沿·原创

皮书系列为
“十二五”国家重点图书出版规划项目

社长致辞

我们是图书出版者，更是人文社会科学内容资源供应商；

我们背靠中国社会科学院，面向中国与世界人文社会科学界，坚持为人文社会科学的繁荣与发展服务；

我们精心打造权威信息资源整合平台，坚持为中国经济与社会的繁荣与发展提供决策咨询服务；

我们以读者定位自身，立志让爱书人读到好书，让求知者获得知识；

我们精心编辑、设计每一本好书以形成品牌张力，以优秀的品牌形象服务读者，开拓市场；

我们始终坚持“创社科经典，出传世文献”的经营理念，坚持“权威、前沿、原创”的产品特色；

我们“以人为本”，提倡阳光下创业，员工与企业共享发展之成果；

我们立足于现实，认真对待我们的优势、劣势，我们更着眼于未来，以不断的学习与创新适应不断变化的世界，以不断的努力提升自己的实力；

我们愿与社会各界友好合作，共享人文社会科学发展之成果，共同推动中国学术出版乃至内容产业的繁荣与发展。

社会科学文献出版社社长
中国社会学会秘书长

谢寿光

2015 年 1 月

皮书起源

“皮书”起源于十七、十八世纪的英国，主要指官方或社会组织正式发表的重要文件或报告，多以“白皮书”命名。在中国，“皮书”这一概念被社会广泛接受，并被成功运作、发展成为一种全新的出版形态，则源于中国社会科学院社会科学文献出版社。

皮书定义

皮书是对中国与世界发展状况和热点问题进行年度监测，以专业的角度、专家的视野和实证研究方法，针对某一领域或区域现状与发展态势展开分析和预测，具备权威性、前沿性、原创性、实证性、时效性等特点的连续性公开出版物，由一系列权威研究报告组成。皮书系列是社会科学文献出版社编辑出版的蓝皮书、绿皮书、黄皮书等的统称。

皮书作者

皮书系列的作者以中国社会科学院、著名高校、地方社会科学院的研究人员为主，多为国内一流研究机构的权威专家学者，他们的看法和观点代表了学界对中国与世界的现实和未来最高水平的解读与分析。

皮书荣誉

皮书系列已成为社会科学文献出版社的著名图书品牌和中国社会科学院的知名学术品牌。2011 年，皮书系列正式列入“十二五”国家重点出版规划项目；2012~2014 年，重点皮书列入中国社会科学院承担的国家哲学社会科学创新工程项目；2015 年，41 种院外皮书使用“中国社会科学院创新工程学术出版项目”标识。

经　济　类

经济类皮书涵盖宏观经济、城市经济、大区域经济，
提供权威、前沿的分析与预测

经济蓝皮书

2015 年中国经济形势分析与预测

李　扬 / 主编　　2014 年 12 月出版　　定价 :69.00 元

◆　本书课题为“总理基金项目”，由著名经济学家李扬领衔，联合数十家科研机构、国家部委和高等院校的专家共同撰写，对 2014 年中国宏观及微观经济形势进行了深入分析，并且提出了 2015 年经济走势的预测。

城市竞争力蓝皮书

中国城市竞争力报告 No.13

倪鹏飞 / 主编　　2015 年 5 月出版　　估价 :89.00 元

◆　本书由中国社会科学院城市与竞争力研究中心主任倪鹏飞主持编写，汇集了众多研究城市经济问题的专家学者关于城市竞争力研究的最新成果。本报告构建了一套科学的城市竞争力评价指标体系，采用第一手数据材料，对国内重点城市年度竞争力格局变化进行客观分析和综合比较、排名，对研究城市经济及城市竞争力极具参考价值。

西部蓝皮书

中国西部发展报告（2015）

姚慧琴　徐璋勇 / 主编　　2015 年 7 月出版　　估价 :89.00 元

◆　本书由西北大学中国西部经济发展研究中心主编，汇集了源自西部本土以及国内研究西部问题的权威专家的第一手资料，对国家实施西部大开发战略进行年度动态跟踪，并对 2015 年西部经济、社会发展态势进行预测和展望。

中部蓝皮书

中国中部地区发展报告（2015）

喻新安 / 主编　　2015 年 5 月出版　　估价 :69.00 元

◆　本书敏锐地抓住当前中部地区经济发展中的热点、难点问题，紧密地结合国家和中部经济社会发展的重大战略转变，对中部地区经济发展的各个领域进行了深入、全面的分析研究，并提出了具有理论研究价值和可操作性强的政策建议。

世界经济黄皮书

2015 年世界经济形势分析与预测

王洛林　张宇燕 / 主编　　2015 年 1 月出版　　定价 :69.00 元

◆　本书为“十二五”国家重点图书出版规划项目，中国社会科学院创新工程学术出版资助项目，作者来自中国社会科学院世界经济与政治研究所。该书总结了 2014 年世界经济发展的热点问题，对 2015 年世界经济形势进行了分析与预测。

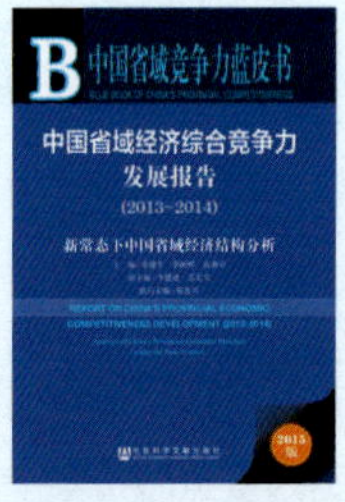

中国省域竞争力蓝皮书

中国省域经济综合竞争力发展报告（2013~2014）

李建平　李闽榕　高燕京 / 主编　　2015 年 2 月出版　定价 :198.00 元

◆　本书充分运用数理分析、空间分析、规范分析与实证分析相结合、定性分析与定量分析相结合的方法，建立起比较科学完善、符合中国国情的省域经济综合竞争力指标评价体系及数学模型，对 2012~2013 年中国内地 31 个省、市、区的经济综合竞争力进行全面、深入、科学的总体评价与比较分析。

城市蓝皮书

中国城市发展报告 No.8

潘家华　魏后凯 / 主编　2015 年 9 月出版　　估价 :69.00 元

◆　本书由中国社会科学院城市发展与环境研究中心编著，从中国城市的科学发展、城市环境可持续发展、城市经济集约发展、城市社会协调发展、城市基础设施与用地管理、城市管理体制改革以及中国城市科学发展实践等多角度、全方位地立体展示了中国城市的发展状况，并对中国城市的未来发展提出了建议。

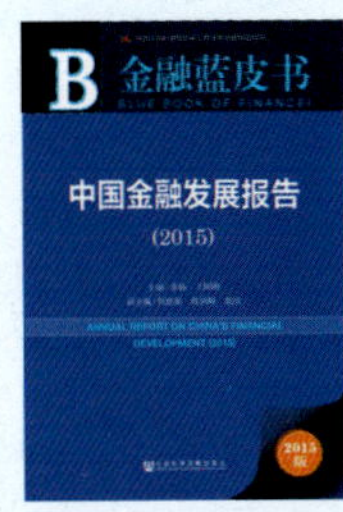

金融蓝皮书

中国金融发展报告（2015）

李　扬　王国刚 / 主编　2014 年 12 月出版　定价 :75.00 元

◆　由中国社会科学院金融研究所组织编写的《中国金融发展报告（2015）》，概括和分析了 2014 年中国金融发展和运行中的各方面情况,研讨和评论了 2014 年发生的主要金融事件。本书由业内专家和青年精英联合编著，有利于读者了解掌握 2014 年中国的金融状况，把握 2015 年中国金融的走势。

低碳发展蓝皮书

中国低碳发展报告（2015）

齐　晔 / 主编　2015 年 4 月出版　估价 :89.00 元

◆　本书对中国低碳发展的政策、行动和绩效进行科学、系统、全面的分析。重点是通过归纳中国低碳发展的绩效，评估与低碳发展相关的政策和措施，分析政策效应的制度背景和作用机制，为进一步的政策制定、优化和实施提供支持。

经济信息绿皮书

中国与世界经济发展报告（2015）

杜　平 / 主编　2014 年 12 月出版　定价 :79.00 元

◆　本书由国家信息中心继续组织有关专家编撰。由国家信息中心组织专家队伍编撰，对 2014 年国内外经济发展环境、宏观经济发展趋势、经济运行中的主要矛盾、产业经济和区域经济热点、宏观调控政策的取向进行了系统的分析预测。

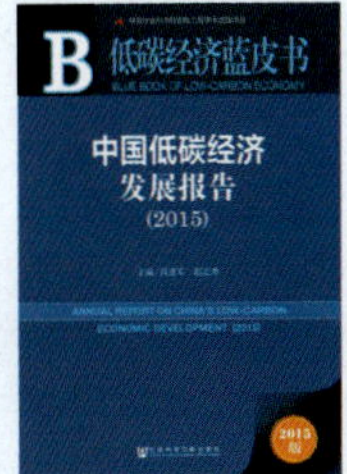

低碳经济蓝皮书

中国低碳经济发展报告（2015）

薛进军　赵忠秀 / 主编　2015 年 5 月出版　估价 :69.00 元

◆　本书是以低碳经济为主题的系列研究报告，汇集了一批罗马俱乐部核心成员、IPCC 工作组成员、碳排放理论的先驱者、政府气候变化问题顾问、低碳社会和低碳城市计划设计人等世界顶尖学者、对气候变化政策制定、特别是中国的低碳经济经济发展有特别参考意义。

社会政法类

社会政法类皮书聚焦社会发展领域的热点、难点问题，
提供权威、原创的资讯与视点

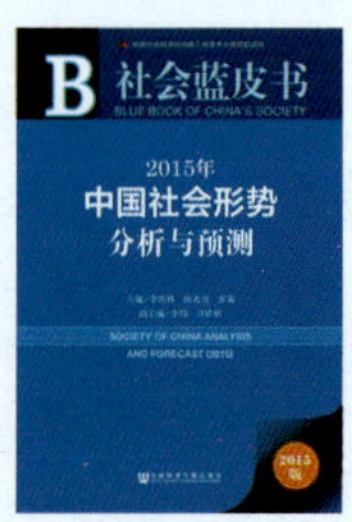

社会蓝皮书

2015年中国社会形势分析与预测

李培林　陈光金　张　翼 / 主编　2014年12月出版　定价 :69.00 元

◆　本报告是中国社会科学院"社会形势分析与预测"课题组2014年度分析报告，由中国社会科学院社会学研究所组织研究机构专家、高校学者和政府研究人员撰写。对2014年中国社会发展的各个方面内容进行了权威解读，同时对2015年社会形势发展趋势进行了预测。

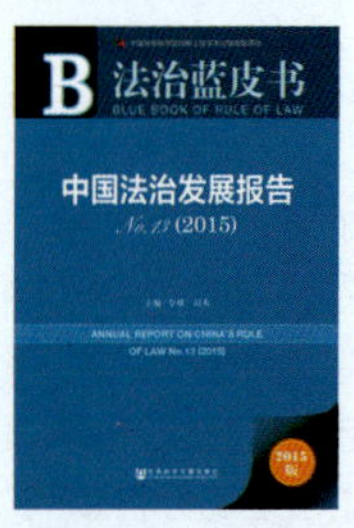

法治蓝皮书

中国法治发展报告 No.13（2015）

李　林　田　禾 / 主编　2015年3月出版　定价 :105.00 元

◆　本年度法治蓝皮书一如既往秉承关注中国法治发展进程中的焦点问题的特点，回顾总结了2014年度中国法治发展取得的成就和存在的不足，并对2015年中国法治发展形势进行了预测和展望。

环境绿皮书

中国环境发展报告（2015）

刘鉴强 / 主编　2015年5月出版　估价 :79.00 元

◆　本书由民间环保组织"自然之友"组织编写，由特别关注、生态保护、宜居城市、可持续消费以及政策与治理等版块构成，以公共利益的视角记录、审视和思考中国环境状况，呈现2014年中国环境与可持续发展领域的全局态势，用深刻的思考、科学的数据分析2014年的环境热点事件。

反腐倡廉蓝皮书

中国反腐倡廉建设报告 No.4

李秋芳　张英伟 / 主编　2014 年 12 月出版　　定价 :79.00 元

◆　本书抓住了若干社会热点和焦点问题，全面反映了新时期新阶段中国反腐倡廉面对的严峻局面，以及中国共产党反腐倡廉建设的新实践新成果。根据实地调研、问卷调查和舆情分析，梳理了当下社会普遍关注的与反腐败密切相关的热点问题。

女性生活蓝皮书

中国女性生活状况报告 No.9（2015）

韩湘景 / 主编　2015 年 4 月出版　估价 :79.00 元

◆　本书由中国妇女杂志社、华坤女性生活调查中心和华坤女性消费指导中心组织编写，通过调查获得的大量调查数据，真实展现当年中国城市女性的生活状况、消费状况及对今后的预期。

华侨华人蓝皮书

华侨华人研究报告 (2015)

贾益民 / 主编　2015 年 12 月出版　估价 :118.00 元

◆　本书为中国社会科学院创新工程学术出版资助项目，是华侨大学向世界提供最新涉侨动态、理论研究和政策建议的平台。主要介绍了相关国家华侨华人的规模、分布、结构、发展趋势，以及全球涉侨生存安全环境和华文教育情况等。

政治参与蓝皮书

中国政治参与报告（2015）

房　宁 / 主编　2015 年 7 月出版　估价 :105.00 元

◆　本书作者均来自中国社会科学院政治学研究所，聚焦中国基层群众自治的参与情况介绍了城镇居民的社区建设与居民自治参与和农村居民的村民自治与农村社区建设参与情况。其优势是其指标评估体系的建构和问卷调查的设计专业，数据量丰富，统计结论科学严谨。

行业报告类

行业报告类皮书立足重点行业、新兴行业领域，
提供及时、前瞻的数据与信息

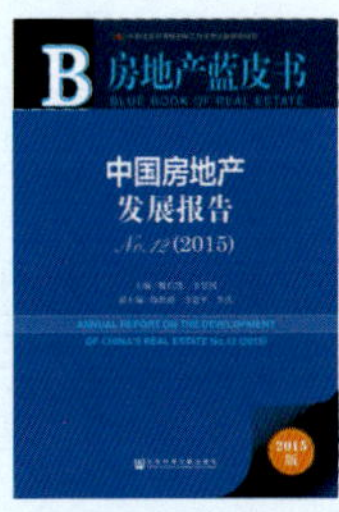

房地产蓝皮书

中国房地产发展报告 No.12（2015）

魏后凯　李景国 / 主编　　2015 年 5 月出版　　估价 :79.00 元

◆　本书汇集了众多研究城市房地产经济问题的专家、学者关于城市房地产方面的最新研究成果。对 2014 年我国房地产经济发展状况进行了回顾，并做出了分析，全面翔实而又客观公正，同时，也对未来我国房地产业的发展形势做出了科学的预测。

保险蓝皮书

中国保险业竞争力报告（2015）

姚庆海　王　力 / 主编　2015 年 12 出版　　估价 :98.00 元

◆　本皮书主要为监管机构、保险行业和保险学界提供保险市场一年来发展的总体评价，外在因素对保险业竞争力发展的影响研究；国家监管政策、市场主体经营创新及职能发挥、理论界最新研究成果等综述和评论。

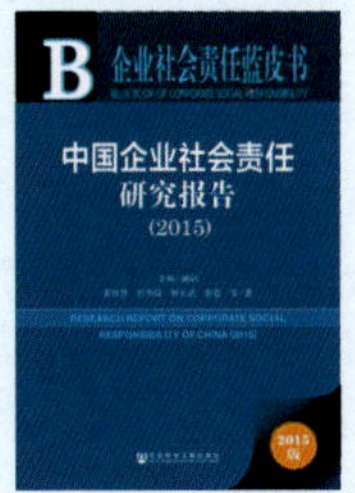

企业社会责任蓝皮书

中国企业社会责任研究报告（2015）

黄群慧　彭华岗　钟宏武　张　蒽 / 编著
2015 年 11 月出版　估价 :69.00 元

◆　本书系中国社会科学院经济学部企业社会责任研究中心组织编写的《企业社会责任蓝皮书》2015 年分册。该书在对企业社会责任进行宏观总体研究的基础上，根据 2014 年企业社会责任及相关背景进行了创新研究，在全国企业中观层面对企业健全社会责任管理体系提供了弥足珍贵的丰富信息。

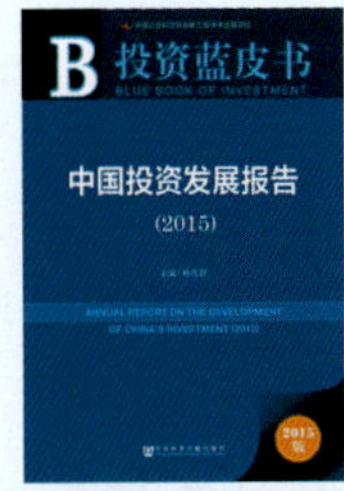

投资蓝皮书

中国投资发展报告（2015）

杨庆蔚 / 主编　2015 年 4 月出版　估价 :128.00 元

◆　本书是中国建银投资有限责任公司在投资实践中对中国投资发展的各方面问题进行深入研究和思考后的成果。投资包括固定资产投资、实业投资、金融产品投资、房地产投资等诸多领域，尝试将投资作为一个整体进行研究，能够较为清晰地展现社会资金流动的特点，为投资者、研究者、甚至政策制定者提供参考。

住房绿皮书

中国住房发展报告（2014~2015）

倪鹏飞 / 主编　2014 年 12 月出版　定价 :79.00 元

◆　本报告从宏观背景、市场主体、市场体系和公共政策四个方面，对中国住宅市场体系做了全面系统的分析、预测与评价，并给出了相关政策建议，并在评述 2013~2014 年住房及相关市场走势的基础上，预测了 2014~2015 年住房及相关市场的发展变化。

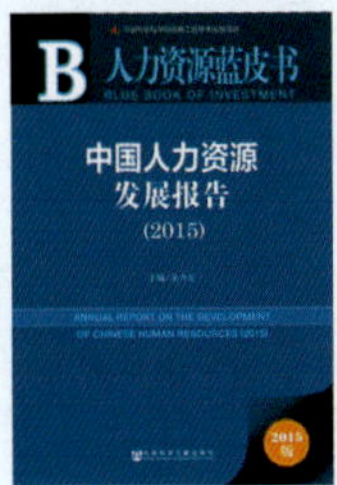

人力资源蓝皮书

中国人力资源发展报告（2015）

余兴安 / 主编　2015 年 9 月出版　估价 :79.00 元

◆　本书是在人力资源和社会保障部部领导的支持下，由中国人事科学研究院汇集我国人力资源开发权威研究机构的诸多专家学者的研究成果编写而成。 作为关于人力资源的蓝皮书，本书通过充分利用有关研究成果，更广泛、更深入地展示近年来我国人力资源开发重点领域的研究成果。

汽车蓝皮书

中国汽车产业发展报告（2015）

国务院发展研究中心产业经济研究部 中国汽车工程学会
大众汽车集团（中国）/ 主编　2015 年 7 月出版　估价 :128.00 元

◆　本书由国务院发展研究中心产业经济研究部、中国汽车工程学会、大众汽车集团（中国）联合主编，是关于中国汽车产业发展的研究性年度报告，介绍并分析了本年度中国汽车产业发展的形势。

国别与地区类

国别与地区类皮书关注全球重点国家与地区，
提供全面、独特的解读与研究

亚太蓝皮书

亚太地区发展报告（2015）

李向阳 / 主编　　2015 年 1 月出版　　定价 :59.00 元

◆　本书是由中国社会科学院亚太与全球战略研究院精心打造的品牌皮书，关注时下亚太地区局势发展动向里隐藏的中长趋势，剖析亚太地区政治与安全格局下的区域形势最新动向以及地区关系发展的热点问题，并对 2015 年亚太地区重大动态做出前瞻性的分析与预测。

日本蓝皮书

日本研究报告（2015）

李　薇 / 主编　　2015 年 4 月出版　　估价 :69.00 元

◆　本书由中华日本学会、中国社会科学院日本研究所合作推出，是以中国社会科学院日本研究所的研究人员为主完成的研究成果。对 2014 年日本的政治、外交、经济、社会文化作了回顾、分析与展望，并收录了该年度日本大事记。

德国蓝皮书

德国发展报告（2015）

郑春荣　伍慧萍 / 主编　2015 年 6 月出版　估价 :69.00 元

◆　本报告由同济大学德国研究所组织编撰，由该领域的专家学者对德国的政治、经济、社会文化、外交等方面的形势发展情况，进行全面的阐述与分析。德国作为欧洲大陆第一强国，与中国各方面日渐紧密的合作关系，值得国内各界深切关注。

国际形势黄皮书

全球政治与安全报告（2015）

李慎明　张宇燕 / 主编　2015 年 1 月出版　定价 :69.00 元

◆　本书为“十二五”国家重点图书出版规划项目、中国社会科学院创新工程学术出版资助项目，为“国际形势黄皮书”系列年度报告之一。报告旨在对本年度国际政治及安全形势的总体情况和变化进行回顾与分析，并提出一定的预测。

拉美黄皮书

拉丁美洲和加勒比发展报告（2014~2015）

吴白乙 / 主编　2015 年 4 月出版　估价 :89.00 元

◆　本书是中国社会科学院拉丁美洲研究所的第 14 份关于拉丁美洲和加勒比地区发展形势状况的年度报告。本书对 2014 年拉丁美洲和加勒比地区诸国的政治、经济、社会、外交等方面的发展情况做了系统介绍，对该地区相关国家的热点及焦点问题进行了总结和分析，并在此基础上对该地区各国 2015 年的发展前景做出预测。

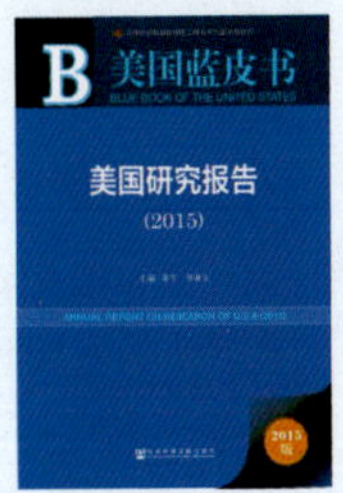

美国蓝皮书

美国研究报告（2015）

黄　平　郑秉文 / 主编　2015 年 7 月出版　估价 :89.00 元

◆　本书是由中国社会科学院美国所主持完成的研究成果，它回顾了美国 2014 年的经济、政治形势与外交战略，对 2014 年以来美国内政外交发生的重大事件以及重要政策进行了较为全面的回顾和梳理。

大湄公河次区域蓝皮书

大湄公河次区域合作发展报告（2015）

刘　稚 / 主编　2015 年 9 月出版　估价 :79.00 元

◆　云南大学大湄公河次区域研究中心深入追踪分析该区域发展动向，以把握全面，突出重点为宗旨，系统介绍和研究大湄公河次区域合作的年度热点和重点问题，展望次区域合作的发展趋势，并对新形势下我国推进次区域合作深入发展提出相关对策建议。

地方发展类

地方发展类皮书关注大陆各省份、经济区域，
提供科学、多元的预判与咨政信息

北京蓝皮书

北京公共服务发展报告（2014~2015）

施昌奎 / 主编　　2015 年 1 月出版　定价：69.00 元

◆　本书是由北京市政府职能部门的领导、首都著名高校的教授、知名研究机构的专家共同完成的关于北京市公共服务发展与创新的研究成果。内容涉及了北京市公共服务发展的方方面面，既有综述性的总报告，也有细分的情况介绍，既有对北京各个城区的综合性描述，也有对局部、细部、具体问题的分析，对年度热点问题也都有涉及。

上海蓝皮书

上海经济发展报告（2015）

沈开艳 / 主编　　2015 年 1 月出版　定价 :69.00 元

◆　本书系上海社会科学院系列之一，报告对 2015 年上海经济增长与发展趋势的进行了预测，把握了上海经济发展的脉搏和学术研究的前沿。

广州蓝皮书

广州经济发展报告（2015）

李江涛　朱名宏 / 主编　　2015 年 5 月出版　估价 :69.00 元

◆　本书是由广州市社会科学院主持编写的“广州蓝皮书”系列之一，本报告对广州 2014 年宏观经济运行情况作了深入分析，对 2015 年宏观经济走势进行了合理预测，并在此基础上提出了相应的政策建议。

文化传媒类

文化传媒类皮书透视文化领域、文化产业，
探索文化大繁荣、大发展的路径

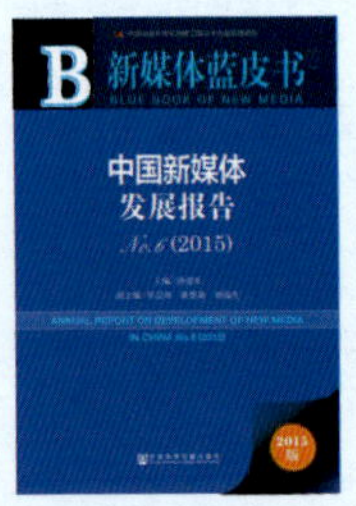

新媒体蓝皮书

中国新媒体发展报告 No.5（2015）

唐绪军 / 主编　　2015 年 6 月出版　　估价 :79.00 元

◆　本书由中国社会科学院新闻与传播研究所和上海大学合作编写，在构建新媒体发展研究基本框架的基础上，全面梳理 2014 年中国新媒体发展现状，发表最前沿的网络媒体深度调查数据和研究成果，并对新媒体发展的未来趋势做出预测。

舆情蓝皮书

中国社会舆情与危机管理报告（2015）

谢耘耕 / 主编　　2015 年 8 月出版　　估价 :98.00 元

◆　本书由上海交通大学舆情研究实验室和危机管理研究中心主编，已被列入教育部人文社会科学研究报告培育项目。本书以新媒体环境下的中国社会为立足点，对 2014 年中国社会舆情、分类舆情等进行了深入系统的研究，并预测了 2015 年社会舆情走势。

文化蓝皮书

中国文化产业发展报告（2015）

张晓明　王家新　章建刚 / 主编　　2015 年 4 月出版　　估价 :79.00 元

◆　本书由中国社会科学院文化研究中心编写。从 2012 年开始，中国社会科学院文化研究中心设立了国内首个文化产业的研究类专项资金——“文化产业重大课题研究计划”，开始在全国范围内组织多学科专家学者对我国文化产业发展重大战略问题进行联合攻关研究。本书集中反映了该计划的研究成果。

经济类

G20国家创新竞争力黄皮书
二十国集团(G20)国家创新竞争力发展报告（2015）
著(编)者:黄茂兴 李闽榕 李建平 赵新力
2015年9月出版 / 估价:128.00元

产业蓝皮书
中国产业竞争力报告（2015）
著(编)者:张其仔 2015年5月出版 / 估价:79.00元

长三角蓝皮书
2015年全面深化改革中的长三角
著(编)者:张伟斌 2015年10月出版 / 估价:69.00元

城乡一体化蓝皮书
中国城乡一体化发展报告（2015）
著(编)者:付崇兰 汝信 2015年12月出版 / 估价:79.00元

城市创新蓝皮书
中国城市创新报告（2015）
著(编)者:周天勇 旷建伟 2015年8月出版 / 估价:69.00元

城市竞争力蓝皮书
中国城市竞争力报告（2015）
著(编)者:倪鹏飞 2015年5月出版 / 估价:89.00元

城市蓝皮书
中国城市发展报告NO.8
著(编)者:潘家华 魏后凯 2015年9月出版 / 估价:69.00元

城市群蓝皮书
中国城市群发展指数报告（2015）
著(编)者:刘新静 刘士林 2015年10月出版 / 估价:59.00元

城乡统筹蓝皮书
中国城乡统筹发展报告（2015）
著(编)者:潘晨光 程志强 2015年4月出版 / 估价:59.00元

城镇化蓝皮书
中国新型城镇化健康发展报告（2015）
著(编)者:张占斌 2015年5月出版 / 估价:79.00元

低碳发展蓝皮书
中国低碳发展报告（2015）
著(编)者:齐晔 2015年4月出版 / 估价:89.00元

低碳经济蓝皮书
中国低碳经济发展报告（2015）
著(编)者:薛进军 赵忠秀 2015年5月出版 / 估价:69.00元

东北蓝皮书
中国东北地区发展报告（2015）
著(编)者:马克 黄文艺 2015年8月出版 / 估价:79.00元

发展和改革蓝皮书
中国经济发展和体制改革报告（2015）
著(编)者:邹东涛 2015年11月出版 / 估价:98.00元

工业化蓝皮书
中国工业化进程报告（2015）
著(编)者:黄群慧 吕铁 李晓华 2015年11月出版 / 估价:89.00元

国际城市蓝皮书
国际城市发展报告（2015）
著(编)者:屠启宇 2015年1月出版 / 定价:79.00元

国家创新蓝皮书
中国创新发展报告（2015）
著(编)者:陈劲 2015年6月出版 / 估价:59.00元

环境竞争力绿皮书
中国省域环境竞争力发展报告（2015）
著(编)者:李建平 李闽榕 王金南
2015年12月出版 / 估价:198.00元

金融蓝皮书
中国金融发展报告（2015）
著(编)者:李扬 王国刚 2014年12月出版 / 定价:75.00元

金融信息服务蓝皮书
金融信息服务发展报告（2015）
著(编)者:鲁广锦 殷剑峰 林义相 2015年6月出版 / 估价:89.00元

经济蓝皮书
2015年中国经济形势分析与预测
著(编)者:李扬 2014年12月出版 / 定价:69.00元

经济蓝皮书·春季号
2015年中国经济前景分析
著(编)者:李扬 2015年5月出版 / 估价:79.00元

经济蓝皮书·夏季号
中国经济增长报告（2015）
著(编)者:李扬 2015年7月出版 / 估价:69.00元

经济信息绿皮书
中国与世界经济发展报告（2015）
著(编)者:杜平 2014年12月出版 / 定价:79.00元

就业蓝皮书
2015年中国大学生就业报告
著(编)者:麦可思研究院 2015年6月出版 / 估价:98.00元

临空经济蓝皮书
中国临空经济发展报告（2015）
著(编)者:连玉明 2015年9月出版 / 估价:79.00元

民营经济蓝皮书
中国民营经济发展报告（2015）
著(编)者:王钦敏 2015年12月出版 / 估价:79.00元

农村绿皮书
中国农村经济形势分析与预测（2014~2015）
著(编)者:中国社会科学院农村发展研究所
国家统计局农村社会经济调查司
2015年4月出版 / 估价:69.00元

农业应对气候变化蓝皮书
气候变化对中国农业影响评估报告（2015）
著(编)者:矫梅燕 2015年8月出版 / 估价:98.00元

企业公民蓝皮书
中国企业公民报告（2015）
著(编)者:邹东涛　2015年12月出版 / 估价:79.00元

气候变化绿皮书
应对气候变化报告（2015）
著(编)者:王伟光 郑国光　2015年10月出版 / 估价:79.00元

区域蓝皮书
中国区域经济发展报告（2015）
著(编)者:梁昊光　2015年4月出版 / 估价:79.00元

全球环境竞争力绿皮书
全球环境竞争力报告（2015）
著(编)者:李建建 李闽榕 李建平 王金南
2015年12月出版 / 估价:198.00元

人口与劳动绿皮书
中国人口与劳动问题报告No.15
著(编)者:蔡昉　2015年1月出版 / 定价:59.00元

世界经济黄皮书
2015年世界经济形势分析与预测
著(编)者:王洛林　张宇燕　2015年1月出版 / 定价:69.00元

世界旅游城市绿皮书
世界旅游城市发展报告（2015）
著(编)者:鲁勇 周正宇 宋宇　2015年6月出版 / 估价:88.00元

商务中心区蓝皮书
中国商务中心区发展报告No.1（2014）
著(编)者:魏后凯　李国红　2015年1月出版 / 定价:89.00元

西北蓝皮书
中国西北发展报告（2015）
著(编)者:赵宗福　孙发平　苏海红　鲁顺元　段庆林
2014年12月出版 / 定价:79.00元

西部蓝皮书
中国西部发展报告（2015）
著(编)者:姚慧琴 徐璋勇　2015年7月出版 / 估价:89.00元

新型城镇化蓝皮书
新型城镇化发展报告（2015）
著(编)者:李伟　2015年10月出版 / 估价:89.00元

新兴经济体蓝皮书
金砖国家发展报告（2015）
著(编)者:林跃勤 周文　2015年7月出版 / 估价:79.00元

中部竞争力蓝皮书
中国中部经济社会竞争力报告（2015）
著(编)者:教育部人文社会科学重点研究基地
南昌大学中国中部经济社会发展研究中心
2015年9月出版 / 估价:79.00元

中部蓝皮书
中国中部地区发展报告（2015）
著(编)者:喻新安　2015年5月出版 / 估价:69.00元

中国省域竞争力蓝皮书
中国省域经济综合竞争力发展报告（2013~2014）
著(编)者:李建平 李闽榕 高燕京
2015年2月出版 / 定价:198.00元

中三角蓝皮书
长江中游城市群发展报告（2015）
著(编)者:秦尊文　2015年10月出版 / 估价:69.00元

中小城市绿皮书
中国中小城市发展报告（2015）
著(编)者:中国城市经济学会中小城市经济发展委员会
《中国中小城市发展报告》编纂委员会
中小城市发展战略研究院
2015年10月出版 / 估价:98.00元

中央商务区蓝皮书
中国中央商务区发展报告（2015）
著(编)者:中国商务区联盟
中国社会科学院城市发展与环境研究所
2015年10月出版 / 估价:69.00元

中原蓝皮书
中原经济区发展报告（2015）
著(编)者:李英杰　2015年6月出版 / 估价:88.00元

社会政法类

北京蓝皮书
中国社区发展报告（2015）
著(编)者:于燕燕　2015年6月出版 / 估价:69.00元

殡葬绿皮书
中国殡葬事业发展报告（2015）
著(编)者:李伯森　2015年4月出版 / 估价:59.00元

城市管理蓝皮书
中国城市管理报告（2015）
著(编)者:谭维克 刘林　2015年12月出版 / 估价:158.00元

城市生活质量蓝皮书
中国城市生活质量报告（2015）
著(编)者:中国经济实验研究院　2015年6月出版 / 估价:59.00元

城市政府能力蓝皮书
中国城市政府公共服务能力评估报告（2015）
著(编)者:何艳玲　2015年7月出版 / 估价:59.00元

创新蓝皮书
创新型国家建设报告（2015）
著(编)者:詹正茂　2015年4月出版 / 估价:69.00元

慈善蓝皮书
中国慈善发展报告（2015）
著(编)者:杨团　2015年5月出版 / 估价:79.00元

大学生蓝皮书
中国大学生生活形态研究报告（2015）
著(编)者:张新洲　2015年12月出版 / 估价:69.00元

地方法治蓝皮书
中国地方法治发展报告No.1（2014）
著(编)者:李林 田禾 2015年1月出版 / 定价:98.00元

法治蓝皮书
中国法治发展报告No.13（2015）
著(编)者:李林 田禾 2015年3月出版 / 定价:105.00元

反腐倡廉蓝皮书
中国反腐倡廉建设报告No.4
著(编)者:李秋芳 张英伟 2014年12月出版 / 定价:79.00元

非传统安全蓝皮书
中国非传统安全研究报告（2015）
著(编)者:余潇枫 魏志江 2015年6月出版 / 估价:79.00元

妇女发展蓝皮书
中国妇女发展报告（2015）
著(编)者:王金玲 2015年9月出版 / 估价:148.00元

妇女教育蓝皮书
中国妇女教育发展报告（2015）
著(编)者:张李玺 2015年1月出版 / 估价:78.00元

妇女绿皮书
中国性别平等与妇女发展报告（2015）
著(编)者:谭琳 2015年12月出版 / 估价:99.00元

公共服务蓝皮书
中国城市基本公共服务力评价（2015）
著(编)者:钟君 吴正杲 2015年12月出版 / 估价:79.00元

公共服务满意度蓝皮书
中国城市公共服务评价报告（2015）
著(编)者:胡伟 2015年12月出版 / 估价:69.00元

公民科学素质蓝皮书
中国公民科学素质报告（2015）
著(编)者:李群 许佳军 2015年6月出版 / 估价:79.00元

公益蓝皮书
中国公益发展报告（2015）
著(编)者:朱健刚 2015年5月出版 / 估价:78.00元

管理蓝皮书
中国管理发展报告（2015）
著(编)者:张晓东 2015年9月出版 / 估价:98.00元

国际人才蓝皮书
中国国际移民报告（2015）
著(编)者:王辉耀 2015年2月出版 / 定价:79.00元

国际人才蓝皮书
中国海归发展报告（2015）
著(编)者:王辉耀 苗绿 2015年4月出版 / 估价:69.00元

国际人才蓝皮书
中国留学发展报告（2015）
著(编)者:王辉耀 苗绿 2015年9月出版 / 估价:69.00元

国家安全蓝皮书
中国国家安全研究报告（2015）
著(编)者:刘慧 2015年5月出版 / 估价:98.00元

行政改革蓝皮书
中国行政体制改革报告（2014~2015）
著(编)者:魏礼群 2015年4月出版 / 估价:89.00元

华侨华人蓝皮书
华侨华人研究报告（2015）
著(编)者:贾益民 2015年12月出版 / 估价:118.00元

环境绿皮书
中国环境发展报告（2015）
著(编)者:刘鉴强 2015年5月出版 / 估价:79.00元

基金会蓝皮书
中国基金会发展报告（2015）
著(编)者:刘忠祥 2015年6月出版 / 估价:69.00元

基金会绿皮书
中国基金会发展独立研究报告（2015）
著(编)者:基金会中心网 2015年8月出版 / 估价:88.00元

基金会透明度蓝皮书
中国基金会透明度发展研究报告（2015）
著(编)者:基金会中心网 清华大学廉政与治理研究中心
2015年9月出版 / 估价:78.00元

教师蓝皮书
中国中小学教师发展报告（2015）
著(编)者:曾晓东 2015年7月出版 / 估价:59.00元

教育蓝皮书
中国教育发展报告（2015）
著(编)者:杨东平 2015年5月出版 / 估价:79.00元

科普蓝皮书
中国科普基础设施发展报告（2015）
著(编)者:任福君 2015年6月出版 / 估价:59.00元

劳动保障蓝皮书
中国劳动保障发展报告（2015）
著(编)者:刘燕斌 2015年6月出版 / 估价:89.00元

老龄蓝皮书
中国老年宜居环境发展报告(2015)
著(编)者:吴玉韶 2015年9月出版 / 估价:79.00元

连片特困区蓝皮书
中国连片特困区发展报告（2015）
著(编)者:冷志明 游俊 2015年4月出版 / 估价:79.00元

民间组织蓝皮书
中国民间组织报告(2015)
著(编)者:潘晨光 黄晓勇 2015年8月出版 / 估价:69.00元

民调蓝皮书
中国民生调查报告（2015）
著(编)者:谢耘耕 2015年5月出版 / 估价:128.00元

民族发展蓝皮书
中国民族区域自治发展报告（2015）
著(编)者:王希恩 郝时远 2015年6月出版 / 估价:98.00元

女性生活蓝皮书
中国女性生活状况报告No.9（2015）
著(编)者:《中国妇女》杂志社 华坤女性生活调查中心 华坤女性消费指导中心
2015年4月出版 / 估价:79.00元

企业公众透明度蓝皮书
中国企业公众透明度报告(2014~2015)No.1
著(编)者:黄速建　王晓光　肖红军
2015年1月出版 / 定价:98.00元

企业国际化蓝皮书
中国企业国际化报告(2015)
著(编)者:王辉耀　2015年10月出版 / 估价:79.00元

汽车社会蓝皮书
中国汽车社会发展报告（2015）
著(编)者:王俊秀　2015年4月出版 / 估价:59.00元

青年蓝皮书
中国青年发展报告No.3
著(编)者:廉思　2015年4月出版 / 估价:59.00元

区域人才蓝皮书
中国区域人才竞争力报告（2015）
著(编)者:桂昭明 王辉耀　2015年6月出版 / 估价:69.00元

群众体育蓝皮书
中国群众体育发展报告（2015）
著(编)者:刘国永 杨桦　2015年8月出版 / 估价:69.00元

人才蓝皮书
中国人才发展报告（2015）
著(编)者:潘晨光　2015年8月出版 / 估价:85.00元

人权蓝皮书
中国人权事业发展报告（2015）
著(编)者:中国人权研究会　2015年8月出版 / 估价:99.00元

森林碳汇绿皮书
中国森林碳汇评估发展报告（2015）
著(编)者:闫文德 胡文臻　2015年9月出版 / 估价:79.00元

社会保障绿皮书
中国社会保障发展报告（2015）
著(编)者:王延中　2015年6月出版 / 估价:79.00元

社会工作蓝皮书
中国社会工作发展报告（2015）
著(编)者:民政部社会工作研究中心
2015年8月出版 / 估价:79.00元

社会管理蓝皮书
中国社会管理创新报告（2015）
著(编)者:连玉明　2015年9月出版 / 估价:89.00元

社会蓝皮书
2015年中国社会形势分析与预测
著(编)者:李培林　陈光金　张　翼
2014年12月出版 / 定价:69.00元

社会体制蓝皮书
中国社会体制改革报告（2015）
著(编)者:龚维斌　2015年5月出版 / 估价:79.00元

社会心态蓝皮书
中国社会心态研究报告（2015）
著(编)者:王俊秀 杨宜音　2015年10月出版 / 估价:69.00元

社会组织蓝皮书
中国社会组织评估发展报告（2015）
著(编)者:徐家良 廖鸿　2015年12月出版 / 估价:69.00元

生态城市绿皮书
中国生态城市建设发展报告（2015）
著(编)者:刘举科 孙伟平 胡文臻
2015年6月出版 / 估价:98.00元

生态文明绿皮书
中国省域生态文明建设评价报告（ECI 2015）
著(编)者:严耕　2015年9月出版 / 估价:85.00元

世界社会主义黄皮书
世界社会主义跟踪研究报告（2015）
著(编)者:李慎明　2015年4月出版 / 估价:198.00元

水与发展蓝皮书
中国水风险评估报告（2015）
著(编)者:王浩　2015年9月出版 / 估价:69.00元

土地整治蓝皮书
中国土地整治发展研究报告No.2
著(编)者:国土资源部土地整治中心　2015年5月出版 / 估价:89.00元

危机管理蓝皮书
中国危机管理报告（2015）
著(编)者:文学国　2015年8月出版 / 估价:89.00元

形象危机应对蓝皮书
形象危机应对研究报告（2015）
著(编)者:唐钧　2015年6月出版 / 估价:149.00元

医改蓝皮书
中国医药卫生体制改革报告（2015～2016）
著(编)者:文学国　房志武　2015年12月出版 / 估价:79.00元

医疗卫生绿皮书
中国医疗卫生发展报告（2015）
著(编)者:申宝忠 韩玉珍　2015年4月出版 / 估价:75.00元

应急管理蓝皮书
中国应急管理报告（2015）
著(编)者:宋英华　2015年10月出版 / 估价:69.00元

政治参与蓝皮书
中国政治参与报告（2015）
著(编)者:房宁　2015年7月出版 / 估价:105.00元

政治发展蓝皮书
中国政治发展报告（2015）
著(编)者:房宁 杨海蛟　2015年5月出版 / 估价:88.00元

中国农村妇女发展蓝皮书
流动女性城市融入发展报告（2015）
著(编)者:谢丽华　2015年11月出版 / 估价:69.00元

宗教蓝皮书
中国宗教报告（2015）
著(编)者:金泽 邱永辉　2015年9月出版 / 估价:59.00元

行业报告类

保险蓝皮书
中国保险业竞争力报告（2015）
著(编)者:王力　2015年12月出版 / 估价:98.00元

彩票蓝皮书
中国彩票发展报告（2015）
著(编)者:益彩基金　2015年10月出版 / 估价:69.00元

餐饮产业蓝皮书
中国餐饮产业发展报告（2015）
著(编)者:邢颖　2015年6月出版 / 估价:69.00元

测绘地理信息蓝皮书
智慧中国地理空间智能体系研究报告（2015）
著(编)者:库热西·买合苏提　2015年12月出版 / 估价:98.00元

茶业蓝皮书
中国茶产业发展报告（2015）
著(编)者:杨江帆 李闽榕　2015年10月出版 / 估价:78.00元

产权市场蓝皮书
中国产权市场发展报告（2015）
著(编)者:曹和平　2015年12月出版 / 估价:79.00元

电子政务蓝皮书
中国电子政务发展报告（2015）
著(编)者:洪毅 杜平　2015年11月出版 / 估价:79.00元

杜仲产业绿皮书
中国杜仲橡胶资源与产业发展报告（2014~2015）
著(编)者:杜红岩 胡文臻 俞锐
2015年1月出版 / 定价:85.00元

房地产蓝皮书
中国房地产发展报告No.12（2015）
著(编)者:魏后凯 李景国　2015年5月出版 / 估价:79.00元

服务外包蓝皮书
中国服务外包产业发展报告（2015）
著(编)者:王晓红 刘德军　2015年6月出版 / 估价:89.00元

工业设计蓝皮书
中国工业设计发展报告（2015）
著(编)者:王晓红 于炜 张立群　2015年9月出版 / 估价:138.00元

互联网金融蓝皮书
中国互联网金融发展报告（2015）
著(编)者:芮晓武 刘烈宏　2015年8月出版 / 估价:79.00元

会展蓝皮书
中外会展业动态评估年度报告（2015）
著(编)者:张敏　2015年1月出版 / 估价:78.00元

金融监管蓝皮书
中国金融监管报告（2015）
著(编)者:胡滨　2015年5月出版 / 估价:69.00元

金融蓝皮书
中国商业银行竞争力报告（2015）
著(编)者:王松奇　2015年12月出版 / 估价:69.00元

客车蓝皮书
中国客车产业发展报告（2014~2015）
著(编)者:姚蔚　2015年2月出版 / 定价:85.00元

老龄蓝皮书
中国老年宜居环境发展报告（2015）
著(编)者:吴玉韶 党俊武　2015年9月出版 / 估价:79.00元

流通蓝皮书
中国商业发展报告（2015）
著(编)者:荆林波　2015年5月出版 / 估价:89.00元

旅游安全蓝皮书
中国旅游安全报告（2015）
著(编)者:郑向敏 谢朝武　2015年5月出版 / 估价:98.00元

旅游景区蓝皮书
中国旅游景区发展报告（2015）
著(编)者:黄安民　2015年7月出版 / 估价:79.00元

旅游绿皮书
2014~2015年中国旅游发展分析与预测
著(编)者:宋瑞　2015年1月出版 / 定价:98.00元

煤炭蓝皮书
中国煤炭工业发展报告（2015）
著(编)者:岳福斌　2015年12月出版 / 估价:79.00元

民营医院蓝皮书
中国民营医院发展报告（2015）
著(编)者:庄一强　2015年10月出版 / 估价:75.00元

闽商蓝皮书
闽商发展报告（2015）
著(编)者:王日根 李闽榕　2015年12月出版 / 估价:69.00元

能源蓝皮书
中国能源发展报告（2015）
著(编)者:崔民选 王军生　2015年8月出版 / 估价:79.00元

农产品流通蓝皮书
中国农产品流通产业发展报告（2015）
著(编)者:贾敬敦 张东科 张玉玺 孔令羽 张鹏毅
2015年9月出版 / 估价:89.00元

企业蓝皮书
中国企业竞争力报告（2015）
著(编)者:金碚　2015年11月出版 / 估价:89.00元

企业社会责任蓝皮书
中国企业社会责任研究报告（2015）
著(编)者:黄群慧 彭华岗 钟宏武 张蒽
2015年11月出版 / 估价:69.00元

汽车安全蓝皮书
中国汽车安全发展报告（2015）
著(编)者:中国汽车技术研究中心 2015年4月出版 / 估价:79.00元

汽车蓝皮书
中国汽车产业发展报告（2015）
著(编)者:国务院发展研究中心产业经济研究部
中国汽车工程学会 大众汽车集团（中国）
2015年7月出版 / 估价:128.00元

清洁能源蓝皮书
国际清洁能源发展报告（2015）
著(编)者:国际清洁能源论坛（澳门）
2015年9月出版 / 估价:89.00元

人力资源蓝皮书
中国人力资源发展报告（2015）
著(编)者:余兴安 2015年9月出版 / 估价:79.00元

融资租赁蓝皮书
中国融资租赁业发展报告（2014~2015）
著(编)者:李光荣 王力 2015年1月出版 / 定价:89.00元

软件和信息服务业蓝皮书
中国软件和信息服务业发展报告（2015）
著(编)者:陈新河 洪京一 2015年12月出版 / 估价:198.00元

上市公司蓝皮书
上市公司质量评价报告（2015）
著(编)者:张跃文 王力 2015年10月出版 / 估价:118.00元

食品药品蓝皮书
食品药品安全与监管政策研究报告（2015）
著(编)者:唐民皓 2015年7月出版 / 估价:69.00元

世界能源蓝皮书
世界能源发展报告（2015）
著(编)者:黄晓勇 2015年6月出版 / 估价:99.00元

碳市场蓝皮书
中国碳市场报告（2015）
著(编)者:低碳发展国际合作联盟
2015年11月出版 / 估价:69.00元

体育蓝皮书
中国体育产业发展报告（2015）
著(编)者:阮伟 钟秉枢 2015年4月出版 / 估价:69.00元

投资蓝皮书
中国投资发展报告（2015）
著(编)者:杨庆蔚 2015年4月出版 / 估价:128.00元

物联网蓝皮书
中国物联网发展报告（2015）
著(编)者:黄桂田 2015年4月出版 / 估价:59.00元

西部工业蓝皮书
中国西部工业发展报告（2015）
著(编)者:方行明 甘犁 刘方健 姜凌 等
2015年9月出版 / 估价:79.00元

西部金融蓝皮书
中国西部金融发展报告（2015）
著(编)者:李忠民 2015年8月出版 / 估价:75.00元

新能源汽车蓝皮书
中国新能源汽车产业发展报告（2015）
著(编)者:中国汽车技术研究中心
日产（中国）投资有限公司 东风汽车有限公司
2015年8月出版 / 估价:69.00元

信托市场蓝皮书
中国信托业市场报告（2014~2015）
著(编)者:用益信托工作室 2015年2月出版 / 定价:198.00元

信息产业蓝皮书
世界软件和信息技术产业发展报告（2015）
著(编)者:洪京一 2015年8月出版 / 估价:79.00元

信息化蓝皮书
中国信息化形势分析与预测（2015）
著(编)者:周宏仁 2015年8月出版 / 估价:98.00元

信用蓝皮书
中国信用发展报告（2015）
著(编)者:田侃 2015年4月出版 / 估价:69.00元

休闲绿皮书
2015年中国休闲发展报告
著(编)者:刘德谦 2015年6月出版 / 估价:59.00元

医药蓝皮书
中国中医药产业园战略发展报告（2015）
著(编)者:裴长洪 房书亭 吴篠心 2015年5月出版 / 估价:89.00元

邮轮绿皮书
中国邮轮产业发展报告（2015）
著(编)者:汪泓 2015年9月出版 / 估价:79.00元

支付清算蓝皮书
中国支付清算发展报告（2015）
著(编)者:杨涛 2015年5月出版 / 估价:45.00元

中国上市公司蓝皮书
中国上市公司发展报告（2015）
著(编)者:许雄斌 张平 2015年9月出版 / 估价:98.00元

中国总部经济蓝皮书
中国总部经济发展报告（2015）
著(编)者:赵弘 2015年5月出版 / 估价:79.00元

住房绿皮书
中国住房发展报告（2014~2015）
著(编)者:倪鹏飞 2014年12月出版 / 定价:79.00元

资本市场蓝皮书
中国场外交易市场发展报告（2015）
著(编)者:高峦 2015年8月出版 / 估价:79.00元

资产管理蓝皮书
中国资产管理行业发展报告（2015）
著(编)者:智信资产管理研究院 2015年7月出版 / 估价:79.00元

文化传媒类

传媒竞争力蓝皮书
中国传媒国际竞争力研究报告（2015）
著(编)者:李本乾　2015年9月出版 / 估价:88.00元

传媒蓝皮书
中国传媒产业发展报告（2015）
著(编)者:崔保国　2015年4月出版 / 估价:98.00元

传媒投资蓝皮书
中国传媒投资发展报告（2015）
著(编)者:张向东　2015年7月出版 / 估价:89.00元

动漫蓝皮书
中国动漫产业发展报告（2015）
著(编)者:卢斌 郑玉明 牛兴侦　2015年7月出版 / 估价:79.00元

非物质文化遗产蓝皮书
中国非物质文化遗产发展报告（2015）
著(编)者:陈平　2015年4月出版 / 估价:79.00元

非物质文化遗产蓝皮书
中国少数民族非物质文化遗产发展报告（2015）
著(编)者:肖远平　柴立　2015年4月出版 / 估价:79.00元

广电蓝皮书
中国广播电影电视发展报告（2015）
著(编)者:杨明品　2015年7月出版 / 估价:98.00元

广告主蓝皮书
中国广告主营销传播趋势报告（2015）
著(编)者:黄升民　2015年5月出版 / 估价:148.00元

国际传播蓝皮书
中国国际传播发展报告（2015）
著(编)者:胡正荣 李继东 姬德强
2015年7月出版 / 估价:89.00元

国家形象蓝皮书
2015年国家形象研究报告
著(编)者:张昆　2015年5月出版 / 估价:79.00元

纪录片蓝皮书
中国纪录片发展报告（2015）
著(编)者:何苏六　2015年9月出版 / 估价:79.00元

科学传播蓝皮书
中国科学传播报告（2015）
著(编)者:詹正茂　2015年4月出版 / 估价:69.00元

两岸文化蓝皮书
两岸文化产业合作发展报告（2015）
著(编)者:胡惠林 李保宗　2015年7月出版 / 估价:79.00元

媒介与女性蓝皮书
中国媒介与女性发展报告（2015）
著(编)者:刘利群　2015年8月出版 / 估价:69.00元

全球传媒蓝皮书
全球传媒发展报告（2015）
著(编)者:胡正荣　2015年12月出版 / 估价:79.00元

世界文化发展蓝皮书
世界文化发展报告（2015）
著(编)者:张庆宗　高乐田　郭熙煌
2015年5月出版 / 估价:89.00元

视听新媒体蓝皮书
中国视听新媒体发展报告（2015）
著(编)者:庞井君　2015年6月出版 / 估价:148.00元

文化创新蓝皮书
中国文化创新报告（2015）
著(编)者:于平 傅才武　2015年4月出版 / 估价:79.00元

文化建设蓝皮书
中国文化发展报告（2015）
著(编)者:江畅 孙伟平 戴茂堂
2015年4月出版 / 估价:138.00元

文化科技蓝皮书
文化科技创新发展报告（2015）
著(编)者:于平 李凤亮　2015年10月出版 / 估价:89.00元

文化蓝皮书
中国文化产业供需协调检测报告（2015）
著(编)者:王亚南 2015年2月出版 / 定价:79.00元

文化蓝皮书
中国文化消费需求景气评价报告（2015）
著(编)者:王亚南 2015年2月出版 / 定价:79.00元

文化蓝皮书
中国文化产业发展报告（2015）
著(编)者:张晓明 王家新 章建刚
2015年4月出版 / 估价:79.00元

文化蓝皮书
中国公共文化投入增长测评报告(2015)
著(编)者:王亚南　2014年12月出版 / 定价:79.00元

文化蓝皮书
中国文化政策发展报告（2015）
著(编)者:傅才武 宋文玉 燕东升　2015年9月出版 / 估价:98.00元

文化品牌蓝皮书
中国文化品牌发展报告（2015）
著(编)者:欧阳友权　2015年4月出版 / 估价:79.00元

文化遗产蓝皮书
中国文化遗产事业发展报告（2015）
著(编)者:刘世锦　2015年12月出版 / 估价:89.00元

文学蓝皮书
中国文情报告（2015）
著(编)者:白烨　2015年5月出版 / 估价:49.00元

新媒体蓝皮书
中国新媒体发展报告（2015）
著(编)者:唐绪军　2015年6月出版 / 估价:79.00元

新媒体社会责任蓝皮书
中国新媒体社会责任研究报告（2015）
著(编)者:钟瑛　2015年10月出版 / 估价:79.00元

移动互联网蓝皮书
中国移动互联网发展报告（2015）
著(编)者:官建文　2015年6月出版 / 估价:79.00元

舆情蓝皮书
中国社会舆情与危机管理报告（2015）
著(编)者:谢耘耕　2015年8月出版 / 估价:98.00元

地方发展类

安徽经济蓝皮书
芜湖创新型城市发展报告（2015）
著(编)者:杨少华 王开玉　2015年4月出版 / 估价:69.00元

安徽蓝皮书
安徽社会发展报告（2015）
著(编)者:程桦　2015年4月出版 / 估价:79.00元

安徽社会建设蓝皮书
安徽社会建设分析报告（2015）
著(编)者:黄家海 王开玉 蔡宪　2015年4月出版 / 估价:69.00元

澳门蓝皮书
澳门经济社会发展报告（2015）
著(编)者:吴志良 郝雨凡　2015年4月出版 / 估价:79.00元

北京蓝皮书
北京公共服务发展报告（2014~2015）
著(编)者:施昌奎　2015年1月出版 / 定价:69.00元

北京蓝皮书
北京经济发展报告（2015）
著(编)者:杨松　2015年4月出版 / 估价:79.00元

北京蓝皮书
北京社会治理发展报告（2015）
著(编)者:殷星辰　2015年4月出版 / 估价:79.00元

北京蓝皮书
北京文化发展报告（2015）
著(编)者:李建盛　2015年4月出版 / 估价:79.00元

北京蓝皮书
北京社会发展报告（2015）
著(编)者:缪青　2015年5月出版 / 估价:79.00元

北京蓝皮书
北京社区发展报告（2015）
著(编)者:于燕燕　2015年1月出版 / 定价:79.00元

北京旅游绿皮书
北京旅游发展报告（2015）
著(编)者:北京旅游学会　2015年7月出版 / 估价:88.00元

北京律师蓝皮书
北京律师发展报告（2015）
著(编)者:王隽　2015年12月出版 / 估价:75.00元

北京人才蓝皮书
北京人才发展报告（2015）
著(编)者:于淼　2015年4月出版 / 估价:89.00元

北京社会心态蓝皮书
北京社会心态分析报告（2015）
著(编)者:北京社会心理研究所　2015年4月出版 / 估价:69.00元

北京社会组织蓝皮书
北京社会组织发展研究报告(2015)
著(编)者:李东松 唐军　2015年4月出版 / 估价:79.00元

北京社会组织蓝皮书
北京社会组织发展报告（2015）
著(编)者:温庆云　2015年9月出版 / 估价:69.00元

滨海金融蓝皮书
滨海新区金融发展报告（2015）
著(编)者:王爱俭 张锐钢　2015年9月出版 / 估价:79.00元

城乡一体化蓝皮书
中国城乡一体化发展报告（北京卷）（2015）
著(编)者:张宝秀 黄序　2015年4月出版 / 估价:69.00元

创意城市蓝皮书
北京文化创意产业发展报告（2015）
著(编)者:张京成　2015年11月出版 / 估价:65.00元

创意城市蓝皮书
无锡文化创意产业发展报告（2015）
著(编)者:谭军 张鸣年　2015年10月出版 / 估价:75.00元

创意城市蓝皮书
武汉市文化创意产业发展报告（2015）
著(编)者:袁堃 黄永林　2015年11月出版 / 估价:85.00元

创意城市蓝皮书
重庆创意产业发展报告（2015）
著(编)者:程宇宁　2015年4月出版 / 估价:89.00元

创意城市蓝皮书
青岛文化创意产业发展报告（2015）
著(编)者:马达 张丹妮　2015年6月出版 / 估价:79.00元

福建妇女发展蓝皮书
福建省妇女发展报告（2015）
著(编)者:刘群英　2015年10月出版 / 估价:58.00元

甘肃蓝皮书
甘肃舆情分析与预测（2015）
著(编)者:陈双梅　郝树声　2015年1月出版 / 定价:79.00元

甘肃蓝皮书
甘肃文化发展分析与预测（2015）
著(编)者:安文华　周小华　2015年1月出版 / 定价:79.00元

甘肃蓝皮书
甘肃社会发展分析与预测（2015）
著(编)者:安文华　包晓霞　2015年1月出版 / 定价:79.00元

甘肃蓝皮书
甘肃经济发展分析与预测（2015）
著(编)者:朱智文　罗哲　2015年1月出版 / 定价:79.00元

甘肃蓝皮书
甘肃县域经济综合竞争力评价（2015）
著(编)者:刘进军　2015年4月出版 / 估价:69.00元

甘肃蓝皮书
甘肃县域社会发展评价报告（2015）
著(编)者:刘进军　柳民　王建兵　2015年1月出版 / 定价:79.00元

广东蓝皮书
广东省电子商务发展报告（2015）
著(编)者:程晓　2015年12月出版 / 估价:69.00元

广东蓝皮书
广东社会工作发展报告（2015）
著(编)者:罗观翠　2015年6月出版 / 估价:89.00元

广东社会建设蓝皮书
广东省社会建设发展报告（2015）
著(编)者:广东省社会工作委员会　2015年10月出版 / 估价:89.00元

广东外经贸蓝皮书
广东对外经济贸易发展研究报告（2015）
著(编)者:陈万灵　2015年5月出版 / 估价:79.00元

广西北部湾经济区蓝皮书
广西北部湾经济区开放开发报告（2015）
著(编)者:广西北部湾经济区规划建设管理委员会办公室
广西社会科学院广西北部湾发展研究院
2015年8月出版 / 估价:79.00元

广州蓝皮书
广州社会保障发展报告（2015）
著(编)者:蔡国萱　2015年4月出版 / 估价:65.00元

广州蓝皮书
2015年中国广州社会形势分析与预测
著(编)者:张强　陈怡霓　杨秦　2015年5月出版 / 估价:69.00元

广州蓝皮书
广州经济发展报告（2015）
著(编)者:李江涛　朱名宏　2015年5月出版 / 估价:69.00元

广州蓝皮书
广州商贸业发展报告（2015）
著(编)者:李江涛　王旭东　荀振英　2015年6月出版 / 估价:69.00元

广州蓝皮书
2015年中国广州经济形势分析与预测
著(编)者:庾建设　沈奎　郭志勇　2015年6月出版 / 估价:79.00元

广州蓝皮书
中国广州文化发展报告（2015）
著(编)者:徐俊忠　陆志强　顾涧清　2015年6月出版 / 估价:69.00元

广州蓝皮书
广州农村发展报告（2015）
著(编)者:李江涛　汤锦华　2015年8月出版 / 估价:69.00元

广州蓝皮书
中国广州城市建设与管理发展报告（2015）
著(编)者:董皞　冼伟雄　2015年7月出版 / 估价:69.00元

广州蓝皮书
中国广州科技和信息化发展报告（2015）
著(编)者:邹采荣　马正勇　冯元　2015年7月出版 / 估价:79.00元

广州蓝皮书
广州创新型城市发展报告（2015）
著(编)者:李江涛　2015年7月出版 / 估价:69.00元

广州蓝皮书
广州文化创意产业发展报告（2015）
著(编)者:甘新　2015年8月出版 / 估价:79.00元

广州蓝皮书
广州志愿服务发展报告（2015）
著(编)者:魏国华　张强　2015年9月出版 / 估价:69.00元

广州蓝皮书
广州城市国际化发展报告（2015）
著(编)者:朱名宏　2015年9月出版 / 估价:59.00元

广州蓝皮书
广州汽车产业发展报告（2015）
著(编)者:李江涛　杨再高　2015年9月出版 / 估价:69.00元

贵州房地产蓝皮书
贵州房地产发展报告（2015）
著(编)者:武廷方　2015年10月出版 / 估价:89.00元

贵州蓝皮书
贵州人才发展报告（2015）
著(编)者:于杰　吴大华　2015年4月出版 / 估价:69.00元

贵州蓝皮书
贵州社会发展报告（2015）
著(编)者:王兴骥　2015年4月出版 / 估价:69.00元

贵州蓝皮书
贵州法治发展报告（2015）
著(编)者:吴大华　2015年4月出版 / 估价:69.00元

贵州蓝皮书
贵州国有企业社会责任发展报告（2015）
著(编)者:郭丽　2015年10月出版 / 估价:79.00元

海淀蓝皮书
海淀区文化和科技融合发展报告（2015）
著(编)者:孟景伟　陈名杰　2015年5月出版 / 估价:75.00元

海峡西岸蓝皮书
海峡西岸经济区发展报告（2015）
著(编)者:黄端　2015年9月出版 / 估价:65.00元

杭州都市圈蓝皮书
杭州都市圈发展报告（2015）
著(编)者:董祖德 沈翔　2015年5月出版 / 估价:89.00元

杭州蓝皮书
杭州妇女发展报告（2015）
著(编)者:魏颖　2015年6月出版 / 估价:75.00元

河北经济蓝皮书
河北省经济发展报告（2015）
著(编)者:马树强 金浩 张贵　2015年4月出版 / 估价:79.00元

河北蓝皮书
河北经济社会发展报告（2015）
著(编)者:周文夫　2015年1月出版 / 定价:79.00元

河南经济蓝皮书
2015年河南经济形势分析与预测
著(编)者:胡五岳　2015年2月出版 / 定价:69.00元

河南蓝皮书
河南城市发展报告（2015）
著(编)者:谷建全 王建国　2015年3月出版 / 定价:79.00元

河南蓝皮书
2015年河南社会形势分析与预测
著(编)者:刘道兴 牛苏林　2015年4月出版 / 估价:69.00元

河南蓝皮书
河南工业发展报告（2015）
著(编)者:龚绍东 赵西三　2015年1月出版 / 定价:79.00元

河南蓝皮书
河南文化发展报告（2015）
著(编)者:卫绍生　2015年3月出版 / 定价:79.00元

河南蓝皮书
河南经济发展报告（2015）
著(编)者:喻新安　2014年12月出版 / 定价:79.00元

河南蓝皮书
河南法治发展报告（2015）
著(编)者:丁同民 闫德民　2015年4月出版 / 估价:69.00元

河南蓝皮书
河南金融发展报告（2015）
著(编)者:喻新安 谷建全　2015年4月出版 / 估价:69.00元

河南商务蓝皮书
河南商务发展报告（2015）
著(编)者:焦锦淼 穆荣国　2015年5月出版 / 估价:88.00元

黑龙江产业蓝皮书
黑龙江产业发展报告（2015）
著(编)者:于渤　2015年9月出版 / 估价:79.00元

黑龙江蓝皮书
黑龙江经济发展报告（2015）
著(编)者:曲伟　2015年1月出版 / 定价:79.00元

黑龙江蓝皮书
黑龙江社会发展报告（2015）
著(编)者:张新颖　2015年1月出版 / 定价:79.00元

湖北文化蓝皮书
湖北文化发展报告（2015）
著(编)者:江畅 吴成国　2015年5月出版 / 估价:89.00元

湖南城市蓝皮书
区域城市群整合
著(编)者:童中贤 韩未名　2015年12月出版 / 估价:79.00元

湖南蓝皮书
2015年湖南电子政务发展报告
著(编)者:梁志峰　2015年4月出版 / 估价:128.00元

湖南蓝皮书
2015年湖南社会发展报告
著(编)者:梁志峰　2015年4月出版 / 估价:128.00元

湖南蓝皮书
2015年湖南产业发展报告
著(编)者:梁志峰　2015年4月出版 / 估价:128.00元

湖南蓝皮书
2015年湖南经济展望
著(编)者:梁志峰　2015年4月出版 / 估价:128.00元

湖南蓝皮书
2015年湖南县域经济社会发展报告
著(编)者:梁志峰　2015年4月出版 / 估价:128.00元

湖南蓝皮书
2015年湖南两型社会发展报告
著(编)者:梁志峰　2015年4月出版 / 估价:128.00元

湖南县域绿皮书
湖南县域发展报告No.2
著(编)者:朱有志　2015年4月出版 / 估价:69.00元

沪港蓝皮书
沪港发展报告（2015）
著(编)者:尤安山　2015年9月出版 / 估价:89.00元

吉林蓝皮书
2015年吉林经济社会形势分析与预测
著(编)者:马克　2015年2月出版 / 定价:89.00元

济源蓝皮书
济源经济社会发展报告（2015）
著(编)者:喻新安　2015年4月出版 / 估价:69.00元

健康城市蓝皮书
北京健康城市建设研究报告（2015）
著(编)者:王鸿春　2015年4月出版 / 估价:79.00元

江苏法治蓝皮书
江苏法治发展报告（2015）
著(编)者:李力 龚廷泰　2015年9月出版 / 估价:98.00元

京津冀蓝皮书
京津冀发展报告（2015）
著(编)者:文魁 祝尔娟　2015年4月出版 / 估价:79.00元

经济特区蓝皮书
中国经济特区发展报告（2015）
著(编)者:陶一桃 2015年4月出版 / 估价:89.00元

辽宁蓝皮书
2015年辽宁经济社会形势分析与预测
著(编)者:曹晓峰 张晶 梁启东 2014年12月出版 / 定价:79.00元

南京蓝皮书
南京文化发展报告（2015）
著(编)者:南京文化产业研究中心
2015年12月出版 / 估价:79.00元

内蒙古蓝皮书
内蒙古反腐倡廉建设报告（2015）
著(编)者:张志华 无极 2015年12月出版 / 估价:69.00元

浦东新区蓝皮书
上海浦东经济发展报告（2015）
著(编)者:沈开艳 陆沪根 2015年1月出版 / 定价:69.00元

青海蓝皮书
2015年青海经济社会形势分析与预测
著(编)者:赵宗福 2014年12月出版 / 定价:69.00元

人口与健康蓝皮书
深圳人口与健康发展报告（2015）
著(编)者:曾序春 2015年12月出版 / 估价:89.00元

山东蓝皮书
山东社会形势分析与预测（2015）
著(编)者:张华 唐洲雁 2015年6月出版 / 估价:89.00元

山东蓝皮书
山东经济形势分析与预测（2015）
著(编)者:张华 唐洲雁 2015年6月出版 / 估价:89.00元

山东蓝皮书
山东文化发展报告（2015）
著(编)者:张华 唐洲雁 2015年6月出版 / 估价:98.00元

山西蓝皮书
山西资源型经济转型发展报告（2015）
著(编)者:李志强 2015年5月出版 / 估价:98.00元

陕西蓝皮书
陕西经济发展报告（2015）
著(编)者:任宗哲 白宽犁 裴成荣 2015年1月出版 / 定价:69.00元

陕西蓝皮书
陕西社会发展报告（2015）
著(编)者:任宗哲 白宽犁 牛昉 2015年1月出版 / 定价:69.00元

陕西蓝皮书
陕西文化发展报告（2015）
著(编)者:任宗哲 白宽犁 王长寿 2015年1月出版 / 定价:65.00元

陕西蓝皮书
丝绸之路经济带发展报告（2015）
著(编)者:任宗哲 石英 白宽犁
2015年8月出版 / 估价:79.00元

上海蓝皮书
上海文学发展报告（2015）
著(编)者:陈圣来 2015年1月出版 / 定价:69.00元

上海蓝皮书
上海文化发展报告（2015）
著(编)者:荣跃明 2015年1月出版 / 定价:74.00元

上海蓝皮书
上海资源环境发展报告（2015）
著(编)者:周冯琦 汤庆合 任文伟
2015年1月出版 / 定价:69.00元

上海蓝皮书
上海社会发展报告（2015）
著(编)者:杨雄 周海旺 2015年1月出版 / 定价:69.00元

上海蓝皮书
上海经济发展报告（2015）
著(编)者:沈开艳 2015年1月出版 / 定价:69.00元

上海蓝皮书
上海传媒发展报告（2015）
著(编)者:强荧 焦雨虹 2015年1月出版 / 定价:69.00元

上海蓝皮书
上海法治发展报告（2015）
著(编)者:叶青 2015年4月出版 / 估价:69.00元

上饶蓝皮书
上饶发展报告（2015）
著(编)者:朱寅健 2015年4月出版 / 估价:128.00元

社会建设蓝皮书
2015年北京社会建设分析报告
著(编)者:宋贵伦 冯虹 2015年7月出版 / 估价:79.00元

深圳蓝皮书
深圳劳动关系发展报告（2015）
著(编)者:汤庭芬 2015年6月出版 / 估价:75.00元

深圳蓝皮书
深圳经济发展报告（2015）
著(编)者:张骁儒 2015年7月出版 / 估价:79.00元

深圳蓝皮书
深圳社会发展报告（2015）
著(编)者:叶民辉 张骁儒 2015年7月出版 / 估价:89.00元

深圳蓝皮书
深圳法治发展报告（2015）
著(编)者:张骁儒 2015年4月出版 / 估价:79.00元

四川蓝皮书
四川文化产业发展报告（2015）
著(编)者:侯水平 2015年4月出版 / 估价:69.00元

四川蓝皮书
四川企业社会责任研究报告（2015）
著(编)者:侯水平 盛毅 2015年3月出版 / 定价:79.00元

四川蓝皮书
四川法治发展报告（2015）
著(编)者:郑泰安　2015年1月出版 / 定价:69.00元

四川蓝皮书
2015年四川生态建设报告
著(编)者:四川省社会科学院
2015年4月出版 / 估价:69.00元

四川蓝皮书
四川城镇化发展报告（2015）
著(编)者:四川省城镇发展研究中心
2015年4月出版 / 估价:69.00元

四川蓝皮书
2015年四川社会发展形势分析与预测
著(编)者:郭晓鸣　李羚　2015年5月出版 / 估价:69.00元

四川蓝皮书
2015年四川经济发展形势分析与预测
著(编)者:杨钢　2015年1月出版 / 定价:89.00元

四川法治蓝皮书
四川依法治省年度报告No.1（2015）
著(编)者:李林 杨天宗 田禾　2015年3月出版 / 定价:108.00元

天津金融蓝皮书
天津金融发展报告（2015）
著(编)者:王爱俭 杜强　2015年9月出版 / 估价:89.00元

图们江区域合作蓝皮书
中国图们江区域合作开发发展报告（2015）
著(编)者:李铁　朱显平　吴成章　2015年4月出版 / 估价:79.00元

温州蓝皮书
2015年温州经济社会形势分析与预测
著(编)者:潘忠强 王春光 金浩　2015年4月出版 / 估价:69.00元

扬州蓝皮书
扬州经济社会发展报告（2015）
著(编)者:丁纯　2015年12月出版 / 估价:89.00元

云南蓝皮书
中国面向西南开放重要桥头堡建设发展报告（2015）
著(编)者:刘绍怀　2015年12月出版 / 估价:69.00元

长株潭城市群蓝皮书
长株潭城市群发展报告（2015）
著(编)者:张萍　2015年4月出版 / 估价:69.00元

郑州蓝皮书
2015年郑州文化发展报告
著(编)者:王哲　2015年9月出版 / 估价:65.00元

中医文化蓝皮书
北京中医文化发展报告（2015）
著(编)者:毛嘉陵　2015年4月出版 / 估价:69.00元

珠三角流通蓝皮书
珠三角商圈发展研究报告（2015）
著(编)者:林至颖 王先庆　2015年7月出版 / 估价:98.00元

国别与地区类

阿拉伯黄皮书
阿拉伯发展报告（2015）
著(编)者:马晓霖　2015年4月出版 / 估价:79.00元

北部湾蓝皮书
泛北部湾合作发展报告（2015）
著(编)者:吕余生　2015年8月出版 / 估价:69.00元

大湄公河次区域蓝皮书
大湄公河次区域合作发展报告（2015）
著(编)者:刘稚　2015年9月出版 / 估价:79.00元

大洋洲蓝皮书
大洋洲发展报告（2015）
著(编)者:喻常森　2015年8月出版 / 估价:89.00元

德国蓝皮书
德国发展报告（2015）
著(编)者:郑春荣 伍慧萍　2015年6月出版 / 估价:69.00元

东北亚黄皮书
东北亚地区政治与安全（2015）
著(编)者:黄凤志 刘清才 张慧智
2015年5月出版 / 估价:69.00元

东盟黄皮书
东盟发展报告（2015）
著(编)者:崔晓麟　2015年5月出版 / 估价:75.00元

东南亚蓝皮书
东南亚地区发展报告（2015）
著(编)者:王勤　2015年4月出版 / 估价:79.00元

俄罗斯黄皮书
俄罗斯发展报告（2015）
著(编)者:李永全　2015年7月出版 / 估价:79.00元

非洲黄皮书
非洲发展报告（2015）
著(编)者:张宏明　2015年7月出版 / 估价:79.00元

国际形势黄皮书
全球政治与安全报告（2015）
著(编)者:李慎明　张宇燕　2015年1月出版 / 定价:69.00元

韩国蓝皮书
韩国发展报告（2015）
著(编)者:刘宝全　牛林杰　2015年8月出版 / 估价:79.00元

加拿大蓝皮书
加拿大发展报告（2015）
著(编)者:仲伟合　2015年4月出版 / 估价:89.00元

拉美黄皮书
拉丁美洲和加勒比发展报告（2014~2015）
著(编)者:吴白乙　2015年4月出版 / 估价:89.00元

美国蓝皮书
美国研究报告（2015）
著(编)者:黄平　郑秉文　2015年7月出版 / 估价:89.00元

缅甸蓝皮书
缅甸国情报告（2015）
著(编)者:李晨阳　2015年8月出版 / 估价:79.00元

欧洲蓝皮书
欧洲发展报告（2015）
著(编)者:周弘　2015年6月出版 / 估价:89.00元

葡语国家蓝皮书
葡语国家发展报告（2015）
著(编)者:对外经济贸易大学区域国别研究所　葡语国家研究中心
2015年4月出版 / 估价:89.00元

葡语国家蓝皮书
中国与葡语国家关系发展报告·巴西（2014）
著(编)者:澳门科技大学　2015年4月出版 / 估价:89.00元

日本经济蓝皮书
日本经济与中日经贸关系研究报告（2015）
著(编)者:王洛林　张季风　2015年5月出版 / 估价:79.00元

日本蓝皮书
日本研究报告（2015）
著(编)者:李薇　2015年4月出版 / 估价:69.00元

上海合作组织黄皮书
上海合作组织发展报告（2015）
著(编)者:李进峰　吴宏伟　李伟
2015年9月出版 / 估价:89.00元

世界创新竞争力黄皮书
世界创新竞争力发展报告（2015）
著(编)者:李闽榕　李建平　赵新力
2015年12月出版 / 估价:148.00元

土耳其蓝皮书
土耳其发展报告（2015）
著(编)者:郭长刚　刘义　2015年7月出版 / 估价:89.00元

亚太蓝皮书
亚太地区发展报告（2015）
著(编)者:李向阳　2015年1月出版 / 定价:59.00元

印度蓝皮书
印度国情报告（2015）
著(编)者:吕昭义　2015年5月出版 / 估价:89.00元

印度洋地区蓝皮书
印度洋地区发展报告（2015）
著(编)者:汪戎　2015年4月出版 / 估价:79.00元

中东黄皮书
中东发展报告（2015）
著(编)者:杨光　2015年11月出版 / 估价:89.00元

中欧关系蓝皮书
中欧关系研究报告（2015）
著(编)者:周弘　2015年12月出版 / 估价:98.00元

中亚黄皮书
中亚国家发展报告（2015）
著(编)者:孙力　吴宏伟　2015年9月出版 / 估价:89.00元

中国皮书网

www.pishu.cn

发布皮书研创资讯，传播皮书精彩内容

引领皮书出版潮流，打造皮书服务平台

栏目设置：

- □ 资讯：皮书动态、皮书观点、皮书数据、皮书报道、皮书发布、电子期刊
- □ 标准：皮书评价、皮书研究、皮书规范
- □ 服务：最新皮书、皮书书目、重点推荐、在线购书
- □ 链接：皮书数据库、皮书博客、皮书微博、在线书城
- □ 搜索：资讯、图书、研究动态、皮书专家、研创团队

中国皮书网依托皮书系列“权威、前沿、原创”的优质内容资源，通过文字、图片、音频、视频等多种元素，在皮书研创者、使用者之间搭建了一个成果展示、资源共享的互动平台。

自 2005 年 12 月正式上线以来，中国皮书网的 IP 访问量、PV 浏览量与日俱增，受到海内外研究者、公务人员、商务人士以及专业读者的广泛关注。

2008 年、2011 年，中国皮书网均在全国新闻出版业网站荣誉评选中获得“最具商业价值网站”称号；2012 年，获得“出版业网站百强”称号。

2014 年，中国皮书网与皮书数据库实现资源共享，端口合一，将提供更丰富的内容，更全面的服务。

中国社会科学院创新工程学术出版资助项目

中国民族发展报告（2015）

ANNUAL REPORT ON THE DEVELOPMENT OF ETHNIC IN CHINA (2015)

主　编／郝时远　王延中　王希恩
副主编／陈建樾

社会科学文献出版社
SOCIAL SCIENCES ACADEMIC PRESS (CHINA)

图书在版编目（CIP）数据

中国民族发展报告.2015/郝时远，王延中，王希恩主编.
—北京：社会科学文献出版社，2015.4
（民族发展蓝皮书）
ISBN 978－7－5097－7199－0

Ⅰ.①中… Ⅱ.①郝… ②王… ③王… Ⅲ.①民族发展－研究报告－中国－2015 Ⅳ.①D633.1

中国版本图书馆CIP数据核字（2015）第042159号

民族发展蓝皮书
中国民族发展报告（2015）

主　　编／郝时远　王延中　王希恩
副 主 编／陈建樾

出 版 人／谢寿光
项目统筹／宋月华　周志静
责任编辑／周志静　韩莹莹

出　　版／社会科学文献出版社·人文分社（010）59367215
地址：北京市北三环中路甲29号院华龙大厦　邮编：100029
网址：www.ssap.com.cn
发　　行／市场营销中心（010）59367081　59367090
读者服务中心（010）59367028
印　　装／北京季蜂印刷有限公司

规　　格／开　本：787mm×1092mm　1/16
印　张：24.75　字　数：378千字
版　　次／2015年4月第1版　2015年4月第1次印刷
书　　号／ISBN 978－7－5097－7199－0
定　　价／98.00元

皮书序列号／B－2006－059

主编简介

郝时远 1952年生，蒙古族，内蒙古人，中共党员、全国政协委员，现任中国社会科学院院长助理，中国社会科学院学部主席团秘书长，中国社会科学院社会政法学部主任、学部委员、研究员。主要论著《元代监察制度概述》、《元史论述》第三辑、《元代监察机构设置辑考》、《中国民族史研究》第1集、《元〈王桢农书〉成书年代考》、《蒙古东征高丽概述》、《蒙古史研究》第2辑、《元金之际的蒙古与高丽》、《中国民族史研究》。

王延中 1963年生，山东人，社会学博士。中国社会科学院民族学与人类学研究所所长、研究员，劳动与社会保障研究中心主任、研究生院教授。兼任中国民族研究团体联合会会长、中国社会保障学会常务理事。新世纪百千万人才工程国家级人选，国务院政府特殊津贴专家。国家社会科学基金特别委托项目与中国社会科学院创新工程重大项目《21世纪初期中国少数民族地区经济社会发展综合调查》首席专家，《民族研究》主编、社会保障绿皮书《中国社会保障发展报告》主编，著有《WTO与中小企业发展战略》、《经济组织与城乡发展》、《中国的工业化与城市化》（合著）、《基础设施与制造业发展关系研究》（合著）、《中国的劳动与社会保障问题》、《中国老年保障体系》（合著）等。

王希恩 中国社会科学院民族学与人类学研究所研究员，博士生导师。兼任中国民族理论学会常务副会长，中国民族政策学会常务理事，中国民族学与人类学研究会常务理事，中国世界民族学会常务理事，中国民族学学会常务理事，国家社科基金学科评审组专家，国务院政府特殊津贴专家，国家民委决策咨询委员、中央统战部专家咨询组成员等。主要从事民族理论和民族问题研究，代表作有：《民族过程与国家》《全球化中的民族过程》《20世纪的中国民族问题》等。

目 录

𝔹 Ⅰ 总报告

𝔹 Ⅱ 分报告

𝔹 Ⅲ 专题报告

CONTENTS

𝔹 I General Report

𝔹 II Subject Reports

𝔹 Ⅲ Special Reports

总 报 告

General Report

B.1

承前启后　继往开来　开拓创新

郝时远*

摘　要：2014年9月召开的第四次中央民族工作会议，突出了中国特色解决民族问题正确道路尊重历史、符合国情、顺应人心的基本特征，展现了中国特色解决民族问题正确道路承前启后、继往开来、开拓创新的发展前景，对我国在实现全面建成小康社会、迈向中华民族伟大复兴的“两个百年”目标进程中，解决好民族问题、做好民族工作，实现民族地区经济、政治、文化、社会和生态文明建设全面健康的发展，具有重大的现实意义和深远影响。民族工作关系党和国家的工作全局，涉及社会各个领域，体现在社会领域的日常生活之中。面对新的形势、新的问题，民族工

* 郝时远，中国社会科学院院长助理、研究员。

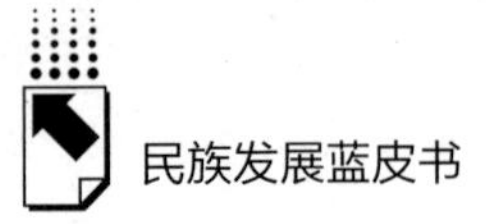

作所遵循的国家制度、法律和政策，需要在全面深化改革，全面推进依法治国、国家治理体系和治理能力现代化建设的实践中完善。

关键词：民族工作　正确道路　多元一体　小康社会　民族团结

2014 年 9 月，改革开放以来第四次中央民族工作会议在北京举行。这是时隔 9 年后，党和国家再次对我国民族工作做出了重大战略部署。这次中央民族工作会议，突出了中国特色解决民族问题正确道路尊重历史、符合国情、顺应人心的基本特征，展现了中国特色解决民族问题正确道路承前启后、继往开来、开拓创新的发展前景，对我国在实现全面建成小康社会、迈向中华民族伟大复兴的“两个百年”目标进程中，解决好民族问题、做好民族工作，实现民族地区经济、政治、文化、社会和生态文明建设全面健康的发展，具有重大的现实意义和深远影响。

一　改革开放以来四次中央民族工作会议的背景

中国是统一的多民族国家，解决好民族问题是维护国家统一、民族团结的根本任务。因此，民族工作始终是关系党和国家全局的重大事务。新中国成立以来，党和国家高度重视民族工作，在不断探索和完善民族政策体系的进程中，形成了把握民族工作全局、针对民族事务专项、突出差别化区域政策的会议工作机制。

在改革开放前，民族工作会议主要以中央地方局的组织形式进行，如 1954 年西南局召开的西南民族工作会议，1961 年西北局召开的西北民族工作会议，这类会议都涉及对民族问题形势的判断、民族政策的阐释和区域性的特点。其他关涉民族事务的全国性会议，如牧区工作、贸易工作、工商事务等则属于专项。具有事关民族工作全局的全国性会议，当属 1957 年全国人民代表大会民族委员会在青岛举行的民族工作座谈会，在这次会议上周恩来发表了著名的《关于我国民族政策的几个问题》讲话，从理论与实践相结合的高度对我国的民族政策进行了阐释。

改革开放以后，民族工作在正本清源、拨乱反正的基础上全面恢复。1984 年全国人民代表大会常务委员会通过了《中华人民共和国民族区域自治法》，这部基本法律的颁布不仅确立了民族区域自治制度在国家法律体系中的地位，而且把党和国家的民族政策原则纳入法律范畴。这对开创改革开放新时期民族工作的新局面，具有重大的理论意义和实践作用。以 1987 年中共中央、国务院批准中央统战部、国家民族事务委员会《关于民族工作几个重要问题的报告》为标志，我国的民族工作在明确总的指导思想和根本任务的基础上，确立了把经济工作放在民族工作首位的方针，体现了以经济建设为中心的国家发展战略要求。

1988 年，第一次全国民族团结进步表彰大会在北京举行，开启了改革开放进程中民族团结进步事业的国家行动。在此期间，党中央针对一些自治区的整体工作也通过"纪要"等批复的方式给予了因地制宜的指导，其中 1980 年、1984 年党中央相继召开的西藏工作座谈会，确立了针对经济社会发展滞后问题最突出的西藏自治区实行差别化区域政策的工作方针。这些关系到民族工作的重要举措，随着改革开放事业的发展、"两个大局"战略的梯次推进、国内外形势的变化，形成中央民族工作会议的工作机制。

1992 年，党中央、国务院召开了第一次中央民族工作会议，这是在苏联解体、东欧剧变引起国际形势大变局情况下召开的一次重要会议。苏联解体、东欧剧变形成的巨大冲击，使一些人在"和平演变"的现实危机感中，产生了对社会主义前途、改革开放和党的基本路线的怀疑和动摇。相应的，苏联解体、东欧剧变过程中的民族冲突及其引发的民族主义浪潮和国家重组以及 1989 年西藏拉萨的骚乱、1990 年新疆巴仁乡的暴力事件，也引起一些人对我国民族问题的忧虑，出现了认为我国民族政策的理论依据和制度结构是学习苏联的产物等认识。在这种形势下，邓小平关于冷静观察、稳住阵脚、沉着应对、韬光养晦、有所作为的政治定力，不仅稳定了中国改革开放事业继续发展的大局，而且坚定了在新形势下做好民族工作的信心。这次中央民族工作会议，以“加强各民族的大团结，为建设有中国特色的社会主义携手前进”为主题，在肯定成就、总结经验的同时，分析了民族工作面对的新形势，明确了20世纪90年代民族工作的大政方针和主要任务，提出了“各级党委和政府必须密切联系各个少数民族和民族地区的实际，坚定不移地全面贯彻执行党的基本路线，巩固和发展社会主义的民族关系，坚持和完善民族区域自治制度，为实现现代化建设的第二步战略目标共同奋斗”的任务。[①] 1994年，国务院召开了第二次全国民族团结表彰大会。同年，中央召开了第三次西藏工作座谈会，进一步加大了支援西藏发展的力度。

1999年，党中央、国务院召开了第二次中央民族工作会议暨国务院第三次全国民族团结进步表彰大会。这次中央民族工作会议以“加快少数民族和民族地区经济发展和社会进步”为主题，以全面部署跨世纪的民族工作为任务，以实现改革开放现代化建设事业经济重心从东部向西部转移为动力，做出了“加快中西部地区的发展特别是实施西部大开发战略，条件已基本成熟”的判断，提出了西部大开发战略。[②] 会议明确指出：“我国少数民族和民族地区主要集中在西部地区，实施西部大开发战略，也就是要加快少数民族和民族地区的发展。”会议强调，从根本上改变西部地区的落后面貌，“要做大量艰苦细致的工作和进行坚韧不拔的努力，要充分认识到实施西部大开发是一项长期的、艰苦的战略任务。因此，我们对加快少数民族和民族地区的发展，既要有高度的历史责任感和紧迫感，又要从实际出发，按客观规律办事。”[③] 这次会议，可以说是实施西部大开发战略的一次预备会，

① 江泽民：《加强各民族大团结，为建设有中国特色的社会主义携手前进》，国家民族事务委员会、中共中央文献研究室编《民族工作文献选编（1990～2002年）》，中央文献出版社，2003，第31页。

② 江泽民：《在中央民族工作会议暨国务院第三次全国民族团结进步表彰大会上的讲话》，国家民族事务委员会、中共中央文献研究室编《民族工作文献选编（1990～2002年）》，中央文献出版社，2003，第213页。

③ 朱镕基：《加快少数民族和民族地区发展，把民族团结进步事业推向新世纪》，国家民族事务委员会、中共中央文献研究室编《民族工作文献选编（1990～2002年）》，中央文献出版社，2003，第222页。

其重要意义在于把西部大开发战略与民族工作紧密地联系在一起，展开了迈入新世纪中国特色社会主义现代化建设的攻坚战。

2000 年正式启动西部大开发战略之后，在民族工作领域最为重大的事务之一，是 2001 年第九届全国人民代表大会常务委员会第二十次会议通过了《关于修改〈中华人民共和国民族区域自治法〉的决定》，这是根据我国改革开放进程中社会主义市场经济体制建设和适应西部大开发战略的实际，对 1984 年颁布的《中华人民共和国民族区域自治法》进行的修正和完善，也是我国民族工作领域在推进依法治国方面迈出的重要一步。依法坚持和完善民族区域自治制度，是西部大开发进程中实现各民族共同发展、共同繁荣的根本保障。同年，党中央召开了第四次西藏工作座谈会，提出了西藏实现跨越式发展的新要求，确定了对西藏地区继续实行的五十条优惠政策，差别化的区域政策对加快西藏地区经济社会发展的作用更加显著。

2005 年，党中央、国务院召开了第三次中央民族工作会议暨国务院第四次全国民族团结进步表彰大会。这次大会以“以科学发展观统领民族工作、促进民族地区和谐发展”为主题，提出“促进民族地区实现全面建成小康社会的宏伟目标，进一步开创我国各民族共同团结奋斗、共同繁荣发展的新局面”的任务，特别强调了正确处理民族问题是建设中国特色社会主义的重要内容，有针对性地对加快少数民族和民族地区经济社会发展进程中面临的一系列新问题做出了政策安排。这次中央民族工作会议的重要成果，集中体现在《中共中央、国务院关于进一步加强民族工作加快少数民族和民族地区经济社会发展的决定》之中，包括了六个方面三十项政策原则和工作要求。其中，突出地指出了在推进民族工作、落实民族政策方面需要着重关注的问题，如“对各民族在历史发展中形成的传统、语言、文化、风俗习惯、心理认同等方面的差异，我们要充分尊重和理解，不能忽视它们的存在，也不能用强制的方式加以改变。对各民族在发展水平上的差距，我们要积极创造条件，努力缩小和消除”。特别强调了民族区域自治作为我国的一项基本政治制度，符合我国的国情和各族人民的根本利益，提出了“民族区域自治，作为党解决我国民族问题的一条基本经验不容置疑，作为我国的一项基本政治制度不容动摇，作为我国社会主义的一大政治优势不容削弱”的重大政治原则。[①] 这次会议从如此的高度提出“充分尊重和理解”“努力缩小和消除”的民族政策内涵问题，强调指出对民族区域自治制度“不容置疑”“不容动摇”“不容削弱”的问题，一是针对在经济社会加快发展进程中出现的对民族问题长期性、复杂性认识的缺失，以及以激进或简化方式处理民族问题的现象；二是针对西藏、新疆出现的极端性事件及其与境外敌对势力的勾连和交互影响，而再度引起的对中国解决民族问题的制度、政策进行质疑的社会舆论。当时，一场有关中国解决民族问题道路正确与否的“论战”，随着“民族问题去政治化”主张的蔓延，已经在思想理论界、民族工作领域、社会舆论界拉开了帷幕。

实施西部大开发以后，随着国家整体实力的不断增强，国家在财力、物力、人力和优惠政策等方面，对西部地区给予了力度不断加大的投入，西部地区特别是少数民族地区的经济社会发展呈现了快速增长的态势。相应的，各种社会问题、生态环境问题也日益突出。正是在这一背景下，党中央提出了以科学发展观统领发展、构建社会主义和谐社会的要求，这不仅关系到全国范围的小康社会建设进程，而且关系到西部地区、少数民族聚居地区在加快发展和跨越式发展进程中如何因地制宜、怎样和谐稳定的问题。西部地区特别是少数民族聚居地区的发展，受益于东部地区率先发展的成就，但是又不能简单移植东部地区的发展经验和模式。由于历史和自然地理等条件，西部地区的环境、人口、物产、资源、市场、城镇化等条件与内地和东部地区大为不同，而且还彰显着民族、宗教、文化、语言、社会生活习俗等多样性的特点，在现代化建设方面总体上自我发展能力不足，与东部地区经济社会发展程度存在着尚未消除的历史差距和持续扩大的现实差距。所以，要实现西部地区加快发展、跨越式发展，对国家扶持、东部地区和兄弟省市的援助

① 胡锦涛：《在中央民族工作会议暨国务院第四次全国民族团结进步表彰大会上的讲话》，国家民族事务委员会、中共中央文献研究室编《民族工作文献选编（2003～2009年）》，中央文献出版社，2010，第70、81页。

的依赖性很大。同时，西部地区的资源优势、市场需求、旅游业、特色产品等发展要素亟待开发。这种双向需求，推动了东部与西部、边疆与内地、农村与城市之间日益广泛的人际、族际交流，就业、教育、收入分配等问题的比较效应也日益凸显。因此，虽然西部地区总体上与东部地区存在显著的发展差距，但是统一市场推动下的加快发展在提升西部发展水平的同时，也加快了西部地区各类社会问题比较集中出现的过程。投入多、发展快、问题多的现象具有普遍性，而民族因素、宗教因素等特殊性问题，进一步增加了社会问题的复杂性。其中包括了境外达赖集团、“东突”分裂势力等“三股势力”影响的烈度显著增强。

自苏联解体、东欧剧变后，民族问题呈现了世界性的反应，并在全球化进程中产生了交互影响的作用。因此，民族问题的诸种特性中增加了国际性的特征。[①] 而美国等西方国家利用民族问题干涉他国内政的行径，也因此成为“西化”“分化”“弱化”他国的战略。利用所谓“西藏问题”“新疆问题”对中国实施遏制和人权干预，就是实施这种战略的主要措施。正所谓“2008 年年初，美国权势集团断定，到了加大对中国施压的时候，这次美国在中国的领土西藏自治区挑起了重大骚乱”。[②] 2008 年是中国举办奥运会之年，西藏爆发了拉萨“3·14 事件”，随后达赖集团提出了所谓“中间道路”的“高度自治”方案。同样，2009 年在新疆乌鲁木齐发生的“7·5 事件”，不仅有境外“东突”分裂势力“世维会”的煽动，而且“所有的迹象表明，美国政府又一次通过它的‘私人’非政府组织，大规模干涉了中国的内政”。当然，其目的并不是维护人权，而是“新疆不稳定，正是华盛顿削弱上海合作组织日益增加的凝聚力最理想的途径”。[③] 这两个事件引发的后续影响，是一些藏族聚居地区持续出现的僧俗人等“自焚”的极端行

① 参见拙文《20 世纪世界民族问题的消长及其对新世纪的影响》，《世界民族》2000 年第 1 期。

② 〔美〕威廉·恩道尔：《霸权背后：美国全方位主导战略》，白德宏等译、顾秀林校，知识产权出版社，2009，第 82 页。

③ 〔美〕威廉·恩道尔：《霸权背后：美国全方位主导战略》，白德宏等译、顾秀林校，知识产权出版社，2009，第 98、103 页。

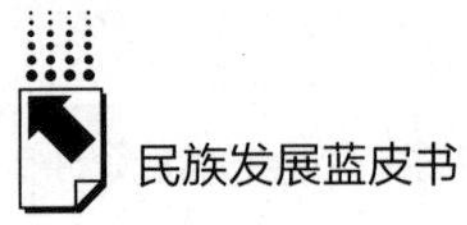

为，是新疆地区持续发生并向内地延伸的极端暴力恐怖事件。毫无疑问，达赖集团、“东突”分裂势力栖居国外、依靠美国等西方国家的豢养和支持，假借民族、宗教“代表”的旗号图谋绑架国内的藏族、维吾尔族，它们最害怕的就是西藏、新疆地区各民族人民安定团结、共同发展，所以也势必要通过制造舆论、挑起事端来破坏这种发展，而这也正是美国等西方国家遏制中国所需要的“抓手”。因此，这两个事件相继发生之后，西方舆论大加炒作、肆意渲染，制造了一系列“妖魔化”“污名化”中国民族政策的舆论。

同时，这两个事件对中国社会的震动也是前所未有的，民族问题引起了全社会的关注。为什么在国家大力扶持、东部和内地积极支持西部地区发展，大量优惠政策向少数民族地区倾斜的情况下会发生这样的极端事件？这成为社会舆论、民间议论普遍费解的问题，而解读这类极端事件的动因也不可避免地聚焦于民族政策。当然，虽然民族问题具有国际性的特征，但是内因与外因的关系，外因通过内因起作用的内在逻辑并没有因此而根本改变。在应对国际斗争、抵御外部因素渗透影响的同时，解决好内部的问题是维护社会稳定、巩固民族团结的根本着力点。任何夸大或偏重外部因素的倾向，势必会掩盖内部工作的缺失。境外敌对势力利用我国内政中存在和出现的问题，放大煽动、着力助推、引发内乱，这是惯用且不可变更的政治伎俩。其基本指向之一就是中国的民族政策，认为中国的民族政策歧视、同化、压迫少数民族，违背普世的人权价值和宗教信仰自由，认为民族区域自治是“政治花瓶”“虚假自治”，所以要搞“名副其实的高度自治”。与此同时，国内对民族政策的“反思”，在这两个事件之后也达到高潮，基本思路是中国的民族政策属于“苏联模式”“区隔政策”，搞“民族识别”、实行“优惠特殊”政策强化了“民族意识”、弱化了“公民意识”，违背了“各民族一律平等的原则”，认为“没有民族政策的政策才是平等的政策”，对居民身份证的族别信息、民族院校、高考加分、计划生育等诸多关涉民族事务的政策内容进行质疑、批评，为民族区域自治这一国家的基本政治制度扣上“不折不扣的苏联模式”帽子，“取消论”“改省论”等主张不一而足。这种自我否定民族政策体系的“去政治化”思潮，最终产生了所谓“第二代民族政策”的“药方”。然而，这类“药方”开列的“药石”并非中国的“本草”，而是美国的“大熔炉”、巴西的“白化”政策、印度的“梵化”政策之类。对这类观点，学术界展开了激烈的论战和严肃的批评。[①] 虽然境外敌对势力和西方舆论出于意识形态、社会制度等方面的原因去渲染中国民族政策的“失败论”，但是国内学术界出现的所谓“反思”却从民族政策的“优惠性”“照顾性”方面得出了“过时论”“失败论”的结论，立意不同、殊途同归，而效法美国的政策也成为“共识”。中国解决民族问题的道路、制度、理论和政策实践面对着前所未有的挑战。

在党和国家的层面，针对西藏、新疆出现的上述极端事件，采取了一系列重大措施。2009 年 9 月举行了国务院第五次全国民族团结进步表彰大会，这是自 1999 年中央民族工作会议与全国民族团结进步表彰大会一体举行以来，再次单独举行的一次表彰大会。究其原因，一是全国性的民族团结进步表彰已经基本形成每五年举行一次的机制，前期准备工作充分，而且在西藏拉萨“3・14 事件”，特别是新疆乌鲁木齐“7・5 事件”严重损害民族关系的形势下，加强民族团结具有重要的现实意义和社会影响；二是在这两个事件之后，需要有针对性地研究和部署西藏、新疆地区的全面工作，而中央民族工作会议的筹备不仅面对着一些区域出现的新问题，同时也面对着社会各界、民间舆论在民族问题、民族工作、民族政策方面认识上的不同声音。因此，2010 年 1 月，中央率先召开了第五次西藏工作座谈会。这次会议，进一步明确了中央对西藏工作的指导思想，做出了一系列重要判断，即西藏地区的社会主要矛盾仍然是人民日益增长的物质文化需要同落后的社会生产之间的矛盾。同时，西藏还存在着各族人民同以达赖集团为代表的分裂势力之间的特殊矛盾。西藏存在的社会主要矛盾和特殊矛盾决定了西藏工作的主题

① 参见拙文《评“第二代民族政策”的理论与实践误区》，《新疆社会科学》2013 年第 2 期；《美国是中国解决民族问题的榜样吗？——评“第二代民族政策”的“国际经验教训”说》，《世界民族》2012 年第 2 期；《巴西能为中国民族事务提供什么“经验”——再评“第二代民族政策”的“国际经验教训”说》，《西北民族大学学报》2012 年第 4 期；《印度构建国家民族的“经验”不值得中国学习——续评“第二代民族政策”的“国际经验教训”说》，《中南民族大学学报》2012 年第 6 期。

必须是推进跨越式发展和长治久安。座谈会强调了坚持中国共产党领导，坚持社会主义制度，坚持民族区域自治制度，坚持走有中国特色、西藏特点的发展路子的基本原则，要求以经济建设为中心，以民族团结为保障，以改善民生为出发点和落脚点，紧紧抓住发展和稳定两件大事，确保经济社会跨越式发展，确保国家安全和西藏长治久安，确保各族人民物质文化生活水平不断提高，确保生态环境良好，努力建设团结、民主、富裕、文明、和谐的社会主义新西藏。确立了西藏作为重要的国家安全屏障、重要的生态安全屏障、重要的战略资源储备基地、重要的高原特色农产品基地、重要的中华民族特色文化保护地、重要的世界旅游目的地的发展战略目标。同时，针对新疆地区的形势，2010 年 5 月举行了第一次中央新疆工作座谈会。这次会议，从新疆工作在党和国家工作全局中具有特殊重要的战略地位，新疆的发展和稳定关系全国改革发展稳定的大局，关系祖国统一、民族团结、国家安全，关系中华民族伟大复兴的高度，对新疆地区全面建设小康社会的进程进行了部署。认为新疆同全国一样，社会主要矛盾仍然是人民日益增长的物质文化需要同落后的社会生产之间的矛盾。同时，新疆还存在着分裂势力分裂祖国的活动。提出做好新形势下新疆工作必须紧紧围绕推进新疆跨越式发展和长治久安这个重大而紧迫的任务来进行，坚持走具有中国特色、符合新疆实际的发展路子，全面推进经济建设、政治建设、文化建设、社会建设以及生态文明建设和党的建设。要求全面贯彻党的民族政策和宗教政策，广泛开展民族团结宣传教育和民族团结进步创建活动，增强各族人民对伟大祖国的认同、对中华民族的认同、对中华文化的认同、对中国特色社会主义道路的认同，巩固各族干部群众共同团结奋斗、共同繁荣发展的思想基础，推动各民族和睦相处、和衷共济、和谐发展。提出坚持以发展促稳定、以稳定保发展，坚决全面严格执行宪法和法律，健全社会管理体制，加强基层工作和群众工作，加强社会治安综合治理，深入推进平安建设，旗帜鲜明地反对和打击民族分裂势力，确保人民安居乐业、社会安定有序等工作任务，确立了推进新疆跨越式发展和长治久安的战略目标。

中央西藏工作座谈会的持续举行、中央新疆工作座谈会机制的启动，表明这两个地区经济社会发展任务的艰巨性，突出了这两个地区面对的特殊矛盾。而解决这些问题关键要靠发展，关键是使经济社会发展的成就惠及各民族人民群众，这一基本立足点不能动摇。就在中央新疆工作座谈会举行之前，即 2010 年 3 月，中央举行了第一次全国对口支援新疆工作会议，启动了全国 19 个省市对口支援新疆的重大工程，要求这些省市建立起人才、技术、管理、资金等方面援助新疆的有效机制，优先保障和改善民生，解决各民族群众就业、教育、住房等基本问题，提升新疆地区特色产业的发展，增强新疆地区自身的“造血”功能。此后，2011 年 5 月、2012 年 5 月、2013 年 9 月相继召开了第二次、第三次、第四次全国对口支援新疆工作会议，出台政策之多、投入资金之大、建设项目之多、惠及民生之广，在新疆历史上前所未有。

2014 年 5 月，中央第二次新疆工作座谈会召开。这次会议立足做好新疆工作是关系全党全国的大事，要求必须从战略全局高度谋长远之策，行固本之举，建久安之势，成长治之业。围绕社会稳定和长治久安这个总目标，以推进新疆治理体系和治理能力现代化为引领，以经济发展和民生改善为基础，以促进民族团结、遏制宗教极端思想蔓延等为重点，坚持依法治疆、团结稳疆、长期建疆，努力建设团结和谐、繁荣富裕、文明进步、安居乐业的社会主义新疆。会议认为，新疆的问题最长远的还是民族团结问题。民族分裂势力越是企图破坏民族团结，我们越要加强民族团结，筑牢各族人民共同维护祖国统一、维护民族团结、维护社会稳定的钢铁长城。要坚定不移坚持党的民族政策、坚持民族区域自治制度。民族团结是各族人民的生命线。要高举各民族大团结的旗帜，在各民族中牢固树立国家意识、公民意识、中华民族共同体意识，最大限度团结依靠各民族群众，使每个民族、每个公民都为实现中华民族伟大复兴的中国梦贡献力量，共享祖国繁荣发展的成果。强调各民族要相互了解、相互尊重、相互包容、相互欣赏、相互学习、相互帮助，像石榴籽那样紧紧抱在一起。要加强民族交往交流交融，部署和开展多种形式的共建工作，推进“双语”教育，推动建立各民族相互嵌入式的社会结构和社区环境，有序扩大新疆少数民族群众到内地接受教育、就业、居住的规模，促进各族群众在共同生产生活和工作学习中加深了解、增进感情。要坚定不移地推动新疆更好更快发展，同时发展要落实到改善民生上、落实到惠及当地上、落实到增进团结上，让各族群众切身感受到党的关怀和祖国大家庭的温暖。要坚持就业第一，增强就业能力，引导各族群众有序进城就业、就地就近就业、返乡自主创业。要坚持教育优先，培养优秀人才，全面提高入学率，让适龄的孩子们学习在学校、生活在学校、成长在学校。要吸引更多优秀人才投身教育，国家的教育经费要多往新疆投。要加大扶贫资金投入力度，重点向农牧区、边境地区、特困人群倾斜，建立精准扶贫工作机制，扶到点上、扶到根上，扶贫扶到家。南疆的发展，要从国家层面进行顶层设计，实行特殊政策，打破常规，特事特办。对口援疆是国家战略，必须长期坚持，把对口援疆工作打造成加强民族团结的工程。至此，援疆工作展开了一个新的局面，国家对新疆地区实行的差别化区域政策趋于完备。

在2008年西藏拉萨“3·14事件”、2009年新疆乌鲁木齐“7·5事件”之后，这些地区维护社会稳定的任务极其艰巨。而这类极端性事件的持续出现，尤其是新疆地区受极端宗教思想蛊惑的暴力恐怖活动持续发生，直至出现试图劫持飞机、冲撞天安门的爆炸和昆明火车站的暴力恐怖袭击等事件，使维护社会安全、防范暴恐犯罪的意识和措施不断增强。在实施安全防范的各类措施中，对流动人口的管理问题成为重点。但是，在防范“三股势力”的渗透影响，加强维护社会安全的监控、检查措施中，如何区分极端宗教影响与正常宗教活动、风俗习惯的界限，如何保障公民权利与防范暴恐分子，成为对各级政府、相关行业执政能力、治理能力的新考验。为了维护社会稳定和安全，出现了将某些事件与某个少数民族，甚至与某个地区“捆绑”在一起的认识和行为，导致忽视甚至违反民族政策、宗教政策的现象多有发生，包括安检中的“特别待遇”、入住旅店的排斥现象等，都产生了民族性、地区性的歧视效应，这类措施和行为危害民族关系、损害民族团结，也违背了促进各民族人民和睦相处地交往、和衷共济地交流、和谐发展地交融的原则。这与党的民族理论和政策在全社会宣传教育的局限、与对统一的多民族国家基本国情的认识缺失、与学术界一些人对民族政策的所谓“反思”造成的思想混乱都有直接关系。

2014 年 9 月，第四次中央民族工作会议暨国务院第六次全国民族团结进步表彰大会在北京举行。这次会议与第三次中央民族工作会议时隔 9 年。这 9 年间，中国在经济社会发展方面取得了长足的进步，综合国力大幅度提高，国际影响力持续上升，同时也面临着来自国际和国内更加多样和严峻的挑战。2012 年 11 月召开的中国共产党第十八次全国代表大会，正是立足世界格局深度调整，国际金融危机影响深远，各国利益摩擦和矛盾冲突加剧，中国面临的国际环境比以往任何时候都更为复杂的外部形势，以及中国处于深化改革开放、加快转变经济发展方式的关键时期，经济转轨不断加快、利益调整难度加大、社会矛盾多发频发，改革发展稳定的任务更为繁重，潜在挑战和困难更加凸显的国内形势下召开的。党的十八大提出了中国特色社会主义道路、制度、理论自信的问题，确立了全面建成小康社会的目标。党的十八大以后，新一届党中央以实现中华民族伟大复兴的“中国梦”统领“两个百年”的奋斗目标，在全面深化改革、治国理政方面做出了一系列重大决策，其中包括坚持和完善我国的根本政治制度、基本政治制度，国家治理体系和治理能力现代化建设等。第四次中央民族工作会议正是在上述背景下召开的。

习近平总书记在第四次中央民族工作会议上发表了重要讲话，他开宗明义地指出：“近些年来，我国民族关系出现一些新情况，民族地区改革发展稳定面临一些新问题，特别是拉萨‘3·14’、乌鲁木齐‘7·5’等事件发生后，社会上、党内外对民族问题、民族工作出现了不同认识，既有肯定性和建设性意见，也有批评和质疑的看法。党中央感到，专门召开一次民族工作会议很有必要。”① 可见，这次会议的召开具有很强的针对性。这次会议

① 本文涉及的习近平总书记讲话等中央民族工作会议精神的内容，主要来源于王正伟《做好新时期民族工作的纲领性文献——深入学习贯彻习近平总书记在中央民族工作会议上的重要讲话》，《求是》2014 年 10 月 16 日；丹珠昂奔：《沿着中国特色解决民族问题的道路前进——中央民族工作会议精神学习体会》，《中国民族报》2014 年 11 月 7 日第 5 版。下文不一一注出。

以“准确把握新形势下民族问题、民族工作的特点和规律，统一思想认识，明确目标任务，坚定信心决心，提高做好民族工作能力和水平”为总要求，从准确把握我国统一的多民族国家的基本国情，坚持中国特色解决民族问题的正确道路，坚持和完善民族区域自治制度，加强中华民族大团结，加快民族地区全面建成小康社会进程，构筑各民族共有精神家园，重视做好城市民族工作，做好民族工作关键在党、关键在人八个方面，对我国“处理好民族问题、做好民族工作”的大政方针、目标任务、工作重点和思想方法等，进行了高瞻远瞩的系统阐释，对一些模糊不清、脱离国情、妄自菲薄等不正确的认识给予深刻而具体的回应。确定了在全面建成小康社会进程中和未来一个阶段我国民族工作的纲领。

二　坚持中国特色解决民族问题的正确道路

中国特色解决民族问题的正确道路，是 2014 年 9 月中央民族工作会议对中国解决民族问题的理论、制度、法律和政策做出的高度概括，是中国特色社会主义道路在民族工作领域的集中表述。对此，习近平明确指出：新中国成立 65 年来，党的民族理论和方针政策是正确的，中国解决民族问题的道路是正确的，我国的民族关系总体是和谐的，我国民族工作做的是成功的。这一判断是基于中国特色解决民族问题的正确道路所具有的尊重历史、符合国情、顺应人心的基本特征，也是基于我国民族工作在制度建设、法律保障、政策实践、理论发展方面取得的重大成就。

尊重历史，是十八大以来党中央对中国道路、中华民族的伟大复兴论述最多的一个话题。古老的中华文明、近代百年的屈辱与抗争、新中国成立以来的发展历程，从历史过程阐释中国从哪里来，从现实发展论述中国到哪里去，这是对“中国特色”基质的全面把握。习近平在中央政治局关于我国历史上的国家治理学习会上指出：对绵延 5000 多年的中华文明，我们应该多一份尊重，多一份思考。对古代的成功经验，我们要本着择其善者而从之、其不善者而去之的科学态度，牢记历史经验、牢记历史教训、牢记历史警示，为推进国家治理体系和治理能力现代化提供有益借鉴。[①] 因此，这次中央民族工作会议对中国特色解决民族问题正确道路的阐释，也突出了中国历史的发展规律。无需追溯中国大地上史前文明的多样性，源自先秦时代的“五方之民”说，就展开了中国历史的文化多样性视野。在秦汉大一统的国家体制形成之后，中国就形成了统一的多民族国家格局。在中央王朝“修其教不易其俗、齐其政不易其宜”的治世理念中，“天下统一”之大道，“因俗而治”之方略，“和而不同”之目标，维系了中国大一统的政治格局，无论朝代如何更迭，不论江山易主于何族，国家统一的王朝体制始终延续，多民族结构没有改变，“五方之民共天下、四海之内皆兄弟”。统一的多民族国家意志贯穿了整个中国的历史。在近代百年，中国遭受了世界上绝无仅有的众多帝国主义列强的侵略，侵吞中国领土、肢解中国版图、分裂中国民族的危机接踵而至。但是，中国依然保持了统一的多民族国家的历史传统，并最终在中国共产党领导下建立了独立自主的中华人民共和国。因此，尊重历史，最重要的就是尊重中国形成统一的多民族国家的历史过程。中国不是罗马帝国崩解后在众多民族君主国基础上形成的西欧民族—国家，中国也不是殖民主义时代在美洲大陆、澳洲大陆建立的移民国家，这是历史唯物主义赋予我们认识中国特色解决民族问题正确道路的历史基础。

符合国情，历史赋予中国最重要的基本国情是国家统一、民族多样。这是中华文明几千年历史传承发展、“五方之民”及其后裔互动不懈铸就的国家特性。习近平指出：中国历史上维护一统而又重视差别的理念，对中华民族的形成和发展至关重要。今天，在实现中华民族伟大复兴的进程中，多民族及其聚居地区的差异性，同样需要我们牢固树立维护统一而又尊重差异的理念。在中国近代百年遭受帝国主义列强欺凌的屈辱历史过程中，中华民族的概念伴随着中国仁人志士探索现代国家之路的奋斗应运而生。这一概念成为中国从封建帝国向现代国家转变过程中、中国民众从臣民向国民转变过程

---

① 参见《人民日报》2014 年 10 月 14 日第 1 版。

中，中国自立于世界民族之林的民族认同标志。对此，中国共产党人做出了科学的解释和定义：“中国有四万万五千万人口，组成中华民族。中华民族包括汉、满、蒙、回、藏、苗、瑶、番、黎、夷等几十个民族，是世界上最勤劳，最爱和平的民族。中国是一个多民族的国家，中华民族是代表中国境内各民族之总称。”[①] 简单地说，中国的各民族是历史性的民族，中华民族则是中华文明历史孕育、统一的多民族国家历史培育的现代国家—民族（state-nation）。对这两个层面的“民族”，习近平在报告中指出：中华民族和各民族的关系，是一个大家庭和家庭成员的关系，各民族的关系是一个大家庭里不同成员的关系。这样一个大家庭的历史基础，是各民族共同开发了祖国的锦绣河山、广袤疆域，共同创造了悠久的中国历史、灿烂的中华文化。我国历史演进的这个特点，造就了我国各民族在分布上的交错杂居、文化上的兼收并蓄、经济上的相互依存、情感上的相互亲近，形成了你中有我、我中有你，谁也离不开谁的多元一体格局。国家结构的统一与多样，中华民族的多元一体，这是辩证唯物主义赋予我们理解中国特色解决民族问题正确道路的现实国情。

顺应人心，体现了中国共产党的根本宗旨，即“我们的党是全心全意为人民服务的政党”，“人民对美好生活的向往，就是我们的奋斗目标”。[②] 对一个统一的多民族国家来说，维护国家统一、承认民族多样，尊重多元、建设一体，实现各民族人民手足相亲、守望相助的共同团结奋斗、共同繁荣发展，就是顺应人心。新中国成立以后，国家开展了民族识别工作，这既是承认中国多民族的国情实际，也是保障少数民族平等权利的前提条件。如果是一个单一民族组成的国家，在国内层面就无所谓“民族平等”，而作为多民族国家，新中国“把民族平等作为立国的根本原则之一”，承认少数民族的社会地位、政治地位，使“各民族共同当家做主，反对任何民族压迫和

① 《抗日战士政治课本》，中央统战部编《民族问题文献汇编》，中共中央党校出版社，1991，第 808 页。

② 习近平：《人民对美好生活的向往，就是我们的奋斗目标》，《习近平谈治国理政》，外文出版社，2014，第 4 页。

歧视，确立和巩固社会主义新型民族关系，引导各族人民走上社会主义道路，这是我国民族关系史上数千年未有之大变局”。这就是顺应人心。比较而言，在中国政府进行民族识别和全面推进民族区域自治制度之际，宣称“人人生而平等”的美国社会，仍处于黑白人种“隔离但平等”的状态。1954 年“布朗案”的胜诉，使一名小女孩在警察护送下成为第一个进入白人公立学校的黑人，这一讼案之所以被称为“在美国历史上是一个不容置疑的分水岭”[1]，在于它撕开了种族隔离藩篱的一道缝隙，法律“不再允许政府阻止少数民族成员就读于白人学校”[2]，由此拉开了美国黑人争取平等权利的民权运动序幕。这也是西方社会转向“承认的政治”和多元文化主义差别化政策的开端。在这方面，中国在解决民族问题的理论和实践上有顺应人心的先见之明，中国民族政策的思想理念和具体内容在世界范围都具有先进性。事实证明，“那种把多民族当‘包袱’，把民族问题当‘麻烦’，把少数民族当作‘外人’，企图通过取消民族身份、忽略民族存在来一劳永逸解决民族问题的想法是行不通的”。在世界范围内没有可资借鉴的所谓“成功经验”，反而有不少从否认到承认的普遍实证。最新的例证是，2014 年 4 月英国政府正式承认康沃尔人（Cornish）是其国内与苏格兰人、威尔士人、北爱尔兰人地位相同的少数民族（national minority），这是西方国家在尊重少数民族权利方面的“补课”。

中国识别民族身份的目的是尊重差异和保障平等，这是在国家统一的前提下通过实行民族区域自治制度保障少数民族平等权利的基础。中国实行民族区域自治制度是尊重历史、符合国情、顺应人心的必然抉择，所以民族区域自治制度是中国特色解决民族问题正确道路的重要内容和制度保障。党和国家历来强调坚持和完善民族区域自治制度，这是坚持中国特色解决民族问题正确道路的根本要求，也是我们理解“不容置疑”“不容削弱”“不容动摇”的立足点。但是，在关涉我国民族问题、民族工作的所谓“反思”中，

---

① 〔英〕J. R. 波尔：《美国平等的历程》，张聚国译，商务印书馆，2007，第 303 页。

② 〔美〕托马斯·帕特森：《美国政治文化》，顾肃、吕建高译，东方出版社，2007，第 154 页。

断言这一制度是“苏联模式”，是民族“区隔制度”，是人为制造的“两元结构”，甚至是民族分裂主义的“天然条件”之说比比皆是，所谓“美国没有民族区域自治制度”“没有民族大学”“没有身份证”之类的举证迷惑了不少人的思想。针对这类观点，习近平在中央民族工作会议的报告中指出：“有人说，民族区域自治制度不要搞了，民族自治区可以同其他省市实行一样的体制。这种看法是不对的，在政治上是有害的。我再次明确说一遍，取消民族区域自治制度这种说法可以休矣。民族区域自治是党的民族政策的源头，我们的民族政策都是由此而来、依此而存。这个源头变了，根基就动摇了，在民族理论、民族政策、民族关系等问题上就会产生多米诺效应。”我们党的民族政策原则，集中体现在《中华人民共和国民族区域自治法》的法律条文中，这就是源头、根基，也是“不容置疑”“不容削弱”“不容动摇”的基石。民族区域自治作为中国特色解决民族问题正确道路的制度结构、法律保障和政策源头，决定了中国解决民族问题、维护民族平等、巩固民族团结、实现中华民族伟大复兴的必由之路。民族区域自治不是什么“苏联模式”，而是“中国特色”。对此，改革开放后邓小平视察新疆时曾一针见血地指出：“新疆的根本问题是搞共和国还是搞自治区的问题。要把我国实行的民族区域自治制度用法律的形式规定下来，要从法律上解决这个问题。”① 也就是说，实行民族共和国的联邦制就是“苏联模式”，实行国家统一体制下的民族区域自治就是“中国特色”。这是明白无误的结论。

习近平在讲话中回顾了毛泽东等老一代无产阶级革命家在探索中国特色解决民族问题正确道路方面的深谋远虑，针对诬称中国民族区域自治是“苏联模式”的看法指出：“现在国内有人这样说，当年苏东剧变后西方有人也这样说。这种说法不符合事实，是张冠李戴。”事实上，对中国民族区域自治制度进行“苏联模式”归类的人，从来没有举证出这一制度如何制造了“民族区隔”“民族分裂”的事实，只是肤浅地移植了西方人对苏联联

① 邓小平：《新疆稳定是大局，选拔干部是关键》，中共中央文献研究室、中共新疆维吾尔自治区委员会编《新疆工作文献选编（1949～2010）》，中央文献出版社，2010，第252页。

邦制的研究，采取了对老一代无产阶级革命家有关中国民族区域自治与苏联民族共和国联邦制本质不同的中国话语讳莫如深，对党和国家历来强调坚持和完善这一制度的政治原则置若罔闻的态度。这种把“中国特色”强行捆绑于“苏联模式”的比较，无非就是要证明“美国没有民族区域自治”所以也“没有民族分裂”的逻辑。但是，美国、巴西、印度这些没有“民族区域自治”的国家，实行的是多党竞争的联邦制，对此不能视而不见地混淆政治国情。在国家制度的选择问题上，包括解决民族问题的基本政治制度设计上，“不能想象突然就搬来一座政治制度上的‘飞来峰’。也不能看到别的国家有而我们没有就简单认为有欠缺，要搬过来；或者，看到我们有而别的国家没有就简单认为是多余的，要去除掉。这两种观点都是简单化的、片面的，因而都是不正确的”。“我们需要借鉴国外政治文明有益成果，但绝不能放弃中国政治制度的根本。中国有 960 多万平方公里土地、56 个民族，我们能照谁的模式办？谁又能指手画脚告诉我们该怎么办？”[①] 中国特色解决民族问题的正确道路，是几代中国共产党人立足尊重历史、符合国情、顺应人心，在解决我国民族问题实践中探索出来的伟大成果。习近平指出：“我们党采取民族区域自治这个新办法，既保证了国家团结统一，又实现了各民族共同当家做主。实践证明，民族区域自治制度符合我国国情，在维护国家统一、领土完整，在加强民族平等团结、促进民族地区发展、增强中华民族凝聚力等方面都起到了重要作用。”正因为如此，达赖集团才诋毁和反对这一制度，谋求以所谓“中间道路”的“高度自治”方案来取代民族区域自治制度。同样，“东突”势力分裂中华民族、图谋“新疆独立”最大的障碍也是民族区域自治制度。对此，必须有清醒的政治意识。

习近平指出：一个国家在解决民族问题上，选择什么样的道路、采取什么样的模式，是基本国情、历史演进、经济社会状况、文化传统等各种因素共同作用的结果。对中国特色解决民族问题的正确道路，中国的民族区域自

① 习近平：《在庆祝全国人民代表大会成立 60 周年大会上的讲话》，《人民日报》2014 年 9 月 6 日第 1 版。

治制度，需要以历史唯物主义的立场、从新中国建立的历史过程和中国特色社会主义的实践去深刻认识。“中华人民共和国的成立，就是对帝国主义的民族自决。”① 这是中国共产党对马克思列宁主义关于民族自决思想立足国情给予的丰富和发展，这就是中国的特色。任何纠结于完成这一历史过程中党的阶段性政治主张（如各民族的自决）、尝试性探索（联邦制）等方面的历史研究，都要从历史过程和现实结果去分析和理解。新中国成立所昭示的民族自决，就是中华民族多元一体大家庭的民族自决，对中国各民族人民来说这是一个完成时。新中国成立 65 年来，中国特色解决民族问题的正确道路，经受住了国际风云变幻、国内发展曲折和现阶段“三股势力”挑战等重大因素的考验，用事实证明了这条道路的正确性、有效性。因此，对中国特色解决民族问题正确道路，需要从历史和现实、理论与实践方面去科学认知、深刻理解。只有深刻理解中国特色社会主义制度，包括民族区域自治制度的优越性，才能坚定不移地坚持和完善，才能在国际比较中坚定自觉地自信。

美国没有成功地解决种族问题，如果说 1954 年的“布朗案”开启了美国种族平等的法律先声，那么时隔 60 年后，2014 年发生在弗格森小镇的“布朗案”及其引发的波及全美的骚乱和抗议活动，则使美国社会再次面对根深蒂固的种族歧视顽症。美国学界认为 1954 年“布朗案”体现了司法公正，虽然“种族、性别和民族方面的歧视并未从美国人生活中根除，但不再得到法律的实质性支持”。② 然而，在 2014 年弗格森事件的“布朗案”判决后，民众抗议和社会舆论却再度指向了美国司法不公的种族歧视问题。同样，西欧发达国家也没有成功地解决民族问题，要么在“承认的政治”中补课（如英国），要么在“承认的困境”中宣布多元文化主义失败（如德国和英国），要么在“独立公投”的威胁下分权（如加拿大魁北克和英国苏格兰）。至于移民问题则更为普遍，激发着西方社会种族主义、保守主义、民

① 乌兰夫：《民族问题学习笔记》，《乌兰夫文选》上册，中央文献出版社，1999，第 359 页。

② 〔美〕托马斯·帕特森：《美国政治文化》，顾肃、吕建高译，东方出版社，2007，第 186 页。

粹主义、极右翼排外势力和新法西斯主义等“仇恨团体”的蔓延，甚至延伸到海外极端宗教恐怖主义的“圣战”之中。这些问题并非偶然现象，也不是“美国没有民族分裂”的说法可以忽略不计的问题，而是西方资本主义制度难以克服的内在矛盾，在解决种族、民族、族群、宗教问题方面的必然反映。事实证明，这些国家没有为世界提供解决民族问题“包治百病的灵丹妙药”。这些问题需要中国学界去研究，而非视而不见、违背事实甚至弄虚作假地盲目举荐和力图效法。对中国而言，只要我们牢牢坚持中国共产党的领导，就没有任何人、任何政治势力可以挑拨我们的民族关系，我们的民族团结统一在政治上就是有充分保障的。只要坚持走中国特色解决民族问题的正确道路，中国就不会也不可能出现类似西方发达国家正在进行时的民族—地区独立公决，诸如加拿大魁北克、英国苏格兰、西班牙加泰罗尼亚，以及比利时法兰德斯、意大利北方联盟之类。

坚定不移地走中国特色解决民族问题的正确道路，开拓创新，这是中央民族工作会议深刻阐释的重大政治原则。这条道路所蕴含的民族政策体系，在尊重差异、缩小差距的实践中创造了处理民族问题的崭新模式，展现了鲜明的中国风格和优越性。对此不仅要自信，而且要自尊和倍加珍惜。邓小平曾指出：“解决民族问题，中国采取的不是民族共和国联邦制的制度，而是民族区域自治的制度。我们认为这个制度比较好，适合中国的情况。我们有很多优越的东西，这是我们社会制度的优势，不能放弃。”[①] 这是道路、制度、理论自信的政治底气。现阶段，在全面建成小康社会、实现中华民族伟大复兴中国梦的“两个百年”发展进程中，我国的民族工作面临着一些新的阶段性特征，面临的挑战更多了、要求更高了。因此，处理好民族问题、做好民族工作，必须从关系祖国统一和边疆巩固的大事、关系民族团结和社会稳定的大事、关系国家长治久安和中华民族繁荣昌盛的大事这样的战略高度去认识和实践。

---

① 邓小平：《我们干的事业是全新的事业》，《邓小平文选》第3卷，人民出版社，1991，第257页。

习近平在报告中对处理好民族问题、做好民族工作提出了几个基本原则：在政治方向上，坚持在中国共产党领导下，走中国特色社会主义道路；在制度设计上，坚持和完善民族区域自治制度；在工作主题上，坚持各民族共同团结奋斗、共同繁荣发展；在精神纽带上，坚持打牢中华民族共同体的思想基础；在民族关系上，坚持各民族一律平等，巩固和发展平等团结互助和谐的社会主义民族关系。这是坚持道路、完善制度、把解决民族问题置于各民族最高利益层面必须遵循的政治原则。会议强调指出，民族工作是政治性、政策性都很强的工作。要求从政治上把握民族关系、看待民族问题，也就是不能去搞什么“民族问题去政治化”。所谓“去政治化”就是“去制度化”“去政策化”“去法律化”，其指向就是取消民族区域自治制度。因此，所谓“民族问题去政治化”的说法不仅是一个伪命题，而且本身就是一个政治化的命题。

对坚持和完善民族区域自治制度的问题，习近平指出：“一是坚持统一和自治相结合。团结统一是国家最高利益，是各族人民共同利益，是实行民族区域自治的前提和基础。没有国家团结统一，就谈不上民族区域自治。同时，要在确保国家法律和政令实施的基础上，依法保障自治地方行使自治权，给予自治地方特殊支持，解决好自治地方特殊问题。二是坚持民族因素和区域因素相结合。民族区域自治，既包含了民族因素，又包含了区域因素，民族区域自治不是某个民族独享的自治，民族自治地方更不是某个民族独有的地方。这一点必须搞清楚，否则就会走到错误的方向上去。达赖集团、‘东突’分裂势力就打这个旗号，要求汉人等都退出西藏、新疆，包藏的祸心就是搞民族分裂。我们的同志千万不能照着这个逻辑走！”中国的民族区域自治制度不是西方一些国家搞的“民族自治”，是立足统一的多民族国家这一基本国情确立的多种因素相结合的政治制度。在自治地方建立的过程中，包括了尊重少数民族传统聚居地区范围，同时又着重考虑了有利于自治地方发展的区域经济社会因素，形成了民族因素和地方因素相结合的行政区域格局。实行民族区域自治制度的设计理念是“少数民族自主地管理本民族内部事务”，这是宪法确立的原则。但是，要认识到自治区域内的国家事务和地方事务不能简单地等同于自治民族的“内部事务”。所以，厘清自治民族的“内部事务”及其管理机制，是践行宪法原则、落实民族区域自治法规定的必要条件。同时，要从历史发展的过程去思考中国的“自治模式”，包括少数民族地区实行民主改革前后的社会结构变化，现实发展进程中民族事务与地方事务相互交织等因素。这次民族工作会议就国家对民族地区实施的扶持政策，做出了坚持统一和自治相结合、民族因素和区域因素相结合的分类，是值得重视的政策指向。关键是要依法规范自治权、依法保障自治权、依法行使自治权。

会议强调指出：“落实民族区域自治制度，关键是帮助自治地方发展经济、改善民生。今年是民族区域自治法颁布实施 30 周年，必须把宪法和民族区域自治法的规定落实好，加强对规范和完善民族区域自治相关法规和制度的研究。”这是坚持和完善民族区域自治制度的根本指向。实行民族区域自治制度是为了少数民族及其聚居地区能够得到更多的实惠，加快发展，缩小差距。对此邓小平多次做过十分通俗但非常深刻的阐释：“少数民族是想在区域自治里得到些好处，一系列的经济问题不解决，就会出乱子。”“政治要以经济做基础，基础不坚固还行吗?”“实行民族区域自治，不把经济搞好，那个自治就是空的。”① 民族区域自治是保障少数民族共享平等的制度，实现各民族一律平等“最根本的问题是帮助少数民族发展生产，改善生活。如果少数民族在经济上不发展，那就不是真正的平等。所以，要使各民族真正平等，就必须帮助少数民族发展经济”。② 因此，“实施《民族区域自治法》的一个重要方面，是解决好经济权益问题”。③ 这是老一代无产阶级革命家始终强调的重要原则，也是今天面对的关键问题。原因就在于，经

① 邓小平：《关于西南少数民族问题》，《邓小平文选》第 1 卷，人民出版社，1994，第 167 页。

② 周恩来：《要尊重少数民族的宗教信仰和风俗习惯》，中共中央文献研究室、中共新疆维吾尔自治区委员会编《新疆工作文献选编（1949 ~ 2010）》，中央文献出版社，2010，第 145 页。

③ 习仲勋：《在庆祝内蒙古自治区成立四十周年干部大会上的讲话》，中共中央统战部、中共中央文献研究室：《习仲勋论统一战线》，中央文献出版社，2013，第 497 页。

济社会发展差距问题是长期以来、今天仍旧面对的最突出的问题。加快少数民族和民族地区的经济社会发展，是坚持中国特色解决民族问题正确道路的内在要求。但是，这并不意味着民族工作就是解决经济社会发展问题，也不意味着完善民族区域自治制度就是制定经济社会发展政策，更不是说不需要依法制定民族自治地方的自治条例。依法治国就是要依据宪法、基本法律进行法制实践，这是坚持和完善民族区域自治制度的必由之路。有人认为这次民族工作会议没有提到制定自治区一级自治条例的问题，对此心存疑惑或忧虑，也有人认为没有提这个问题就意味着不再制定民族区域自治法的具体实施条例。这两种看法都是偏颇的认识。习近平指出："必须把宪法和民族区域自治法的规定落实好，加强对规范和完善民族区域自治相关法规和制度的研究。"关键是什么、落实什么、加强什么，一清二楚。对中央民族工作会议的精神要全面准确理解，而不是教条呆板、断章取义、各取所需地误读和误导。

尊重差异，缩小差距，这是中国民族政策的两个基本着力点，解决好这两个问题就能巩固中华民族的大团结，就能够实现共同团结奋斗、共同繁荣发展。中国将长期处于社会主义初级阶段，也长期属于发展中国家，解决民族问题不能脱离这个实际、不能超越这个历史阶段。在现阶段，加快少数民族和民族地区经济社会的发展是最为紧迫和艰巨的任务，这也是中央民族工作会议进一步强调和部署的重要任务。

三　加快民族地区全面建成小康社会的进程

中国幅员辽阔，自然地理条件迥异，环境、资源、物产、人文等经济社会发展条件南北不同、东西相异，尤其是陆路边疆地区与内地、东南沿海地区存在着经济社会发展方面显著的不平衡。改革开放以后，东南沿海地区率先发展，渐次带动内地、辐射西部，并于2000年转向了以西部地区为中心的现代化建设。每一次中央民族工作会议，加快西部地区特别是少数民族和民族地区的发展都是最重要的议题之一，第四次中央民族工作会议也不例外。加快民族地区全面建成小康社会的进程，是会议关注的重大聚焦之一。

这次中央民族工作会议立足统一的多民族国家基本国情，专门对“多民族”进行了阐释。中国的“多民族”，是指历史形成的汉族和众多少数民族，属于历史性的民族。他们承载着多语言、多文化、多宗教、多种经济生活方式及由此形成的多种多样的风俗习惯，各民族聚居地区之间存在着不同的自然地理禀赋，各民族之间存在着显著的经济社会发展程度差别。大多数少数民族地区自然条件差、发展起点低、历史欠账多、城乡发展差距明显，与东部地区的发展差距不断拉大。但是，这些地区又是中国可持续发展、国家安全、民族团结的战略要地。会议明确指出，西部地区特别是民族地区是我国的资源富集区、水系源头区、生态屏障区、文化特色区、边疆地区、贫困地区。这是中国统一的多民族国情的“家底”，也是发展优势和现实困难并存的“家底”。这个“家底”总体上是一种优势，关键是建设边疆、消除贫困、实现各民族的共同发展和共同富裕。从这个意义上说，中国“多民族的大一统，各民族多元一体，是老祖宗留给我们的一笔重要财富，也是我们国家的一个重要优势”。

从资源富集、水系源头、生态屏障的区域优势来说，民族地区的森林资源储蓄积量、草原面积、水利资源蕴藏量、生物多样性及其丰富的基因资源，都在全国占有优势或绝对优势的比重。矿产资源也大多集中在民族地区，钾盐占全国99%，稀土占96%，锂占84%，煤炭占58%，天然气占41%，石油资源也十分丰富。从文化特色来看，数以百计的少数民族语言和多种文字，各具特色的文化类型和表现形式，渗透于衣食住行等社会生活领域的文化特色，蕴含于少数民族文化中多种多样的价值观念和行为规范，都是中华文明源远流长、中华文化色彩斑斓的重要组成部分，是构成中国文化多样性交相辉映的重要特征，这都是优势。在中国陆路长达2.2万公里边境线上有1.9万公里都属于少数民族聚居地区，全国135个边境县（旗）中，有民族自治地方107个，少数民族在边境总人口中几近一半。同时，这些地区普遍属于贫困地区，全国14个集中连片特困地区，有11个包含民族自治地区，这些地区“群众困难多、困难群众多”。因此，从解决民族问题、做

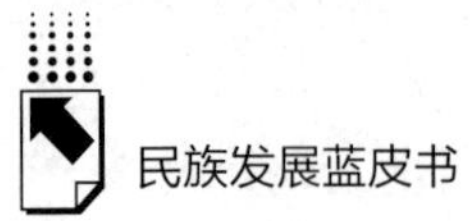

好民族工作的总要求出发，中央民族工作会议认为，只有掌握了这个“家底”，才能真正了解我国的基本国情。准确把握这个基本国情，才能懂得民族工作有多重要，做好民族工作有多不容易。会议对我国统一的多民族国家给予“家底”的定性，就是要求从准确把握“统一”与“多样”的基本国情、树立多民族是发展优势的观念，去深刻认识民族工作事关全局的重要性。

实施西部大开发以来，民族地区的经济社会发展呈现了持续加快甚至跨越式的增长，地区经济增长速度、增幅普遍高于、大于全国的平均水平，这是一个基本事实。但是民族地区与东部地区和全国平均水平的差距之大，绝非短期内能够缩小。那种靠数据判断实际的“大跨越”之说、民族地区是“最大受益者”之论，甚至把某一个自治区的国内生产总值增长速度与世界上某些国家进行比较来为所谓“公平”的“第二代民族政策”说背书，是一种脱离实际玩弄数据、不负责任做出论断的误导。[①] 这种靠一些数据推演、以增速、增幅判断发展的思想方法，只能产生两种效果：一是强化了对民族地区经济社会“大跨越”“最大受益者”但极端性事件频繁发生的民间矛盾心理，导致思想混乱和对民族政策的质疑；二是使一些地方增强了追求数字化增长的“政绩”愿望，导致地区指标、平均水平掩盖了族别发展的差距。所以，这次会议的报告中在关涉加快民族地区经济社会发展和全面建成小康社会的评估方面，也特别指出了这个问题，即不能把相关指标简单套用到各个省区市，然后倒推出一个增长速度作为目标。那样不科学，也不现实。的确如此，例如青海省 2013 年国内生产总值增速名列全国第 9 位。其中，城镇居民人均可支配收入增幅位居全国第 2 位，农牧民人均纯收入增幅达到全国第 1 位。但是，在全国各省区市的排名中，这种增幅位居全国的第一、第二位，实际的城镇居民人均可支配收入、农牧民人均纯收入则位居全国倒数第一、第二位。增速快、增幅大，但差距并没有缩小，这在西部地区具有普遍性。

① 参见拙文《评“第二代民族政策”的理论与实践误区》，《新疆社会科学》2013 年第 2 期。

总体而言，正如会议做出的判断：近些年来虽然民族地区经济增速普遍快于全国平均水平，但与发达地区的差距仍在拉大；综合经济实力显著增强，但自我发展能力仍然薄弱；社会事业全面推进，但基本公共服务均等化水平仍然较低；生态环境恶化趋势得到有效遏制，但发展面临的生态制约仍然明显；等等。仅就城镇化率而言，2010 年第六次人口普查的资料显示，全国少数民族人口的城镇化率仅为 32.84%，分别低于汉族 20 个百分点，低于全国平均水平 17 个百分点。一些少数民族的农牧业人口比重很高，如维吾尔、藏、彝族均为 83%，名列各地区、各民族的前茅。[①] 必须正视这一现实。在实现全面建成小康社会目标的未来 6 年中，这类差距不可能大幅度地缩小。在一些地区、一些少数民族中，保持现有差距不扩大也需要做出艰苦的努力。可以预见少数民族总体上在教育、城镇化、职业构成、收入分配、健康水平等方面，与汉族、全国平均水平仍将存在显著的差距。因此，坚持大力扶持少数民族地区特别是少数民族本身的经济社会全面发展，是一个需要长期坚持的艰巨而繁重的任务。“现在的问题是要从少数民族地区和少数民族的实际出发，因地制宜，因民族制宜，采取切实有效的措施予以贯彻落实”。[②] 突出重点地推进和加快发展。

习近平在讲话中，就加快民族地区全面建成小康社会的问题，强调指出了四个重点解决的问题：第一，紧扣民生抓发展，重点抓好就业和教育。第二，发挥资源优势，重点抓好惠及当地和保护生态的工作。第三，搞好扶贫开发，重点抓好特困地区和特困群体脱贫。民族地区是全国扶贫攻坚的硬骨头。第四，加强边疆建设，重点抓好基础设施建设和对外开放。要突破边疆地区基础设施落后的“瓶颈”，面向边疆农村牧区，打通“毛细血管”，解决好“最后一公里”问题，全面推进与群众生产生活密切相关的通水、通路、通电等建设，为兴边富民打好基础。这次会议，一方面强调指出民族地

① 人口普查数据来源：中华人民共和国统计局网站，http：//www. stats. gov. cn/tjsj/pcsj/rkpc/6rp/indexch. htm。

② 习仲勋：《少说空话，多办实事，把少数民族地区的经济文化建设搞上去》，中共中央统战部、中共中央文献研究室：《习仲勋论统一战线》，中央文献出版社，2013，第 450 页。

区"同全国一道实现全面建成小康社会目标难度较大，必须加快发展，实现跨越式发展"；另一方面也实事求是地指出：同步进入小康不是同一个水平的小康。所以，既要坚持一定的标准，又要防止好高骛远，制定不切实际的指标；既要考虑2020年这个时间节点，又要立足打基础、谋长远、见成效，发挥好中央、发达地区、民族地区三个积极性，以确保民族地区如期全面建成小康社会。

在会议上，李克强着重就加快民族地区发展、促进全面建成小康社会进行了部署。在回顾2005年中央民族工作会议以来民族地区经济社会发展成就的基础上，对现阶段民族地区的发展状况及其在全国发展进程中所处的不利地位做了进一步的分析，即整体落后的状况仍然没有改变，与东部地区相比不仅总量差距还在扩大，发展的质量差距可能更大。基础设施落后，市场化程度低，低端产业普遍，竞争力和自我发展能力不强等仍属普遍问题，其中贫困问题尤为突出。按贫困率算，全国贫困率平均8.5%，而民族地区贫困率平均17.1%，高于全国平均水平一倍。因此，全面建成小康社会，民族地区是短板，是重点，更是难点。虽然同步进入小康不是同一水平的小康，但是也要有基本的要求，即在实现人均国内生产总值比2010年翻一番的同时，实现基本公共服务均等化，基本实现县域内义务教育均衡发展，民族地区建制村通公路、通邮政和逐步实现电力供应全覆盖，基本消除贫困现象，等等。自2005年以来，党中央和国务院出台了一系列加快民族地区经济社会发展的政策措施，其中既包括全局性的兴边富民行动、扶持人口较少民族发展、少数民族事业规划等，也包括对五个自治区和三个多民族省"量身定做"、因地制宜的政策措施，特别是针对西藏、新疆地区的差别化区域政策。这些政策措施要继续贯彻落实。同时，在未来六年的发展中，一方面要继续加大中央财政对民族地区的支持力度，另一方面要使转移支付更有效地调动地方的积极性和发挥地方的自主性。

从全国发展所面对的城乡、地区"两大差距"问题出发，党中央、国务院认为缩小城乡差距、缩小地区差距，最重要的就是加快民族地区经济社会的发展，重点在于基础设施建设、扶贫开发、新型城市化建设和生态保护，这是民族地区普遍存在的发展“瓶颈”和薄弱环节。因此，交通的“大动脉”连通“静脉”、通达“毛细血管”网络建设问题，解决资源性、工程性缺水和安全饮水的问题，精准扶贫、斩断穷根、不让贫穷代际相传的问题，推行新型城镇化建设与增加就业、改善民生问题，都是加快经济社会发展中的紧迫任务。推进这些方面的发展，必须与生态保护紧密结合在一起，必须与国家发展的大战略结合在一起，使西部民族地区的发展有机地融入内向连通开放的经济带建设和对外开放的“一带一路”、经济走廊、“桥头堡”建设。同时，要激发民族地区内在的发展动力和活力，充分发挥民族地区的资源优势，发展民族地区的特色产业，加快服务业的发展，简政放权、深化改革，大力扶持具有民族特色、民族文化元素的小微企业发展，等等。这次会议，从中国发展战略的宏观视野，指明了西部地区、民族地区在中国对外开放的“带路廊桥”大棋局中，形成内外开放“新热土”的壮丽前景。为我们深刻理解“多民族是我国的一大特色，也是我国发展的一大有利因素”展开了西部地区、民族地区将成为最有活力、最有后发优势地区的美好画卷。

实现这样的发展目标，需要坚持以人为本的发展原则，发展经济的根本目的就是让各族群众过上好日子，大力推进基本公共服务均等化的水平是“过上好日子”的社会保障。在关系到人的发展问题上，吃饱穿暖是基本需求，而具备安身立命的本领则要靠教育。民族地区义务教育的水平低于全国的平均水平，巩固率低、辍学率高的问题仍很普遍。因此，国家再次承诺向民族地区、边疆地区加大教育投入的力度，着力改善贫困地区学校的办学条件，加快民族地区义务教育学校标准化和寄宿制学校建设，在民族地区实行免费中等职业教育，办好民族地区的高等教育，扩大内地高等院校特别是重点院校在民族地区及农村的录取比例，从事关社会公平、事关国家平衡发展的高度积极推进，让更多民族地区的孩子接受高等教育，为他们在社会的纵向流动创造条件。同时，改善民族地区的医疗条件，筑牢民族地区社会保障安全网，高度重视民族地区的文化建设，使对口支援和帮扶工作立足改善民生这一首要任务，作为各民族人民交往交流交融的重要途径落在实处、惠及基层，成为促进民族团结的动力。在对民族地区加快全面建成小康社会建设的部署中，会议对人口达 3000 万的散居少数民族发展问题也给予了高度重视，要求民族工作给予同等的关心，特别提出了要使中东部省市区域内的少数民族聚居地区在全国民族地区中率先全面建成小康社会的任务。

发展是民族工作的立足点，是解决民族地区所有问题的关键。这是基于民族地区社会主要矛盾与整个国家的社会主要矛盾同一性的判断。强调民族团结、社会稳定，并不是弱化发展的力度，而是要解决如何发展、发展什么、发展为了什么的问题，改善民生、关注教育、保障医疗、促进就业、消除贫困、保护环境、发展文化，都是促进民族团结、社会稳定的重要支点。同时，为了实现更加有效的发展，这次会议强调了对民族区域自治地方实施的各项扶持发展政策，突出了坚持统一和自治相结合、民族因素和区域因素相结合的原则。

俞正声在总结讲话中，强调指出了制定扶持政策必须以维护全国统一市场为前提。在完善均衡性转移支付方面要加大民族因素的权重，如教育、文化、广播电视、扶贫等方面的问题，需要更多考虑民族地区在市场竞争中的不利地位等因素。对地区性的共同问题，诸如生态保护、边境建设、基础设施建设等，则需要通过因地制宜的区域性政策加以解决。对少数民族和民族地区的特殊问题仍实行专项扶持政策，如少数民族文化、双语教育、民族语言文字出版等。这些政策思路的实施，符合民族区域自治地方的民族事务与地方事务相结合的特点，也有利于自治地方各民族人民共同发展、共享改革开放的成就。它们都是在坚持和完善民族区域自治制度的前提下做出的，强调坚持和完善民族区域自治制度关键是发展经济、改善民生，针对的是民族地区长期存在的经济社会发展滞后最普遍、最突出的问题，是把握我国社会主要矛盾对民族工作着力点做出的部署。

如前所述，中国的民族政策集中体现了两个根本指向，一是尊重差异，一是缩小差距，这是解决民族问题的精神和物质两个层面的事务，相辅相成、缺一不可。精神层面是中华民族多元一体大家庭的团结问题，物质层面是中华民族多元一体大家庭的共同富裕问题。在加快民族地区经济社会发展和全面建成小康社会的进程中，不能见物不见人。全面建成小康社会的“全面”，不仅仅是物质生活方面的“全面”，而且也包括了精神生活方面的“全面”，就是培育和滋润中华民族命运共同体精神家园。

四　铸就中华民族命运共同体的精神家园

中华民族是漫长的中华文明历史铸就的现代国家—民族（state-nation），是中国自立于世界民族之林的唯一代表。中华民族伟大复兴的过程，也是中华民族自身建设和发展的过程，她所经历的历史、现实和未来的发展过程，不同于西方世界。

从17世纪西方民族—国家（nation-state）建立，“一族一国”的民族主义理念就成为民族—国家建构的基本动力。这种民族与国家合一的西方现代国家模式，以民族认同和国家效忠的双重意义，维护其主权独立、领土完整、国民整合的利益。但是，西方民族—国家从建立之始，就面临国内种族、民族和移民的问题。为了消除这种社会异质性，西方国家普遍采取了种族隔离的排拒、强迫同化的“熔炉”政策，殖民主义时代西方人在所谓“新大陆”建立的移民国家概莫能外。西方民族—国家的模式及其构建的国际关系规制，也通过殖民侵略扩张到全球，构建了工业革命后西方引领的现代世界的基本体制，“视民族国家为唯一合法的政体”。[①] 因此，遭受殖民帝国主义侵略、压迫、统治下的国家、传统社会，要实现国家独立、民族解放必须建立民族—国家，这是马克思列宁主义对无产阶级革命提出的根本要求。

无产阶级革命建立的民族—国家，是基于真正民族平等的社会主义国家，承认国民成分的多样性、尊重少数民族的地位和权利，是马克思列宁主

---

① 〔美〕杜赞奇：《从民族国家拯救历史——民族主义话语与中国现代史研究》，王宪明译，社会科学文献出版社，2003，第59页。

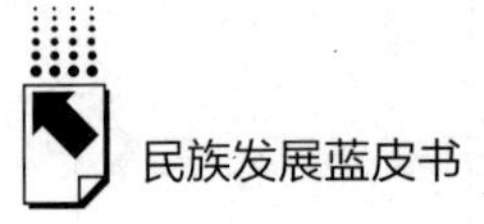

义对社会主义建设的基本要求。事实上，从20世纪六七十年代开始，西方资本主义世界老牌的民族—国家由于国内种族、民族、移民等问题，不得不转向了“承认的政治”，使多元文化主义流行开来，其目的是通过“差异的政治”凝聚国民的认同。然而，这是西方发达国家至今仍普遍面临的尚未有效解决的问题，虽然这些国家早已实现了现代化。从西方世界国家—民族建设中得到的启示是，经济社会生活的现代化，能够为国民整合提供坚实的物质基础，但是实现国家层面的民族认同，还需要具备凝聚人心的精神力量。

新中国的民族政策从一开始就确立了维护统一、尊重多样的理念，这是中国特色解决民族问题正确道路的根基。但是，中国的现代化建设仍处于社会主义初级阶段，中华民族伟大复兴的现代化事业需要通过“两个百年”的奋斗才能实现。中国改革开放以来以经济建设为中心的现代化发展，已经取得了举世瞩目、中国人民感同身受的巨大成就，2020年实现全面建成小康社会的目标正在成为现实。同时，少数民族和民族地区与全国同步进入小康社会，仍面临艰巨的任务。不能让一个少数民族掉队，这是中国民族政策实现各民族一律平等的本质要求。不掉队，不仅是经济生活水平的物质条件共享问题，而且是文化生活水平的精神食粮共有问题。因此，铸就中华民族多元一体大家庭共有的精神家园，是在加快经济社会发展进程中必须强化的民族工作内容。这是全面体现民族政策尊重差异、缩小差距基本任务的时代要求，培育和建设中华民族共同体意识是走中国特色解决民族问题正确道路的题中之意。

中华民族共有的精神家园、中华民族大团结的内在机理，具有深厚的历史积淀。历史上中国“五方之民”及其后裔经历了长期的经济交往、文化交流和生活交融，形成你中有我、我中有你的多元一体格局，这是中国历史上民族关系的主流。当代中国的民族关系，无论是新中国成立65年来，还是现阶段，民族关系的大局是好的，民族团结的基础是稳固的，这同样是主流。今天，中国各民族之间的经济交往、文化交流、生活交融在日益广泛的社会领域展开，其深入民间社会的程度超越了历史上任何一个时期，这是需要以见微知著的眼光去观察的事物，要看到民族团结进步的光明面，而不能以某个事件、某个地区、某个民族中出现的问题，甚至个人观感、情绪化反应或自恃高明去做出对全局的判断。牢固铸就中华民族共有精神家园，必须对中华民族多元一体大家庭的内在机理做出科学认知。

中华民族多元一体的大家庭，是多元构成一体、一体包含多元的辩证统一。大家庭引领的方向和目标是实现中华民族伟大复兴，大家庭的各个成员则要凝心聚力、守望相助、相向而行地为实现这个目标共同努力。因此，中华民族多元一体大家庭是一个同呼吸、共命运的共同体，家庭成员之间是荣辱与共、谁也离不开谁、一损俱损的血肉关系。因此，在实现国家现代化、民族地区现代化、中华民族伟大复兴的中国梦进程中，中华民族大家庭的各个成员必须共同团结奋斗、实现共同繁荣发展。在解决民族问题的工作实践中，中华民族大家庭以尊重差异、包容多样的亲情呵护每一个家庭成员，家庭成员之间和睦相处地交往、和衷共济地交流、和谐发展地交融，共同维护大家庭的统一、熔铸大家庭的一体。这是中央民族工作会议对牢固树立中华民族多元一体命运共同体意识提出的要求。

推动民族工作要依靠两种力量，一种是物质力量，一种是精神力量。两个方面的问题都要解决好。解决经济社会发展问题是社会主义初级阶段的关键问题，也就是解决中国特色社会主义制度的经济基础问题，制度设计的先进性和优越性，让老百姓过好日子的承诺，要靠坚实、丰富的经济社会生活来支撑，这是马克思主义上层建筑与经济基础对立统一的基本原理。对多元一体的中华民族大家庭来说，实现各个家庭成员均等化的经济社会生活水平，是加强中华民族大团结的物质力量，这是基础，是物化的家园。但是，实现大团结还需要精神纽带，需要大家庭各个成员共同的精神家园，这是价值观层面的问题，属于思想上层建筑范畴。上层建筑所昭示的社会关系总和，体现在民族关系方面就是平等、团结、互助、和谐所蕴含的基本价值。因此，巩固和发展社会主义民族关系，是构筑中华民族共同精神家园的根本保证。

在中华民族多元一体的共同体中，经济社会发展差距属于缩小和最大限度地消除的“多样性”，这是西部大开发以来党和国家、全国各民族人民正在奋斗的目标。而多民族及其承载的文化多样性，不是“负担”而是优势，是需要充分尊重的差异性。承认和尊重少数民族的语言文化、宗教信仰、风俗习惯，要从法律规定的高度去实践。在这方面，我国不需要效仿西方的多元文化主义，但是要牢固树立文化多样性的理念。在民族工作实践中，党和国家历来强调保护和发展少数民族的文化，一贯主张“各民族的文化，要共同发展，要互相交流，特别要帮助各少数民族发展他们本民族的文化”。[①]尊重差异，不是固化或强化差异；包容多样，不是好坏不分或放任自流。保护和发展各民族的优秀传统文化是尊重差异、包容多样的基本要求，它着眼于各民族文化的活力在传承中实现发展，在发展中相互吸收实现升华。多样性是创新发展的要素和动力，重视这种要素和发挥这种动力，来源于各民族相互了解、相互尊重、相互包容、相互欣赏、相互学习、相互帮助，说到底就是文化层面的相互认同。中华民族多元一体中的“一体”，就是建立在各民族相互认同基础上的中华文化认同，这是中华民族共同体意识的精神依托。

习近平指出，加强中华民族大团结，长远和根本的是增强文化认同，建设各民族共有精神家园，积极培养中华民族共同体意识。文化认同是最深层次的认同，是民族团结之根、民族和睦之魂。文化认同问题解决了，对伟大祖国、对中华民族、对中国特色社会主义道路的认同才能巩固。这里强调的文化认同，是指中华文化的认同。中华文化是一个历史积淀深厚、尊重差异、包容多样的文化系统，也是构筑各民族共有精神家园的认同基础。中华文化不等同于汉文化，中华文化集中国各民族文化之大成，汉族和少数民族的文化是相互依存、相互吸收、相互渗透的关系。这种关系构成的“一体”就是中华文化，这是中国历史赋予中华文化的禀赋。中华文化认同是各民族共同构筑、共同享有的认同，它不排斥而是包容各民族的自我认同，它主导

① 习仲勋：《关于文化统一战线问题》，中共中央统战部、中共中央文献研究室：《习仲勋论统一战线》，中央文献出版社，2013，第98页。

着各民族之间的相互认同。同样，各民族的自我认同，是建立在历史奠定、现实发展、未来繁荣的中华文化基础上的认同。认同中华文化与认同本民族文化不是矛盾的关系，也不是互相取代的关系，两种认同并育不悖。各民族对本民族文化的自尊、自爱，要建立在中华文化有机组成部分的基础之上；中华文化的发展繁荣，是各民族文化生机勃勃传承的必然结果。

实现中华文化的认同，构筑各民族共有精神家园，根本在于价值相通。历史上各民族共建了中华文化，现实中也需要各民族共同丰富和发展中华文化，即中国特色社会主义价值观所凝聚的文化。中国特色社会主义核心价值，植根于中华文化的深厚土壤之中，吸收着各民族文化的优秀价值养分。因此，尊重各民族的文化，不仅是承认文化多样性存在的现实，而且要保护、发展和传承各民族文化的优秀品质，使其在本民族认同、各民族欣赏中升华为中华民族的共有文化。中华文化认同，是中国特色民族观的基质。从民族政策的实践而言，压迫、歧视、排斥、疏离、分裂是不认同的结果，平等、尊重、团结、互助、和谐是认同的标志。这与一个民族内源的自我认同存在着质的不同，是一个统一的多民族国家内部各民族凝聚的认同。各民族的文化通过民族化的发展、地方化的繁荣、社会化的认同而升华为中华文化，在构筑中华民族共有精神家园的现代化进程中实现包括汉族在内的各民族的“中华民族化”。

中华民族多元一体大家庭的56个成员，共享中华民族的身份，同时也享有各自的族别身份，这是多元一体的基本特征。作为一个大家庭，56个民族都姓中华民族，但各有各的名字，这是共性与个性的辩证统一关系。认同共性的基础是尊重个性，尊重个性不仅有利于认同共性，而且必然增强对共性的自觉认同，协调、和谐这一辩证关系的条件就是做好民族工作、解决民族问题。但是，在多元一体的大家庭中，如果家庭成员只知其名、不知其姓，只知本民族归属、不知大家庭归宿，就难免出现认同的误区，只知自我、不识他人，甚至自视优越、鄙薄他人，自我保守、排斥他人，势必陷入狭隘认同的“陷阱”。这种狭隘的认同是滋生民族主义意识的温床，而民族主义意识的产生，是制造民族隔阂、疏离民族关系、影响民族团结的大敌，

也最容易为国内外敌对势力所利用而转化为极端性的思想和行为。因此，马克思主义反对任何民族主义表现，我国的宪法等法律、党的民族政策明确规定了反对大汉族主义、反对狭隘民族主义的基本原则，这是中国特色民族观的基本立场。反对两种民族主义，不是抽象的口号，要通过尊重差异、认同一体的实践才能达成，这种实践是我国民族工作长期面对的重要任务。

反对大汉族主义、反对狭隘民族主义是我们党历来坚持的民族工作原则，也是这次中央民族工作会议再次重申的政治要求。在当代，这两种民族主义思想的影响总体上属于人民内部矛盾范畴，但是处理不当就会产生排斥与疏离的问题，危害民族关系，甚至为敌对势力所利用，形成促发激进性、极端化的思想动力。狭隘民族主义的保守性、过度强调个性和特殊、容易敏感和情绪化，甚至产生“自外”“排外”的意识，等等。这在经济社会发展日益趋同的进程中，随着一些传统的改变、文化的流失、利益的失衡、心理的失落等因素，会产生较为普遍的反应，也很容易被人感知。但是，两种民族主义是对立统一的矛盾关系，大汉族主义并非抽象的存在，新中国成立初期刘少奇对大汉族主义表现做出的概括在今天仍具有现实性，即“不尊重少数民族的风俗习惯，不尊重少数民族的语言文字，不承认少数民族有宗教信仰的自由，不承认少数民族有管理自己内部事务的权利，在少数民族地区工作不尊重少数民族干部，不同他们商量办事，不相信他们能够在实际工作中提高自己管理各种事务的能力等等”。[①] 对这类问题，虽然存在着历史遗留的旧意识影响，也存在着对经济发展会解决所有问题的偏激认识，但对各民族的干部来说，总体上如毛泽东指出的，属于“尚未学好中央民族政策的问题”。[②] 这次中央民族工作会议再次强调了执行党的民族政策必须尊重差异的问题，要求把尊重各民族风俗习惯作为党的群众观点在民族工作中的重要体现来认识，而不能以自身好恶来对待民族之间的差异，这是对各民族

① 刘少奇：《关于民族区域自治问题》，中共中央文献研究室、中共新疆维吾尔自治区委员会编《新疆工作文献选编（1949～2010）》，中央文献出版社，2010，第120页。

② 毛泽东：《中央关于批判大汉族主义的指示》，《建国以来毛泽东文稿》第4卷，中央文献出版社，1990，第128页。

党员、干部党性修养和治理能力提高的基础性要求，也是消除两种民族主义意识的前提条件。

构筑各民族共有精神家园是一项长期的战略任务，对伟大祖国、中华民族、中华文化、中国特色社会主义的认同，需要通过民族工作创新载体和方式使国家意志深入人心，也需要全社会的培育、每一个家庭的传承植根于各民族人民，特别是广大青少年的心田之中。要认识到，在实现中华民族伟大复兴的征程中，中华文化如同一个交响乐团，各种乐器的特质之音、七音八度的差异之声，在指挥的协调下共声交响，演奏出美妙和谐之声。“以五声播于八音，调和谐合而与治道通”。这是古人从音律和谐中感悟的治世之道。中华文化的现代“交响”，包容着各民族文化的音质声调，在中国共产党“指挥”下以中国特色社会主义核心价值为主旋律，演奏着中华民族伟大复兴的华彩乐章，在多样中求统一，在差异中求和谐，这是具有高度政治智慧的一种国家治理能力。这就是尊重差异、包容多样、多元一体的中华文化认同真谛，人心依此而凝聚，利益依此而共存，团结依此而巩固。对中华文化的自觉认同，构成了爱国主义的祖国观、伟大复兴的中华民族观、中国特色社会主义的道路观的底蕴。

五　努力提高做好民族工作的能力和水平

第四次民族工作会议对如何做好民族工作给予了高度重视和具体指导。“民族工作要见物，更要见人。”在加快民族地区经济社会发展的进程中，“见物见人”的发展就是全面发展。强调经济社会发展的关键作用，是对中国社会主要矛盾做出的科学判断。但是，经济社会发展在解决所有问题中的关键作用，并不意味着所有的问题就同时迎刃而解，而是指为解决所有的问题奠定了看得见、摸得着、用得上、做得到的物质力量保障，所以它是关键。实现这样的发展是一个长期的过程，而每一步的发展成就在增强国家实力、改善社会环境、提高人民生活水平的同时，带给人们的发展愿望和精神追求也日益增强。如何使这种精神层面的希冀和梦想在中华民族伟大复兴的中国梦中得到整合，凝聚成各民族共同团结奋斗、共同繁荣发展的中华民族共同体意识，是对民族工作“见物见人”的基本要求。物质生活的发展和改善产生的“感恩”意识，只能来源于人民群众自觉的拥戴，人心所向是根本，人心凝聚是力量，对我们这个统一的多民族国家来说，各民族人民齐心聚力、团结奋斗是实现中华民族伟大复兴的主体动力。

做好民族工作，最关键的是搞好民族团结，最管用的是争取人心。这是党的十八大以来，习近平总书记多次强调的重要原则，也是这次中央民族工作会议从“民族团结是我国各族人民的生命线”高度再次阐释的工作要求。对中华民族多元一体的大家庭来说，民族团结就是家庭成员之间平等相待、守望相助、和谐共融关系的最高境界，也是国家统一、民族一体的标志。维护民族团结，说到底是人与人的团结。所以，做民族工作就是做人的工作，人心是最大的政治。做人的工作，特别是关系到民族、宗教等因素的人心工作，是一项需要投入感情的工作，需要将心比心、以心换心地去开展工作。民族团结，不是各民族之间的“板块”连接，而是各民族之间人与人、心与心的连结，发自内心的尊重才是真诚的尊重，植根内心的团结才是牢固的团结。这是涉及行为、态度、心理、感情等多种因素的工作，所以必须遵循“在少数民族地区的一切工作，均须根据民族特点及注意民族情感办事”的原则。① 民族团结是我国各族人民的生命线，民族工作就是要精心呵护、仔细守护、依法维护这条生命线。推动全社会一起做交流、培养、融洽感情的工作，促进各民族和睦相处地交往、和衷共济地交流、和谐发展地交融，在尊重差异、包容多样中实现中华民族大家庭各民族成员手足相亲、守望相助的大团结。

加强城市民族工作，是这次中央民族工作会议进一步深刻阐释的重要议题之一。在今天全面建成小康社会的进程中，在未来中华民族伟大复兴的前途中，各民族人民之间的交往交流交融环境，已经展开了日益广阔的社会空

① 习仲勋：《少数民族地区工作须根据民族特点办事》，中共中央统战部、中共中央文献研究室：《习仲勋论统一战线》，中央文献出版社，2013，第 117 页。

间，尤其是劳动力市场和城镇化推动的各民族人口流动，使各民族人口的分布呈现了从农牧业性聚居到城镇化式融散的态势。打工、经商、学习等诸多因素，推动着少数民族从边疆到内地、汉族从中东部到西部的进程，民族关系的范围已经超越了区域性重点而扩大到全社会、深入到城镇社区。少数民族流动人口无论就地进入城市，还是跨省进入城市，关涉的要素较之汉族流动人口更加复杂，存在着城市与流动者之间双向的语言、文化、风俗习惯、行为方式、从业特点、宗教信仰等差异性适应问题，也就是会议指出的进城的少数民族群众对城市的生活和管理方式、城市居民对他们的某些生活和行为方式、城市的工作方式和管理机制等不适应的问题。在实践中，的确存在着诸如语言不通无法管、行为不端不敢管、偷盗讹诈不服管等难于管理的现象，也往往导致管理者视为“麻烦”、当地居民视为“异类”的排斥问题，使流动者难以融入城市环境，即便进入城市也往往形成相对封闭的聚居点。在这种情况下，尤其是在涉及一些地区出现的极端性事件的背景下，也出现了将相关事件与相关地区、相关民族联系在一起加以“特别对待”的排斥、歧视性管理措施。对此，会议强调指出：不能把某个民族区域自治地方局部出事同这个民族区域自治地方整体捆绑在一起，不能把某一少数民族中极少数人闹事同这个民族全体捆绑在一起，不能把发生在少数民族人员身上的事同实践已经证明并长期行之有效的民族政策捆绑在一起。这种“捆绑”不仅会造成一传十、十传百的放大效应，对民族关系、民族团结产生消极的影响，而且也会被“三股势力”变本加厉、丧心病狂地制造极端事件绑架“民族”、挟持“宗教”、胁迫“人心”的阴谋所利用。因此，习近平强调指出，对少数民族流动人口不能采取“关门主义”，也不能采取放任自流的态度，而是要积极引导流入城市的少数民族群众自觉遵守国家法律和城市管理规定，坚决纠正和杜绝歧视或变相歧视少数民族群众、伤害民族感情的言行。第二次新疆工作座谈会提出了创建各民族人民相互嵌入式的社区居住模式问题，这是促进各民族相互了解、相互尊重、相互帮助的重要措施。这次民族工作会议，对这个问题再次进行了政策性的强调。城镇化是各民族融散式交流的最好场域，在这方面要汲取美国种族问题造成白人、黑人和其他有色人种居住模式社区隔离日益突出的教训。同时，借鉴新加坡种族融合政策的“组屋计划”，也要从该国作为“城市国家”的国情、“种族身份”的特点出发去进行全面的评估。在我国新型城镇化建设进程中，必须从中国的实际出发，遵循人口流动的规律和市场化的原则，在尊重差异、包容多样的政策观念引导下，创造各民族群众共居、共学、共事、共乐的社会条件，让城市更好地接纳少数民族群众，让少数民族群众更好地融入城市。

依法维护民族团结，是本次会议对我国民族工作、民族团结事业提出的新要求。如前所述，我国的民族政策原则，都纳入了《中华人民共和国民族区域自治法》的规定之中，这是依法处理和解决民族问题的法律根据。同时，我国的各项法律都对公民权利和义务做出了规范，这都是依法维护民族团结、依法保障民族平等的根本遵循。这种双重的法律约束，是统一多民族国家民族政策和法律规范相互渗透的特色，民族政策对少数民族平等权益的观照，国家法律对全体公民的约束，同样是“多样”与“统一”的辩证关系。在实践中，对不同民族的群体或个体，采取排斥、歧视等不平等待遇的言论和行为，轻则违反民族政策、重则违背国家法律，需要在观念上和实践中克服和杜绝。对发生在不同民族身份的人身上的任何违法行为，无论是群体的还是个体的，都要依法管理、依法处罚、依法惩治。简单地说，一个人开车闯红灯，违反了交通管理法规，处罚标准不会以这个人的身份、地位、性别、族别等因素而有所不同，这就是法律面前人人平等的基本要求，也是分清什么是民族问题、什么不是民族问题最基本的标准。依法维护民族团结，既要保障各民族人民，特别是少数民族的平等权利，又要防止把不属于民族关系领域的违法言行归结为民族政策范畴而有法不依、执法不严的现象，这都属于依法保障民族团结的内在要求。因此，对民族政策的学习和理解以及在实施中的准确把握，十分重要。缺乏民族政策的意识和修养，面对复杂的问题就难以做出正确的判断，要么在管理上反应过度、胡乱作为，要么在处理中心中无数、无所作为。事实上，今天面对的许多问题，并不是因为没有政策可以遵循，而是有政策不知道、不落实，也存在对民族政策重要性及其具有的法律保障缺乏认识的问题。因此，依法保障民族团结，不仅在全面正确贯彻落实民族政策方面具有重大意义，而且也是全面推进依法治国战略的重要任务。

民族工作是政治性、政策性都很强的工作，要坚持从政治上把握民族关系、看待民族问题。这是中央民族工作会议对解决好民族问题、做好民族工作提出的新要求。如前所述，这既针对了“民族问题去政治化”这类政治上有害的主张，也提出了对民族工作走什么道路的根本要求。首先，处理好民族问题、做好民族工作，是关系祖国统一和边疆巩固的大事，是关系民族团结和社会稳定的大事，是关系国家长治久安和中华民族繁荣昌盛的大事。其次，走中国特色解决民族问题的正确道路，必须坚持中国共产党领导，坚持中国特色社会主义道路，坚持维护祖国统一，坚持各民族一律平等，坚持和完善民族区域自治制度，坚持各民族共同团结奋斗、共同繁荣发展，坚持打牢中华民族共同体的思想基础，坚持依法治国。这三个“大事”、八个“坚持”都是中国特色社会主义的重大政治原则，民族工作不能偏离这些政治要求，不存在任何“去政治化”的空间。民族政策的源头是民族区域自治制度，这是中国特色社会主义的基本政治制度，贯彻执行民族政策体现着党和国家在解决民族问题方面的政治意志，是坚持和完善这项制度的根本实践。民族工作的政治性、政策性就在于此。从政治上把握民族关系，并不是说各民族之间的关系是政治关系，中国的国家统一首先是政治上的统一，民族自治地方是中国共产党领导下的国家领土，民族自治地方的政治建设是中国特色社会主义政治文明建设的有机组成部分，中国不存在也不会产生民族性的政党组织。因此，从政治上把握民族关系，是指民族关系的平等、团结、互助、和谐程度，直接影响着国家统一和民族团结。苏联解决民族问题的失败，是“苏联模式的社会主义”失败的必然结果。在苏联解体的诸多动因中，民族关系“竟然成了摧毁苏联的攻城槌”①，这个教训是极其深刻的。从政治看待民族问题，不是说把纷繁复杂的民族问题贴上政治标签，而

① 〔俄〕尼·伊·雷日科夫：《大国悲剧——苏联解体的前因后果》，徐昌翰等译，新华出版社，2008，第17页。

是要认识到表现在生活各领域中的任何民族问题解决不好，都会产生对政策有效性、制度优越性的怀疑，甚至为境外敌对势力进行“政治化”利用，成为诋毁中国特色社会主义制度的政治口实。因此，“民族工作领域的思想斗争，是我们同国内外敌对势力在民族问题上斗争的前哨战，这场斗争依然尖锐复杂”，在政治上不能掉以轻心。那种认为中国民族工作的问题在于“高度政治化”的评判，是脱离中国道路、制度、理论和基本国情的误读。至于效仿美国所谓“文化化”处理种族（民族）问题的主张，则是对美国种族关系关涉的“民权问题在政治上具有的爆炸性”① 作用缺乏常识的误解。

做好民族工作，关键在党、关键在人。民族工作能不能做好，最根本的一条是党的领导是不是坚强有力。中国共产党是领导中国特色社会主义事业的核心力量，党是民族政策的制定者，也是民族政策的执行者，党的各级组织都要有做好民族工作的自觉意识，各级党员干部都承担着贯彻落实民族政策的责任。新中国成立后，党的民族工作面临民族地区的民族矛盾、阶级矛盾、经济社会问题极其复杂的形势，工作难度极大，但是为什么能够迅速打开局面和取得显著成就？原因就在于我们党制定了尊重历史、符合国情、顺应人心的民族政策，并且有一批忠实贯彻执行民族政策的好干部。因此，习近平指出：今天做好民族工作，同样要靠好干部。在民族地区条件艰苦、形势复杂、任务繁重的情况下，只有做到明辨大是大非的立场特别清醒、维护民族团结的行动特别坚定、热爱各族群众的感情特别真诚，才能担当起党和人民赋予的重任。这样的“好干部”才能深刻理解党的民族政策，才能因地制宜地贯彻落实党的民族政策，才能鞠躬尽瘁于党的民族工作。其中，做好民族工作，少数民族干部是重要桥梁和纽带。我们党历来高度重视少数民族干部队伍的培养和建设，这既是民族政策的重要内容，也是做好民族工作的必备条件。充分发挥少数民族干部的作用，充分发挥基层少数民族党员在

① 〔美〕托马斯·帕特森：《美国政治文化》，顾肃、吕建高译，东方出版社，2007，第186页。

乡土生活中密切联系少数民族群众的作用，都体现了做好民族工作关键在党、关键在人的政治要求。如果说民族问题的“敏感性”如同一个瓷器，那么贯彻落实民族政策的能力就是“金刚钻”，掌握这个工具的就是从事民族工作的人。民族工作是一项需要慎重稳进、精耕细作的工作。中国各民族之间的交往交流交融，是昨天已经发生、今天正在发生、明天继续发生的历史过程，民族工作要顺应历史规律创造有利于各民族人民和睦相处、和衷共济、和谐发展的社会环境和族际关系，使各民族人民舒心放松，而不是超越社会发展阶段地用行政措施人为地干预民间生活，引发民族关系中的猜疑、敏感或疑虑。新中国成立之初，邓小平针对一些民族地区出现的问题，指出：“其中极重要的原因就是患急性病。”[①] 所谓“急性病”虽然包含了良好的愿望，但是在处理具有长期性、复杂性的民族问题时就会产生脱离实际、适得其反的结果。今天，推进民族工作创新发展，同样需要我们既不能因民族问题的长期性而持消极态度、无所作为，也不能犯急躁病、胡乱作为。在这方面，脱离实际的“一刀切”是治理能力缺失的典型表现，事实上这也是一种“偷工减料”、激进简化的工作态度。提高民族工作的水平，关键在于提高贯彻执行民族政策的能力，在缩小差距方面，迫切需要加快发展、跨越式发展，但是也要实事求是、因地制宜；在尊重差异方面，涉及社会生活多方面和心理因素，则需要绵绵用力、久久为功，而不是简化过程走捷径。这种要求体现着执政能力、治理能力，体现着对民族政策准确把握、因地制宜、分寸有度的掌控能力。正如列宁所说：“都必须查明、弄清、找到、揣摩出和把握住民族的特点和特征。”[②] 因此，这次民族工作会议从思想方法上对做好民族工作做出了多方面的具体论述，包括对民族政策具体内容的理解和调整思路，都体现了实事求是、因地制宜的辩证思想。

民族工作涉及方方面面，方方面面都有民族工作，这是党中央对新形势

① 邓小平：《关于西南少数民族问题》，《邓小平文选》第1卷，人民出版社，1994，第164页。

② 列宁：《共产主义运动中的“左派”幼稚病》，《列宁全集》第39卷，人民出版社，1986，第71页。

下民族工作具有全领域、宽口径特点的强调。在全面建成小康社会的进程中，各民族人民之间的广泛交往、密切交流、互动交融的趋势已经遍及全国，深入社会各个领域，民族关系也成为社会关系中日益广泛和普遍的一种关系，民族问题包括宗教问题随着人口流动和城镇化进程而渗透到社会各个方面。相应的，民族工作、贯彻落实民族政策也成为各行各业，乃至全社会需要重视的事务。但是，在实践中，把党的民族工作局限于民族工作部门或民族自治地方的认识依然普遍，马克思主义民族观、党的民族政策教育、民族区域自治法的学习和宣传，都存在着这种局限性。我国的民族工作是立足统一的多民族国家这一基本国情确立的重要工作领域，是国家治理体系的有机组成部分。民族工作关系党和国家的工作全局，涉及社会各个领域，体现在社会领域的日常生活之中。面对新的形势、新的问题，民族工作所遵循的国家制度、法律和政策，需要在全面深化改革，全面推进依法治国、国家治理体系和治理能力现代化建设的实践中完善。“我国今天的国家治理体系，是在我国历史传承、文化传统、经济社会发展的基础上长期发展、渐进改进、内生性演化的结果。我国国家治理体系需要改进和完善，但怎么改、怎么完善，我们要有主张、有定力。”[①] 在民族工作领域，这次民族工作会议确立的“主张”和“定力”就是坚定不移地走中国特色解决民族问题的正确道路。因此，民族工作在国家治理体系现代化建设中，增强其系统性、体现其整体性、实现其协同性已成为具有紧迫性的现实任务。民族工作的系统性，即工作目标从顶层设计到基层实践形成系统化的“合纵连横”关系；民族工作的整体性，即立足党和国家的全局、服务于“五位一体”的现代化建设，使改革开放的发展成就惠及各民族人民群众；民族工作的协同性，即与党和国家相关部门、各省区市形成密切的协同工作机制，使国家各方面的工作、社会各个领域践行“全面正确贯彻落实党的民族政策”的要求。

总之，第四次中央民族工作会议的举行，为我国全面建成小康社会、迈

---

① 习近平：《不断提高运用中国特色社会主义制度有效治理国家的能力》，《习近平谈治国理政》，外文出版社，2014，第104页。

向中华民族伟大复兴的“两个百年”目标的进程，在解决好民族问题和做好民族工作方面，巩固了中国特色社会主义道路、制度和理论自信的信念，坚定了走中国特色解决民族问题正确道路的信心，明确了当前和今后一个时期民族工作的大政方针和具体任务，制定了《关于加强和改进新形势下民族工作的意见》，需要我们认真学习、深刻领会，统一思想、谋划工作，贯彻落实、开拓创新，在加快民族地区经济社会发展和全面建成小康社会的进程中，开创我国民族工作的新局面。

这部蓝皮书，从经济、政治、文化、社会和生态文明建设“五位一体”的视角，展示了近年来少数民族和民族地区的发展情况，并收录了若干问题的专题研究报告，为深刻理解中央民族工作会议的精神提供了实证背景，也为加快民族地区全面建成小康社会的进程提供了现实参照。

分 报 告

Subject Reports

B.2

2006 ~ 2014年民族地区经济发展与2015年展望

刘小珉　陈心之*

摘　要：2006 ~ 2014 年，民族地区经济持续快速发展，经济实力进一步提升，与全国的相对差距有所缩小，区域经济的协调性得到一定程度的增强；固定资产投资进一步加大，成为推动民族地区经济增长的主要动力；工业、建筑业生产保持快速增长态势，在全国的地位稳步提升；农业生产逐年增长，农业机械化水平稳步提高，农业的区域化比较优势特征进一步显现；城乡居民收入稳定增长且趋于协调，生活水平稳步提升；内贸、外贸平稳向好，但受国际国内经济形式影响，增速趋缓；地方财政收

* 刘小珉，中国社会科学院民族学与人类学研究所副研究员；陈心之，中国社会科学院研究生院农村发展系硕士研究生。

入较快增长，财政收支缺口进一步扩大，财政支出更关注民生建设；扶贫工作取得了很大进展，贫困发生率降低，减贫速度快。与此同时，经济发展面临种种问题和挑战，需要各种努力予以应对，确保经济朝着稳增长、提质量的方向推进。

关键词：民族地区　经济持续快速发展　经济新常态

“十一五”以来，中国经济社会发展取得了巨大成就。“十一五”时期，面对国际金融危机以及国内的重大自然灾害，在中央及各级地方政府的领导下，国家加大投入力度，西部大开发取得了预期成果。同时，随着西部大开发的推进，民族地区[①]国民经济持续较快增长，综合发展能力稳步提高，基础设施建设取得突破性进展，生态建设和环境保护成效开始显露，重点生态工程进展顺利。资源优势逐步转变为经济优势，自我发展能力有所增强。社会事业得到有效发展，基本公共服务能力不断提高，“两基”攻坚规划基本完成，社会保障覆盖面逐年扩大。民生工程投入力度加大，人民生活水平稳步提高，城乡面貌发生历史性变化。[②] 2011～2014年，面对复杂多变、艰难的国内外环境，民族地区在中国各级政府的领导下，紧紧围绕转型发展新要求，加快经济结构调整和发展方式转变，深入实施区域发展战略，大力发展各项社会事业，努力保障和改善民生，克服局部自然灾害和全球经济危机的影响，经济社会持续稳定较快发展。

本报告拟对2006～2014年民族地区经济发展状况进行总结分析，并对2015年发展态势进行展望。

① 西部包括内蒙古、广西、重庆、四川、贵州、云南、西藏、陕西、甘肃、青海、宁夏和新疆12省（区、市）。目前学界将新疆、宁夏、广西、内蒙古、西藏五个自治区和云南、贵州、青海三个多民族省份称为“民族八省区”，或简称为“民族地区”（本文即用简称）。显然，“民族地区”全部在西部。

② 参见国家发展和改革委员会《西部大开发“十二五”规划》，2012年2月。

一　2006～2013年民族地区经济发展回顾

（一）经济持续快速发展，经济实力进一步提升，与全国的相对差距有所缩小，区域经济的协调性得到一定程度的增强

2006～2013年，全国GDP总额从216314.4亿元增长到568845.2亿元，年均增长10.08%。同期，民族地区的地区生产总值从20727.95亿元增长到64772.2亿元（见图1①），年均增长13.08%，高于全国平均增速3个百分点；占全国的比重从9.58%上升到11.39%，上升了1.8个百分点。这表明，2006～2013年，民族地区经济高速发展，综合经济实力显著提高，与全国的绝对差距仍在扩大，但相对差距有所缩小。

图1　2000～2013年民族地区GDP及增速

2006～2013年，全国人均GDP从16500元增长到41908元，年均增长9.52%。同期，民族地区的人均地区生产总值从11067元增长到33833元

① 本文所有图、表均为作者根据国家统计局网站"国家数据"、《中国统计年鉴》（2005～2013年）、《中国统计摘要》（2006～2014年）、《中国农村贫困监测报告·2011》、《国家民委发布：2011年少数民族地区农村贫困监测结果》及2013年各省区及全国经济社会统计公报的相关数据计算整理。

（见图2），年均增长12.8%，高于全国平均增速3.28个百分点；占全国平均值的比重从67.07%上升到80.73%，上升了13.66个百分点；与全国的绝对差从5433元扩大到8075元，扩大了48.63%。[①] 同样，民族地区人均地区生产总值与全国的绝对差距在扩大，但相对差距在缩小。值得说明的是，虽然民族地区人均地区生产总值的增速不及其地区生产总值的增速，但其人均地区生产总值与全国的相对差距缩小幅度大于其地区生产总值与全国的相对差距缩小幅度，其人均地区生产总值与全国的绝对差距扩大幅度小于其地区生产总值与全国的绝对差距扩大幅度。人均地区生产总值比地区生产总值能更真实反映一个地区的经济发展水平，说明民族地区经济处于总体向好的趋势。

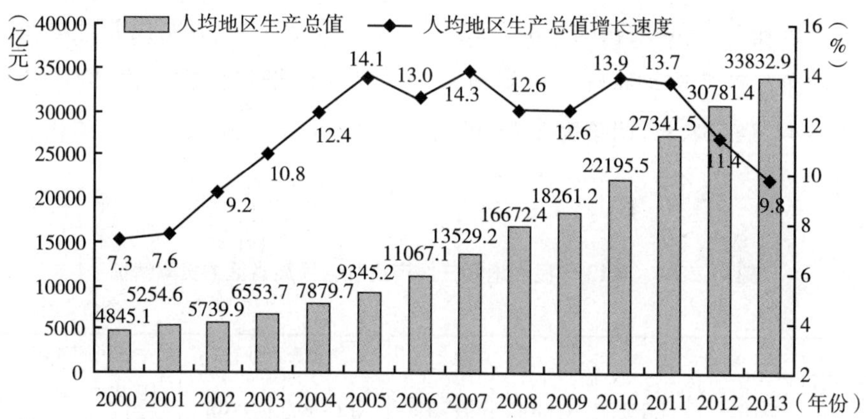

图2　2000～2013年民族地区人均GDP及增速

分时期看，“十一五”时期，民族地区经济虽然受2008年国际金融危机冲击，增幅冲高回落（见图1），但仍是发展速度最快的时期。民族地区生产总值的年均增速13.72%，比“十五”时期高2.18个百分点，比2011～2013年的年均增速高1.71个百分点，比同期全国平均增速

① 本文中，如果没有注明，绝对数按现价计算，增速按可比价格计算。另外，如果没有注明，“民族地区”的指标值是8个民族省区相应指标值经过加权计算得出的。

(11.2%)高2.52个百分点。同期民族地区人均生产总值的年均增速为13.13%，比“十五”时期高0.64个百分点，比2011～2013年高2.05个百分点，比同期全国平均增速（11.95%）高1.18个百分点。2011～2013年，受国际金融危机的拖累及其他因素的影响，中国经济发展速度放缓，但民族地区生产总值和人均生产总值的年均增速仍以两位数的增幅（12.01%、11.08%）呈高增长态势，大大高于同期全国平均增速（8.23%、8.6%）。

分产业看，2006～2013年，民族地区第一、二、三产业都在稳步发展，实现增加值分别从3499.66亿元、9149.78亿元和8078.5亿元增长到8853.1亿元、30646.9亿元及25272.2亿元，年均增长分别为5.32%、16.18%和12.36%。其中，第二产业增速比全国同期高5.38个百分点，且第二产业对GDP增长的贡献率超过56%（见表1），表明民族地区具有很强的第二产业驱动特征。民族地区三次产业的增加值构成由2006年的16.88∶44.14∶38.97调整为2013年的13.67∶47.31∶39.02，产业结构有所优化。

表1　2006、2013年民族地区三次产业及各民族省区的贡献情况

单位：%

	第一产业		第二产业		第三产业		各民族省区	
	对GDP的贡献(2006年)	对GDP的贡献(2013年)	对GDP的贡献(2006年)	对GDP的贡献(2013年)	对GDP的贡献(2006年)	对GDP的贡献(2013年)	对民族地区GDP增长的贡献(2006年)	对民族地区GDP增长的贡献(2013年)
内蒙古	2.53	5.32	64.53	66.47	32.94	28.21	30.89	23.15
广　西	10.99	7.15	54.02	56.85	34.99	36.00	22.39	21.37
西　藏	4.50	3.62	44.12	57.48	51.38	38.90	1.37	1.38
宁　夏	5.91	3.94	60.16	63.68	33.93	32.38	3.24	3.72
新　疆	10.16	9.30	45.63	56.32	44.21	34.38	11.86	13.23
云　南	9.10	9.18	59.95	47.96	30.95	42.86	16.58	20.03
贵　州	6.59	6.14	42.74	44.79	50.67	49.07	10.68	13.77
青　海	3.17	4.58	58.03	65.57	38.80	29.85	2.99	3.35
民族地区	7.01	7.02	56.23	56.12	36.76	36.86	100.00	100.00

分省区看，2006～2013年，民族地区8个省份地区生产总值的年均增速都高于10%（全国平均值10.08%）。其中最高的为内蒙古（15.3%），其次为贵州（13.02%），广西、青海、西藏、云南、宁夏的年均增速也都在12%以上，最低的新疆也达10.98%。从8个省区的经济总量看，2013年有3个省区的经济总量达到万亿元以上，分别是内蒙古（2010年突破万亿元）、广西（2011年突破万亿元）和云南（2012年突破万亿元）。

2006～2013年，内蒙古、广西的经济发展水平相对较高，对民族地区GDP增长的贡献相对其他6个省区是较高的（见表1），但其对民族地区GDP增长的贡献却是下降的（分别从2006年的30.89%、22.39%降低到2013年的23.15%、21.37%），西藏、宁夏、新疆、云南、贵州、青海的GDP对民族地区的贡献虽然较小，但其对民族地区GDP增长的贡献却是提升的，说明民族地区区域经济的协调性得到一定程度的增强。

（二）固定资产投资进一步加大，成为推动民族地区经济增长的主要动力

国家实施西部大开发战略以来，中央对西部的投资力度不断加大。2000～2013年，西部大开发累计新开工重点工程207项（其中大部分分布在民族地区），投资总规模约4.01万亿元。其中，2005～2007年西部大开发新开工重点工程投资规模稳定在1300亿～1700亿元，2008年增至4361亿元，随后继续增加并于2010年创下6822亿元的最高纪录（2008～2010年的年均投资规模接近5300亿元）。2011年西部大开发新开工重点工程投资额降至2079亿元，2012年投资总规模又骤升至5778亿元。2013年投资规模3265亿元。①

① 《西部大开发重点工程投资反弹，年内逾5700亿》，财新网，2012年12月19日；《2012年西部大开发新开工22项重点工程投资5778亿元》，中央政府门户网站，2012年12月19日；《2011年西部大开发将新开工22项重点工程》，《金融时报》2011年12月21日；《2010年西部大开发新开工23项重点工程》，国家发展改革委讯，2010年7月5日；《2009年西部大开发计划新开工18项重点工程》，中国新闻网，2009年10月12日；（转下页注）

2000～2013年[①]，全国社会固定资产投资总额由32917.7亿元增长到447074.4亿元，年均增长22.22%。同期，民族地区以西部大开发为契机，全社会固定资产投资总额由3071亿元增长到57077.8亿元（见图3），年均增长25.21%（见表2），高于全国平均水平2.99个百分点；占全国的比重从9.3%上升到12.8%，上升了3.5个百分点，与全国的相对差距有所缩小。

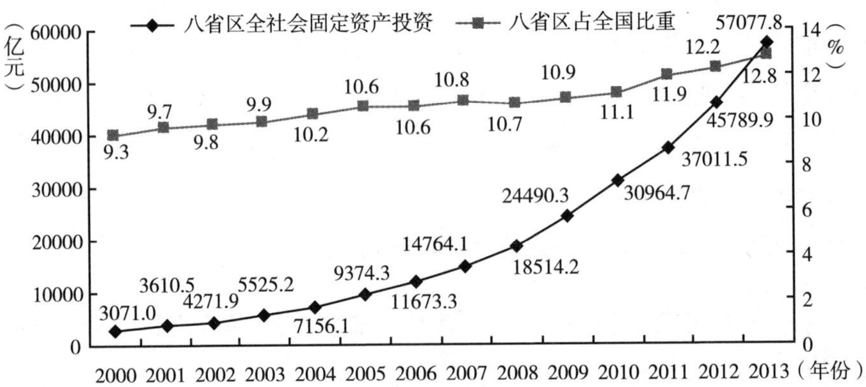

图3　2000～2013年民族地区全社会固定资产投资情况

分时期、省区看，“十五”时期，民族地区全社会固定资产投资年均增长25.01%，比全国平均增速高3.06个百分点。其中，内蒙古、广西、西藏、宁夏的年均增速高于全国平均水平。“十一五”时期，民族地区全社会固定资产投资年均增长26.99%，比全国平均增幅高1.33个百分点，其中广西、内蒙古、宁夏的年均增幅高于全国平均水平，尤其广西年均增幅高达33.55%。2011～2013年，民族地区全社会固定资产投资增幅为22.61%，

（接上页注①）《2008年西部大开发新开工10项重点工程》，国家发展改革委讯，2008年6月20日；《2007年：西部大开发新开工10项重点工程》，国家发展改革委讯，2007年7月30日；《2006年西部大开发新开工重点工程》，新华网，2007年3月5日；《今年西部大开发新开工20项重点工程，投资3265亿元》，新华网，2013年12月20日。

① 由于中国近二十年的发展，主要是投资拉动。2000年中国实施西部大开发战略后，民族地区投资加大，促进了经济的快速发展，本文在分析民族地区固定资产投资时，将研究时间延伸到2000～2013年。

表 2　民族地区固定资产投资增长情况（2001 ~2013 年）

单位：%

地　区	2001 ~2005 年“十五”时期		2006 ~2010 年“十一五”时期		2011 ~2013 年		2001 ~2013 年	
	全社会固定资产投资	固定资产投资(不含农户)	全社会固定资产投资	固定资产投资(不含农户)	全社会固定资产投资	固定资产投资(不含农户)	全社会固定资产投资	固定资产投资(不含农户)
内蒙古	44.23	48.1	27.55	27.73	16.78	17.43	31.03	32.61
广　西	23.28	25.81	33.55	33.94	19.05	21.27	26.11	27.79
西　藏	23.13	23.13	20.60	17.42	23.71	29.33	22.28	22.28
宁　夏	22.99	24.25	26.64	27.61	22.44	65.48	24.26	34.11
新　疆	17.01	16.79	20.65	20.43	31.16	33.93	21.56	21.97
云　南	21.05	23.26	25.48	25.98	21.71	23.95	22.89	24.46
贵　州	20.25	22.45	25.48	23.74	33.42	39.63	25.20	26.73
青　海	16.90	17.6	25.26	22	32.42	39.60	23.55	24.09
民族地区	25.01	27.04	26.99	26.90	22.61	27.38	25.21	27.06
全　国	21.95	23.42	25.66	26.31	17.14	21.83	22.22	24.15

注：固定资产增速未扣除价格因素。

比“十一五”时期降低了4.38个百分点，但比同期全国平均增幅高5.47个百分点。除了内蒙古以外的其他7个民族省区的增幅都比全国平均增幅大，尤其是“十五”“十一五”时期增幅较小的贵州、青海和新疆，2011 ~2013年固定资产投资增幅分别高达33.42%、32.42%、31.16%，增幅分别位列当年全国的第1 ~3位。

2012年，分行业民族地区固定资产投资（不含农户）占全国同行业固定资产投资的比重，教育、建筑业、租赁和商务服务业、电力、燃气及水的生产和供应业、房地产业、水利、环境和公共设施管理业、制造业分别比2006年提高了0.02 ~6.33个百分点。说明民族地区在这些行业加大了投资力度，以促进公共服务及优势资源更好发展。

随着投资的大量增加，民族地区的交通、通信等基础设施建设取得了重大进展。2006～2012年，民族地区铁路营运总里程从19193.9公里增加到25774.39公里，增长了34.28%；占全国的比重从24.9%上升到26.4%。2012年，民族地区公路里程978880公里，其中等级公路739873公里（占公路总里程的75.58%），比2006年分别增长了24.38%和78.87%，进一步改善了民族地区落后的交通状况。高等级公路的建设更为突出，2012年民族地区的高速公路、一级公路、二级公路分别为16315公里、9488公里和60136公里，分别比2006年增长了2.53倍、1.81倍和1.60倍。其中，除了西藏，其他7个省区的高速公路总里程均超过1000公里，内蒙古、云南、广西、贵州、新疆更是突破2000公里。2012年，民族地区的移动电话用户14025.7万户，固定电话用户2638.2万户，固定长途电话交换机容量188.35万路端，局用交换机容量5273.6万门，移动电话交换机容量24949.46万户，光缆线路长度2188802.69公里，分别比2006年增长了2.85倍、0.73倍、1.19倍、1.02倍、3.78倍和11.23倍。交通、通信和互联网建设等条件的进一步改善，在很大程度上克服了民族地区因距离和地理环境构成的交通、通信障碍，为经济社会的持续发展创造了良好条件。

（三）工业、建筑业生产保持快速增长态势，在全国的地位稳步提升

2006～2013年，全国工业增加值由91310.9亿元增长到210689.4亿元，年均增长10.5%。同期，民族地区工业增加值由7674.5亿元增长到25148.7亿元（见图4），年均增长16.39%，高于全国平均水平5.9个百分点；占全国的比重从8.4%上升到11.9%，上升了3.5个百分点。同期，民族地区工业增加值占地区生产总值的比率从37.02%上升到38.83%，这表明民族地区工业化进程加速，在全国的地位逐步提升。

分时期、省区看，“十一五”时期民族地区工业增加值年均增长17.81%，呈高速增长态势，比同期全国平均增幅高6.13个百分点。在此期间，8个民族省区的年均增幅均高于全国平均增幅。民族地区工业的

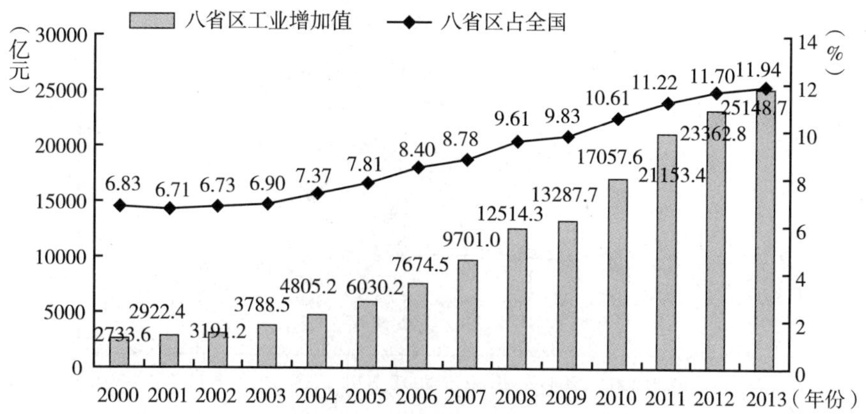

图4　民族地区工业增加值及其占全国的比例

超速发展得益于2000年开始的西部大开发战略的实施，从图4可以看出，2001～2007年，民族地区的工业增幅一直保持逐年递增。受国际金融危机的影响，民族地区工业增幅从2007年的20.3%回落到2008年的17.3%，下降了3个百分点，但比全国平均降幅低2个百分点。2011～2013年，受国际国内各种复杂因素的影响，民族地区经济发展放缓，工业增加值增速回落，平均增速14.1%，比“十一五”时期的年均增速降低了3.72个百分点，但8个民族省区的增幅都比全国平均增幅大，尤其是贵州、云南、西藏、新疆的增幅比“十一五”时期不降反升。另外，2006～2013年民族地区工业增速的这一接近倒U字型的波动（见图5），与全国平均水平的波动形状是相似的，但民族地区工业增加值占全国的比例却并未波动，而在逐年递增。可见，民族地区工业增加值呈地区间收敛的态势。

2006～2012年，民族地区建筑业增加值由1475亿元增长到4755.2亿元，年均增长15.41%，高于全国平均水平2.04个百分点；占全国的比重从11.9%上升到13.4%，上升了1.5个百分点。这表明，2006～2012年，民族地区建筑业发展迅速，在全国的地位有所提升。

分时期、省区看，“十一五”时期，民族地区建筑业增加值年均增长

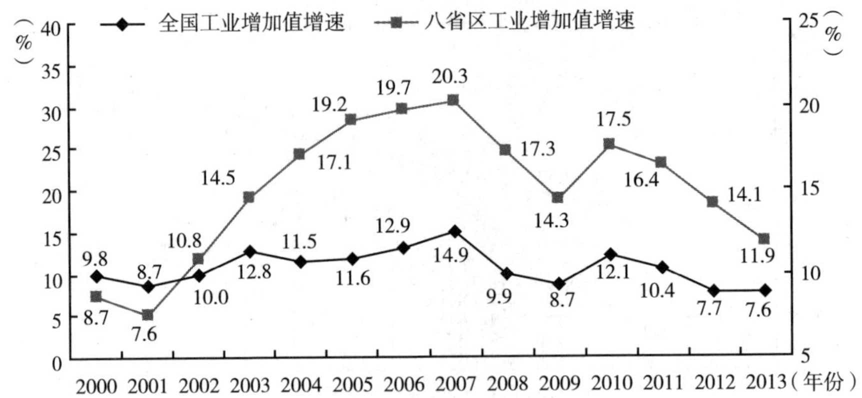

图5 民族地区与全国工业增加值增速比较

14.74%，略低于全国的平均增速（14.95%），其中广西、西藏、宁夏的年均增速都超过17%，比全国平均增速高2.36～3.3个百分点。2011～2012年，民族地区建筑业增加值年均增长17.1%，比全国平均水平高7.6个百分点。

（四）农业生产逐年增长，农业机械化水平稳步提高，农业的区域化比较优势特征进一步显现

2006～2013年，民族地区农林牧渔业总产值由5629.6亿元增长到14580.9亿元（见图6），年均增长5.8%，高于全国平均增速1.13个百分点；占全国的比重从13.8%上升到15.0%，上升了1.2个百分点。这表明，2006～2013年，民族地区农林牧渔业实现了较快增长，与全国的相对差距有所缩小。

分时期、分省区看，“十一五”期间，民族地区农林牧渔业总产值年均增长5.78%，比“十五”时期的增幅略低，但比同期全国的平均增幅高1个百分点。五年间，民族地区和全国一样，增速出现震荡，但其震幅小于全国。值得一提的是，宁夏延续了“十五”时期的高速发展态势，2006～2010年增幅分别为全国的第10、4、4、1、1位。进入“十二五”的2011～2013年，民族地区农林牧渔业总产值年均增长5.84%，比全国的平均增幅高1.37个百分点。

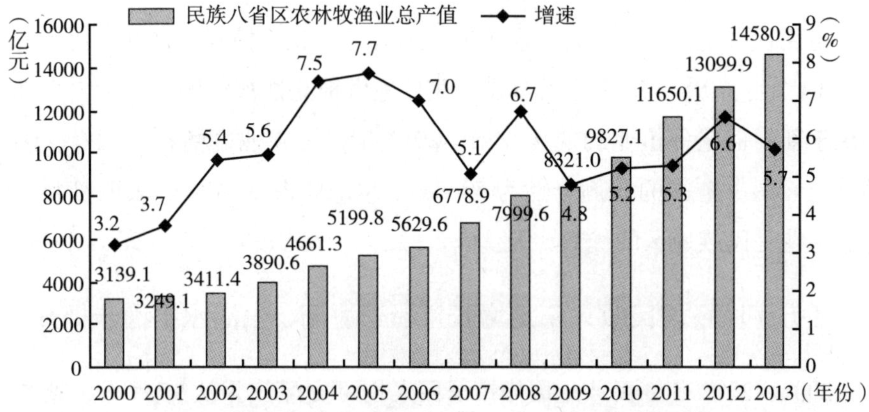

图6 2000～2013年民族地区农林牧渔业总产值及增速

2000年以后，国家开始对农村地区实行“粮食直补”试点，2006年初全面取消农业税，开始实施“农资综合直补”等惠农政策，中国进入“工业反哺农业”时代。在这一时代背景下，尤其是西部大开发战略的实施，国家对民族地区农村、农业的扶持力度加大，民族地区农业投入逐年增加，农业机械化程度稳步提高。民族地区的农业机械总动力从2006年的9374.4万千瓦，上升到2012年15113.72万千瓦，年均增长8.14%，比全国平均增速高2.18个百分点。其中贵州、西藏增幅最大（超过10%）。民族地区农业机械总动力占全国比重从2006年的13.03%递增到2012年的14.74%，说明民族地区农业机械化水平有所提高，与全国的差距有所缩小。

2006年以来，民族地区农业结构逐步调整，农业的区域化比较优势特征进一步显现。就种植业而言，2006～2012年，民族地区农作物总播种面积从2942.5万公顷缓慢增加至3250.31万公顷。其中，粮食和油料的种植面积亦基本保持稳定，同期分别增加了9.1%、9.7%。棉花、糖类、烟叶和蔬菜的种植面积则逐渐扩大，同期分别增长了35.43%、24.87%、33.01%和27.34%。而比较特殊的是麻类，其种植面积同期下降了25.49%，民族省区的麻类种植面积均大幅度下降。从民族地区与全国的比较来看，2006～2012年，除了麻类种植面积占全国比重从17.99%跌至

12.9%以外，粮食、油料、糖料、棉花、烟叶、蔬菜等各类作物在民族地区的种植面积占全国的比重都有所上升，尤其是棉花、糖料、烟叶，比重分别上升13.24、6.95、5.27个百分点。民族地区棉花种植规模的扩大，大部分来源于新疆棉花种植业的快速发展。2012年，民族地区糖料、烟叶、棉花的种植面积占全国的比例分别为79.2%、51.2%及36.8%，表明糖料、烟叶、棉花是民族地区的优势产业。

（五）城乡居民收入稳定增长且趋于协调，生活水平稳步提升

2006～2013年，民族地区城镇居民人均可支配收入从9705.6元增长到22637.5元，年均增长8.76%（见表3），低于同期全国城镇居民平均增幅0.43个百分点。同期，民族地区农村居民人均纯收入从2504.2元增长到6561.9元，年均增长9.95%，高于全国平均增幅0.49个百分点；占全国的比重从69.81%上升到73.76%。这表明，2006～2013年，民族地区农村居民收入逐年递增，与全国的相对差距有所缩小。

表3　2001～2013年民族地区城乡居民人均收入年均增长情况

单位：%

	2001～2005年（“十五”时期）		2006～2010年（“十一五”时期）		2011～2013年		2006～2013年		2001～2013年	
	城镇	农村	城镇	农村	城镇	农村	城镇	农村	城镇	农村
内蒙古	10.94	5.21	11.12	9.44	8.53	11.75	10.14	10.30	10.45	9.04
广　西	7.99	4.61	9.58	9.09	7.04	9.92	8.62	9.40	8.38	8.19
西　藏	3.99	8.03	6.68	11.27	5.82	12.32	6.36	11.67	5.44	11.15
宁　夏	8.96	5.81	9.57	8.05	8.40	9.32	9.13	8.52	9.06	8.12
新　疆	5.92	6.69	7.73	7.68	8.72	10.60	8.10	8.76	7.26	8.65
云　南	6.59	4.80	7.88	10.29	9.02	12.13	8.31	10.98	7.64	9.31
贵　州	8.38	4.41	8.19	8.85	9.65	12.33	8.74	10.14	8.60	8.58
青　海	7.42	4.45	6.11	6.47	7.38	12.14	6.59	8.56	6.91	7.57
民族地区	7.99	4.99	9.00	9.17	8.37	11.28	8.76	9.95	8.47	8.72
全　国	9.62	5.74	9.72	8.86	8.33	10.47	9.19	9.46	9.36	8.81

注：此表中城镇居民人均收入是指城镇居民人均可支配收入，农村居民人均收入是指农村居民人均纯收入。

显而易见，2006～2013年，民族地区农村居民收入增长情况好于城镇。当我们将时间起点推前到2000年，我们发现可将民族地区城乡居民收入的增长以2006年为节点分为两个阶段。就民族地区总体而言，2006年之前，无论城乡，民族地区总体居民收入平均增速均低于全国平均水平；2006年之后，民族地区总体农村居民收入平均增速高于全国平均水平，城镇居民收入平均增速略低于全国平均水平。从图7还可以看出，无论是农村还是城镇居民收入，民族地区与全国平均水平的比值在2000年以来都呈先下行到2006年的最低点，然后逐渐回升，但城镇居民收入的民族地区与全国之比从未回升至2000年的水平。另外，从城乡居民收入分别与全国的比值看，城镇居民收入与全国平均水平的差距小于农村居民收入与全国平均水平的差距。而且，2000～2004年民族地区城乡收入差距是拉大的，2005～2008年城乡收入差距维持在高位小幅波动，2009～2013年城乡收入差距逐渐缩小，呈一个倒U型趋势，说明民族地区城乡居民收入趋于协调（见图8）。

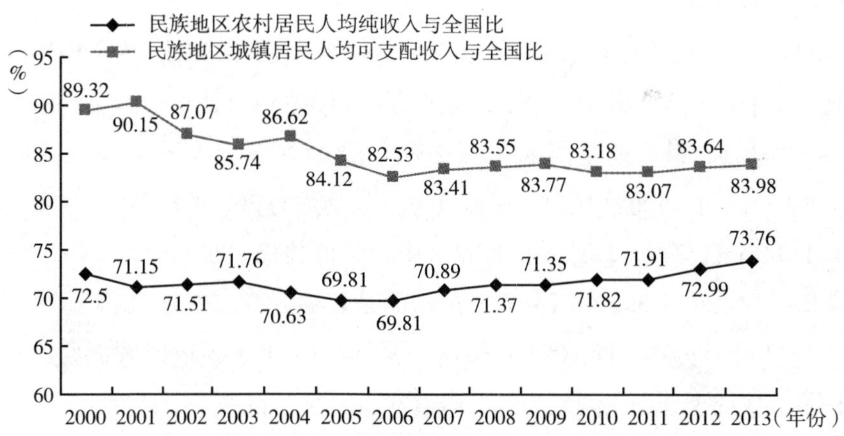

图7　2000～2013年民族地区城乡居民收入分别与全国的比较

“十一五”以来，随着收入的平稳增长，民族地区各族人民生活水平大大提高。2006年，民族地区农村居民家庭恩格尔系数为45.18%，高于全国平均水平2.16个百分点。其中，最低的为内蒙古（39.04%），是唯一低于全国平均水平的省份。最高的为贵州（51.53%），高于全国平均水平8.51

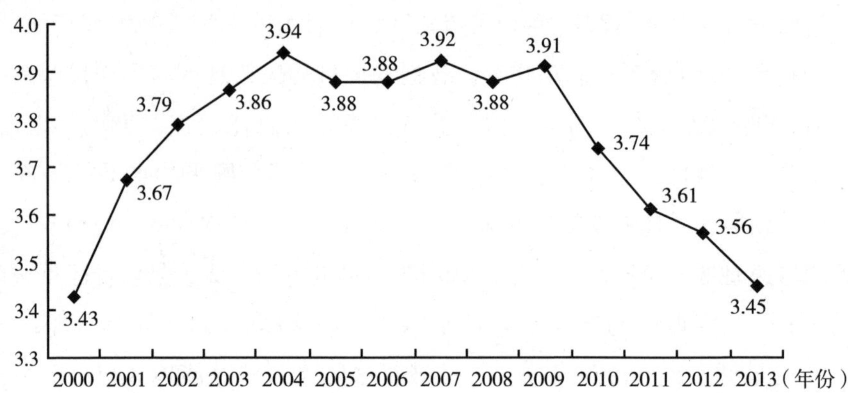

图 8　2000～2013 年民族地区城乡收入比

个百分点。2013 年，民族地区农村居民家庭恩格尔系数下降到 39.1%，比同年的全国平均水平高 1.41 个百分点。民族地区农村居民家庭恩格尔系数低于全国平均水平的有内蒙古（37.3%），宁夏（35.3%），新疆（35.7%）和青海（34.8%）。

2006 年，民族地区城镇居民家庭恩格尔系数为 38.3%，比全国平均水平高 2.5 个百分点。其中，最低的是内蒙古（30.3%），比全国平均水平低 5.5 个百分点，最高的是西藏（50.2%），比全国平均水平高 14.4 个百分点。2013 年，民族地区城镇居民家庭恩格尔系数为 36.74%，比全国平均水平高 1.74 个百分点。民族地区各省区中，最低的仍然是内蒙古（31.8%），比全国平均水平低 3.2 个百分点，最高的是西藏（48.1%），比全国平均水平高 13.1 个百分点。同 2006 年情况一样，2013 年民族地区城镇居民家庭恩格尔系数低于全国平均水平的有内蒙古、宁夏、新疆三个自治区。

（六）内贸、外贸平稳向好，但受国际国内经济形式影响，增速趋缓

“十一五”以来，面对复杂多变的国内外形势，为应对国际金融危机，促进国民经济平稳较快发展，中央政府着力扩大内需，完善促进消费政策措施，为国内贸易发展提供了巨大动力。

2006～2013 年，民族地区社会消费品零售总额从 6372 亿元增长到

20174.1亿元，名义年均增长17.72%，比全国平均水平高0.86个百分点；占全国的比重从8.05%逐年提升至8.48%。显然，民族地区国内贸易平稳向好，在全国的地位有所上升。

分时期、省区看，“十一五”时期是民族地区社会消费品零售总额增长最快的时期，年均增长高达18.96%，比“十五”时期高5.1个百分点，增速提高的幅度略低于全国平均水平。其中，西藏和内蒙古的年均涨幅最快，达到了20.31%和19.54%。进入“十二五”的2011～2013年，民族地区社会消费品零售总额年均增长15.67%，比“十五”时期低3.29个百分点，增速降低的幅度略低于全国同期降低的幅度。该时期增幅最大的省区是贵州、西藏与云南，增幅均超过16%。增幅最小的地区是内蒙古、宁夏，增幅不及15%，也是仅有的两个增幅不及全国平均水平的地区。2011～2013年民族地区及全国国内贸易增长的减速，主要有以下三个原因。第一，世界经济仍处于后国际金融危机时代，受各种不确定因素的影响，经济增长放缓，影响消费者信心，消费下降。第二，国家进一步强化房地产调控政策、收缩信贷、加强打击腐败力度，抑制“三公消费”，房地产市场、餐饮业市场清淡，居民消费下降，抑制了社会消费品零售总额增长。第三，国家促销政策调整，如家电下乡执行政策到期，家电以旧换新效应逐渐减弱，相关产品销售拉动作用减弱等，都影响社会消费品零售总额增长。

2006～2013年，民族地区进出口贸易额从319.91亿美元增长到1144.1亿美元，年均增长20.5%（见表5），比全国平均增幅高6.14个百分点；占全国比重从1.82%波动上升到2.75%。说明，2006～2013年，民族地区对外贸易逐年加快，增幅大大高于全国平均水平，进出口贸易额逐年上升，与全国相对差距有所缩小。

分时期、省区看，“十一五”时期，与全国进出口总额增速收窄一样，民族地区进出口总额增速也有所下滑，从“十五”时期的20.51%下降到“十一五”时期的19.9%，下降了0.6个百分点，但比同期全国下降幅度小8.05个百分点。不过，2009年是民族地区对外贸易发生衰退的一年，当年对外贸易总额比上年下降了21.7%，远大于全国平均水平的收缩幅度

(13.9%)，由此可见国际金融危机和欧美经济疲软的国际形势对民族地区较为脆弱的进出口贸易影响相当大。分省区看，“十一五”时期，西藏、广西、云南进出口总额增速最为突出，年均增速超过23%。贵州、新疆也不错，年均增速超过全国平均水平。进入“十二五”的2011～2013年，在全国进出口进一步下滑的背景下，民族地区却异军突起，增速不降反升，年均增速高达21.52%，比“十一五”时期高1.62个百分点。这个时期，西藏的增速继续遥遥领先（58.36%），贵州的增速突飞猛进（38.11%），云南、广西、青海的增速也超过20%。总体上看，2006～2013年，广西凭借年均25.96%的高涨幅，主要是2009年其他各省区均发生负增长的情况下，独树一帜继续保持增长的良好表现，成为2013年民族地区中对外贸易总额的领头羊。西藏进出口贸易也引人注目，2006～2013年其进出口贸易总额的年均增速高达41.64%。

分进口、出口看，2006～2013年，民族地区进口贸易额从129.9亿美元增长到398.6亿美元，年均增长16.98%（见表4），比全国平均增幅高2.48个百分点；占全国比重从1.64%波动上升到2.04%。同期，民族地区出口贸易额从190.02亿美元增长到745.5亿美元，年均增长22.85%，比全国平均增幅高8.62个百分点，比同期进口增幅高5.87个百分点；占全国比重从1.96%波动上升到3.37%。以上数据表明，2006～2013年，民族地区对外贸易加快，进口、出口贸易额均逐年上升，与全国相对差距有所缩小，且呈出口增速快于进口的特征。

表4　2001～2013年民族地区进口、出口及进出口总额年均增速

单位：%

	2001～2005年（“十五”时期）			2006～2010年（“十一五”时期）			2011～2013年			2006～2013年		
	进出口	进口	出口	进出口	进口	出口	进出口	进口	出口	进出口	进口	出口
内蒙古	13.21	13.44	12.83	12.35	11.70	13.45	11.19	13.56	7.05	11.92	12.39	11.01
广　西	20.57	33.43	14.08	27.90	28.69	27.26	22.78	20.23	24.85	25.96	25.45	26.35
西　藏	9.54	18.66	7.87	32.46	10.20	36.12	58.36	-8.37	61.87	41.64	2.83	45.26
宁　夏	16.90	19.19	16.01	15.18	23.14	11.24	18.00	-5.34	29.65	16.23	11.57	17.81

续表

	2001~2005年（"十五"时期）			2006~2010年（"十一五"时期）			2011~2013年			2006~2013年		
	进出口	进口	出口	进出口	进口	出口	进出口	进口	出口	进出口	进口	出口
新　疆	28.53	22.31	33.15	16.62	7.47	20.81	17.18	8.33	19.75	16.83	7.79	20.41
云　南	21.21	26.93	17.59	23.14	22.61	23.55	24.30	19.14	27.97	23.57	21.30	25.19
贵　州	16.30	17.92	15.33	17.52	17.62	17.45	38.11	4.49	53.10	24.85	12.52	29.73
青　海	20.88	13.40	23.59	13.82	29.12	7.61	21.06	20.13	22.18	16.49	25.67	12.86
民族地区	20.50	21.38	19.84	19.90	17.93	21.37	21.52	15.42	25.36	20.50	16.98	22.85
全　国	24.56	24.00	25.05	15.90	16.17	15.67	11.83	11.78	11.88	14.36	14.50	14.23

（七）地方财政收入较快增长，财政收支缺口进一步扩大，财政支出更关注民生建设

2006~2013年，民族地区地方财政收入从1329.54亿元增加到6516.94亿元，年均增长24.37%（见表5），比全国平均增速高3.24个百分点；占全国地方财政收入的比值从8.93%逐年上升到10.67%。这表明，民族地区地方财政收入稳步增长，在全国的地位逐步上升。

分时期、省区看，"十一五"时期，民族地区财政收入增速大幅上扬，从"十五"时期的16.11%上升到"十一五"时期的24.94%，上升了8.83个百分点，比全国升幅高4.97个百分点。其中，除了广西的年均增速和全国平均水平相当外，其他7个省区的年均增速都超过全国平均水平，内蒙古表现尤为突出，其年均增速超过30%。进入"十二五"后的2011~2013年，民族地区地方财政收入增速略有放缓，年均增速为23.41%，比"十一五"时期降低了1.53个百分点，但降幅比全国同期降幅低1.39个百分点。该期民族地区各省区中，除了内蒙古的增速大幅回落到低于全国平均水平外，其他7个省区的增速都大于全国平均水平，尤其是西藏，增速高达37.37%，遥遥领先于全国其他省区。贵州、新疆、宁夏、青海的表现也可圈可点，增速都超过20%。

2006~2013年，民族地区地方财政支出从4332.83亿元增加到

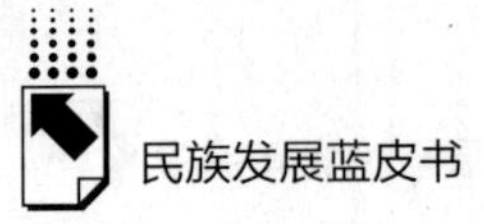

20333.09 亿元，年均增长 24.1%，比全国平均增速高 2.62 个百分点；占全国地方财政支出的比值从 14.24% 上升到 17.05%。这表明，民族地区地方财政支出不断增长，在全国的地位有所上升。

分时期、省区看，“十一五”时期，民族地区地方财政支出增幅大幅上升，从“十五”时期的 19.21% 上升到“十一五”时期的 26.59%，上升了 7.38 个百分点，比全国增幅高 2.53 个百分点。在此期间，民族地区所有省区的财政支出的年均增速都超过全国平均水平，其中，青海表现最为突出，其年均增速高达 34.36%。进入“十二五”后的 2011 ~ 2013 年，民族地区财政支出增幅有所下降，其年均增速为 20.06%，比“十一五”时期下降了 6.53 个百分点，降幅略低于全国同期降幅。

很显然，民族地区财政支出总额、财政支出占全国的比重，都分别高于财政收入总额、财政收入占全国的比重。2006 ~ 2013 年，民族地区收支缺口从 3003.29 亿元，上涨到 13816.15 亿元，上涨了 3.6 倍。财政收支缺口占支出的比重从 2006 年的 69.31%，上涨到本期最高点 2011 年的 73.77%，2012 年有所回落，2013 年继续回落到 67.95%。这些收支缺口多数来自中央政府的财政转移支付，少量来自地方政府的债务增加。当然，民族地区财政靠中央政府转移支付来维持这一形势在短期内不会改变，也不应改变。其一，因为民族地区属于欠发达地区，贫困面广、贫困程度深，中央政府有责任扶持弱势群体和欠发达地区。其二，民族地区是国家重要的生态屏障。为此，民族地区承担着保护下游水源、环境不被破坏的职责，制约了经济的开发，中央政府有义务为民族地区的生态保护付出买单。其三，民族地区是国家的战略资源储备区和产出地。民族地区长期作为资源产地以初级产品的形式为中东部地区提供生产原材料，对民族地区经济增长和人民收入提高的拉动作用十分有限，但对全国尤其是中东部地区经济发展起了基础性作用，因此中央理应对维护了整体生态环境、提供了生产原材料的民族地区给予财政支持。

在财政收支稳步增长的同时，为实现基本公共服务均等化的目标，民族地区各级财政继续优化支出结构，加大民生工程建设。2006 ~ 2012 年，民族地区财政支出中公共服务支出一直呈高幅增长。一般公共服务支出、教育支出、科学技术支出、文化体育与传媒支出、社会保障与就业支出、医疗卫生支出、环境保护支出、城乡社区事务支出、农林水事务支出的年均增幅分别为15.28%、26.07%、22.59%、23.19%、30.44%、22.11%、15.28%、27.25%、32.43%，其中除了医疗卫生支出略低于全国平均增幅，一般公共服务支出、教育支出、科学技术支出、文化体育与传媒支出、社会保障与就业支出、环境保护支出、城乡社区事务支出、农林水事务支出增幅分别比全国同期平均水平高2.29、1.55、1.42、4.55、0.77、2.29、4.4、2.44个百分点。

表5 2001~2013年民族地区一般性财政收入、预算支出年均增速

单位：%

	2001~2005年（“十五”时期）		2006~2010年（“十一五”时期）		2011~2013年		2006~2013年	
	财政收入	财政支出	财政收入	财政支出	财政收入	财政支出	财政收入	财政支出
内蒙古	23.90	22.49	30.99	27.23	17.13	17.44	25.61	23.47
广西	13.99	18.79	22.22	26.84	19.48	16.72	21.19	22.95
西藏	17.46	25.33	24.96	24.33	37.37	22.55	29.47	23.66
宁夏	18.04	21.37	26.33	28.32	26.13	18.66	26.26	24.61
新疆	17.93	22.14	22.66	26.76	31.12	21.76	25.76	24.87
云南	11.58	13.10	22.75	24.43	22.73	21.47	22.74	23.31
贵州	16.45	20.90	23.94	25.66	31.21	23.84	26.62	24.97
青海	15.32	19.99	26.65	34.36	26.74	18.94	26.69	28.36
民族地区	16.11	19.21	24.94	26.59	23.41	20.06	24.37	24.10
全国	18.37	19.20	22.23	24.05	19.31	17.31	21.13	21.48

注：本文中财政收入、财政支出及财政收入分项、财政支出分项的绝对值为当年价，增速均为名义增速。

（八）扶贫工作取得了很大进展，贫困发生率降低，减贫速度快

据国家统计局对农村住户的抽样调查数据统计分析，2000~2010年，按照当年国家贫困标准，民族地区的贫困人口减少，贫困发生率降低，且贫困程度缓解的速度快于全国平均水平。民族地区贫困人口从2000年的3144万人下降到2010年的1034万人（见表6），共减少2110万人；贫困发生率从2000

年的23.0%下降到2010年的8.7%，减少了14.3个百分点；与同期全国贫困发生率之差，从2000年的12.8个百分点降低到2010年的5.9个百分点。

2011年年末，中央扶贫开发工作会议决定，将农民人均纯收入2300元（2010年不变价）作为新的国家农村扶贫标准。新的国家扶贫标准使更多的低收入人口纳入扶贫范围，这就导致2011年贫困人口和贫困发生率大大增加。2011~2013年，按照国家新的贫困标准，民族地区贫困人口从2011年的3917万人下降到2013年的2562万人，共减少1355万人；贫困发生率从2011年的26.5%下降到2013年的17.1%，减少了9.4个百分点；与同期全国贫困发生率之差，从2011年的13.8个百分点降低到2013年的8.6个百分点。

表6　2000~2011年民族地区农村贫困状况

年份	贫困标准（元）	贫困人口			贫困发生率		
		民族地区（万人）	全国（万人）	民族地区占全国比重(%)	民族地区(%)	全国(%)	民族地区贫困发生率与同期全国贫困发生率之差（百分点）
2000	865	3144	9422	33.4	23.0	10.2	12.8
2001	872	3077	9029	34.1	22.2	9.7	12.5
2002	869	2986	8645	34.5	21.5	9.2	12.3
2003	882	2771	8517	32.5	19.8	9.1	10.7
2004	924	2601	7587	34.3	18.5	8.1	10.4
2005	944	2338	6432	36.3	16.4	6.8	9.6
2006	958	2090	5698	36.7	14.6	6.0	8.6
2007	1067	1695	4320	39.2	11.8	4.6	7.2
2008	1196	1585	4007	39.6	11.0	4.2	6.8
2009	1196	1451	3597	40.3	12.0	3.6	8.4
2010	1274	1034	2688	38.5	8.7	2.8	5.9
2011	2536	3917	12238	32.0	26.5	12.7	13.8
2012	2625	3121	9899	31.5	21.1	10.2	10.9
2013	2736	2562	8249	31.1	17.1	8.5	8.6

注：2011年年末，中央扶贫开发工作会议决定，将农民人均纯收入2300元（2010年不变价）作为新的国家农村扶贫标准。根据农村居民生活消费价格指数推算，2010年不变价的农民人均纯收入2300元相当于2011年的2536元、2012年的2625元、2013年的2736元。参见《国家民委发布：2013年民族地区农村贫困情况》，国家民委网站，2014年4月21日，http://www.seac.gov.cn/art/2014/4/21/art_151_203095.html。

二 2006年以来民族地区经济发展中存在的主要问题

2006年以来，民族地区经济发展取得重大成就，经济实力大幅提升，几乎所有的经济指标与全国的相对差距均有所缩小。但相对于全国平均水平和东部发达地区，其经济发展仍处于较低水平。

（一）与全国发展差距快速扩大的趋势虽有所扭转，但绝对差距仍在扩大。发展不足，经济总量在全国的排位变化不大

由于自然地理、发展基础、资源禀赋、政策影响等因素，民族地区经济发展水平一直很低，即使在国家实施西部大开发等战略加大对民族地区的支持，民族地区经济高速发展，综合经济实力显著提高，与全国的相对差距有所缩小，但绝对差距仍在扩大，还没有从根本上改变经济规模小的地位。2006~2013年，民族地区的地区生产总值与全国的绝对差从195586.45亿元拉大到504073亿元，增长了1.58倍；人均地区生产总值与全国的绝对差从5433元扩大到8075元，增长了48.63%；工业增加值与全国的绝对差从83636.4亿元拉大到185540.7亿元，增长了1.22倍；农林牧渔业总产值与全国的绝对差从35181.4亿元拉大到82414.4亿元，增长了1.34倍；城镇居民人均可支配收入与全国的绝对差从2053.9元拉大到4317.6元，增长了1.1倍；农村居民人均纯收入与全国的绝对差从1082.8元拉大到2334元，增长了1.16倍。

而且，在民族地区各省区中，除了内蒙古经济指标在全国31个省区的排位有所上升，广西、西藏、青海、宁夏、新疆、贵州、云南的GDP总量在全国的排位基本都没变（均处于全国第18位以下）。人均GDP的排位稍有变化，但变化也不太大。青海、宁夏、云南的排位分别从2006年的第22、23、30位上升到2013年的第15、20、29位，贵州、广西排位没变（分别为第31、27位），西藏、新疆的排位从2006年的第26、14位下降到

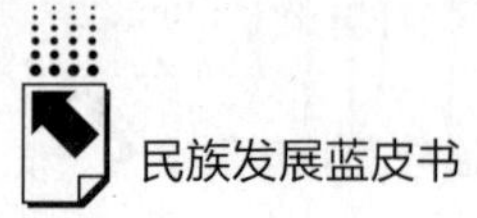

2012 年的第 28、18 位。工业增加值在全国的排位，除了内蒙古、广西有所提高，其他 6 个民族省区的排位基本没有变化（或上下移动 1 位），均处于第 23 位之后。农林牧渔业总产值在全国的排位，内蒙古、云南有所提高，其他 6 个民族省区的排位基本没有变化（或上下移动 1 位），广西、云南、内蒙古保持在第 18 位之前，其他 5 个省区均处于第 21 位之后。城镇居民收入的排位，内蒙古、广西、云南保持在第 16 位之前，其他 5 个民族省区均处于第 25 位之后。农村居民收入的排位，除了内蒙古在第 16 位之前，其他 7 个省区均在第 24 位之后。说明民族地区经济要赶上全国平均水平，任重而道远。

（二）与全国相比，产业结构仍然处于欠发达状态，工业化、城镇化进程落后

2006～2013 年，全国三次产业增加值构成由 11.11∶47.95∶40.94 调整为 10.01∶43.89∶46.09，从“二、三、一”调整为“三、二、一”，这表明，从整体看，中国经济正在由工业主导型向服务主导型转变。同期，民族地区三次产业增加值构成由 16.88∶44.14∶38.97 调整为 13.67∶47.31∶39.02，第一产业下降 3.21 个百分点，第二产业上升 3.17 个百分点，第三产业上升 0.05 个百分点，保持“二、三、一”结构。显然，这一阶段，民族地区产业结构得到优化升级，但与全国相比，第一产业所占比重仍然较高，第二产业优势明显，第三产业比重却较低。2013 年第一产业对经济的贡献为 7.02%，比全国平均水平高 1.74 个百分点，第三产业对经济的贡献为 36.86%，比全国平均水平低 11.65 个百分点。表明相对于全国，民族地区的经济增长主要依赖第二产业、比较依赖第一产业，第三产业发展相对不足。进一步看，民族地区的产业结构具有以资源型为主的重型工业结构和以传统技术为主的农业产业结构并存的特点。电力、石化、冶金、有色金属、建材、制糖、造纸等传统工业是民族地区的主导产业，多属资源型初级产品生产，产业链短，产业之间的联系不紧密。而高新技术产业少，精深加工产

品、高附加值产品比重小,[①] 产业结构处于欠发达状态。

2006~2012 年，民族地区劳动力就业结构从 61.19∶11.92∶26.89 调整为 54.07∶15.96∶29.97，第一产业就业比重下降了 7.12 个百分点，低于同期全国第一产业就业比重下降幅度（9%）。很显然，相对于全国，第一产业不仅产值份额较大，就业份额更大，提供了 50% 以上的就业岗位。而且，2006~2012 年，民族地区第一产业结构偏离度[②]从 44.3 降为40.5，下降了 3.8；第二产业结构偏离度从 -32.22 变为 -32.1，变化很小；第三产业结构偏离度从 -12.09 变为 -8.4。同期，全国第一产业结构偏离度从 31.49 降为 23.52，下降了 7.97；第二产业结构偏离度从 -22.75 调整为 -14.97，第三产业结构偏离度从 -8.74 调整为 -8.55。这表明，民族地区第一产业的劳动生产率低，劳动生产率提高的幅度不及全国平均水平，或者说还有大量的农村剩余劳动力等待转移到第二、三产业就业；第二产业劳动生产率较高，但 2006~2012 年并没有随着第二产业产值份额的提高而吸纳更多的就业人口；第三产业劳动生产率比第一产业高，比第二产业低，第三产业吸纳就业的空间相对较小且在减小，如果没有新的服务需求出现，第三产业吸纳就业的能力难以提高。这进一步说明民族地区产业结构的欠发达状态。

另外，据研究，2010 年全国处于工业化后期的前半阶段，民族地区中只有内蒙古与全国的工业化平均水平相当，青海、宁夏、广西、云南、贵州处于工业化中期阶段，西藏、新疆工业化水平最低，仍然处于工业化初期后半阶段。全国城镇化进入中期阶段，绝大部分民族省区仅仅处于城镇化起步阶段。[③] 因此，相对于全国，民族地区工业化、城镇化进程落后。

---

① 姚慧琴、徐璋勇：《中国西部发展报告（2013）》，社会科学文献出版社，2013。

② 结构偏离度指某一产业的就业比重与该产业增加值比重之差。一般而言，结构偏离度与劳动生产率成反比，结构偏离度大于零（结构正偏离），表示该产业的劳动生产率较低。反之，结构偏离度小于零（结构负偏离），则表示该产业的劳动生产率较高。结构正偏离的产业存在劳动力转出的可能性，相反，结构负偏离的产业则存在劳动力转入的可能性。

③ 参见黄群慧《中国的工业化进程：阶段、特征与前景》，《经济与管理》2013 年第 7 期。

（三）粗放型经济发展方式加剧，投资效率呈下降趋势，发展质量有待提高

GDP 衡量了经济发展的速度和规模，但不能衡量经济增长的代价、方式、效率和居民收入等。只有以较低的代价、较高的效率及人民生活水平同步提升的增长，才是可持续的经济发展。本文根据国家统计局公布的数据，计算了 2006～2013 年民族地区及全国的投资系数；[①] 按照杨开忠构建的“单位 GDP 人均可支配收入比值”计算公式，[②] 计算了 2006～2013 年民族地区及全国的“单位 GDP 人均可支配收入比值”，以分析民族地区经济增长的质量。

2006～2013 年，民族地区投资效率系数从 1.78 逐年下降到 1.13（见图 9），下降了 36.52%。其中内蒙古、西藏、宁夏、云南投资效率系数分别下降了 19.46%、26.72%、33.53% 与 34.88%，均高于民族地区及全国的平均降幅。表明民族地区和全国一样，虽然经济增长依赖投资拉动，但投资效率呈下降趋势，经济增长的粗放程度加剧。尤其是内蒙古、西藏、宁夏、云南经济增长的粗放程度强烈，值得当地政府高度重视。

2006～2013 年，全国 GDP 含金量[③]从 0.414 上升到 0.461，基本处于逐年上升态势（图 10），说明整体上中国经济发展是健康的，人民在共享经济发展的成果。但是，2006～2011 年，民族地区 GDP 含金量基本是逐年降低的，2011～2013 年才转为逐年上升。从上面的分析知道，“十一五”时期，是民族地区经济发展速度最快的时期，也是与全国平均水平的相对差距逐年缩小的时期，但这个时期民族地区人民并没有分享更多的发展成果。可喜的

---

① 投资效率系数 = 地区生产总值/全社会固定资产投资总额。

② GDP 含金量 = 单位 GDP 人均可支配收入比值 = 人均可支配收入/人均 GDP。人均 GDP = 当地 GDP/常住人口；人均可支配收入 =（城镇人均可支配收入 + 农民人均纯收入）× 城镇人口占总人口的比重。显而易见，这里的人均可支配收入是近似值。参见汪孝宗、王红茹、胡雪琴、张璐晶、谈佳隆《哪个省的 GDP“含金量”最高?》，《中国经济周刊》2010 年第 9 期。

③ 同上。

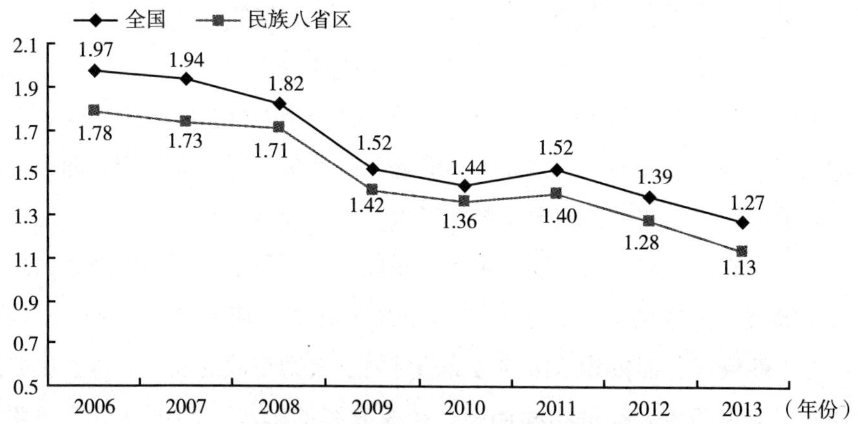

图9　2006~2013年民族地区及全国固定资产投资效率系数比较

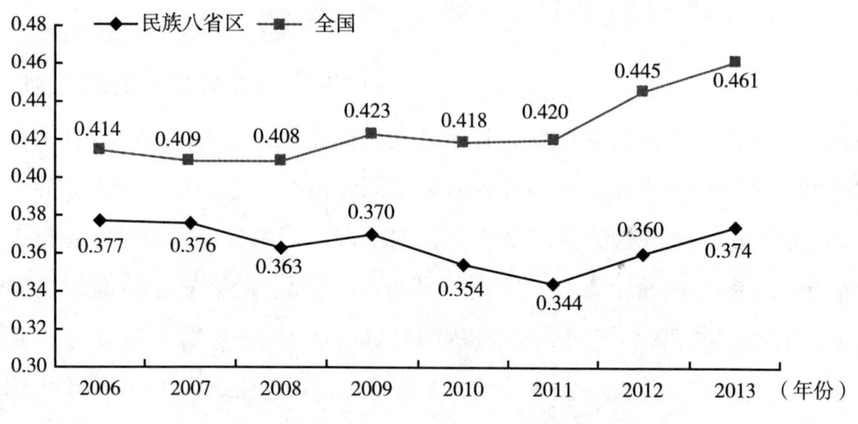

图10　2006~2013年民族地区与全国GDP含金量比较

是，“十二五”后，国家及各民族省区更加注重民生建设，人民生活开始与经济发展同步上升。

分省区看，民族地区内部的GDP含金量也是不平衡的。贵州、云南、广西的GDP含金量较高，一直位于全国第16位（含）之前，西藏、内蒙古、新疆、青海一直位于全国的第22位之后，尤其是2008年开始，基本处于全国的末端。总体而言，民族地区GDP含金量在全国的排名和GDP的排名类似，大多处于全国各省区的后端，而且在“十一五”时期GDP含金量有所下降。

民族地区受地理环境、开发历史、国家政策等因素的影响，经济发展总体上是高资源消耗、高投入、低产出的粗放型经济发展方式。近年来，随着东部地区经济结构调整，一批原本高能耗、高污染、低利润的产业向西部包括民族地区转移。这就使粗放型经济发展方式呈加剧趋势，并且在今后一个时期，很大程度上仍将沿袭这种粗放的发展模式。目前，中国已经开始逐渐进入中等收入国家的大门，东部发达地区正着眼于应对“中等收入陷阱”这一历史性挑战，而民族地区的经济仍然处于较为粗放的发展阶段。民族地区如何跟上东部地区经济结构调整、产业升级的脚步，优化自身核心竞争力，提高效率，寻找到内生增长的动力和路径，依然任重而道远。

（四）地区、城乡发展不平衡

在民族地区内部，由于自然条件、资源禀赋、经济发展基础不同，以及不同时期国家宏观政策对民族各省区的支持重点和力度不同，导致其工业化程度和经济结构存在很大差异，各省区之间经济发展水平存在较大差异。从8个民族省区的经济总量看，2013年，内蒙古、广西、云南的经济总量达到万亿元以上，而西藏、青海、宁夏不足3000亿元。经济总量最高的内蒙古是最低的西藏的20.8倍。从8个民族省区的人均经济量看，2013年，西北四省区（内蒙古、宁夏、新疆、青海）的人均GDP在36510~67498元，西南四省区（广西、西藏、云南、贵州）的人均GDP在22922~30588元，西南、西北差距明显，其中人均GDP最高的内蒙古是最低的贵州的2.9倍。

在各民族省区内部，各地市之间经济发展也不平衡。一方面是因为，各地市之间经济发展基础条件、发展起点、功能区域不同。另一方面是因为，20世纪80年代以来，为了尽快提高经济实力，民族各省区采取了非均衡发展战略，使其具有发展优势的核心区经济得到优先发展，这就导致部分民族省区的内部经济发展水平差距扩大。从国家统计局全面建设小康社会统计监测体系中设立的“地区经济发展差异系数”来看，2011年，新疆、宁夏、青海的该指标实现程度均不足60%，表明新疆、宁夏、青海内部的经济差距相当大。

由于农村经济发展缓慢，民族地区城乡发展差异显著。图 11 显示的是 2000～2013 年民族地区及全国的城乡居民收入比。显而易见，相对于全国，民族地区的城乡居民收入比更大，城乡差异更显著。

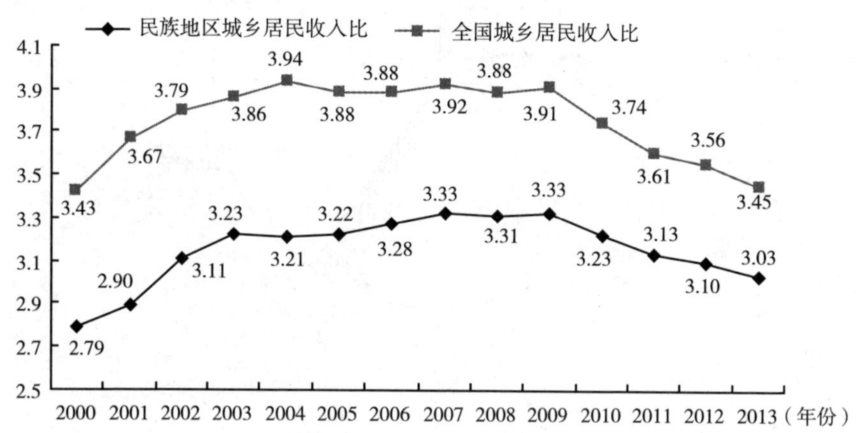

图 11　民族地区城乡居民收入比及与全国的比较

（五）对外贸易水平较低且不平衡

2006～2013 年，民族地区进出口总额占全国的比重从 1.82% 上升到 2.75%，GDP 占全国的比重从 9.58% 上升到 11.39%。因此，相对于经济总量占全国的比重而言，民族地区进出口总额占全国的比重较小，对外贸易水平较低。这一方面说明民族地区经济对外依存度相对较低，另一方面也显示出主要靠陆路口岸进行对外贸易的民族地区依然有很大发展空间。

从各民族省区的进出口情况看，2006 年新疆、广西、云南三省区进出口贸易总额合计占民族地区的比重为 68.76%（见图 12），至 2013 年更是上升到 75.33%，表明民族地区不仅对外贸易水平低、发展不平衡，且各省区之间差距还在扩大。

另外，无论进口总额、出口总额，还是进出口总额，民族地区和全国一样，2009 年由于受国际金融危机的冲击，出现全面下滑，2010 年后才慢慢

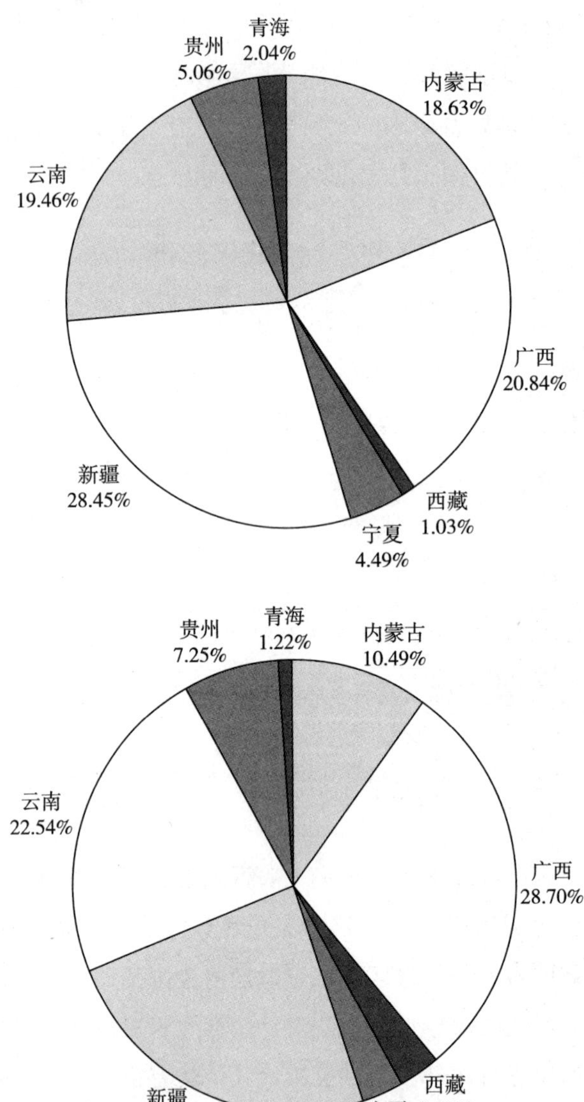

图 12　2006 年、2013 年民族地区货物进出口总额中各省份额

恢复。2009 年，全国进出口总额、进口总额、出口总额分别比上年下降 13.88%、11.18%及 16.01%，民族地区分别比上年下降 21.67%、11.85%

及 26.94%，说明民族地区进出口总额、出口总额所受冲击比全国平均水平要大很多，且民族地区出口额变动对贸易总额波动的影响比进口额变动对贸易总额波动的影响更大。显然，尽管进出口占比较低，但是民族地区进出口总额（主要是出口额）对国际经济环境变动要比全国更为敏感。这对民族地区进行出口贸易的商品提出了更关注品质、品牌的要求。

（六）贫困进一步向民族地区集中

在国家和东中部各省的大力扶持下，在民族地区各省区自身努力下，近十多年来，民族地区的贫困人口减少，贫困发生率降低，贫困程度缓解的速度快于全国平均水平。但直到目前，民族地区仍是我国农村贫困人口最集中、贫困程度最深、反贫困难度最大、返贫率最高的地区。据统计，2000 ~ 2010 年，民族地区农村贫困人口占全国农村贫困人口的比重由 33.4% 上升到 38.5%，呈增加趋势，表明该时期贫困人口进一步向民族地区集中。

按照国家新的扶贫标准，2013 年民族地区农村贫困人口为 2562 万人，贫困发生率为 17.1%，高于全国平均水平 8.6 个百分点。民族地区贫困人口占全国农村贫困人口的 31.1%，是其农村人口占全国比重（15.4%）的 2 倍多。说明 2013 年民族地区虽然减贫成绩可喜，但与全国相比，减贫任务仍然艰巨。另外，广西、贵州、云南三省区有贫困人口 2040 万人，占八省区农村贫困人口的 79.6%。在扶贫开发的新阶段，民族地区仍是我国扶贫开发工作的重点和难点地区，西南民族地区的扶贫开发工作更是重中之重。

三 2014年民族地区经济发展状况及2015年展望

2015 年是全面完成“十二五”规划的收官之年，是全面深化改革的关键之年，是全面推进依法治国的开局之年，也是我国经济平稳转入新增长阶段的关键时期。面对复杂多变的国际局势，及经济总体企稳的国内形势，民族地区机遇与挑战并存。

2008 年国际金融危机爆发以后，世界经济形势变得错综复杂。联合国经济与社会事务部发布的《2015 年世界经济形势与展望》报告认为，“2014 年全球经济增长幅度为 2.6%，略高于 2013 年 2.5% 的增长，增长步伐存在明显的国别差异金融危机之后的结构调整仍然没有结束，拖累着全球增长”，“东亚地区仍然是世界上增长最快的地区，预计 2015 ~ 2016 年的增长在将维持在 6% 的水平……中国的经济增长可能略为放缓，预计增幅为 7%”。国际货币基金组织（IMF）2014 年 10 月 7 日发布的《世界经济展望报告》认为，2014 年春季以来，“全球经济下行风险不断增加。短期风险包括地缘政治局势的持续恶化、金融市场风险的蔓延及震荡；中期风险包括发达经济体停滞不前的低增长、以及新兴市场潜在增长下降”。IMF 预测，2015 年中国经济增长将放缓至 7.1%，全球 GDP 增速 3.8%。

受国际国内多重因素影响，近 4 年来中国经济呈逐年回落态势。目前，中国在增长速度进入换挡期、结构调整面临阵痛期、前期刺激政策消化期的“三期叠加”背景下，经济增速仍处在一个下行通道里面。但是，正如中国总理李克强所称，“中国经济发展的奇迹已进入提质增效的‘第二季’”，“中国正处在转型升级的关键阶段，当前经济发展的基本面是好的，经济运行总体是平稳的”。[①] 2014 年 12 月 9 ~ 11 日召开的中央经济工作会议为 2015 年经济工作定下“坚持稳中求进”的总基调。并对 2015 年经济增速目标做了定调：“合理确定经济社会发展主要预期目标，保持区间调控弹性”，“努力做到调速不减势、量增质更优”。[②]

目前国际环境仍然复杂多变，国内经济也存在一定的下行压力。转型转轨、结构调整正在成为中国经济的主基调，中高速增长成为中国目前宏观经济的新常态。综合国内外形式分析，我们认为，民族地区作为全国重要的资源、能源基地，以及其仍处于工业化、城镇化加速的上升通道，在国际、国内经济形势逐渐趋稳的宏观环境下，预计 2015 年经济仍将继续保持平稳较快增长，在中国经济版图中地位更进一步。

---

① 《李克强在第七届夏季达沃斯论坛上的致辞》，中央政府门户网站，2013 年 9 月 12 日，http://www.gov.cn/ldhd/2013-09/12/content_2486720.htm。

② 《中央首次阐释新常态九大特征，稳增长成明年首务》，中国新闻网，2014 年 12 月 12 日。

（一）全国经济运行总体平稳，民族地区经济保持较快增长

据国家统计局初步核算，2014 年前三季度，民族地区生产总值合计为 45850.77 亿元，[①] 分别比上年同期增长 7.6%～10.7%（见图 13），8 个省区 GDP 增速均高于全国平均水平（7.4%）。其中，贵州、西藏、新疆的 GDP 增速分别为 10.7%、10.7%、9.8%，贵州、西藏居全国 31 个省区的并列第二位、新疆居全国 31 个省区的第五位。

分产业看，2014 年前三季度，民族地区第一产业增加值合计为 5404.81 亿元，分别比上年同期增长 3.1%～6.5%，其中，贵州、新疆、云南、宁夏及青海均超过全国 4.2% 的平均增速。同期，民族地区第二产业增加值合计为 22450.42 亿元，分别比上年同期增长 8.5%～13.9%，8 个民族省区增速均高于全国 7.4% 的平均水平，尤其是西藏、贵州、广西、新疆及青海，增速均超过 10%。同期，民族地区第三产业增加值合计为 17995.54 亿元，分别比上年同期增长 6.3%～11.2%，8 个民族省区增速比较不均衡，其中西藏、新疆、贵州以超过 10% 的增速领先民族地区，青海的增速超过全国 7.9% 的平均水平，但宁夏、内蒙古、广西及云南增速不及全国平均水平。

显然，相对于全国，民族地区经济增长仍保持了较快速度。只是 2014 年前三季度，除了安徽增速高于全年目标之外，包括民族地区在内的其余 30 省份的三季度 GDP 增速均未达到年度预期目标，民族各省区经济增速相比去年同期均出现了回落。为了应对经济下行风险，2014 年 4～6 月，中央政府有针对性地出台了 17 项微刺激稳增长措施。微刺激政策的落实效果在 5 月逐步显现：5 月中国制造业采购经理指数（PMI）为 50.8%，比上月上升 0.4 个百分点；非制造业 PMI 为 55.5%，比上月回升 0.7 个百分点；固定资产投资前 5 个月同比增长 17.2%，出口增速从 4 月的 0.9% 大幅反弹至 7%；全社会用电量 1～5 月同比增长 5.2%，第三产业用电量增速达到 6.4%；社会消费品零售总额同比名义增长 12.5%，比 4 月回升 0.6 个百分

① 本文中 2014 年的数据均根据民族各省区统计局及中国统计局网站相关数据整理、计算。

点；工业生产者价格指数（PPI）降幅也收窄至1.4%；铁路、公路、水运累计完成的货运量、货物周转量1～4月同比分别增长7.4%和5.4%，增速较去年同期放慢1.5个和加快0.6个百分点。2015年1月1日国家统计局公布的2014年12月中国制造业采购经理指数为50.1%，比2014年11月回落0.2个百分点，微高于临界点，表明我国制造业保持稳定运行的基本态势，但增长动力仍显不足。

根据国际、国内部分机构对2015年中国经济增长7%左右的预期，及2014年前三季度经济增长情况，我们预计2015年民族地区经济增速在8.5%左右，略低于2014年增速，但高于全国的平均增速。

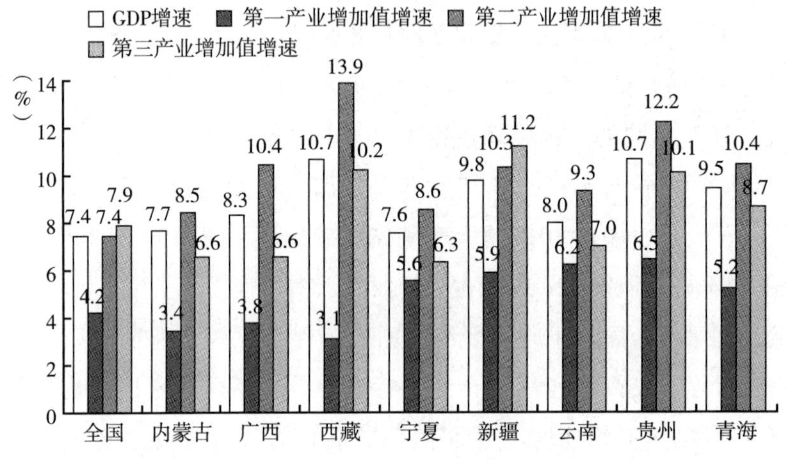

图13　民族地区及全国GDP增速（2014年前三季度）

（二）固定资产投资保持较快的增速，地区之间的投资增幅差距有所缩小

2014年1～11月，民族地区固定资产投资总额为60658.7亿元，比去年同期分别增长15.8%～23.4%（见表7）。除了内蒙古等于全国平均水平（15.8%）外，其他7个民族省区的增幅都比全国同期的平均增幅高。其中，贵州、新疆、青海及西藏的固定资产投资分别为7120.1亿元、7859.51亿元、

2725.68亿元及1030.58亿元，分别比去年同期增长23.4%、23.0%、22.5%、22.3%，居全国31个省、自治区、直辖市之第1~4位。

表7 民族地区及全国固定资产投资（不含农户）情况（2014年1~11月）

	自年初累计投资额（亿元）	全国排序	比去年同期增长（%）	全国排序
内蒙古	17416.84	12	15.8	18
广西	11707.98	16	16.4	16
西藏	1030.58	31	22.3	4
宁夏	2771.9	28	20.1	6
新疆	7859.51	23	23.0	2
云南	10026.11	20	16.6	14
贵州	7120.1	25	23.4	1
青海	2725.68	29	22.5	3
民族地区	60658.7	—	—	—
全国	451067.58	—	15.8	—

内蒙古是近十余年民族地区固定资产投资最多、增长最快的省区，2003、2004年内蒙古的固定资产投资分别比上年增长了65.94%和52.21%，2012年的固定资产投资是2000年（423.6亿元）的28倍。即使是近两年，内蒙古固定资产投资的增幅有所降低，但其固定资产投资额仍是民族地区中最大的。正是由于前几年固定资产投资增速很快的内蒙古、广西近两年增速稍微放缓，前几年增速较慢的西藏、贵州、青海、新疆近两年增速加快，2014年民族地区各省区之间的投资增幅差距有所缩小，地区间的协调性有所增强。

我们预计，2015年民族地区固定资产投资（不含农户）增速为21%左右，接近2014年增速。

（三）工业生产仍然保持较快增长势头，经济效益有所改善

2014年1~11月民族地区规模以上工业增加值实际增速分别为4.1%~11.3%（见图14），除了西藏、云南低于全国平均增速，其他6个民族省区

都高于全国平均增速。尤其是内蒙古、新疆、广西、贵州的增速都在10%以上，位于全国前列，分别比全国平均水平高1.7、1.7、2.4及3个百分点，表明内蒙古、新疆、广西及贵州的工业仍然保持了较快的增长势头。西藏的增速仅4.1%。

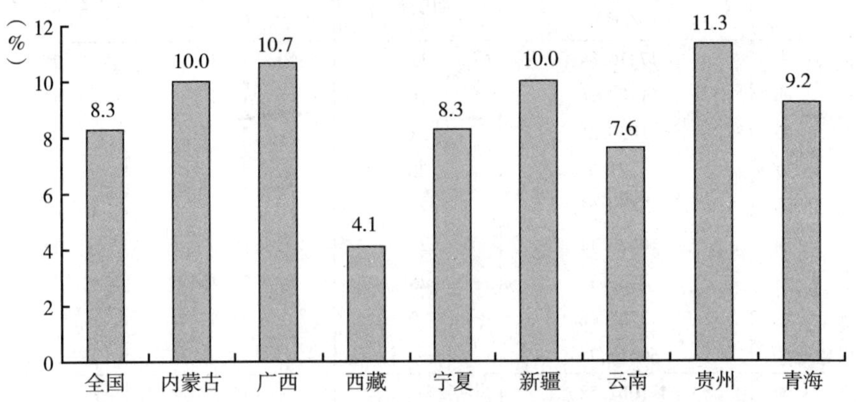

图14 2014年1～11月民族地区工业增加值累计增速与全国的比较

贵州一直是中国欠发达地区，工业发展滞后是拖累贵州经济发展的重要因素。西部大开发政策实施以来，在中央政府的大力扶持下，在贵州省各级政府的努力下，贵州的经济得到跨越式发展，2006～2013年，人均GDP年均增速为14.88%，大于全国的平均增速（10.68%），也大于民族地区的平均增速（12.36%）。尤其是2011～2013年，贵州人均GDP的增速是全国最高的。贵州的跨越式发展得益于工业的超速发展。2014年以来，受国内外市场需求不足影响，贵州省工业增速虽有所回落，但仍高位增长，是拉动全省经济快速发展的主要力量。

西藏工业一直比较落后，其工业增加值一直是全国最小的。西部大开发后，西藏也进入跨越式发展阶段，其工业得到加速发展。尤其是2011～2013年，西藏工业增加值的增速常常位于全国的前列。这主要得益于西藏的重点骨干企业增长强劲。2014年以来，由于原材料及能源价格高位波动、劳动力成本持续上升、冬季电力生产不足，一季度第二、三产业增速同比分别下降4.2和2.9个百分点，工业增加值增速同比下降8.5个百分点，规模以上工业增加值增速同比下降15.5个百分点。2014年1~5月的工业增加值累计增速曾下滑到0.4%，好在1~11月回升到了4.1%，产业发展步伐有所上升。

我们预计，2015年民族地区工业增加值增速为10%左右，与2014年水平相当。

（四）农业继续保持稳中有增

2014年第三季度，民族地区实现农林牧渔业总产值9125.7亿元（见表8），比上年同期名义增长14.93%，比同期全国的平均增速高8.45个百分点（见表9）。8个民族省区实现农林牧渔业总产值分别比上年同期增长5.21%~66.43%（见表9）。除了广西、宁夏的农林牧渔业产值增速小于全国平均增速，其他6个民族省区的农林牧渔业产值分别增长6.78%~66.43%，比全国的平均增幅（6.48%）高0.3~59.95个百分点。

表8 2013年第三季度至2014年第三季度农林牧渔业总产值

单位：亿元，%

	2014年第三季度	2014年第二季度	2014年第一季度	2013年第四季度	2013年第三季度
内蒙古	1017.4	530.7	239.3	2699.5	923.0
广西	2197.7	1143.1	563.7	3755.2	2084.7
西藏	97.6	50.6	18.9	128.0	91.4
宁夏	292.9	91.1	56.3	430.0	278.4
新疆	1916.3	605.8	184.7	2538.9	1781.1
云南	1823.9	973.4	450.9	3056.0	1653.0
贵州	1598.1	615.4	261.0	1663.0	960.2
青海	181.8	53.9	24.4	310.3	168.1
民族地区	9125.7	4064.0	1799.2	14580.9	7939.9
全国	64934.4	34300.4	13730	96995.3	60984.3
民族地区占全国	14.05	11.85	13.10	15.03	13.02

表 9　2014 年第三季度民族地区农、林、牧、渔业总产值同比增速*

单位：%

	农林牧渔业总产值增速	农业总产值增速	林业总产值增速	牧业总产值增速	渔业总产值增速
内蒙古	10.23	12.66	5.29	10.42	6.45
广　西	5.42	9.64	16.61	-2.21	6.57
西　藏	6.78	5.79	0.00	7.63	-50.00
宁　夏	5.21	2.24	5.41	10.64	7.87
新　疆	7.59	7.96	9.78	5.97	11.25
云　南	10.34	12.18	29.45	2.44	12.24
贵　州	66.43	103.69	116.96	23.42	11.24
青　海	8.15	5.54	35.29	10.20	66.67
民族地区	14.93	21.03	28.31	6.53	7.67
全　国	6.48	7.63	14.02	2.84	7.65

*此处的增速，是按现价计算的。

分产业看，2014 年第三季度，民族地区实现农、林、牧、渔业总产值分别为 4604.2 亿元、593.8 亿元、3236 亿元、348.1 亿元，比上年同期分别增长 21.03%、28.31%、6.53%及 7.67%，分别比同期全国农、林、牧、渔业总产值的增速高 13.4、14.29、3.69 与 0.02 个百分点。其中，贵州、内蒙古、云南农业总产值比上年同期分别增长 103.69%、12.66%、12.18%，增幅位于全国的第 1、第 3 与第 4 位；贵州、青海、云南、广西林业总产值比上年同期分别增长 116.96%、35.29%、29.45%及 16.61%，增幅位于全国的第 1、第 4、第 5 与第 9 位；贵州、宁夏、内蒙古、青海、西藏、新疆牧业总产值比上年同期分别增长 23.42%、10.64%、10.42%、10.2%、7.63%、5.97%，增幅位于全国的第 1、第 2、第 3、第 4、第 7 与第 10 位。青海、云南、新疆、贵州渔业总产值比上年同期分别增长 66.67%、12.24%、11.25%、11.24%，增幅位于全国的第 1、第 7、第 8 与第 9 位。也就是说，相对于全国平均水平，民族地区农林牧渔业的超速发展，主要来自农、林、牧业的拉动。

我们预计，2015 年民族地区农林牧渔业总产值实际增速为 7.5% 左右，略高于 2014 年水平。

（五）消费品市场平稳上升，对外贸易中进出口有增有减

2014 年第一季度，全国社会消费品零售总额 62081 亿元，比上年同期增长 10.9%。民族地区社会消费品零售总额 5086.27 亿元，分别比上年同期增长 10.1% ～12.9%（见图 15），除了内蒙古、宁夏的增速小于全国平均增速，其他 6 个民族省区都比同期全国平均增速要高。其中，贵州、青海、云南、西藏及广西达到 12% 及以上的高速。从总体上看，民族地区消费品市场的增速是高于全国平均水平的。

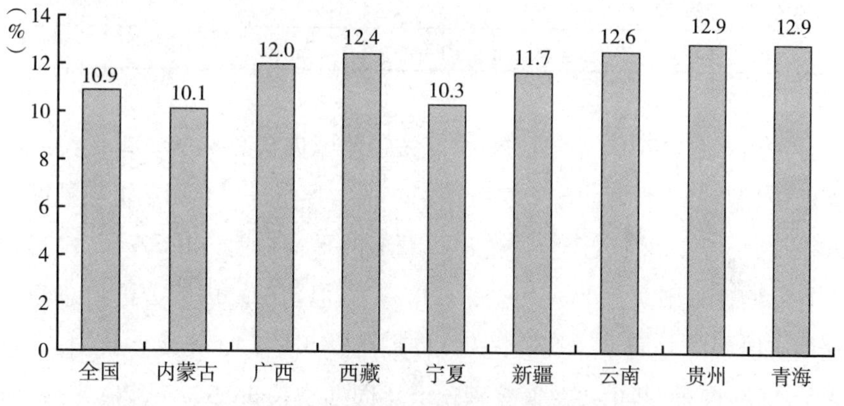

图 15　2014 年第一季度民族地区社会消费品零售总额增速

2014 年以来，世界经济仍处于深度调整之中，市场需求短期内实现根本好转的可能性不大，全球贸易增长的动力仍然不足，中国民族地区出口产品的增长空间受到抑制。2014 年第一季度，民族地区进出口总额为 243.72 亿美元（见表 10）。各民族省区中，宁夏、云南、青海、广西、内蒙古进出口总额分别比上年同期增长 10.7% ～104.7%，都大于全国进出口总额的平均增速（ –1%），其中，宁夏进出口总额增速比全国平均增速高 105.7 个百分点，增幅位于全国的首位。另外，西藏、贵州、新疆进出口总额比上年同期都有所下降，下降幅度均比全国平均下降幅度大。

表 10　2014 年第一季度民族地区进出口情况

单位：亿美元，%

	进出口总额	进出口同比增长	进口总额	进口同比增长	出口总额	出口同比增长
内蒙古	28.38	10.70	17.46	-1.20	10.92	37.10
广　西	86.53	24.70	34.84	11.00	51.70	35.90
西　藏	3.03	-76.66	0.11	153.49	2.92	-77.51
宁　夏	14.33	104.70	1.71	34.60	12.62	120.20
新　疆	47.64	-9.00	5.53	-14.70	42.11	-8.30
云　南	58.63	30.40	28.10	20.30	30.53	41.40
贵　州	2.24	-18.50	0.50	6.90	1.74	-23.70
青　海	2.94	26.40	2.07	121.50	0.87	-37.70
民族地区	243.72	—	90.32	—	153.41	—
全　国	9659.00	-1.00	4746.00	1.60	4913.00	-3.40

分进出口看，2014 年第一季度，民族地区进口总额 90.32 亿美元。民族地区中，西藏、青海、宁夏、云南、广西、贵州进口总额比上年同期增长 6.9%～153.49%，都大于全国进出口总额的平均增速（1.6%），尤其是西藏、青海增速分别高达 153.49%、121.5%。但新疆、内蒙古进口总额比上年同期有所下降。同期，民族地区出口总额 153.41 亿美元。其中，宁夏、云南、内蒙古、广西出口总额分别比上年同期增长 35.9%～120.2%，均大于全国进出口总额的平均增速（-3.4%），尤其是宁夏、云南，增速分别高达 120.2%、41.4%。但西藏、青海、贵州、新疆出口总额比上年同期有所下降，下降幅度大于全国平均同期下降幅度。

特别值得注意的是，2014 年第一季度，西藏、贵州、青海进口和出口很不平衡，均是进口比上年同期有所增长，但出口却有所下降。尤其是西藏，出口比上年同期下降 77.51%，但进口增长 153.49%。新疆的进口、出口比上年同期均下降。

我们预计，2015 年民族地区全社会消费品零售总额名义增长 13%，进出口名义增长 11%。

（六）城乡居民生活继续改善

统计资料显示，2014 年第一季度，民族地区农村居民人均现金收入在 929~3691 元（见表 11）。除了内蒙古农村居民人均现金收入高于全国平均水平外，广西、宁夏、云南、新疆、青海、贵州、西藏农村居民人均现金收入都低于全国平均水平，位于全国的第 19、25、26、27、29、30、31 位。其中西藏“垫底”，为 929 元。西藏农村居民人均现金收入只相当于全国平均水平的 28.82%，相当于人均收入最高的上海的 13.1%。为了提高民族地区城乡居民的收入，各级政府通过提高社会保障标准、兑现各种惠民补贴、鼓励和引导外出务工、增加职工工资等措施，使城乡居民收入增长。2014 年第一季度，民族地区农村居民人均现金收入的名义增幅为 10.6%~14.5%。其中，内蒙古、青海、贵州、新疆、西藏及广西增幅超过同期全国平均增幅（12.3%），位居全国第 3~13 位，但云南、宁夏的增幅不及全国平均水平。

表 11　2014 年第一季度民族地区城乡居民收入及位次

	农村居民				城镇居民			
	人均现金收入（元）	在全国位次	同比增长率（%）	在全国位次	人均可支配收入（元）	在全国位次	同比增长率（%）	在全国位次
内蒙古	3691	7	14.5	3	7649	9	9.3	27
广　西	2595	19	12.8	13	7324	11	10.2	7
西　藏	929	31	13.4	8	5527	30	9.4	25
宁　夏	2041	25	10.6	29	5774	28	9.0	29
新　疆	1054	30	13.5	7	5903	26	12.8	1
云　南	1795	27	11.5	25	6418	19	10.5	4
贵　州	1502	29	13.8	5	5910	25	10.6	3
青　海	1908	26	14.3	4	5683	29	12.4	2
全　国	3224	—	12.3	—	8155	—	9.8	—

2014 年第一季度，民族地区城镇居民人均可支配收入在 5527~7649 元（见表 11），都低于全国平均水平（8155 元），分别位于全国的第 9、11、19、25、26、28、29、30 位。民族地区城镇居民人均可支配收入比上年同

期名义增长9%～12.8%。除了宁夏、内蒙古和西藏的增速低于全国9.8%的平均增速外，其他5个民族省区均“跑赢”全国平均水平，其中新疆、青海、贵州、云南城镇居民可支配收入增速分别位于全国的前四位。

我们预计，2015年民族地区农村居民人均现金收入实际增长11.6%，城镇居民人均可支配收入实际增长7.7%。

四 民族地区经济发展的建议

中国经济已经从过去的高速增长期进入中高速增长期。2014年12月11日闭幕的中央经济工作会议透出了2015年经济工作的一系列新动向。会议认为，“当前我国在消费需求、投资需求、出口和国际收支、生产能力和产业组织方式、生产要素相对优势、市场竞争特点、资源环境约束、经济风险积累和化解以及资源配置模式和宏观调控方式等方面都发生了趋势性变化，表明经济正在向形态更高级、分工更复杂、结构更合理的阶段演化”。会议强调，“认识新常态、适应新常态、引领新常态，是当前和今后一个时期我国经济发展的大逻辑”。可以看到，中高速增长、发展方式转变、结构深度调整、发展动力转向是新常态的基本特征。据国家统计局2014年11月发布的经济数据，全国进出口总值同比下降0.5%，PPI同比下降2.7%，已经连续33个月负增长，反映出当前中国经济仍面临较大下行压力，稳增长任务艰巨。对民族地区而言，要根据中央的整体部署努力做好各项工作，要根据目前经济发展中存在的主要问题和薄弱环节，下大功夫继续保持主要经济指标平稳较快增长，缩小与全国及东部地区的发展差距；加快经济结构调整与经济发展方式转变，提高经济增长质量和效益；进一步加快工业化、城镇化步伐；加大扶贫、减贫力度，促进城乡、地区经济社会协调发展。

（一）继续保持主要经济指标平稳较快增长

发展不足、发展方式不当是目前民族地区经济发展的主要问题。因此加快少数民族和民族地区经济社会发展是目前以及今后一段时间民族工作的主要任务之一。①

民族地区要加快经济发展，不仅要利用自身资源优势，加快优势产业发展，还要加大对外开放，促进国内消费，提高外贸、消费对经济的拉动作用，更要加大投资拉动，以投资促进增长，实现各项经济指标平稳较快增长。显然，在民族地区自我发展能力不足的情况下，中央政府应继续将投资向西部民族地区倾斜。

目前中央政府“定向”“微调”的措施安排主要是针对我国经济发展的“短板”，目的是解决问题、取得实效。显然，西部民族地区是目前中国经济发展的“短板”和重点。近年来，国家明显加大包括民族地区在内的中西部地区铁路等基础设施建设力度，2014 年确定将国家投资的 80% 投向中西部地区。中西部地区基础设施建设提速，不仅有利于中西部地区的发展，而且有利于形成国家经济新的增长极。②

（二）继续推进经济结构调整和经济发展方式转变

如上所述，相对于全国，目前民族地区产业结构处于欠发达状态：第一产业仍占较大比重，第二产业占显著优势，第三产业相对不足。可以说，近年来民族地区的高速发展，主要依赖第二产业特别是工业的高速发展。而工业中重工业占相当大的比重，其中又以采掘、能源、原材料工业为主，深加工工业比重低，这就导致了民族地区总体上高资源消耗、高投入、低产出的粗放型的经济发展方式。

加快民族地区经济发展，必须推进经济结构调整和经济发展方式转变。根据党的十七大报告，加快经济发展方式转变，就是要：“促进经济增长由主要依靠投资、出口拉动向依靠消费、投资、出口协调拉动转变，由主要依靠第二产业带动向依靠第一、二、三产业协同带动转变，由主要

① 中国西部民族经济研究中心课题组：《中国少数民族地区经济发展方式转变》，载郑长德、刘兴全主编《中国少数民族地区经济发展报告（2012）》，中国经济出版社，2012。

② 《上半年经济形势述评：定而有谋，稳中有为》，新华网，2014 年 7 月 10 日。

依靠增加物质资源消耗向主要依靠科技进步、劳动者素质提高、管理创新转变”[①]。因此，民族地区产业结构调整的重点是实现从过度依赖第二产业（主要是高资源消耗工业）向第一、二、三产业协调带动转变，这就要求民族地区产业链向高科技含量、高附加值环节延伸。其一，重点发展具有禀赋优势的特色农牧业。以高附加值的特色畜产品、水果、干果产业为重点，通过规模化、标准化提高产业水平，并加强特色农业产业化进程。其二，加快对传统支柱产业的改造、升级，发展战略性新兴产业。民族地区正处于工业化加速的上升通道，必须利用资源优势、后发优势，推进工业由过度依赖资源消耗向技术创新和产业优化发展，走新型工业化道路。煤炭、石油、天然气等能源化工产业，是民族地区传统支柱产业，应延长其产业链。如发展新型煤化工产业，加速发展煤制油、煤基烯烃和煤制天然气，以提高资源转化效率。应大力发展新材料、新能源、节能环保等战略性新兴产业，尤其是有色金属的新材料开发、生物医药等具有较好资源禀赋的优势产业。其三，扩大和提升以商业、旅游、运输为主的传统服务业的发展规模和水平，大力发展以现代物流、金融、信息、科技为主的现代服务业。另外，民族地区不仅自然风光秀美、独特，而且民族文化、民俗风情丰富多彩，具有发展旅游业的良好基础和开发空间，可以旅游业为引领，加快文化产业发展，以高标准发展民族地区的现代旅游服务业。

概言之，在结构调整的同时，要加大对科技创新的投入力度，推动科技进步，增强科技创新能力，促进经济增长由粗放型向集约型转变，提高经济增长质量和效益。

（三）加速新型工业化、新型城镇化

霍利斯·钱纳里（Hollis Chenery）和莫尔塞斯·塞尔昆揭示了工业化时期城镇化、工业化和经济发展之间的对应关系：人均收入超过 500 美元

① 胡锦涛：《高举中国特色社会主义伟大旗帜为夺取全面建设小康社会新胜利而奋斗——在中国共产党第十七次全国代表大会上的报告》，《人民日报》2007 年 10 月 15 日。

（1964 年美元）时，城镇人口在总人口中占主导地位；超过 700 美元时，工业就业人口超过初级生产部门；当收入水平超过 2000 美元时，这些过渡过程才告结束。① 在工业化初期，城镇化率会伴随着工业就业比重增长而上升；进入工业化中期，产业结构优化和消费结构升级的作用将超过集聚效应，城镇中第三产业就业比重上升。②

工业化是发展中国家或地区实现经济发展的重要途径。民族地区经济发展起步于重工业优先的工业化战略，依靠工业化推动，经济呈现高速发展态势。但民族地区的工业化水平还不够高，发展方式相当粗放，工业化任务远未完成。因此，为了继续保持民族地区经济平稳较快增长，必须继续推进工业化，并且“以信息化带动工业化，以工业化促进信息化，走出一条科技含量高、经济效益好、资源消耗低、环境污染少、人力资源优势得到充分发挥的新型工业化路子”。③

目前，绝大部分民族省区处于工业化中期及城镇化加速阶段，呈现工业化推动经济发展到城镇化带动经济发展的转折迹象。城镇化不仅有利于经济发展，还是提高居民收入、缩小城乡差距的重要抓手。因此，为了继续保持民族地区经济平稳增长，不仅要继续推进工业化，还要加速城镇化，特别是新型城镇化。传统城镇化的根本动力来自传统工业化，而新型城镇化的动力主要来自城市服务业的发展、新型产业的创新以及信息化，以新型工业化和新型产业化为核心动力。④ 另外，在推进城镇化的过程中，不仅要重视城市的扩大即土地城镇化，更要重视人的城镇化。同时，民族地区城镇应当根据经济辐射作用、地理位置、资源条件的不同，从区域经济分工合作中找到城

① 霍利斯·钱纳里、莫尔塞斯·塞尔昆：《发展的格局 1950 ~ 1970》，中国财政经济出版社，1989。

② 郭克莎：《工业化与城市化关系的经济学分析》，《中国社会科学》2002 年第 2 期。

③ 江泽民：《全面建设小康社会，开创中国特色社会主义事业新局面——在中国共产党第十六次全国代表大会上的报告》。

④ 参见黄群慧《中国的工业化进程：阶段、特征与前景》，《经济与管理》2013 年第 7 期；钟海燕：《城镇化、工业化与民族地区经济发展方式转变》，《广西民族研究》2013 年第 2 期。

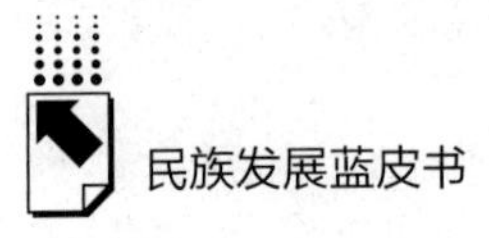

镇的产业功能定位，如交通枢纽型、口岸型、旅游型、工业主导型、商贸型、综合型等多种城镇功能定位。[①]

（四）扩大对外开放

研究表明，东中西部经济发展不平衡的一个重要原因，是对外开放水平和开放型经济发展不平衡。[②] 上述分析可知，民族地区对外贸易水平较低且不平衡，这应该是其经济欠发展的一个重要因素。因此，要促进民族地区经济平稳快速发展，必须实行更加主动的实施开放战略，扩大与世界各国的经济往来。

近年来，民族地区对外开放加速。如新疆正在推进霍尔果斯、喀什国际边境贸易合作，区域内有国家一类口岸 17 个、二类口岸 12 个，是丝绸之路经济带的“桥头堡”；内蒙古向北对俄罗斯开放合作；宁夏设立内陆开放型经济试验区，拓宽与阿拉伯国家交流合作的空间；广西北部湾经济区和西江经济带的“双核”战略，推动西南地区向东盟和港澳地区开放；凭借独特的区位优势和地缘优势，西藏已经成为与南亚国家之间的通商要道，与 120 多个国家和地区开展对外贸易。正是各民族省区对外开放的深化，推进了经济快速发展。

民族地区对外开放过程中，应进一步完善对外贸易环境、外商投资环境等，走“向西看”、“向南看”及“向北看”并重的战略走向，适应我国对外开放由出口和吸收外资为主转向进口和出口、吸收外资和对外投资并重的新形势，完善更加适应发展开放型经济要求的体制机制，以开放促发展。

（五）促进地区、城乡之间协调发展，加大减贫力度

要缩小各民族省区地区之间的经济发展差异，主要是缩小各省内部各县域之间的发展差距。由于部分民族省区内各县域之间在生态地理、资源禀

---

① 涂裕春：《厘清边境民族地区城镇化特定原则》，《中国社会科学报》2014 年 4 月 9 日。

② 涂裕春：《深化对外开放与民族地区经济发展方式转变》，载郑长德、刘兴全主编《中国少数民族地区经济发展报告（2012）》，中国经济出版社，2012。

赋、历史文化等方面的差异，各县域之间发展很不平衡，这就要对经济欠发达地区给予政策上的倾斜和项目上的扶持，使其尽快发展起来，在发展农业的基础上大力发展农副产品加工业，发展特色产业，以提高欠发达县域经济的发展。

在大力发展经济的同时，要注重增加城乡居民收入。促进城乡居民收入增长与经济增长同步，劳动报酬提高与劳动生产率提高同步，使发展成果惠及全体人民。目前，促进城乡居民收入较快增长的重点在农村，尤其是贫困地区农村。因此，要加大对民族地区贫困农村及贫困家庭的扶持力度，继续实施整村推进、产业扶贫、劳动力转移培训、基础设施建设、对口支援等扶贫工程，减少贫困人口、降低贫困发生率，提高低收入农村人口的收入。另外，要加强民族地区的社会保障建设，尤其是最低生活保障、医疗保险、养老保险的建设，减少各种风险对低收入者的冲击。当然，还要深化分配制度改革，缩小城乡、地区、部门和个人之间的收入差距，促进社会更加和谐，居民幸福感进一步提高。

B.3

2006～2013年民族地区政治发展报告

周竞红　刘玲*

摘　要：民族地区政治建设是国家政治建设的重要组成部分，也是国家政治发展的重要环节。民族地区政治属于统一多民族国家的地方政治，其基本政治结构同一般地方政治结构相同。民族地区在政治生活各领域取得了卓越的成绩，各级人民代表大会制度逐步完善；执政党制度建设和党内法规建设稳步推进，党内生活规范化、制度化水平不断提升，党员队伍建设和基层组织建设持续加强，各项社会生活中协商民主日益广泛；民族区域自治制度实施取得重大进展，但仍有待于进一步完善；公权力运行更加开放，基层民主不断发展。民族地区政治发展需要紧扣现代国家治理和地方社会治理的时代主题，在实现经济发展、社会稳定和国家安全的同时，持续推进各民族共同繁荣发展。

关键词：民族地区基本政治结构　人大制度　执政党建设　协商民主　基层民主

“中国共产党和中国人民对自己选择的政治发展道路充满信心，将坚定

* 周竞红，中国社会科学院民族学与人类学研究所研究员；刘玲，中国社会科学院民族学与人类学研究所助理研究员。

不移地把中国特色社会主义政治建设推向前进”。[①] 中国特色社会主义政治发展主要内容就是：“坚持中国特色社会主义政治发展道路，坚持党的领导、人民当家作主、依法治国有机统一，坚持和完善人民代表大会制度、中国共产党领导的多党合作和政治协商制度、民族区域自治制度以及基层群众自治制度，不断推进社会主义政治制度自我完善和发展”[②]。民族地区作为统一多民族国家的地方政区，其政治发展的轨迹必然沿着中国共产党政治发展路线前行。从政治实践来看，民族地区政治建设带有典型的后发特性，即“……国家政治发展的主导力量是政治性的，来自国家、政府、政党，政治变迁一般自上而下”[③]。各民族地区[④]政治发展是国家政治建设重要组成部分，也是国家政治发展的重要环节。民族地区政治建设不仅关系到民族地区的自身稳定和发展，同时也关系到国家政治的发展和稳定，关系到中国特色社会主义建设和中华民族伟大复兴目标的实现。1949 年以来，历经民主改革、社会主义改造和改革开放，深刻影响各民族地区社会生活的传统社会结构渐次解体，民族地区政治建设已建基于新的社会条件和社会生活组织方式。社会生活的变迁对民族地区地方政府的施政理念、方式和决策等提出了更高要求，特别是在全球化和市场经济的影响下，民族地区政治建设面临着全新的社会诉求和挑战。民族地区各级党委和政府在推动政治发展实践中不断回应社会经济发展进程中关于政治体制变化的诉求，坚持党中央确立的政治发展路线在民族地区政治生活实践中推动政治生活现代化发展。

一　民族地区基本政治结构

民族地区政治发展主要是指在统一国家政治体系中，区域社会政治生活

① 江泽民：《全面建设小康社会——开创中国特色社会主义事业新局面》，《人民日报》2003 年 2 月 26 日第 1 版。

② 胡锦涛：《高举中国特色社会主义伟大旗帜 为夺取全面建设小康社会新胜利而奋斗》，《人民日报》2007 年 10 月 16 日第 1 版。

③ 吴克昌主编《政治学原理》，高等教育出版社，2010，第 172 页。

④ 民族地区，即民族八省（区）（五个自治区和青海、云南、贵州）和分布于其他省份的民族自治地方。

以现代性为指征的一系列变迁过程。民族地区政治发展不仅要确保推动统一多民族国家的政治整合，还要有利于各民族共同繁荣发展。民族地区政治本质上是统一多民族国家的地方政治，基本政治结构同一般地方政治结构相同，即在政治法律制度、政治活动主体及政治主体关联方式等方面服从于统一国家治理目标，民族地区政治与一般地方政治同处一个政治体系中。这一政治体系的基本构成要件为代表公权的各级政府、代表群体权益的社会团体或非政府组织、公民个体。中国共产党领导下的新中国在单一制国家政治中包容和处置民族问题，民族地区政治结构与一般地方政治相比有不同之处，即当各少数民族传统社会结构历经民主改革和社会主义改造全面纳入国家的地方政治管理体系后，以人民主权为核心，在构建新型地方政治中，顾及基于特定经济文化差异的民族地区政治独特性，以满足各民族在平等、团结、互助、和谐中谋求共同繁荣发展的目标。实行民族区域自治，就国内政治而言，构成民族地区政治活动的主要单元或行为主体包括以下几个方面。

（一）民族地区的政党组织

政党组织是现代中国国家政治转型中最重要的政治组织力量。具有明确政治目标的政党组织在清王朝末期才开始在社会政治结构中发挥作用。百年来，中国社会在救亡强国中兴起和组建过多种政党组织，除共产国际组织曾在20 世纪初动员组织过具有民族性的政党组织外，近代中国绝大多数政党组织在成员招收或组织动员中都跨越了文化、地区和民族身份等种种差异，将其组织活动建构于政治认同或政治目标一致的基础上。从这个层面上或可以说，历史国情决定了国家政治现代化进程中的政治组织形式。中国共产党是在民族民主革命进程中成长起来的政党组织，在其推进民族民主革命的进程中，接受了马克思主义理论影响，依据中国社会具体实际开辟了新中国发展道路，成为中国现代化建设的核心领导力量，主导国家政治体系建构，引领着政治发展方向。

中国共产党在民族地区的各级地方委员会是领导和组织各民族人民发展和建设的核心力量。各民族中的先进分子在中国共产党组织内团结奋斗，是中国特色社会主义事业坚决的拥护者。中国共产党在民族地区的地方党组织在政治决策、干部推荐、组织党员、动员人民群众等方面承担着特定的任务，有着影响广泛的工作机制。对于省（区）、市、县（旗）不同级别的党的委员会，其机构设置和领导层构成职权范畴有着较大的差别。

民族八省（区）2014 年在任的党的委员会组成基本信息见表 1。

表 1　民族八省（区）2014 年在任的党的委员会组成

单位：人

	书记	副书记	常委	委员	候补委员	纪委委员	备注
内蒙古	1	2	10	73	14	45	第九届委员会
广　西	1	2	10	71	15	45	第十届委员会
贵　州	1	2	10	69	13	45	第十一届委员会
云　南	1	2	10	75	14	41	第九届委员会
宁　夏	1	2	10	65	12	41	第十一届委员会
青　海	1	2	11	61	12	35	第十二届委员会
西　藏	1	4	10	60	15	33	第八届委员会
新　疆	1	3	11	75	15	47	第八届委员会

资料来源：全部信息来源于中国共产党新闻网，http：//cpc. people. com. cn/GB/67481/94156/231710/index. html。

在党委的人员构成中，五个自治区的副书记中均有当地主体民族成员；党委常委中，少数民族占有一定比例，据较为粗略的统计，内蒙古为 40%，广西为 50%，贵州为 30%，云南为 20%，宁夏为 20%，青海为 36. 37%，西藏为 50%，新疆为 36. 37%；党委委员中，少数民族也占相当的比重，内蒙古为 46. 58%，广西为 29. 58%，贵州为 31. 88%，云南为 32%，宁夏为 30. 77%，青海为 29. 51%，西藏为 48. 33%，新疆为 41. 33%；候补委员中，少数民族所占比重，内蒙古为 42. 86%，广西为 13. 33%，贵州为 23. 08%，云南为 28. 57%，宁夏为 50%，青海为 58. 33%，西藏为 80%、新疆为 53. 33%。[①] 省（区）的党委依据《中国共产党章程》规定五年换届，省

① 依据民族八省（区）党建网发布信息统计。

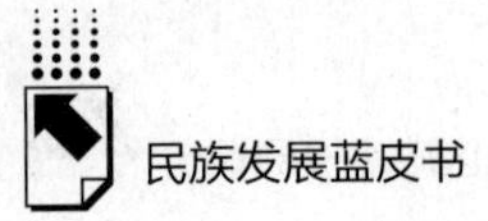

（区）级党代表要有五年以上党龄。

省（区）党委工作机构一般有如下设置：

◇省（区）党委办公厅；

◇省（区）党委组织部；

◇省（区）党委宣传部；

◇省（区）党委统一战线工作部；

◇省（区）党委政法委员会（社会综合治理委员会办公室）；

◇省（区）党委政策研究室；

◇省（区）直机关工作委员会；

◇省（区）机构编制办公室；

◇省（区）党的纪律检查委员会（监察厅合署办公）。

中共各省（区）书记或副书记多同时担任省（区）人大常委会主任或副主任一职，副书记则多同时担任行政一把手，纪委书记同时也是常委，党委常委一般会分别担任组织部、宣传部部长职务。而纪律检查委员会的书记多由省（区）行政长官担任，3~4名副书记中，第一副书记一般兼任政府部门的监察厅厅长一职。在党的思想组织建设、干部管理、选人用人等方面，各省（区）均加大力度、追求成效，对于提升执政党能力和保障民族地区政治生活健康发展起到核心领导作用。

多党合作是中国的一项基本政治制度，是中国社会主义民主政治的重要组成部分。中国共产党和各民主党派都必须以宪法为根本活动准则，维护宪法尊严，保证宪法实施。民族地区民主党派的发展依不同区域经济社会发展状况，存在较大差别。中国有八个民主党派（中国国民党革命委员会、中国民主同盟、中国民主建国会、中国民主促进会、中国农工民主党、中国致公党、九三学社、台湾民主自治同盟）。在民族八省（区），云南的民主党派最多，达8个；西藏最少，无民主党派。具体为内蒙古、宁夏、新疆有民革、民盟、民建、民进、农工党、九三学社的活动，广西、贵州除此6个民主党派外，还有中国致公党的活动，青海省则只有民革、民盟、民建、农工党、九三学社的活动。这些党派组织在民族地区总人数不多，有民主党派的民族地区均设有省（区）级的委员会和一定数量的基层组织等。民主党派活动的基本特征是“共产党领导、多党派合作，共产党执政、多党派参政”。多党合作的方式和渠道十分广泛，主要有：①各民主党派和无党派人士参加省（区）人大、政府和政协工作，参政议政，如民建内蒙古自治区委员会主任委员李荣禧任自治区人大常委会副主任，民进内蒙古自治区委员会主任委员郑福田、农工民主党内蒙古自治区委员会主任委员牛广明等任自治区政协副主席，民革内蒙古自治区委会主任委员刘斌任全国政协常委。②共产党与各民主党派通过多种渠道进行政治协商和民主监督，如民主党派与共产党的省（区）领导加强联系，受邀参加省（区）党委、人民政府和政协的协商会、座谈会和情况通报会，就地区多党合作、经济建设和政协工作提出意见和建议；有的民主党派党员被地方政府部门聘为特约检察员、监察员、教育督导员、行风义务监督员等。

政治协商会议是中国共产党领导的多党合作和政治协商的重要机制，也是国家政治生活中发扬民主的重要形式。中国共产党、各民主党派、无党派人士、人民团体、各少数民族和各界的代表，香港特别行政区同胞、澳门特别行政区同胞、台湾同胞和归国侨胞的代表，以及特别邀请的人士等构成全国政协各界别。自治区、直辖市、自治州，设区的市、县、自治县，不设区的市和市辖区，设立本级政治协商会议的地方委员会。政治协商、民主监督、参政议政是这一机制的基本功能。各级政治协商会议全体会议闭会期间，设置常务委员会。常委会设1位主席、若干副主席（9～12人）、常务委员和委员若干。政协履职的重要方式之一是设立专门委员会开展工作，省（区）级委员会主要有：提案委员会、经济委员会、农业委员会、人口资源环境委员会、教科文卫体委员会、社会与法制委员会、民族和宗教委员会、港澳台侨和外事委员会、文史和学习委员会。人民政协拥有强有力的组织方式、广泛的界别代表、日益规范化的运行方式，在国家和地方治理中，日益显现其在发展协商民主、有效支持执政党民族地区事务管理中的重要作用。

（二）民族地区的地方国家机构

民族地区的地方国家机构可分为一般地方国家机构和民族自治地方自治机关。一般地方国家机构，即《宪法》第三章所规定的地方各级人民代表大会和地方各级人民政府，从层级来说，分为省、直辖市、县、市、市辖区、乡、民族乡、镇设立的人民代表大会和人民政府。县级以上的地方各级人民代表大会设立的常务委员会。不同层级的人民代表大会，其选举方式也有一定差别，省、直辖市、设区的市的人民代表大会代表由下一级人民代表大会选举；县、不设区的市、市辖区、乡、民族乡、镇的人民代表大会代表由选民直接选举。

民族地区的地方国家机构还有一类为民族自治地方的自治机关，即自治区、自治州、自治县的人民代表大会和人民政府。《宪法》规定："各少数民族聚居的地方实行区域自治，设立自治机关，行使自治权。"民族区域自治是国家政治现代化转型进程中，中国共产党人面对多民族历史和现实国情，推进人民民主的重要理论和实践成果，也是实践政治民主的主要标志之一，民族区域自治是中国的一项基本政治制度。

不同层级的人民代表大会职权所能影响的政区范围不同。全国人民代表大会具有国家的立法、监督、人事任免、重大事项决定权，这也是中国人民通过人民代表大会制度行使当家作主权利的主要体现。省级人大及其常委会根据本行政区域的具体情况和实际需要，在不同宪法、法律、行政法规相抵触的前提下，可以制定地方性法规；较大的市的人大及其常委会根据本市的具体情况和实际需要，在不同宪法、法律、行政法规和本省、自治区的地方性法规相抵触的前提下，可以制定地方性法规，报省、自治区的人大常委会批准后施行；民族自治地方的人民代表大会有权依照法定程序，并根据当地民族的政治、经济和文化特点，制定自治条例和单行条例；对不适合民族自治地方实际的上级国家机关的决议、决定、命令和指示，报经该上级国家机关批准，变通执行或停止执行。

民族八省（区）2014 年在任人大及其常委会信息见表 2。

表2　民族八省（区）2014年在任人大及常委会信息

单位：人，%

	本省（区）第十二届全国人大代表数	其中少数民族代表所占比重	本省（区）人大代表数	本省（区）人大代表中少数民族代表数	人大常委会委员组成人员数	常委中少数民族成员数	备　注
内蒙古	58	41.38	534	208	47	18	第十二届人大
广　西	90	61.11	693	302	64	27	第十二届人大
贵　州	73	36.99	600	273	52	20	第十二届人大
云　南	91	56.04	629	312	61	27	第十二届人大
宁　夏	21	38.10	425	221	53	20	第十一届人大
青　海	22	40.91	398	163	55	18	第十二届人大
西　藏	20	70.00	445	285	45	23	第八届人大
新　疆	60	61.67	550	344	58	33	第十二届人大

数据来源：中国人大新闻（http：//npc.people.com.cn/n/2013/0228/c14576－20624011.html）及相关省区人大网。

各省（区）人大常委会设置的委员会和工作机构一般为：

◇办公厅；

◇代表人事工作委员会；

◇环境与保护工作委员会；

◇财政经济工作委员会；

◇内务司法工作委员会；

◇法制委员会；

◇农业与农村工作委员会；

◇教育科学文化卫生工作委员会；

◇民族宗教外事华侨工作委员会。

作为同级人大的执行机构，多级人民政府有法定的管理幅度、权限。《宪法》规定：县以上的人民政府依据规定的权限，管理本行政区域内的经济、教育、科学、文化、卫生、体育事业、城乡建设事业和财政、民政、公安、民族事务、司法行政、监察、计划生育等行政工作，发布决定和命令，任免、培训、考核和奖惩行政工作人员。乡、民族乡、镇的人民政府执行本级人民代表大会的决议和上级国家行政机关的决定和命令，管理本行政区域内的行政工作。省（区）级人民政府一般由25个部门组成，主要有：发展和改革委员会、科学技术厅、国家安全厅、司法厅、国土资源厅、交通运输厅、林业厅、卫生和计划生育委员会、旅游发展委员会、工业和信息化委员会、民族事务委员会、监察厅、财政厅、环境保护厅、水利厅、商务厅、审计厅、教育厅、公安厅、民政厅、人力资源和社会保障厅、住房和城乡建设厅、农业厅、文化厅、外事办公室。此外，一般还设若干个直属特设机构、直属机构、议事协调办事机构、直属事业单位、部门管理机构、挂牌机构、部门管理事业单位、直属公司、派出机构等。省政府设置省长1位，副省长8位，并设省长助理、秘书长各1位。自治区政府则设置主席1位、副主席8~9位、秘书长1位、主席助理2位，少数民族干部在政府各部门扮演着重要角色，如据2014年7月新疆维吾尔自治区人民政府网站信息，新疆维吾尔自治区十一届人民政府组成人员中自治区主席、副主席、秘书长、各委厅办领导38人，有22位少数民族，占总职数的57.90%。第十二届政府组织人员组成中，秘书长、27个委厅办领导中少数民族占62.96%。

政府执行力在某种程度上决定着某一区域经济社会整体发展情况，也深刻地影响着该区域的政治生活。在西部大开发、对口支援等发展战略和措施支持下，民族八省（区）经济发展尽管面临着很多困难，但仍然取得了长足进步，从一个侧面证明了政府执行力在不断提升。

除政党组织、政府机构这类与政治发展相关的行动主体外，民族地区还有一定量的社会组织或社会团体以及公民维权活动对地方政治建设产生影响。1949年以来，构成人民政协组成单元的人民团体是最早发展起来的在社会政治生活中具有重要地位的社会组织。它既有各族、各界表达民意的功能，又是执政党联系群众的纽带，还被视为执政党统一战线的组织形式。这些具有制度性安排的人民团体主要指工会、共青团、妇联、科协、侨联、台联、青联、工商联等。在民族地区地方社会政治生活中，这些团体具有不可忽视的作用。此外，还有一些新兴的行会、商会、慈善组织或所谓非政府组织。这些组织将对市场经济条件下民族地区社会结构变化产生越来越直接的影响。

二　民族地区政治建设现状

民族地区政治建设以政治主体从各种形式参与或影响政治建设目标为核心展开。社会主义民主政治建设的国家指向，也使得民族地区政治建设中更加突出权力机关功能的发挥，以使各政治单元在相互合作中相互促进。

（一）各级人民代表大会制度逐步完善

人民代表大会制度是中国人民当家作主的根本政治制度。民族地区各民族人民正是通过这一根本政治制度，行使管理国家事务和地区事务之权。民族地区各级行政机关、审判机关、检察机关由人民代表大会产生，并对人民代表大会负责，受人民代表大会监督。

完善全国人大代表选举，保障各民族人民民主权利。全国人民代表大会和地方各级人民代表大会是人民行使国家权力的机关。随着国家保障人民民主权利水平的提高，2007 年中共十七大提出：“逐步按相同人口比例选举人大代表，这将有利于保障城乡居民平等选举权，增加人大代表广泛性，更好体现人人平等、地区平等和民族平等原则。”2013 年第十二届全国人大代表选举首次实行城乡相同人口比例选举，省、自治区、直辖市的地区基本名额为 8 名，全国人民代表大会常务委员会“参照各少数民族的人口和分布情况，分配给各省、自治区、直辖市人民代表大会选出。人口特少民族至少应有代表一人”①。如十二届人大的全国人大代表中，西藏自治区有 20 名代

① 《中华人民共和国全国人民代表大会和地方各级人民代表大会选举法》，《人民日报》2010 年 3 月 15 日第 1 版。

表，其中藏族公民12名，门巴族、珞巴族公民各1名。[①]

县乡两级人民代表直选工作更加完善，如西藏自治区、地（市）、县（区）、乡（镇）四级人大换届选举中，参选率不断提高。在2012年四级人大换届选举中，参选率达94%以上。藏族和其他少数民族的人大代表始终在全区各级人大代表中占有绝对多数。2012年经过直接和间接选举产生的34244名四级人大代表中，藏族和其他少数民族代表31901名，占93%以上；门巴族、珞巴族、纳西族、回族、壮族等均有自己的代表。西藏自治区第十届人大常委会组成人员44名，其中藏族和其他少数民族25名；常委会主任、副主任14名，其中藏族和其他少数民族8名。妇女的社会地位明显提高。西藏自治区人民代表大会中的妇女代表占代表总数的5.4%；各级政府公务员中，妇女占34.49%。[②] 广西、青海、内蒙古等民族地区，积极采取有效措施，完成换届选举各环节的工作。在宣传动员阶段，各地通过制作大量板报、移动展板、宣传栏、标语、横幅等方式普及选举知识。青海省西宁市辟出栏目在电视台、广播电台和报纸上充分介绍选举知识；广西壮族自治区一些县乡利用当地群众喜闻乐见的形式宣传和普及本级人大换届选举知识，如手机短信、文艺晚会、山歌会和知识竞赛等。在选民登记阶段，各地除了运用摸底调查、设立登记站、上门登记、媒体公告等传统方式外，广西、青海、内蒙古等地还利用电子邮箱、QQ群等新媒体，尽可能地联系到符合条件的公民进行选民登记。在投票阶段，各地广泛动员和组织选民参与投票，最大限度地方便选民投票，设置投票站、召开选举大会等，选民参选率均达90%以上。[③]

各民族地区在优化代表结构、提高代表素质、发挥代表作用、完善代表建议办理制度等方面都做出了诸多有益尝试。如内蒙古自治区人大借鉴全国

---

① 国务院新闻办公室：《西藏的发展与进步》，http：//www.gov.cn/zhengce/2013－10/22/content_2618548.htm。

② 国务院新闻办公室：《西藏的发展与进步》，http：//www.gov.cn/zhengce/2013－10/22/content_2618548.htm。

③ 《广西青海内蒙古基本完成县乡人大换届选举选民参选率超90%》，《人民日报》2011年10月20日第2版。

人大处理代表建议的做法，出台代表建议办理新举措，从代表建议中选取重点进行重点处理。自十一届人大四次会议始（2011年），内蒙古自治区人大在420件建议、批评和意见中，最终确定对建立企业职工工资正常增长机制、加强政府对食品安全监管的投入、完善草原生态保护建设政策，以及解决牧区和贫困少数民族地区安全饮水问题等4项进行重点解决，[①] 推动了代表建议案的落实。内蒙古自治区十二届人大一次会议期间（2013年1月），代表提出议案327件；至当年8月底，49%的议案得到办理。为提升人大代表履职水平，民族地区人大常委会强化人大代表培训工作，如2013年11月10～14日，内蒙古自治区人大常委会举办十二届自治区人大代表第四期履职学习班，来自全区12个盟市的自治区人大代表和代表工作部门的同志，以及部分旗（县）、苏木（乡镇）人大共计150余人参加了履职学习。学习班采取集中授课和实地考察相结合的方式，组织学习宪法、地方组织法、代表法等法律，学习人民代表大会制度基本理论，探讨农村牧区区域发展问题，学习和考察了巴彦淖尔市农业产业开发和工业产业化项目建设情况。[②]

依法推进地方立法，提高人大民主立法水平。依宪法规定，在不同宪法、法律、行政法规相抵触的前提下，省级人大及其常委会根据本行政区域的具体情况和实际需要，制定地方性法规；在不同宪法、法律、行政法规和本省、自治区的地方性法规相抵触的前提下，较大的市的人大及其常委会根据本市的具体情况和实际需要，可以制定地方性法规，报省、自治区的人大常委会批准后施行；民族自治地方的人民代表大会还有权依照当地民族的政治、经济和文化特点，制定自治条例和单行条例。为使立法工作集思广益、凝聚共识，2010年，内蒙古自治区人大常委会先后征求人大代表立法意见708人（次），还通过报纸、网络等公开征集公众意见，通过发放调查问卷、召开座谈会和论证会等方式听取立法咨询顾问、行政管理部门等方面的意见和建议。

---

① 雷·额尔德尼：《突出重点，加大力度，加强和改进代表建议办理工作》，http：//www.nmgrd.gov.cn/sj2/yc/201109/t20110901_83748.html。

② 《内蒙古自治区人大常委会对自治区人大代表进行履职培训》，www.nmgrd.gov.cn/sj2/yc/201311/t20131119_99791.html。

审议法规草案时，人大常委会邀请基层代表、行政管理部门、法学专家与常委会组成人员共同讨论，促进立法质量的提升。2011 年，内蒙古自治区共制定、修改法规 10 件，批准法规、单行条例 7 件，批准修改法规的决定 1 件，初审法规案 3 件。每件立法都经历了从编制立法计划、立法调研、起草法规，到征求意见、审议修改的过程。[①] 据粗略统计，民族八省（区）人大颁布的全部法规中，26% ~36% 颁布于 2006 ~2013 年。具体统计见表 3。

表 3　民族八省（区）人大 2006 ~2013 年颁布法规统计

单位：件，%

省(区)名称	已颁布法规总数（截至 2013 年 12 月）	2006 ~2013 年颁布法规统计	2006 ~2013 年颁布法规所占百分比
内蒙古	923	245	26. 54
广　西	938	342	36. 46
贵　州	1240	377	30. 40
云　南	1299	424	32. 64
西　藏	373	130	34. 85
青　海	675	187	27. 70
宁　夏	866	287	33. 14
新　疆	696	201	28. 88

数据来源：中国法律法规信息系统，http：//law. npc. gov. cn：87/home/begin1. cbs。

此外，随着国家法律法规的不断修改完善，绝大多数地方性法规需要进行相应的修改完善。为适应法制建设要求，各民族地区更加注重法规的清理工作，如 2011 年内蒙古自治区人大常委会就对当时有效的 166 件地方性法规进行了全面清理，对 37 件地方性法规 72 条条文进行了相应调查，废止了 6 件地方性法规。[②]

强化执法检查、法规备案等，行使人大监督权。民族地区各级人大常委

---

① 内蒙古自治区人大常委会：《坚持科学立法民主立法——自治区人大常委会 2011 年立法工作综述》，http：//www. nmgrd. gov. cn/lfgz/lfdt/201202/t20120207_ 85880. html。

② 内蒙古自治区法制工作委员会：《加强地方立法工作，推动经济社会又好又快发展》，http：//www. nmgrd. gov. cn/lfgz/lfdt/201110/t20111009_ 84604. html。

会在本行政区域范围内对法律、有关法规实施情况进行相关检查，进一步了解和掌握法律、法规在本区域实施中的情况和存在的问题，并督促同级政府和法院、检察院改进执法工作，对法律实施主管机关依法行政、公正司法具有直接促进作用。同时，各级人大及其常委会强化了听取和审议“一府两院”工作报告的工作。人民代表大会召开会议期间，同级政府、法院、检察院须向大会报告工作。政府须向大会提出预算草案、国民经济和社会发展计划草案，预算草案须经大会审查批准。人民代表大会常务委员会召开会议期间，还经常就关系改革发展稳定全局的重大问题和同人民群众切身利益密切相关的热点难点问题，听取有关专题工作报告或汇报。

地方各级人大常委会活动规范和制度建设得到加强，如2009年7月，《内蒙古自治区各级人民代表大会常务委员会规范性文件备案审查程序的规定》出台，对规范性文件报送备案的范围、主要内容、工作方式和审查程序等都做了具体规定，进一步完善了自治区各级人大常委会规范性文件备案审查制度；此外各地也健全了“一府两院”由人大产生、对人大负责、受人大监督制度，健全了人大讨论、决定重大事项制度；规定各级政府重大决策出台前向本级人大报告；完善了“一府两院”落实人大监督意见、办理人大代表建议的制度。各级地方人大加强执法检查，积极开展工作评议，依法运用询问、质询、特定问题调查、备案审查等方式积极回应社会关切的热点问题，探索开展满意度测评。

民族地区各级人大的人事任免权和重大事项决策权等日益落实。绝大多数民族地方各级人民代表大会依法认真履行对地方有关国家机构组成人员的选举、决定、任免、撤换、罢免。地方人大及其常委会就本地区的城市建设规划、环境保护等重大事项行使决定权。据不完全统计，内蒙古自治区第十一届人大常委会2008年1～5次会议所发布任免决议涉及119人（次）。

（二）执政党建设加强，多党合作政治协商拓展

中国共产党组织的建设对民族地区政治建设有着深刻影响。随着党中央推动的党内民主政治建设步伐的加快，党内生活规范化、制度化水平不断提

高。首先，党代表大会制度的完善、中共各级党的代表大会实行任期制，强化了党代表履职机制。比如党委在平时决定重大问题时，征求党代表意见，向党代表通报党内重要事项，党代表列席党委会等，为党代表反映普通党员意见提供了畅通渠道，是维护党员主体地位、发展党内民主的重要体现。其次，党的组织监督和制度建设取得成果。党的中央和省（自治区、直辖市）委员会实行巡视制度，由上级纪委和党组织部门联合向下级党委派出巡视组，直接受上级纪委领导。设置巡视制度，对监督各级党委执行党的路线方针政策、权力的运行、党风廉政建设和加强对省部级党政一把手的监督都有重要意义。近年来，党内法规建设得到加强，党组织活动得到规范。如党中央发布《中国共产党党员权利保障条例》（2004 年），发布《党政领导干部选拔任用工作条例》（2007 年）、《中国共产党发展党员工作细则》（2007 年）、《中国共产党和国家机关基层组织工作条例》（2007 年）、《中国共产党基层组织选举工作暂行条例》（2007 年）。

中国共产党作为中国现代化的领导力量，其自身在思想、组织、党员队伍等方面的建设状况，深刻影响着全国政治发展，民族地区党组织建设本身也是民族地区政治建设的重要组成部分。

第一，思想建设是民族地区党组织建设的核心。民族地区各级党的组织在地方管理实践中，坚持“一切从实际出发，理论联系实际，实事求是，在实践中检验真理和发展真理”的思想路线，充分认识到“我国正处于并将长期处于社会主义初级阶段”的国情和民族地区发展实际，解放思想、实事求是、与时俱进、求真务实，谋求推动社会生产力的发展和民生水平的不断提高。党校和干部培训机制为党组织的思想建设提供了基础平台，通过分期分批对党员领导干部进行理论培训，提升了党员干部的理论思想水平，推动了党的思想建设。2012 年，内蒙古全区培训农村牧区党组织书记 2.3 万人（次）、新党员 5.9 万人（次）、大学生村官党员 6000 人（次）。[①]

① 韩卿立等：《至 2013 年底内蒙古有 151.7 万名党员 7.7 万个基层党组织》，http://www.cnrmz.cn/mzyw/201407/t20140703_806655.html。

2013 年，新疆维吾尔自治区培训农村党组织书记 2.18 万人（次）、新党员 6.11 万人（次）、大学生村官 0.88 万人（次）。① 2007 ~2012 年，青海省党校系统共举办各类培训班 251 期，培训少数民族干部 4438 人（次）。②

各民族地区强化了党员领导干部的理论学习，促使党委中心组学习逐步规范化、制度化，成为党员干部理论学习和思想建设的重要制度保障。如内蒙古自治区党委发布《全区各级党委（党组）中心组学习实施办法（暂行）》（2002 年）、《关于进一步加强全区领导干部学习的意见》及《关于进一步改进和加强自治区党委中心组学习的意见》（2005 年），加强学习管理规范组，对个人自学、封闭读书、专家讲座、中心发言、专题研讨、学议结合等环节提出具体要求，强化了检查考核等环节。到 2008 年，内蒙古自治区党委中心组学习已形成长效机制，在学习组织、学习计划、集中学习研讨、自学、调研、考勤、档案管理及经费保障等方面实现制度化；各基层和部门党委、中心组从本地区、本部门实际出发，有了明确可行的中心组学习制度。从先进性教育，到群众路线教育，使党的干部工作作风得到整顿，有利于切实改善党和群众关系，转变领导干部的作风。在学习中，对“为了谁、依靠谁、我是谁”的追问，使执政党党员干部，特别是领导干部在群众观、权力观等的认识方面有了重要转变，群众观和正确的权力观有利于民族地区各层级政府、干部和相关机构提升为群众服务的效能。内蒙古自治区还开展了“大学习”“大调研”“大接访”“大落实”行动，切实解决问题，推进扶贫攻坚、创业就业、平安创建、百姓安居、人才强区、干部素质提升六大工程，将“大学习”与“学习教育”、“大调研”与“查摆问题”、“大接访”与“整改落实”、“大落实”与“建章立制”贯彻在活动中，确保党员干部受教育、“四风”问题得到解决、人民群众得实惠。③

---

① 《中国共产党新疆维吾尔自治区党内统计公报》，《新疆日报》2014 年 7 月 1 日第 2 版。

② 中共青海省委党校课题组：《关于切实加强和改进少数民族干部教育培训工作的调查与思考》，《攀登》2012 年第 6 期。

③ 《全区开发“四大行动”推进“六大工程”确保教育实践活动见行动求实效》，http://www.nmgjgdj.gov.cn/cxzy/dxjy/201308/t20130822_97986.html。

第二，党员队伍建设和基层组织建设得到加强。党员和基层党组织建设是党的各项方针政策正确执行的基础力量。各民族省（区）党员队伍绝对数虽然有较大差别，但是党员队伍总体在数量、年龄结构、从业结构等方面都呈现良好发展态势。广西壮族自治区区委组织部执行促进党员队伍适度均衡发展之策，截至 2012 年底，全区有党员 223 万名，占人口总数的 4.3%。[①] 截至2013 年底，西藏自治区党员人数达到27 万余名，其中农牧民党员 13 万余名，占党员总数的 48%，基层党组织达到 14865 个。[②] 截至 2013 年底，贵州省党员总数为 164 万余名，党的基层组织有 79145 个。其中，少数民族党员占党员总数的 34.61%；35 岁以下的党员占党员总数的 23.67%，36～45 岁的党员占党员总数的 21.87%，46～59 岁的党员占党员总数的 25.68%，60 岁以上的党员占党员总数的 28.78%；按行业分工人党员占 4.34%，农牧渔民党员占 38.52%，党政机关工作人员占 10.73%，企事业单位管理人员、专业技术从业人员占 23.00%，学生党员占 65%，退休人员占 15.60%，武警及其他职业占 5.30%。[③] 截至2013 年底，内蒙古自治区党员总数为151.7 万名，比上年增加 3.7 万名；党的基层组织总数为 7.7 万个，比上年增加3000 个；全区有基层党委4120 个，总支部4725 个，支部68373 个；全区 264 个城市街道、766 个苏木（乡、镇）、2363 个社区（居委会）、11165 个建制村分别建立了党组织；机关单位、事业单位和公有制企业党组织覆盖率分别达到 99.9%、96.2%和 99.0%；具备建立党组织条件的非公有制企业中，党组织数量比上年增长了 21.0%。[④] 新疆维吾尔自治区共有党员 143.54 万名，少数民族党员占党员总数的 37.75%，党的基层组织总数达 7.41 万个。[⑤]

---

① 《促进党员队伍适度均衡发展》（共产党员网），http://news.12371.cn/2013/09/16/ARTI1379301309612550.shtml。

② 《西藏党员人数达 27 万余名，近半党员是农牧民》，http://news.xinhuanet.com/politics/2014-07/06/c_1111476716.htm。

③ 《2013 年贵州省中国共产党党内统计公报》，《贵州日报》2014 年 7 月 1 日第 2 版。

④ 韩卿立等：《至 2013 年底内蒙古有 151.7 万名党员 7.7 万个基层党组织》，http://www.cnrmz.cn/mzyw/201407/t20140703_806655.html。

⑤ 《中国共产党新疆维吾尔自治区党内统计公报》，《新疆日报》2014 年 7 月 1 日第 2 版。

第三，民族地区各项社会生活中，协商民主日益广泛，相关制度得到发展，多党合作助力民族地区全面发展。随着改革开放的深入，在中国共产党领导下，以经济社会发展重大问题和涉及群众切身利益的实际问题为内容，民族地区党委、政府多在决策前和决策中开展广泛协商。政协机制成为政治协商最为重要的平台，来自不同界别的政协委员带来社会不同层面的诉求和声音。例如，内蒙古第十二届政协委员由 29 个界别的人员构成，依据委员人数由少到多排序为：体育界、台联均有 6 人，工会 7 人，民建、民革、九三学社、民进、民盟、农工党均有 8 人，外友好、侨联、社会福利和社会保障三个界别均有 9 人，科协、新闻出版界分别为 10 人，共青团和青联 11 人，宗教界 13 人，妇联 15 人，无党派、教育界分别有 20 人，医药卫生界 22 人，文化艺术界 23 人，少数民族 24 人，社科界 26 人，科技界 27 人，农牧界 32 人，工商联 33 人，中国共产党 40 人，特别邀请 44 人，经济界 62 人，总计 526 人。[①] 新疆第十一届政协由 30 个界别 526 名委员组成，其中台联 1 人，共青团 2 人，民建、农工党、体育界分别有 3 人，民革、民进、九三学社、科协、侨联、对外友好各 5 人，民盟、社会福利和保障界各 7 人，出版界 8 人，青联、总工会各 9 人，无党派 13 人，妇联 15 人，文化艺术 17 人，宗教界 26 人，医药卫生界 27 人，科技界 28 人，中共、农业各 31 人，工商联、社科界各 34 人，少数民族 38 人，教育界 45 人，特邀 49 人，经济界 56 人；在委员会中，少数民族占 48.29%；来自各界的委员会常委有 110 人，其中少数民族占 35.46%。[②] 据报道，西藏自治区第十届政协委员规模进一步扩大，委员总数达 615 名，比九届政协一次会议时增长 26.5%；共设置民族、宗教、文化等 17 个界别。西藏自治区十届政协委员人选在范围、结构、知识层次等方面，反映了现阶段本区爱国统一战线的时代特征。委员中，继续保留第九届委员 186 人，占 30.2%；新提名委员 429 人，占 69.8%。全自治区政协委员中，18.7% 为宗教界人士。截至 2012 年底，西

---

① 《委员名录》，http：//www.nmgzx.gov.cn/indes.php? file > artcle&cmd = lis&cid = 15。

② 《政协新疆维吾尔族自治区第十一届委员会委员名单》，http：//www.xj.xiuhuanet.com/2013 - 01/21/c - 1144.798.htm。

藏县级政协组织实现全覆盖。①

多数民族省（区）开拓和发挥人民政协在协商民主中的重要渠道作用，研究出台推进协商民主的措施办法，推动政治协商、民主监督、参政议政制度化、规范化、程序化。各级党委和政府、政协制定并组织实施协商年度工作计划，完善人民政协制度体系，规范协商内容和程序，拓展协商民主形式，增加协商密度，提高协商成效，健全委员联络机构，完善委员联络制度。例如，西藏自治区党委和政府把政治协商纳入决策程序，借助人民政协就经济社会发展中的重大问题和涉及群众切身利益的实际问题进行广泛协商。西藏自治区在政协构成中，注重和体现委员人选的广泛性和代表性。各级政协委员的活动成为推动本区域政治社会发展的重要力量。各人民团体和各族各界人士认真履行政治协商、民主监督、参政议政职能，深入调查研究、建言献策，为促进西藏经济发展和社会进步做出了重大贡献。

（三）民族区域自治制度有待完善

若没有各民族间的平等、团结，在数千年的封建王朝废墟上建立现代国家便缺乏最基本的社会环境。无论是从历史经验还是从制度目标来看，民族区域自治制度都不是西式“民族自决权”的简单搬用，亦非对外国解决民族问题路径的简单模仿，而是中国共产党推动统一多民族新中国现代政治的重要实践。

中国共产党人站在时代的前列，从具体的历史国情出发，正确判断各民族政治诉求和统一多民族主权国家整合形势，着眼于协调和构建良性民族关系和保障国家领土完整及民族团结，不断克服民族中心主义观念和行为的影响，与来自国外或国内各种各样分化统一多民族主权中国建构的反动力量进行坚决斗争，创建了统一多民族新中国基本制度约束下的族际政治生活——在统一多民族国家中实行民族区域自治，保障各民族平等、团结、互助、和谐新型民族关

① 黎华玲、郭雅茹：《西藏政协委员“扩容”》，http：//news. xinhuanet. com/politics/2013 - 01/23/c_ 114475894. htm。

系的形成和发展，谋求各民族共同团结奋斗、共同繁荣发展。早在1951年，李维汉先生就指出："民族区域自治，是我国各民族实现平等团结联合的基本政治制度，是国家的一种基本制度。这个政治制度的重大意义，就在于能够保证少数民族在自己的聚居区内建立自治地方，实现当家作主、管理自己内部事务的权利；从而能够保证各民族更好地团结在祖国大家庭之内，共同建设社会主义。"① 保障国家统一才是民族区域自治制度的核心价值取向，民族区域自治的实践也表明这一制度在推动国家整合进程中的巨大效能。

"实行民族区域自治，体现了国家充分尊重和保障各少数民族管理本民族内部事务权利的精神，体现了国家坚持实行各民族平等、团结和共同繁荣的原则。"② 秉承这样的精神和原则，在中国已识别的55个少数民族中，有44个民族建立民族自治地方，其中有5个自治区、30个自治州、120个自治县（旗）。在155个民族自治地方中，自治区主席、自治州州长、自治县县长均由实行区域自治民族的公民担任；绝大多数民族自治地方的少数民族干部比例，普遍接近或超过少数民族人口占当地总人口的比例；民族自治地方的各级党委、人大、政府、政协领导班子及其职能部门，都配备有一定数量的少数民族干部。

当代中国政治整合透过民族区域自治得以推动，民族区域自治还将继续扮演推进民族地区政治现代化的制度力量。1949年前，大多数民族地区政治结构总体仍然处在前现代传统政治发展阶段，社会权力的配置并不以大众或大众利益为核心，而是以称谓不同的各种各样的封建主、农奴主等势力为核心，其政治权威合法性来自封建传承、封建强权或宗教神权，等等。当代中国政治的建构，实践了人民主权的现代政治原则，使曾经的穷苦牧民、农民、农奴等劳动阶级成为国家的主人，获得基本政治权利；使民族地区社会政治中来源于封建强权或神权的一切权威为人民权利所替代；在民族区域自治制度确立和完善中，民族地区建立起与国家政治现代化目标一致的地方政

① 《李维汉选集》，人民出版社，1987，第407页。

② 《民族区域自治法》，《人民日报》2001年3月2日第1版。

治管理结构，国家在政治制度安排中将民族因素与区域因素结合起来，建构起有利于保障各民族平等、团结、互助、合作的政治架构，推动民族地区政治现代化。随着中国改革的深化、民族区域自治制度的完善，民族区域自治在维护国家统一，推动民族团结方面仍需发挥基本制度的作用。

民族法制建设在各民族地区都有不同程度的发展。自1984年《民族区域自治法》颁布实施以来，截至2010年底，15个辖有自治州、自治县的省（市）制定了贯彻实施《民族区域自治法》的地方性法规或者政府规章，[①]经省、自治区、直辖市人大批准生效的民族自治地方自治条例139件，[②]单行条例777件，变通规定和补充规定76件。[③]民族自治地方自治条例的制定和修订，是将民族工作实践中行之有效的政策措施法制化的过程，是将少数民族群众权益诉求和意愿落实到法律文本的过程，也是与时俱进地调整和改进民族法律制度的过程。在这一过程中，各民族自治地方更加注重经济社会全面发展，更加注重结合当地实际调整民族政策，更加注重在民族地区综合发展中保障民族平等权益。2001年全国人大常委会修改《民族区域自治法》后，各民族自治地方依据变化了的经济社会环境和上位法的修订，开展了对自治条例的修订工作。截至2013年10月1日，已颁布的25件自治州自治条例全部修订完成；各自治县（旗）已颁布的114件自治条例大部分完成修订，修订率达到88.6%。[④]民族自治地方的单行条例立法活动活跃，立法内容涉及教育、妇女、自然资源开发、湿地保护、畜牧业等各类产业、民族民间文化、治安综合治理、少数民族语言文字工作、清真食品管理、少数民族殡葬管理、少数民族特需商品管理、民族团结进步、农村合作医疗等内容。总体看来，各地民族立法工作积累了很多经验，但立法的科学性和规范性还需要进一步加强。2005年，国务院颁布《实施〈中华人民共和国民族区域自治法〉若干规定》

---

① 其中，湖南、云南、海南、贵州、甘肃对实施办法进行了修订。

② 新疆的5个自治州和6个自治县尚未制定自治条例。

③ 敖俊德：《民族法重在保障少数民族合法权益》，《中国民族报》2011年12月2日第3版。

④ 未修改的13部自治县自治条例中，有的自治县成立时间较晚，有的自治条例制定时间较晚，实际未修改的只有4部。

（以下简称《若干规定》），标志着《民族区域自治法》配套法规建设取得重要进展，有力保障了民族地区各项发展措施的落实。中央政府各部门为全面落实《若干规定》发布配套文件，出台配套政策措施，教育部、扶贫办、农业部、卫生部、人事部、国家开发银行等部门先后制定了21件配套文件，发展改革委、民政部、交通部、文化部等部门也正在抓紧制定相关配套文件。[①]这些配套法规进一步细化了上级国家机关支持民族自治地方加快发展的各项举措，使政策措施更具可操作性。2005年以来，少数民族人口集中分布的省份也积极跟进，出台相关政策措施，如海南、贵州、甘肃、四川、重庆、河北、黑龙江、湖南等先后出台办法或规定以适应本地民族工作状况，切实落实《若干规定》，有效促进了《民族区域自治法》的深入贯彻。

民族干部政策是落实保障民族平等权益的更为具体的政策，也是民族团结进步的重要条件。“建设一支能够担当重任、经得起风浪考验的高素质的各族干部与人才队伍，尤其是大力培养和造就一大批德才兼备的少数民族优秀干部，是更快更好推动民族地区经济发展与社会进步的关键性因素。”[②]据2011年发布的《西藏和平解放60年》白皮书数据，西藏自治区干部队伍中，少数民族干部所占比重达到70.3%，其中县乡两级主要领导中，藏族和其他少数民族占81.6%。西藏自治区专业技术人员达到5.4万人，少数民族专业技术人员占76.8%左右。[③]而2005年，新疆少数民族干部队伍为34.0万人；2008年为36.3万人，占全疆干部总数的51.25%。[④]近年来，民族自治地方配备少数民族干部方面严格执行了相关法律和制度规定。中央政府干部管理部门和地方各级政府在普遍培养、选拔和使用少数民族干部方面细化政策和措施，通过各级各类院校培训、有计划地开展干部交流轮岗、挂职锻炼，提升了少数民族干部的执行能力，促使民族干部队伍结构更趋合

① 参见闵伟轩《民族法制建设迈出新步伐》，国家民委网站，http://www.seac.gov.cn/art/2007/9/18/art_2083_58143.html，最后访问时间2013年10月1日。

② 《习近平在中央党校西藏班创办30周年座谈会上强调进一步做好少数民族干部培训工作》，《人民日报》2010年10月22日。

③ 国务院新闻办公室：《西藏和平解放60年》，《新华月报》（上）2011年第8期。

④ 国务院新闻办公室：《新疆的发展与进步》，《新华月报》2009年第11期。

理，在民族地区工作的各民族干部政治素质和业务能力不断提高，对提高党的执政能力和促进民族地区繁荣发展有着极大的推动作用。

近年来，关于民族区域自治制度有较多质疑和不同声音，甚至有的自我绑定为“苏联模式”，有的自我矮化致不如“因俗而治”。事实上，中国现代化国家建设仍然是进行时，政治建设和政治文明的发展同样处在进行时阶段，并没有可供效仿的“模式”，需要在具体政治实践中探索。以“富强、民主、文明、和谐”为价值目标的国家政治建设方向日益明晰，道路更加坚定。作为解决民族问题的基本政策制度，民族区域自治制度的完善是中国政治现代化无可置疑的重要内容，也是民族地区政治现代化制度的平台。“民族区域自治制度既体现了我国政体的结构特点，也集中体现了民族事务各方面的政策原则。这一制度的法律化，也使民族政策具有了依法制定、依法执行的特点。因此，落实各项民族政策，在实践中完善民族政策也就成为坚持民族区域自治制度的基本要求。”①

（四）公权力运行更加开放，基层民主不断发展

政府政务信息公开，在多方面推动了对公民知情权、参与权、表达权和监督权的保障。2007 年，内蒙古自治区政府规定：教育系统办事公开的重点是教育收费和招生考试等事项；医疗卫生机构办事公开的重点是重点药品价格和医疗服务价格；供水、供电、供气、供暖、公交、电信等公用事业单位办事公开的重点是办事内容、收费标准、办事纪律、办事时限、服务承诺和事前告知。② 2008 年以后，国务院对政务信息公开的原则、公开范围、公开方式和程序、监督保障等都有更为明确的规定，各地政府政务公开更加规范。③

---

① 郝时远：《坚持民族区域自治制度必须完善民族政策》，《中国民族报》2011 年 5 月 6 日。

② 《内蒙古自治区人民政府办公厅关于印发 2007 年全区政务公开工作要点的通知》，http：//www. nmgzfgb. gov. cn/information/nmgzb20/msg6770101689. html。

③ 《内蒙古自治区人民政府办公厅关于推进行政权力公开透明运行的意见》，http：//www. nmgzfgb. gov. cn/information/nmgzb20/msg6770102512. html。

近年来，各民族地区政府均积极推进各级政府及其工作部门权力清单制度，依法公开权力运行流程，完善党务、政务和各领域办事公开制度，推广电子政务，加大网上公开力度，推进决策公开、管理公开、服务公开、结果公开，保障公权力运行的公开透明。如从2010年开始，内蒙古自治区本级各行政部门要通过设立政务服务大厅、办事窗口或网上办事平台，建立行政权力公开运行机制。各盟（市）以加强行政服务中心建设为重点，构建“电子政务、行政服务、电子监察”三位一体的综合性政务服务平台，并向旗县（市、区）延伸，形成了上下联通的行政权力公开运行机制。截至2012年底，内蒙古基本建成权责清晰、程序严密、运行公开、结果公正、监督有力的行政权力公开透明运行机制。2011年以后，新疆在伊犁州新源县、阿克苏的阿瓦提县开展了县委权力公开透明运行试点。对县委职权进行了梳理、分类和细化，明确职权行使的主体、条件、运行步骤，新源县明确了50项县委集体职权、6项全委会职权、7项常委会职权、12项县委书记职权、155项县委各常委职权。两县根据清理出的多项县委职权，明晰权力流程，重点绘制出11项权力流程图，并按照保障制度类、内部监督类、干部人事改革类、社会监督类分类制定相应制度。通过专栏、专门网站、新闻媒体，扩大权力运行公开渠道，同时以县委集体决策，强化选人用人监督。聘用退休老干部、专业技术人员和群众代表做社会监督员，全程参与全县重大事项、重大活动监督。[①] 一些省份的重要部门也对权力运行公开流程进行试点，保障群众的知情权、参与权、表达权、监督权。

各民族地区还逐步完善基层民主制度建设，畅通民主渠道，开展形式多样的基层民主协商，完善基层选举、议事、公开、述职、问责等机制。在社会治理中，推进群众在城乡社区治理、基层公共事务和公益事业中依法自我管理、自我服务、自我教育、自我监督。内蒙古党委、政府出台的《关于推进社会主义新农村新牧区建设的实施意见》（内党发〔2006〕6号）提出

---

① 《新疆创新机制推进县委权力公开透明运行试点工作》，新疆党建网，http://www.xjkunlun.cn/jjgz/qndt/2012/2568942.htm。

加强农村牧区民主政治建设，并以强化农村牧区基层党组织建设为重点，加强活动场所建设、班子建设、党风廉政建设，完善嘎查村务公开和民主议事制度，规范“一事一议”筹资筹劳管理办法，妥善处理各种社会矛盾，加强综合治理。借助上级财政引导，通过“一事一议”财政奖补方式，推动嘎查村内街（巷）道硬化，小型农田水利设施、小型人畜饮水设施、公共饲草料基地（打草场）、牲畜药浴池、农畜产品交易场所建设，村容村貌改造和公共绿化，环卫设施建设以及农牧民认为急需兴办的嘎查村内其他集体生产生活方面的公益事业。村务公开、民主管理成效显著。全区各地圆满完成第六届、第七届嘎查村委会换届选举工作，民主选举、民主决策、民主管理、民主监督的村民自治制度得到落实，有效保障了农牧民群众的各项民主权利。“难点村”治理工作取得实效，村民自治、民主管理水平有了新的提高。2008 年，全自治区 2101 个社区中，48% 的社区办公和活动场所面积达到 300 平方米以上，建起社区服务中心 1046 个、社区文化站 1118 个、社区卫生服务站 1072 个，形成了以街道服务中心为龙头、社区服务中心为主体、多种服务组织和社区志愿者队伍为基础的服务网络，为社区居民提供了多种多样的便民利民服务。自治区采取“以奖代补”的方式，每年投入 3000 多万元，积极鼓励加强社区基础设施建设。各盟市每年也投入大量资金支持社区建设和发展。2009 年，全自治区有 4 个区、8 个街道办事处、13 个社区居委会被命名为“全国和谐社区示范单位”，有 30 个社区被自治区党委、政府命名为“全区和谐社区”。[①] 各级政府网站多开通了民意征集、地方政府首脑信箱、部门信箱、网上信访等功能。

基层党组织建设、城市社区和村民自治、以职工代表大会为基本形式的企事业单位民主管理制度、基层各类组织，从不同侧面推动着公民政治权利保护的实践。例如，内蒙古社会组织数量不断增加，结构不断优化，2008 年，全区共有社会组织 8330 家，仅 2010 年新登记注册的就达 953 家。自治区本级社会组织每年服务社会和公益事业支出达 4000 万元，提供社会公益

① 吴金亮：《以民为本，为民解困，为民服务》，《内蒙古政报》2012 年第 6 期。

服务达200万人（次），折合经济效益达2亿多元。各类社会组织普遍开展了自律诚信建设，特别是在创先争优活动中，呈现出领导重视、组织得力、主题鲜明、载体丰富、党组织履职尽责创先进、党员立足岗位争优秀的生动局面。[①] 一些群众团体，如工会、妇联等也积极发挥作用。据报道，2012年，西藏共有基层工会组织5577个，各级工会举办各类技能培训班和女职工培训示范班50期，开展各类劳动竞赛279次，参赛职工5万人（次），晋升技术等级517人，提出合理化建议1743件，创新技术成果95项，发明创造22项，评选全国模范35人、自治区劳模236人、全国五一劳动奖章49人、全国五一劳动奖17家、全国工人先锋号45家、自治区工人先锋号20家。2008～2012年西藏总工会投入改善民生资金累计达1.26亿元，受益企业近4000户，困难职工、失业职工、农民工、离退休职工、劳动模范、职工遗属遗孤等近20万人也从中受益。[②]

虽然中国奉行宗教信仰自由政策，宗教与教育和政治分离，但事实上，在一些偏远区域，由于信教者众多，当地经济文化不发达，某些宗教势力对当地社会生活产生着直接影响，有些影响已成为当地社会稳定的负面力量。有的区域则仍然受到家族等传统社会结构影响。在基层政治建设过程中，如村民选举等过程中，家族和利益集团结合成为某种利益动员力量，或将影响公平、公正政治生态的形成。

总之，在民族地区政治建设中，除了政党组织、政府机构外，各民族群众参政议政积极性大大提高。特别是随着改革开放的深入发展、市场经济制度性规范水平的提高，各民族地区人口文化素质大幅提升，加之交通便利度的增加、通信技术的变革等，不同民族间的交往交流被大大拓展，各民族公民获取信息的渠道和路径得到拓展，人们对自身政治权益保护意识更加强化，人们维护自身对国家和地方社会政治的知情权、参与权、表达权、监督权意识将不断提升，成为拓展和规范公民政治参与的基本社会条件。

---

① 吴金亮：《以民为本，为民解困，为民服务》，《内蒙古政报》2012年第6期。

② 华旦尼玛：《西藏工会组织发展迅速，成为推动经济社会发展的潜在动力》，http://www.chinadaily.com.cn/dfpd/xz/bwzg/2013-06/20/content_16640945.htm。

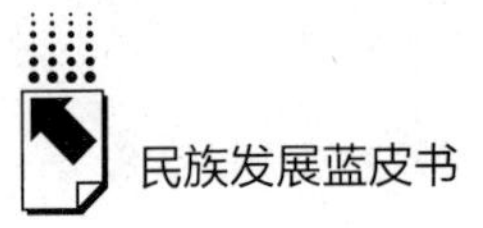

三 民族地区政治建设新目标和新期待

民族地区政治建设是国家政治建设的重要组成部分，在基本制度层面有其特定的法律依据和制度保障。不论是从现代国家治理层面，还是从地方社会治理层面来说，民族地区政治建设都需要满足经济社会发展、稳定和国家安全目标，并在实现这些目标的同时，推进各民族共同繁荣发展。民族地区政治建设任何的进步和成绩，都需要紧紧围绕两个核心：现有的政治主体和公权依法运行；充分满足、保障各族群众的知情权、参与权、表达权、监督权，推进保障这些权益的法律程序和机制建设。

第一，不断推进中国共产党内民主建设，提高党的执政能力，处理好党政关系，强化民主决策和科学决策，确保各民族共同繁荣发展。要坚持中国共产党的领导，保障中国特色社会主义事业稳步发展，同时处理好党政关系，有效防止权力过于集中。邓小平早就指出："权力过分集中的现象，就是在加强党的一元化领导的口号下，不适当地、不加分析地把一切权力集中于党委，党委的权力又往往集中于几个书记，特别是集中于第一书记，什么事都要第一书记挂帅、拍板。党的一元化领导，往往因此而变成了个人领导。"[①] 党中央先后颁布的《中国共产党党员权利保障条例》《中国共产党地方组织选举条例》《中国共产党党内监督条例》等，对提升党内民主制度化、规范化水平起到重要作用。考察预告、用前公示、试用期和地方党委全体会议无记名投票表决等措施，使干部选拔任用更透明。党的第十七次全国代表大会关于各级党代表大会代表任期制等措施的实施，有利于充分发挥党代会和党代表作用，规范党委和党的一把手对权力的运行，有利于推进地方社会管理中党政关系的规范化、党委决策的民主性和科学性，可有效防止权力过于集中，有利于推动各级党委民主决策、民主监督制度建设，切实推进党内民主建设。党的第十八次代表大会以后，党代表提案制进一步推动了党

① 《邓小平文选》（第二卷），人民出版社，1994，第328～329页。

内民主建设。民族地区根据本区域发展实际，转变地方政府职能，加快公共服务体系建设，规范党政关系，消除以政代党现象，提高了权力运行规范性和地方政府依法执政水平。

第二，发挥“两会”在地方政治建设中的作用，使各民族群众的政治表达在“两会”机制中更加顺畅。一年一度的“两会”在地方政治生活中的影响日益广泛，民族地区在地方人大和政协的构成、组织方式、活动方式等方面都有了更加规范的程序和议事规则。提升“两会”机制在地方民主政治建设中的地位，加强“两会”代表提案和议案工作管理和办理，以及加强“两会”对公共权力运行的监督工作等，对民族地区政治机制的良性发展有着直接的影响。国务院发布的关于加强法治政府建设的意见指出，要把公众参与、专家论证、风险评估、合法性审查和集体讨论决定作为重大决策的必经程序，为民族地区政府决策民主化程度的提高创造更好的条件。

第三，推进和完善公共权力运行规范化、决策流程公开化，为人民监督权的落实提供保障。公共权力的公开运行和规范化会对地方政治建设产生重大影响。完善的权力公开机制，特别是与人民群众社会生活密切相关的党务公开、政务公开、厂务公开、村务公开和公共事业单位办事制度公开，有助于提高政府公信度和公信力。党的第十八次代表大会报告提出：进一步健全决策机制和程序，加强决策的论证、听证，提高科学决策、民主决策、依法决策水平，将决策问责和纠错机制的建立健全提到日程。除完善人民监督机制外，还要强化党内监督、民主党派监督、法律监督等，建立和完善权力监督体系，形成民族地区健康有序、民主和谐的政治生态。

第四，提升公众政治文化素质，推动民族地区有序的政治参与。除了受到政党和政府政治建设活动影响外，民族地区的政治建设进程事实上还受到公众政治文化素质变迁的影响。由于地理区位、经济文化发展水平、语言文化差异及民族发展进程等客观因素的制约，加之长期以来城乡二元结构不平衡的发展，民族地区公众政治文化素质呈现更为复杂的状况。城市居民相对于乡村居民有较好的政治文化素质，对政治信息的把握能力较强，对自身权益有较高的意识。多数乡村居民把握信息的能力和权益意识较弱，加之受传统等级文化、宗教文化的影响，他们对自身担负的政治义务和所享受政治权利的理解、认知、把握较弱，其所具有的政治知识、政治观念、政治价值观、政治态度、政治心理等都不利于构建良性的民主政治秩序。甚至一些以群体利益为导向的政治参与，还可能受到国际社会反对中国势力或组织的动员或利用，使民族地区民主政治参与失序或格局复杂化。因此，在全面深化改革的背景下，各民族地区需要依据本地区环境和政治生活实际，充分挖掘现有政治体制民主政治参与渠道，有序提高现行政治体系吸纳公众政治参与的水平和能力，在事关本地区公共利益的决策面前，充分发布相关信息，借助各类平台引导相关性强的群体表达意见，使相应的决策能够准确反映和代表各族人民根本利益。

第五，促进各民族干部之间的团结、干部与群众间的团结，这是民族团结的重要条件。社会团结对民族地区政治建设有着非同寻常的重要作用。各民族干部之间的团结是民族团结的核心。干部依法全面贯彻党的民族政策，就会给民族团结创造更为有利的社会条件。各民族干部之间的团结主要体现在组织内部的共事与配合。一般而言，民族心理、民族情感、民族习俗等差异会影响源于不同民族干部之间的团结，同时，由于具体工作观点或方法差异得不到良好沟通而导致的矛盾与前述因素有时形成叠加效应，成为干部之间团结协作的障碍。对这些因素的克服需要积极行动：一是对所有干部进行正确民族观、国家观和国情教育，使各民族干部充分认识长期处于社会主义初级阶段的中国发展现代化国情，明确不同民族党员干部的团结基础、原则和目标，消除阻碍团结的思想基础；二是加强组织制度建设，通过强化上级管理、同级信息交流、思想沟通、民主考核等多种方法，促进干部之间的相互了解、理解和团结协作，使团结干部和群众成为党组织选人、用人的重要标准。干部与群众之间的团结，主要取决于干部联系群众的状况。干部及时有效地回应群众诉求，发挥组织作用，帮助群众解决困难和问题，是赢得群众的拥护、搞好与群众的关系的基本条件。目前，民族地区干群关系出问题的地方，主要表现在干部不顾群众疾苦，与群众争利，甚至损害群众利益。因此，应加强各类干部管理，用纪律和制度约束干部行为，使之在日常工作实践中不忘“权为民所用，情为民所系，利为民所谋”。

一切政治建设都难以脱离经济、社会、文化建设状况的影响。民族地区政治建设在中国共产党的领导下必将在经济、社会、文化建设进步中不断取得成果，并充分满足各民族群众生存和发展诉求。当然，这一进程也将会面对诸多的困难和挑战。因此，应全面正确贯彻执行党的民族政策，使各民族在相互了解、相互尊重、相互包容、相互欣赏、相互学习、相互帮助中加强交往、交流、交融，走向共同繁荣发展。

B.4

民族地区文化发展报告

色 音*

摘 要： 少数民族文化是中华文化的重要组成部分。支持少数民族文化事业发展，是党和国家的一项基本政策。从“十一五”到“十二五”，围绕文化强国战略的逐步形成，党和国家对少数民族文化给予了前所未有的高度重视。加快少数民族文化事业发展，是实现文化大发展大繁荣的重要任务。本文通过论述我国少数民族文化事业的国家政策与相关措施，列举了近年我国在发展少数民族文化方面所做的工作及取得的成绩，总结了少数民族文化建设方面存在的问题，并提出相关对策、建议。

关键词： 少数民族文化 民族地区 29号文件

一 繁荣发展少数民族文化事业的国家政策与相关措施

支持少数民族文化事业发展，是党和国家的一项基本政策。长期以来，党和国家采取一系列政策措施，大力发展少数民族文化事业，取得了很大成效，有效保障了各族群众的基本文化权益。从“十一五”到“十二五”，围绕文化强国战略的逐步形成，党和国家对少数民族文化给予了前所未有的高

* 色音，中国社会科学院民族学与人类学研究所研究员。

度重视。中宣部和国家民委等5部委联合印发了针对少数民族出版事业发展的《关于进一步加大对少数民族文字出版事业扶持力度的通知》（2007）、《少数民族事业“十一五”规划》（2008），国家民委《关于做好少数民族语言文字管理工作的意见》（2009），教育部等八部门联合印发的针对新疆地区教育事业发展的《关于推进新疆教育实现跨越式发展的意见》（2010），十部门联合印发的《关于推进新疆双语工作的实施意见》（2010），等等。这些文件的内容涉及少数民族语言文字教育、少数民族文化传统保护与传承、民族地区公共文化服务体系优化、民族地域特色文化产业发展等各个方面。同时，中国还连续出台了一批促进少数民族文化繁荣发展的专门性文件。其中，2009年7月5日，国务院颁发的国发〔2009〕29号文件[①]暨《国务院关于进一步繁荣发展少数民族文化事业的若干意见》明确指出，“繁荣发展少数民族文化事业，是一项长期而重大的战略任务。在少数民族文化事业取得巨大进步的同时，也必须充分认识存在的一些亟待解决的突出困难和特殊问题。文化基础设施条件相对落后，公共文化服务体系比较薄弱，文化机构不够健全，人才相对缺乏，文化产品和服务供给能力不强，文化遗产损毁、流失、失传等现象比较突出，境外敌对势力加紧进行文化渗透等。因此，必须从贯彻落实科学发展观、巩固民族团结、兴起社会主义文化建设新高潮、推动社会主义文化大发展大繁荣的高度，深刻认识繁荣发展少数民族文化事业的特殊重要性和紧迫性，把繁荣发展少数民族文化事业作为一项重大的战略任务，采取更加切实、更加有效的政策措施，着力加以推进”。

该文件提出了加快少数民族和民族地区公共文化基础设施建设，繁荣发展少数民族新闻出版事业，大力发展少数民族广播影视事业，加大对少数民族文艺院团和博物馆建设扶持力度，大力开展群众性少数民族文化活动，加强对少数民族文化遗产的挖掘和保护，尊重、继承和弘扬少数民族优秀传统

① 《国务院关于进一步繁荣发展少数民族文化事业的若干意见》，载国家民族事务委员会民族理论政策研究室编《中国民族年鉴2010》，2010，第51页。

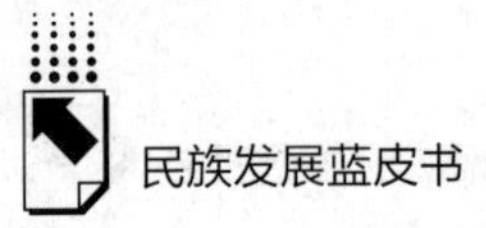

文化，大力推动少数民族文化创新，积极促进少数民族文化产业发展，加强边疆民族地区文化建设，努力推进少数民族文化对外交流等繁荣发展少数民族文化事业的具体政策措施。

该文件是纲领性文件。中央领导曾经指出，采取特殊政策措施，扶持少数民族文化事业发展。我们必须站在深入贯彻落实科学发展观、全面建设小康社会的高度，站在推进民族团结进步事业的高度，站在维护国家文化安全的高度，深刻认识繁荣发展少数民族文化事业的特殊重要性和紧迫性，深入实施《国家“十二五”时期文化改革发展规划纲要》和《国务院关于进一步繁荣发展少数民族文化事业的若干意见》，坚持公益性、基本性、均等性、便利性，切实在加快发展少数民族文化事业上取得新进展、新突破。

在该文件颁发后，各地各级政府高度重视，纷纷召开会议，提出落实该文件的具体意见。宁夏、云南、四川、广东等 20 多个省、自治区、直辖市出台了专门的实施意见。江西、湖南等省建立了少数民族文化工作领导协调机制，为进一步繁荣发展少数民族文化事业积累了宝贵经验。

二　近年来中国在发展少数民族文化方面所做的工作及取得的成绩

根据党中央、国务院的相关文件精神，文化部、国家广电总局、新闻出版总署、国家民族事务委员会等有关部门贯彻落实并进一步加强了少数民族文化事业建设。少数民族文化是中华文化的重要组成部分。加快少数民族文化事业发展，是实现文化大发展大繁荣的重要任务。文化部高度重视少数民族文化工作，采取特殊政策，加大扶持力度，积极推动少数民族文化事业发展。

（一）大力加强文化设施建设。“十五”期间，文化部和国家发展改革委共安排 4.8 亿元建设资金，补助全国 1086 个县级文化馆、图书馆建设项目，主要集中在中西部特别是民族地区。“十一五”期间，计划通过实施乡镇综合文化站建设规划，补助中西部地区约 38.57 亿元，建设 2.34 万个乡镇综合文化站，其中补助5个自治区和贵州、云南、青海、新疆生产建设兵团9.13亿元左右。截至2008年底，已补助2.4亿元在上述地区新建1243个乡镇文化站。到“十一五”末，民族地区将基本实现县县有文化馆、图书馆，乡乡有综合文化站的目标。截至2008年底，全国共有民族文化事业机构10282个，民族地区初步形成省、市、地、县、乡五级文化设施网络。

（二）在实施重点文化工程项目中，加大对民族地区的倾斜力度。文化部于1992年起会同有关部门实施的“万里边疆文化长廊建设”，2001年起先后实施的全国文化信息资源共享、送书下乡、流动舞台车等工程，以及中华古籍保护计划、乡镇综合文化站设备购置专项经费等项目，都加大了对民族地区的倾斜力度，有力推动了民族地区基层公共文化建设。

（三）积极扶植少数民族题材文艺创作。文化部将反映少数民族题材的作品纳入中国艺术节、中国文化艺术政府奖评奖以及各类文化艺术展演比赛活动，鼓励各地多创作演出少数民族题材的文艺作品。《云南映象》、广西桂剧《大儒还乡》等5部少数民族作品入选国家舞台艺术精品工程，成为中国舞台艺术的精品。

（四）积极保护少数民族文物和非物质文化遗产。文化部开展了一系列少数民族文物保护重大工程，使大批珍贵的少数民族文物得到有效保护。目前，民族地区的全国重点文物保护单位已达366处，布达拉宫等被联合国教科文组织评定为世界文化遗产。国务院公布的两批1028项国家级非物质文化遗产中，少数民族项目有367项，占35.7%。新疆维吾尔木卡姆艺术、蒙古族长调民歌还入选联合国教科文组织“人类口头和非物质遗产代表作”。文化部公布的三批1488名国家级非物质文化遗产项目代表性传承人中，少数民族传承人有393名，占26%，从2008年起享受中央财政每人每年8000元的传习活动资助。2007年和2008年，文化部共设立了4个文化生态保护实验区，其中就有热贡文化和羌族文化两个少数民族文化生态保护实验区，推进了当地少数民族非物质文化遗产整体性保护工作。少数民族古籍保护工作取得阶段性成果，国务院批准公布的两批6870种《国家珍贵古籍名录》中，少数民族珍贵古籍有14种文字共376种，占5.47%。

（五）大力开展民族地区的对外文化交流活动。在组织重大文化交流和开展对外文化宣传活动时，优先安排少数民族和民族地区的项目。支持新疆于2005年在海湾地区举办“中国新疆文化周”、广西举办国际民歌艺术节、云南发展对外文化产业、民族艺术团参加“中法文化年”“相约北京”等大型文化交流活动。

2009年6月12日在京召开了全国少数民族文化工作会议。这次会议之后，文化部采取了切实有效的政策措施，大力推进了少数民族文化事业繁荣发展。

一是建立健全少数民族文化扶持机制。积极研究制定扶持少数民族文化发展的特殊政策。坚持对民族地区文化设施建设、文艺人才培养、对外文化交流、文化遗产保护实施“四优先”优惠政策，继续加大对少数民族文化工作的扶持力度。继续支持民族地区文化基础设施建设，重点文化工程继续向少数民族地区倾斜，加快构建较为完备的民族地区公共文化服务体系，增强公共文化资源的供给和服务能力。

二是优化公共文化资源配置。继续鼓励和扶持少数民族题材的文艺创作，将其纳入国家舞台艺术生产和群众文艺创作规划及音像制品出版计划。在中国文化艺术政府奖文华奖、群星奖中，增加少数民族题材文艺作品获奖比例。调动社会力量支持少数民族文化事业。扶持自治县、民族乡的文化艺术活动，利用民族传统节日开展健康有益的群众文化活动。

三是加快推进少数民族文物以及非物质文化遗产保护、传承和发展工作。将少数民族文化遗产作为第三次全国文物普查工作重点内容。制定少数民族文物保护专项规划，研究设立“人口较少民族文化遗产保护工程”项目。规范少数民族文物经营流通管理。完善少数民族文化遗产保护基础设施建设，争取经过3~5年的努力，实现55个少数民族都有征集、收藏、展示本民族文物的专门博物馆或陈列室。在全国非物质文化遗产普查工作中，重点对少数民族地区非物质文化遗产进行调查和了解。完善少数民族非物质文化遗产保护体系，争取继续命名或认定一批少数民族国家级非物质文化遗产名录项目和国家级非物质文化遗产项目代表性传承人，并加强对少数民族地区非物质文化遗产保护的支持力度。要支持少数民族传统技艺的生产性保护，发展民族文化产业，推进少数民族非物质文化遗产在当代社会的传承与发展，为促进少数民族群众致富做出贡献。

四是积极加强少数民族文化国际交流活动。在组织对外文化交流活动中，继续优先安排民族地区的文化项目。2009 年，文化部在内蒙古鄂尔多斯举办了第十一届亚洲艺术节。2009 年，中国向联合国教科文组织申报的“人类非物质文化遗产代表作”项目中，少数民族项目占 23%；申报的“急需保护的非物质文化遗产”项目中，少数民族项目占 50%。这些措施对少数民族非物质文化遗产保护和文化建设，将起到重要的促进作用①。

国家广电总局高度重视少数民族广播影视工作。近年来，全国广电系统不断加大宣传、创作、播出和覆盖力度，促使广播影视内容不断丰富、形式日益创新、覆盖面稳步扩大、影响力显著增强，少数民族广播影视事业取得长足发展。中央和地方各级广电媒体充分发挥新闻、专题、文艺等各类节目优势，大力宣传少数民族文化。新闻报道也加强了对少数民族特色文化、特色活动的宣传。重点专题报道先后播出了《美丽的传说——中国各民族文化经典故事巡礼》《海外西藏文化展》《走进西部》《寨子》《穿越呼伦贝尔》等系列节目、专题片；对全国性少数民族运动会、内蒙古那达慕运动会、云南“三月街”民族节等体育活动的直播和报道力度不断加强，扩大了其知名度和影响力。推出一批反映少数民族文化的品牌栏目，如中央电台《民族大家庭》，中央电视台《中华民族》《民歌中国》，国际电台《今日西藏》《穆斯林在中国》，西藏电视台《西藏旅游》，新疆电台《博格达之声》等②。

2012 年，新闻出版总署在推进规划实施、引导精品力作出版，以及少数民族新闻出版公共服务体系建设等方面取得了新的进展。

---

① 《文化部：以科学发展观为指导进一步加强少数民族文化事业建设》，国家民委门户网站，http：//www. seac. gov. cn/gjmw/zt/2009 - 07 - 31/1248915414803519. htm。

② 《国家广电总局：加大宣传和覆盖力度开创少数民族广播影视事业新局面》，国家民委门户网站，http：//www. seac. gov. cn/gjmw/zt/2009 - 07 - 31/1248915414801776. htm。

一是发挥国家出版规划的导向作用，不断推出少数民族精品力作。2012年，新闻出版总署在“十二五”国家出版物规划少数民族出版子规划的基础上，进行增补和扩充，单独推出《国家“十二五”少数民族语言文字出版规划》。该规划由少数民族语言文字重点出版项目和译制（著）出版工程两部分组成，共284个项目，涵盖20个门类，涉及30余个少数民族的语言文字。2012年，《中国共产党西藏历史图志》等一批规划项目得到出版。

二是实施国家惠民工程，完善少数民族新闻出版公共服务体系建设。“东风工程”在新疆实施的一期建设任务已圆满完成，在免费赠阅、少数民族文学出版译制、印刷设备配备等方面取得明显成效。“十二五”期间，“东风工程”二期项目已扩大到内蒙古、西藏等地区。2012年，“农家书屋工程”提前三年完成，60多万个农家书屋有效缓解了少数民族群众读书看报难的问题。西藏已建成农家书屋5451个、寺庙书屋1700多个；新疆共建成9034个农家书屋，覆盖8713个行政村和294个乡镇及部分农林牧场。在各类优秀图书推荐、捐赠活动中，少数民族文字和少数民族题材图书得到充分重视，如2012年国家出版基金支持的重点项目5种民族文字版的《普法书系》《青少年素质教育译丛》被赠送到民族地区千村千校。

三是加强政策扶持，构建科学有效的保障机制。2012年，国家出版基金与国家“十二五”重点出版规划相衔接，加大了对少数民族出版重点项目支持力度，从2011年的9个项目增加到17个；少数民族文字专项资金支持新疆、西藏、云南等省区少数民族文字新闻出版项目170多个。近两年来，在新闻出版总署的统筹协调下，已经安排和确定的援藏、援疆新闻出版各类专项资金、捐赠款物、直接投资等合计超过17亿元。

四是促进少数民族新闻出版人才的队伍建设和全面发展。通过教育培训、挂职锻炼、出国进修等多层次、多渠道的学习培养，努力建设一支政治强、作风正、业务精的少数民族新闻出版队伍①。

① 《新闻出版总署：推进少数民族新闻出版事业科学发展》，国家民委政府网 http://www.seac.gov.cn/art/2012/12/25/art_6326_173998.html。

全国5个自治区和云南、贵州、吉林等省建立了24所高等和中等艺术院校，专门培养少数民族艺术人才。中国作家协会少数民族会员比例已超过10%，人数近600人①。一大批优秀少数民族文艺人才、少数民族题材的优秀电影和少数民族文化歌舞品牌脱颖而出，在国内外产生了广泛影响。

近年来，各级政府在安排文化建设资金时，普遍加大了对少数民族文化建设的支持力度。2012年，中央财政对8个民族省区拨付文化建设资金超过11亿元。重庆对少数民族文化建设的投入超过2亿元。吉林、云南、湖南、湖北、江苏、浙江、河北等省设立了少数民族文化发展专项资金。国家实施的文化馆（站）建设、文化资源共享工程、广播电视“村村通”工程、农村电影放映工程、农家书屋工程、春雨工程等重大工程在民族地区得到有力推进，东风工程、西新工程、少数民族传统体育示范基地建设、少数民族特色村寨建设等针对民族地区的文化工程的实施力度加大。其中，东风工程二期项目已扩大到内蒙古、西藏等地区。民族语言广播影视节目译制、民族文字出版物出版专项扶持项目取得新成效。重庆、贵州、福建等省市实施了针对少数民族文化保护的工程。

近年来，少数民族地区依托各自独特的民俗文化资源，发展文化旅游产业。内蒙古、云南、广西、宁夏、贵州等地着力打造文化产业发展示范基地。文化产业成为一些民族地区发展最快的行业之一，对促进经济增长和转变经济发展方式的贡献越来越大。云南文化产业增加值占GDP的比例已经超过6%，与北京、上海、广东、湖南一起成为全国5个超过5%的省(市)②。

除了上述全国性的少数民族文化建设工作以外，北京及各民族地区也对少数民族文化建设工作给予了高度重视，并取得了显著的成就。

1. 北京

北京是以汉族为主体的多民族城市，56个民族在北京都有分布。据北

① 国家民族事务委员会民族理论政策研究室编《中国民族年鉴2010》，2010，第77页。

②《丹珠昂奔在全国民委系统民族文化工作现场会上的讲话》，国家民委门户网站，http：//www.seac.gov.cn/art/2013/5/6/art_6624_183389.html。

京市第六次人口普查办公室公布的北京市2010年第六次全国人口普查数据显示，全市常住人口为1961.2万人，其中：汉族人口1881.1万人；少数民族人口80.1万人，占全市常住人口的4.1%。与2000年第五次人口普查相比，2010年少数民族人口增加了21.6万人，增长36.9%，年均增长率为3.2%。2010年，北京各少数民族人口中，人口数量排在前五位的依次是满族、回族、蒙古族、朝鲜族和土家族，共占少数民族总人口的90.2%。其中，满族人口最多，为33.6万人，占少数民族总人口的41.9%；其次是回族，为24.9万人，占少数民族总人口的31.1%；蒙古族、朝鲜族和土家族分别为7.7万人、3.7万人和2.4万人，在少数民族人口中的比重分别为9.6%、4.7%和2.9%。与2000年人口普查时相比，排在前五位的民族顺序没有变化，但比重有所变动。北京市少数民族人口文化素质较高：6岁及以上的少数民族人口中，具有大专及以上文化水平的有30.7万人，占40.9%；具有高中或中专文化水平的有16.4万人，占21.8%；具有初中文化水平的有19.6万人，占26.1%；具有小学文化水平的有7.4万人，占9.9%。与2000年人口普查时相比，具有大专及以上文化水平的少数民族人口增长较快，在少数民族人口中的比重上升了19.4个百分点。2010年，北京少数民族人口的平均受教育年限为12.1年，比2000年人口普查时提高了1.5年。[①]《北京市“十二五”时期少数民族事业发展规划》（简称《规划》）是根据《北京市国民经济和社会发展第十二个五年规划纲要》精神和“十二五”时期少数民族事业发展需要，由北京市民族事务委员会、北京市发展和改革委员会编制的市级一般专项规划。自《规划》2011年发布实施以来，各有关单位按照其安排部署，认真落实各项任务，取得了较好的阶段性成果。《规划》实施三年多来，总体上取得了良好的进展和成效。科学发展、和谐发展的理念得到落实，民族工作、经济发展和社会发展统筹兼顾，少数民族群众的合法权益得到保障，多民族文化得到保护与繁荣，中国特色世界城市的文化包容性和人文向心力得到展现，预定完成的各项目标和任务

① 北京统计信息网，http：//www.bjstats.gov.cn/lhzl/rkpc/201201/t20120109_218572.htm。

如期完成，五年规划目标和主要任务基本实现了时间过半、完成任务过半，许多方面超水平发挥。例如，建有12个民族文化基地，超额完成建有10个民族文化基地的目标；全市50个民族工作重点社区、116个民族村全部建有公共体育场地，100%完成目标。

2. 西藏

西藏文化是中华民族文化的重要组成部分，以其独特魅力吸引着世人。多年来，中央政府和西藏自治区政府倾力保护和弘扬西藏优秀传统文化，大力发展社会主义先进文化，努力建设中华民族特色文化保护地，使西藏文化得到了保护与发展。根据国务院新闻办公室2013年10月发表的《西藏的发展与进步》[①] 白皮书，西藏自治区先后颁布《西藏自治区人民政府关于加强文物保护的布告》《西藏自治区文物保护管理条例》等法规和规定，使文物保护工作日益法制化、规范化。目前，西藏有各类文物点4277处（其中国家级55处、自治区级210处），馆藏文物232万件（套）。布达拉宫、罗布林卡、大昭寺被列入世界文化遗产名录，拉萨、日喀则、江孜被列为国家级历史文化名城，西藏博物馆被列为国家一级博物馆。2000年以来，中央先后投入资金20.4亿元，实施了一系列重点文物保护维修工程。其中，布达拉宫、罗布林卡、萨迦寺三大重点文物保护维修工程投资3.8亿余元。西藏自治区及各地市成立了民族文化遗产抢救、整理和研究机构，对民间文化艺术遗产进行全面普查，先后编辑出版了《中国戏曲志·西藏卷》《中国民族民间舞蹈集成·西藏卷》《中国民族民间器乐曲集成·西藏卷》等十大文艺集成志书，收集整理民族音乐、歌曲、曲艺一万余首，文字资料3000多万字。目前，西藏有非物质文化遗产项目近800个、传统戏剧演出机构80多个、传承人1177名。其中，藏戏和《格萨尔》史诗被列入联合国教科文组织人类非物质文化遗产代表作名录，藏族唐卡、藏族造纸技艺等75个项目被列入国家级非物质文化遗产代表作名录，68名传承人被认定为国家级非物质文化遗产项目代表性传承人，323个项目和227名传承人入选自治区级

① 国务院新闻办公室门户网站，www. scio. gov. cn。

名录，158部珍贵古籍入选国家珍贵古籍名录。文化部和西藏自治区先后命名了5个国家级民间艺术之乡、19个自治区级民间艺术之乡、2个特色艺术之乡。近年来，西藏自治区不断加大投入，加强文化基础设施建设，通过实施广播电视“村村通”“户户通”工程，建设县乡村图书馆及文化馆站（室），开展有线电视数字化，推广数字图书馆，建设公共电子阅览室，以及实施农家书屋、寺庙书屋、“春雨工程——全国文化志愿者边疆行”等文化惠民工程，切实保障了人民群众的文化权益。到2012年底，西藏自治区已建群众艺术馆8座、图书馆77座、博物馆2座、县级综合文化活动中心73个、乡镇综合文化站239个、村文化室500余座，以及文化信息资源共享工程自治区中心1座、县级分中心73座、乡镇基层点103个、村级服务点3000多个，初步形成了从自治区到地（市）、县、乡、村的文化设施网络格局。2012年，西藏自治区完成5.05万户农牧民的广播电视“户户通”建设任务，全区85%以上的农牧户实现了“户户通”。拉萨市区131个单位（小区）完成有线数字电视整体转换，建成5个地市核心分平台。西藏自治区全面实现农牧区电影放映数字化，在农牧区放映公益电影13万余场。2012年，全区全年译制电视节目突破1万小时、电影75部；已建立农家书屋5451个、寺庙书屋1700多个，实现所有行政村有农家书屋、所有藏传佛教寺庙有寺庙书屋；全区有10个专业文艺团体，20多个县级民间艺术团，160余支业余文艺演出队和民间藏戏团队，有各门类文化艺术工作者4000余人，以藏族为主的文化艺术队伍不断发展壮大。专业艺术团体不断加大艺术创作力度，推出京剧与藏戏《文成公主》，大型歌舞《多彩哈达》《天上西藏》《西藏春天》，话剧《解放，解放》《扎西岗》，电影《唐卡》，等等。

3. 新疆

新疆自古以来就是多民族聚居地区，同时又是多种宗教信仰聚集地区，是一个文化交流的大舞台。新疆各民族都有自己悠久的历史和优良的文化传统，在自己的历史发展中形成了语言文字、文学艺术、科学教育、宗教信仰、生活习俗、道德伦理、人文景观等文化传统。2010年5月17日，中共中央、国务院在北京召开了新疆工作座谈会。这是自1949年以来中国首次召开中央新疆工作座谈会。中央新疆工作座谈会明确提出，到2015年新疆人均地区生产总值达到全国平均水平，城乡居民收入和人均基本公共服务能力达到西部地区平均水平，基础设施条件明显改善，自我发展能力明显提高，民族团结明显加强，社会稳定明显巩固；到2020年促进新疆区域协调发展、人民富裕、生态良好、民族团结、社会稳定、边疆巩固、文明进步，全面建成小康社会的奋斗目标。一场波澜壮阔的变革大幕从此拉开，新疆的文化发展事业站在了新的历史起点上。

中央新疆工作座谈会召开后，文化部成立了"支持新疆文化建设领导小组"，建立了分工协作、监测交流、督促检查、总结表彰等工作制度。在19个省市对口援疆规划中，文化建设的相关内容都得到不同程度的体现。近年来，文化部实施文化援疆项目80多项，通过重大文化项目共安排中央转移支付资金5.19亿元；各地投入援助资金11.2亿元。2013年10月，文化部召开第三次全国文化文物系统对口支援新疆工作电视电话会议，提出全面推进新疆文化建设，实现以现代文化引领新疆发展的宏伟目标；同时明确了当前文化援疆工作的重点任务。其一，加强公共文化服务体系建设，着力改善文化民生。加快推进地市级"三馆"建设；尽快完成南疆三地州行政村和社区文化室建设，争取向新疆其他地区辐射扩展。继续开展"春雨工程——全国文化志愿者边疆行""群星耀天山"等系列群众文化品牌活动和节日活动。其二，推动文化产业发展，着力促进群众就业。认真研究推动新疆文化产业跨越式发展的整体思路；加强非物质文化遗产生产性保护，充分发掘非物质文化遗产所蕴含的历史文化内涵，推动文化产业与服务业、旅游业深度融合，鼓励新疆民族手工艺、民族美术的传承发展和市场推广；打造一批知名演艺品牌。其三，扩大文化交流与合作，着力促进文化认同。大力宣传新疆良好形象；拓展文化"走出去"和"请进来"平台；充分发掘利用新疆文化遗产，加强中华民族统一共融、共同繁荣的民族观、历史观教育。其四，推进文化人才队伍建设，着力夯实文化发展基础。加大内地文化系统干部援疆力度，支持新疆培养本地专业人才。[①] 近年来，新疆文化事业的发展成就非常显著，其中公益性文化事业的建设和现代传媒体系的发展尤为突出。按照中央的统一部署，新疆通过实施文化建设规划，使农牧区基层文化基础设施得到有效加强，农牧民的精神文化生活得到较大丰富。特别是中央新疆工作座谈会召开以后，自治区党委提出以现代文化引领基层文化建设，更加大了新疆基层文化建设的力度，初步建立起覆盖城乡的公共文化服务网络。

首先，新疆“十大文化建设工程”[②] 使新疆少数民族公益性文化事业发展迈向了新台阶，文化基础设施“硬件”全面升级，公共文化服务网络日益完善。近些年来，新疆实施了“十大文化建设工程”，包括“广播电视村村通工程”“西新工程”“乡镇文化站建设工程”“农村放电影工程”“文化资源共享工程”“东风工程”“农家书屋工程”“户户通工程”“大喇叭工程”“新疆民族文学原创和民汉互译作品工程”等文化惠民工程。到2012年，仅文化站建设一项，新疆就投入3.7亿元资金，新建乡镇综合文化站923个、社区文化中心和村文化室1145个、农家书屋9034个。[③] 同时，新疆74家公共博物馆、纪念馆，107个各级公共图书馆，108个各级文化馆，1097个乡镇（街道）文化站，全部免费向社会开放。这些重点基础工程的建设从根本上改变了新疆文化基础设施的落后局面。

其次，文化“转件”建设丰富多彩。自治区实施的“大文化惠民工程”夯实了现代文化的基础，提升了各民族群众的文化素养。其中，2011年实施的“新疆民族文学原创和民汉互译作品工程”是面向各民族文学工作者征集文学原创作品和翻译作品，并给予重点扶持和出版资助的工程。它既是进一步继承和弘扬新疆各民族优秀文化，扶持鼓励新疆本土少数民族作家、翻译家的扶持工程；也是一项将优秀作品及时介绍给新疆各民族读者，用精

---

① 高建龙、木拉提·黑尼亚提、周丽主编《新疆文化发展报告》，新疆人民出版社，2014，第5页。

② “十大文化建设工程”系作者根据有关资料的粗略统计，不尽全面和准确。

③ 《新疆新闻出版局文化发展》（内部资料），引自高建龙、木拉提·黑尼亚提、周丽主编《新疆文化发展报告》，新疆人民出版社，2014，第8页。

品力作覆盖全区学校、图书馆、乡村文化站（室），丰富和满足新疆各族人民精神文化需求而实施的一项重要民生工程。这项工程的启动和实施，使新疆各民族优秀本土原创文学作品的出版有了保障，极大地激发了各民族作家、翻译家的创作热情。

"农家书屋工程"和"农村放电影工程"是为改善中国广大农村人民群众看书难、读报难状况而实施的重大文化民生工程。截至2012年，包括维吾尔语在内的6种语言文字共162.6万册图书、10.84万盒音像制品、2168个书架、1084个报刊架被送入基层。"农村放电影工程"的实施使居住在偏远山区、草原深处的农牧民，也能享受到"优秀国产新片进农村""万村千乡送电影"等公益放映活动的实惠。

"东风工程"是以维护新疆稳定、促进新疆全面发展和提升新疆先进文化传播力为主要目标的新闻出版工程，于2007年正式实施。这是新中国成立以来国家对新疆新闻出版行业一次性投入最大、覆盖面最广、时间跨度最长的公益性文化惠民工程。"东风工程"一期项目共向全疆851个乡镇和8661个行政村赠阅6个语种的报纸39种，36.93万份；期刊16种，44.25万份；图书（挂图）1281种，1267.20万册（万套）；音像制品267种，308.10万盒。① 为保证"东风工程"的连续性，确保工程有效衔接，2011年8月，新疆启动实施了共计十大项目、总投资近11亿元的"东风工程"二期项目建设，包括出版物赠阅项目、南疆三地州阅报栏建设项目、提升全区党报党刊采编印刷能力项目、部分县市出版物监管用车项目、发行网点改建扩建项目、新疆民文出版基地建设项目的实施计划和资金使用方案。

现代传媒体系是包括出版、广播、电视、互联网等媒体在内的现代传播体系，是少数民族文化传播、发展和保护的重要依托，也是满足多民族地区各族群众文化需求的重要平台。近些年来，在"西新工程"和"广播电视村村通工程"等重大文化工程的推动下，新疆少数民族现代传播体系快速发展，取得了重大进步，满足了各族人民"求富裕、求健康、求快乐"的

① 《中国少数民族文化发展报告（2012）》，社会科学文献出版社，2013，第4页。

文化需求，适应了多民族地区信息化的发展需求，对少数民族文化繁荣发展起到重要的推动作用。

目前，新疆广播系统开办公共广播节目159套，用维吾尔语、汉语、哈萨克语、蒙古语、柯尔克孜语5种语言播出，全年播出公共广播节目77.7万小时，新疆人民广播电台办有11套节目（其中5套为民族语言节目），平均每天播出209小时；开办公共电视节目198套，用维吾尔语、汉语、哈萨克语、蒙古语、柯尔克孜语5种语言播出，全年播出公共电视节目96.7万小时，新疆电视台办有15套节目（其中9套为民族语言节目），平均每天播出267小时。截至2012年底，全疆广播、电视覆盖人口分别为1962.32万人、1968.10万人，全疆广播、电视人口综合覆盖率分别为95.34%、95.62%；与2009年底相比，广播、电视人口覆盖数量分别增加了109.35万人、107.67万人，增长了1%、0.84%。①

新疆电视台开办有维吾尔语、哈萨克语、柯尔克孜语3种语言9套民族语言电视频道，每天播出120多小时，节目播出时间较2009年增加了110%；每天用维吾尔语、哈萨克语译播中央电视台《新闻联播》《国际时讯》《焦点访谈》等节目240分钟，实现中央电视台《新闻联播》结束后2小时即进行维吾尔语、哈萨克语译播；2012年实现柯尔克孜语译播中央电视台《新闻联播》《新疆新闻联播》。新疆人民广播电台、新疆电视台都已实现重大活动的同步译播。②

从2006年开始，广电总局每年免费为新疆农牧区提供1000集广播影视译制片源，2010年起增加到2000集电视剧、36000分钟动画片。全疆广播影视年译制能力由2009年的5560集提高到2010年的7200集，增长了128.65%，初步缓解了少数民族语言电视节目重播多的状况。目前，新疆电视台3个维吾尔语频道平均每个频道每天可以看到3集以上新剧，2个哈萨克语频道平均每个

① 《新疆广电局文化发展报告》（内部资料）。引自高建龙、木拉提·黑尼亚提、周丽主编《新疆文化发展报告》，新疆人民出版社，2014，第9页。

② 《新疆广电局文化发展报告》（内部资料）。引自高建龙、木拉提·黑尼亚提、周丽主编《新疆文化发展报告》，新疆人民出版社，2014，第9页。

频道每天可以看到2集以上新剧，少儿频道每天可看到1个多小时新动画片。①

4. 内蒙古

内蒙古自治区在非物质文化遗产传承保护和宣传展示方面的工作力度较大。2007年，自治区组织参加了国家图书馆音乐厅主办的中国四大世界级非物质文化遗产展演。随后，参加展演的4名演员作为访问团成员跟随温家宝总理赴日本进行了专项演出。2008年8月9日至9月17日，“中国故事”文化展示活动在北京奥林匹克公园中心区开展。其中，内蒙古祥云小屋面积100平方米，以那达慕为主题，通过文字、图片、视频、音频、活态展示等多种方式向各国观众展示该区蒙古族长调民歌、马头琴音乐、搏克，以及蒙古象棋、桦树皮制作技艺等30多个非物质文化遗产项目。这些富有民族特色和地方特色的展品向全世界全面展示了内蒙古自治区丰富多彩的民族文化和非物质文化遗产保护成果，获得了国内外观众的一致赞赏。在北京奥运会及残奥会期间，内蒙古祥云小屋日均参观人数达到1.5万人以上，总参观人次超过40万人。2008年11月，内蒙古电视台组织了一台由内蒙古自治区重要的非物质文化遗产项目组成的综合晚会，参加了由文化部和江苏省人民政府主办的“纪念改革开放30周年——首届中国农民文艺汇演”。内蒙古自治区蒙古族长调民歌《圣主成吉思汗》获金穗杯奖，并作为首届中国农民文艺汇演优秀节目，代表内蒙古自治区参加了晋京优秀节目向中央领导汇报演出活动。另外，鄂温克族桦树皮制作技艺、剪纸和达斡尔族哈尼卡等3个项目，被特约参加了2009年元宵节期间文化部主办的中国非物质文化遗产传统技艺大展。近几年，内蒙古自治区各级文化部门积极争取非物质文化遗产保护专项经费。为充分用好国家、自治区专项经费，该区文化厅会同财政厅研究制定了《内蒙古自治区非物质文化遗产保护专项资金管理暂行办法》，确保专款专用，使有限的资金发挥最大的效益。从2009年起，非物质文化遗产保护经费已被纳入自治区财政预算；自治区每年将划拨100万元，

---

① 《新疆广电局文化发展报告》（内部资料）。引自高建龙、木拉提·黑尼亚提、周丽主编《新疆文化发展报告》，新疆人民出版社，2014，第9页。

用于非物质文化遗产普查、各级名录建设等工作[①]。

内蒙古自治区把文化生态保护区建设当作非物质文化遗产传承保护的重要工作来抓。2010 年 5 月，内蒙古公布了第一批自治区级文化生态保护区名单。其中，鄂尔多斯地区有鄂尔多斯市乌审旗蒙古族文化生态保护区、鄂尔多斯市鄂托克旗文化生态保护区两个保护区。在自治区设立第二批文化生态保护区时，鄂尔多斯全境设立保护区，不再单列原来的两个保护区。作为全区唯一的全境划为文化生态保护区的城市，鄂尔多斯的民族文化有其独特的魅力，同时，鄂尔多斯文化生态保护区的建设也有一定的特殊性。鄂尔多斯市“十二五”文化发展规划中指出，要在“全市各旗区均建立自治区级原生态文化保护区，争取建立国家级‘鄂尔多斯文化生态保护试验区’”。按照分项目、分地区进行划区保护，目前内蒙古自治区确定的保护区名录如下。[②]

表 1　内蒙古自治区保护区名录

管辖区域	名　称	备注
市	鄂尔多斯文化生态保护区	国家级
鄂托克旗	鄂托克旗(西鄂尔多斯)文化生态保护区	国家级
乌审旗	乌审旗蒙古族文化生态保护区	国家级
伊旗	伊金霍洛成吉思汗祭祀文化生态保护区	国家级
准旗	准格尔漫瀚调文化生态保护区	国家级
乌审旗	游牧生态文化保护区	自治区级
乌审旗	马头琴文化传承保护基地	国家民协
乌审旗	敖包文化传承保护基地	国家民协
乌审旗	苏力德文化传承保护基地	国家民协
乌审旗	鄂尔多斯博克文化传承保护基地	自治区级
准旗	十二连城隋唐胜州榆林古城遗址保护区	自治区级
鄂前旗	鄂尔多斯歌舞文化生态保护区	自治区级
鄂前旗	阿拉格苏勒德文化生态保护区	自治区级
达旗	达拉特(黄河风情)文化生态保护区	自治区级
杭旗	杭锦旗古如歌文化生态保护区	自治区级
东胜	东胜区九曲黄河阵灯游会保护区	自治区级

① http：//www. nmgwh. gov. cn/zwgk/ldjh/200910/t20091022_ 58184. html.

② http：//nmgshkxy. nmgnews. com. cn/system/2013/09/17/011138045. shtml.

5. 贵州

在民族文化村寨保护与建设方面，贵州省的经验值得借鉴。贵州省现有500个民族特色村寨，分布在全省各州（市）县，呈现出多彩多姿、特色浓郁的特点。“十一五”以来，在贵州省委、省政府的正确领导下，在贵州省民委的直接指导下，全省绝大多数村寨文化、景观得到保留与传承，民族特色村寨保护与开发取得一定成效。

一是生产生活条件大为改善。各民族特色村寨坚持自力更生与积极争取各界支持，大力实施新农村建设，筹集资金实施了一批交通出行、医疗教育、用水用电等基础设施工程，促使种植业、养殖业水平不断提高，外出务工人员逐渐增加，生产生活条件大为改善。以龙里县羊场镇新营村为例。该村围绕本地历史悠久的苗族斗牛文化，发挥毗邻乡镇、苗族人口居多的资源优势，投入92万余元新建了羊场镇斗牛城暨大牲畜交易市场，大力开展畜牧屠宰加工贩运，促使村寨道路硬化率达100%，家家户户都通自来水和电，电话覆盖率达90%以上，拥有大小车辆100余辆（不含摩托车），人均纯收入达到4850元。

二是旅游开发初显成效。各民族村寨利用本地自然风光、民俗、民间绝技、建筑景观等优势，以民族节庆、文化活动为载体，进行旅游开发，使村寨文化得到较为充分的展示，取得了良好的社会效益和经济效益。例如，铜仁开发了松桃苗王城村寨和瓦窑苗族花鼓舞村寨、江口云舍土家族村寨、思南郝家湾土家族石头村寨、石阡楼上古寨和尧上仡佬族村寨等民族文化村，吸引了众多境内外游客和国际友人。荔波县以贵州省旅游产业发展大会在荔波召开为契机，启动了拉鱼、拉柳布依族民族村寨的建设，促使乡村旅游发展得有声有色。织金县官寨苗族乡大寨村，依托织金洞旅游，建设苗族文化广场，举办妥倮跳花节，传承和开发妥倮苗族蜡染、刺绣工艺品，着力营造乡村旅游市场，拉动了旅游经济的发展。又如贵定县音寨将万亩油菜和千顷酥李花构织成“金海雪山”独特奇观，结合当地民族风情、田园风光，多方位发挥农业旅游资源优势，建设集民族、旅游、休闲、度假于一体的具有少数民族特色的民族文化村寨，成功打造了国家AAA级景区——“金海雪

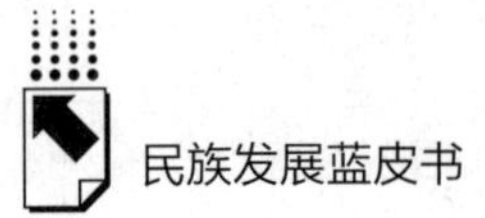

山”乡村旅游景区。连续六届“金海雪山”旅游文化节的成功举办，使村寨接待的游客人数从2004年的不足10万人（次）增加到2011年的190余万人（次）。景区内有128户居民从事具有布依特色的“农家乐”，有36户开办乡村旅馆。从田间地头的传统耕作转到从事旅游服务为主的群众达1000余人。旅游综合收入达1.48亿元，有力地促进了乡村经济的发展。

三是挖掘、打造了一批民族文化精品。近年来，在省民委直接指导和帮助下，各州（市）县民委对音乐、舞蹈、曲艺和各种民族民间绝技等村寨文化进行了广泛挖掘，促使一批特色鲜明、内容精彩的节目，以及社会反响较好的节目不断被搬上舞台。如荔波县瑶山歌舞表演队，精心打造的《欢歌喊太阳》民族歌舞表演，以及自编自导的瑶族舞蹈《但戈沙》，先后得到国内外专家学者的赞誉。瑶麓瑶族乡因瑶麓打猎舞，于1994年被省文化厅命名为“打猎舞艺术之乡”，于2009年被文化部命名为“民族民间文化艺术之乡”。织金县阿弓镇化董村的三眼箫，是该村独有的乐器。该村三眼箫演唱组合多次进京表演，于2008年获CCTV青歌赛第4名。

四是整理、出版了一批民族文化专著。省民委加强了对全省特色村寨文化的搜集整理力度，协调和调动各方面的力量，组织专家学者，对全省500个特色村寨的民间文学和音乐、舞蹈、曲艺及各种民间绝技进行挖掘、整理和加工，先后出版了“侗族民间文学丛书”（珠郎娘美）、“月亮山的苗族吃鼓藏”（祭鼓辞）、《侗族民间童话选》、《水族的水书常用词注解》等一系列图书、音像光碟。

总之，少数民族特色村寨产业结构明显调整，农民收入大幅提高；群众思想观念大大转变，发展意识更加浓厚；村寨文明逐渐显现，凝聚功能显著增强①。

贵州省学校民族文化传承教育起步早，取得了显著的成效。2002年7月，贵州省第九届人民代表大会常务委员会颁布了《贵州省民族民间文化

① 贵州省民委办公室：《全省民委系统2012年度优秀调研报告汇编》（内部印刷），2013，第93页。

保护条例》。2002 年 8 月，省教育厅、省民委联合下发了《关于在我省各级各类学校开展民族民间文化教育的实施意见》，对全省各级各类学校开展民族民间文化教育的内容、形式、师资培养及“双语”教学提出指导性意见。2008 年 7 月，省教育厅、省民委又联合下发了《关于大力推进各级各类学校民族民间文化教育的意见》，对各级各类学校进一步开展民族民间文化教育提出更为具体的要求。各地也积极行动起来，开展各项活动，并结合实际制定相关政策措施，促进工作的顺利推进。如黔东南州下发了《关于加强中小学民族音乐舞蹈教学的通知》；台江县制定了《“双语”教学大纲》《台江县苗族文化素质教育实施方案》；贞丰县聘请民族文化传承人和民间艺人进校园，把教师参与民族民间文化教育活动纳入绩效考核；黔南州三都自治县在各中学开展民族民间歌谣和戏曲、刺绣等民间工艺美术、铜鼓等民间乐器、水族芦笙舞和苗族芦笙舞等民族民间舞蹈、民族传统节日和庆典活动，以及民族风情等方面的教学。

近年来，贵州省教育厅、省民委联合开展民族民间文化教育项目学校评选活动，以项目学校为依托，加强教材建设，规范教学，发挥示范带动作用。至今，全省有 4000 余所中小学校开展民族民间文化进校园活动，共评选了 56 所省级项目学校。黔东南州在拥有 15 所省级民族文化教育项目学校的基础上，还评选了 36 所州级民族文化教育项目学校。各项目学校结合本地民族文化传统和自身实际，积极探索多形式的、符合教学规律和适合不同阶段学生身心发展特点的、学生喜闻乐见的教学活动。

贵州省各地以富有当地特色的民族音乐、民族舞蹈、民族工艺、民族体育为主线，引导学校积极开展适合于本地本校的民族民间文化教育项目，着力提高反排木鼓舞、芦笙舞、锦鸡舞、刺绣、摔跤、抢花炮、押加、高脚竞速等项目的教学质量。不少学校还把民族元素与现代艺术形式结合起来，编排创作教学活动项目。例如，凯里市舟溪逸夫中学自编的“大课间芦笙舞”、凯里七小的“民族舞蹈韵律操”、台江中学的“多声部苗歌”等深受学生喜爱。目前，全州开展民族文化教育学校达 1005 所，占全州学校总数的 56. 18%；每年参加民族民间文化教育活动的学生达 40 万人以上。此外，黔西南州注重挖掘民族文化，不断丰富民族传统文化教育内容。如兴仁县屯脚中学开发编写了《苗族布依族文化》；安龙县新安一小，大力传承苗族原生态板凳舞，制定了板凳舞比赛规程和评分标准，在全校推广；兴义市巴结民族中学将打陀螺、抛绣球、踩高跷等民族体育活动项目引入课堂；等等。

贵州省文化艺术人才培养初具规模、亮点凸显。目前，贵州省文化艺术人才培养体系以高等院校本科教育为主体。贵州大学、贵州师范大学、贵州民族大学、贵州财经大学、贵州广播电视大学以及凯里学院、兴义民族师范学院等十多所高校设立了艺术类院系，开设了作曲、音乐、美术、舞蹈、艺术设计、摄影、播音与主持艺术、文化产业、少数民族语言文学等专业。2011 年，贵州全省培养了艺术类本科毕业生 3620 人。黔东南自治州从 2007 年起启动了民族文化艺术传承人才培养工程。凯里学院于 2011 年开设了五年制民族文化传承班，每年从初中毕业生中选拔招收 100 名具有一定民族传统文化才能的学生，对他们进行深造培养。此外，在高层次人才培养方面，贵州省也有新的突破。例如，贵州大学艺术学院已拥有艺术学理论、音乐与舞蹈学、戏剧与影视学、美术学、设计学五个一级学科硕士点；贵州师范大学、贵州民族大学分别有艺术学、民族学硕士点等。多年来，贵州省高校艺术类院系，不断加强师资队伍建设，一方面鼓励、要求现有教师通过在职学习等形式提高学历层次和专业水平；另一方面通过引进高学历教师、聘请国内外知名专家学者和民间文化艺术专才为兼职教授或客座教授等方式，形成了一支学有专长、爱岗敬业的人才队伍。贵州大学、贵州师范大学、贵州民族大学、贵州财经大学、贵州广播电视大学五所高校艺术类院系，共有专职教师近 500 名，其中正、副教授 170 名，享受国务院特殊津贴 4 名，省管专家 6 名。同时，贵州省文化部门还根据有关要求，推选和评定了国家级文化艺术传承人 46 名、省级传承人 198 人，其中部分传承人被高校聘为兼职教师。①

---

① 白明彦：《加强我省民族文化传承教育和文化艺术人才培养的思考》，载贵州省民委办公室《全省民委系统 2012 年度优秀调研报告汇编》（内部印刷），2013，第 103 页。

这些年来，贵州省台江县高度重视“非遗”的发掘与保护工作，取得了明显成效。采取的具体措施如下。

（1）成立专职机构，制定保护办法。2001 年台江成立非物质文化遗产保护工作委员会，抽调机关人员具体负责此项工作。2003 年已将台江刺绣、剪纸、银饰，织锦的保护与传承工作列入每年的政府计划，并将保护资金列入地方财政预算，成立了“非物质文化遗产保护领导小组”，建立了有效的领导与资金保障机制。后来，相继出台保护文化遗产的相关措施。2011 年正式成立县“非遗办”，明确工作职责，推进“非遗”保护与申报工作。

（2）广泛开展“非遗”的调查与普查工作。在县决策部门的高度重视下，有关工作人员对县境内的“非遗”进行普查、搜集、整理，并运用文字、录音、录像、多媒体等手段建立了档案和数据库。目前已调查、普查到的项（点）有 200 个，其中已收集、整理、记录在案的 130 个项（点），尚未调查普查的有 70 个项（点）。已成书出版的有王安江版的《苗族古歌》《台江苗族文化空间》《台江民间故事集成》《台江非物质文化》等书籍。对 9 项国家级及 4 项省级名录等重点项目进行挖掘整理，拍摄了专题片。将“非遗”的重点项目制作成挂历发给村民，使广大群众意识到苗族传统文化的珍贵价值，营造全民参与“非遗”保护的良好氛围。

（3）积极推动民族文化走进校园。自 2002 年以来，台江开展了苗族文化进课堂的活动。苗族文化相继走进县职校、民族中学、城关三所小学及其他数十所中小学校。把民族文化纳入全县中小学教育课程，聘请专家、学者、民间艺人进入课堂去传授苗族历史、礼仪、歌舞及民间工艺等知识。结合现代学校教育，加强对年轻一代的培养，已成为最佳的“非遗”保护形式之一。

（4）成立“非遗”展示馆及传承基地。目前，台江县苗族刺绣博物馆有县内 9 个支系的苗族刺绣、织锦和剪纸的陈列展览。博物馆无偿长期对外开放，充分发挥了非物质文化遗产的社会效益。各“非遗”项目传承基地的建立有利于彰显保护地方的特色文化，增强台江县“非遗”保护的专业力量。

（5）增加资金投入，不断创新保护机制，发展民族文化产业。据县产业办2012年统计：全县银饰刺绣企业有50家，从业人员约1.2万人。2012年，全县银饰和刺绣产业实现产值1.3亿元以上。银饰刺绣工艺品远销国内大中城市和东南亚、港澳台及欧美各国。银饰刺绣生产经营成了许多农村群众重要的致富门路之一。施洞镇塘坝村从事银饰、刺绣加工的有106户，农民人均年收入超过5000元，一些经营大户的资产达几十万、上百万元。

（6）做好对外宣传交流工作。通过“走出去，请进来”的方式，加大了台江县文化底蕴深厚的“非遗”的宣传力度。这些年来，台江县组织了刺绣、银饰锻造技艺、织锦等传承人到北京、港台及其他城市进行展示比赛活动，并取得优异成绩。组织多声部情歌、反排木鼓舞等民间艺人到国内外参加展演活动载誉而归。同时，也邀请一些知名媒体到台江拍摄“非遗”电视片和文字报道进行宣传，扩大台江县“非遗”的社会影响。

（7）经常保持与代表性传承人沟通和联系。建立国家、省、州、县四级文化传承人命名与管理制度，不断提高传承人的社会地位，并配套制定相关的奖励政策，鼓励更多的人努力成为“非遗”传承人，2006年台江县政府公布县级以上保护项目52项，传承人共计398人。为了使传承人更好地做好传帮带学徒的工作，“非遗办”每年都与传承人签订责任书，明确传承人的责任，定期举办传承人座谈会和培训班，了解他们的传承情况和交流经验。对70岁以上的老艺人进行不定时监测保护，发现困难及时解决[①]。

三　少数民族文化建设方面存在的问题及对策

看到成绩的同时，我们也要看到当前存在的问题。目前，各地区各部门对29号文件的落实情况不一样，还存在重视不够、实施不到位的问题。目前，中国在少数民族文化建设方面存在如下问题和不足。

① 彭雪芳：《苗族非物质文化遗产保护与传承现状——以贵州省台江县为例》（电子稿）。

（一）有些民族的传统文化面临着衰落困境

随着经济全球化的加速，传统的民族边界正在日益模糊，不同民族文化的趋同日益明显化，少数民族的传统文化因游离于主流社会之外而处于边缘状态，面临着严峻的生存危机，少数民族有形文化和无形文化及其少数民族文物、产品正在不断流失，一些民族民间工艺伴随着老艺人的逝去而失传；祖先留下的千姿百态的民族文化和历史悠久的乡土艺术、民族器物难觅踪迹。单纯追求经济快速发展，导致民族文化生态和文化资源遭到不同程度的破坏。如，在新疆急于脱贫致富的心理带有普遍性，一些地方出现了因经济开发而导致对民族民间文化生态资源产生破坏的短期行为。如对民族文化古迹、遗址滥加开发、滥建景点。此外，新疆原生态的民族手工技艺处于相对弱势，传统的某些门类的历史文化内涵发生了急剧的消亡和变异，民族手工艺逐渐被工业品代替。有的传统民居建筑艺术、传统服饰手工艺、传统饮食等已不复存在，或在原流传地因无人继承、市场萎缩而濒于失传，更谈不上有翔实文字记载或图像记录。具有民族特色的各种戏剧、舞蹈、工艺和体育活动等，如果国家不通过立法形式加以保护，不在财政上给予支持，有可能逐渐消亡①。民族地区非物质文化遗产呈现加快消亡趋势，保护工作日益紧迫、艰巨、复杂。

（二）非物质文化遗产保护工作还面临着一定的困难和问题

党中央提出“加强对各民族文化的挖掘和保护，重视文物和非物质文化遗产保护”。民族地区非物质文化遗产保护事业在社会各方面的支持配合下，在促进保护、传承发展的思想指导下虽然取得了很大的成效，但由于受资金、人才等因素的制约，少数民族非物质文化遗产保护事业仍然面临着很大的困难和问题。如，新疆的非物质文化遗产濒危项目较多，非物质文化遗

① 闫炜炜：《新疆少数民族文化现代化转型存在的问题及对策》，《新疆社科论坛》2011 年第 6 期。

产的保护面临着严峻的形势。由于工业化、城市化、现代化进程的加快，各民族之间的交流、交往不断增加，对新疆比较脆弱的少数民族非物质文化遗产形成巨大冲击，非物质文化遗产濒危项目越来越多，生存发展态势不容乐观，抢救保护任务不仅繁重，而且刻不容缓。从现有普查成果看，已经普查掌握的资源总数与实际情况还有较大差距。其原因既有缺人才、缺经费、缺交通工具等客观方面的因素，也有少数地方领导不够重视、工作不够深入、专业素质偏低等主观方面的问题。同时，普查档案资料整理不规范、不完整，对普查成果缺乏分析和研究等问题也不同程度地存在。目前，大多数地方的非物质文化遗产保护工作人员都是兼职文化馆员，缺少专门的专业人才，业务素质亟待提高。非物质文化遗产保护机制需要进一步加强和完善，尤其是要建立并不断完善科学规范的保障机制①。

非物质文化遗产保护工作是一项涉及面广、影响深远的系统工程。近年来，少数民族非物质文化遗产保护工作取得了一些成绩，但我们也清醒地看到，当前少数民族非物质文化遗产保护工作还处于起步阶段，仍然面临着许多困难和问题。以延边朝鲜族非物质文化遗产保护工作为例，困难和问题主要表现在如下几个方面：一是思想上不重视。一些部门和单位把非物质文化遗产的保护工作看作是单纯的文化部门的事情，重申报，轻保护。二是经费投入不足。目前，延吉市现有 8 项国家级非遗传承项目、20 项省级非遗传承项目、1 项州级非遗传承项目，其中，国家扶持资金的非遗传承项目只有“朝鲜族秋千、跳板”“朝鲜族洞箫艺术”“朝鲜族乐器制作技艺”三项，获得省级扶持资金的只有“朝鲜族奚琴”“朝鲜族漫谈和相声”两项，其余项目至今未获资金扶持，影响项目传承进展和传承人的积极性。“朝鲜族筝艺术”、延吉北兴糕点厂等传承项目因资金缺乏无法培训传承人，已面临绝迹边缘，应尽快采取相应的措施保护项目传承和发展。三是资源普查和挖掘力度不够，乡镇，街道、社区、村屯参与此项工作热情不高。四是保护力度

① 高建龙、木拉提·黑尼亚提、周丽主编《新疆文化发展报告》，新疆人民出版社，2014，第 17 页。

不够。有些非物质文化遗产项目濒临消失或失传，如野山参鉴别技艺，因缺少培训，项目没有得到很好的传承[①]。

（三）教育资源分配不公平的现象比较严重

在新疆、高原藏区、草原地区和偏远山区，当地基础设施发展落后，教育基础薄弱，生活条件也比较艰苦，所以教师一般不愿意在这些地区的基层学校任教，同时由于社会经济发展水平较低，基层政府财政需要中央支持，很难为学校教师提供有吸引力的工资和福利，在沿海城镇工资水平与西部边疆不断拉大之后，改革开放的三十年也成为西部边疆地区学校教师持续外流的三十年，许多教师辞去工作前往沿海打工。这一发展态势对于西部地区少数民族人力资源的发展相当于“雪上加霜”[②]。民族地区学校民族文化传承教育发展仍然很不平衡。由于对文化建设重要性的认识不到位，一些地方对民族文化传承工作不够重视，开展工作不力。有些少数民族自治地区也仅限于在几所试点中小学开展民族文化传承教育，这种状况与多民族文化大发展大繁荣的要求还有较大差距。

（四）旅游业对少数民族文化保护产生了一些负面影响

不可否认，旅游开发非物质文化遗产具有多方面的积极作用，综观当今世界，非物质文化遗产旅游开发促进了社会、经济和文化的发展，这样的案例不胜枚举。在我国旅游业快速发展的过程中，非物质文化遗产被作为重要的文化旅游资源得到开发，许多濒临灭绝的民间工艺技艺、民族传统节日、民族传统服饰、戏剧曲艺、民风民俗得以重新发掘、整理和发展。非物质文化遗产旅游开发在带来积极影响的同时，也带来一些社会文化方面的负面影响，非物质文化遗产的文化生态问题就是其中的重要问题。诚然，我国非物质文化遗产的文化生态问题是全球化、城市化、现代化以及旅游开发等一系

---

① 延吉市文化广电旅游新闻出版局：《延吉市非物质文化遗产保护工作情况汇报》，2014 年 7 月 10 日。

② 马戎：《关于中国民族问题的问答与讨论》，《民族社会学研究通讯》2014 年第 152 期。

列因素合力作用下形成的，不能把非物质文化遗产保护面临的文化生态问题完全简单地归咎于旅游业，但也不能因此任由旅游业肆意发展，因为现阶段在上述因素中，旅游业无疑是其中的一个非常重要的因素。伴随着旅游业升级为我国战略性支柱产业，我国旅游业进入快速发展期。据世界旅游组织预测，2020 年中国将成为世界入境游客和旅游收入最高的国家。再者，国际非物质文化遗产保护运动掀起了中国非物质文化遗产保护和利用的热潮，非物质文化遗产被视为一座“金矿”，受到政界、商界的热捧，各种项目纷纷上马。如果听任旅游业无序发展，势必制约非物质文化遗产保护和旅游业可持续发展。

目前旅游业对少数民族社会文化的负面影响可以概括为以下几点：一是表层的传统文化衰退：文化庸俗化、商品化、同化、文化表述失真；二是深层意识形态领域的传统价值观退化和民族文化认同感失落。第二，旅游开发加速旅游目的地社会人文精神的失落是民俗旅游开发研究中被忽略的重要问题。其中最突出的表现就是旅游破坏了淳朴的民风民俗之美，引发拜金主义思想泛滥。

（五）少数民族特色村寨发展与保护中存在一些问题

几年来，全国少数民族特色民族文化村寨发展与保护工作虽然取得一定成效，但是保护的力度依然不大，开发的程度较低。同时，一些民族特色文化、民俗、建筑等，存在消亡的危险。由于少数民族特色村寨，分布于全国各地，地域多样，情况复杂，不具备统一开发和集中整合的条件。虽然各村寨经济社会发展的基础和环境不同，发展较慢，相对落后，但是又存在着发展极不平衡的现象，给保护和开发建设带来很大难度。少数民族特色村寨，绝大多数处于山区林地，“老、少、边、穷”，远离中心城市和城镇，地势崎岖，地质条件复杂，交通道路、医疗卫生、教育培训、通信供电等设施落后，信息闭塞，工农业生产的基础较差。同时，因为贫困落后，群众文化水平不高，保护和传承的意识不强，很大程度上影响了少数民族村寨的发展与保护。

（六）少数民族文化进课堂陷入困境

以贵州省台江县为例，台江通过一系列措施推行苗族文化走进课堂，取得一定的成果，但仍存在很多困难和问题。一方面，大部分学校缺乏苗族文化的教师、教材及教具；另一方面，由于各种限制，身为农民的民间艺人难以得到教师职位。教学内容以简单学唱苗歌、跳苗舞为主，缺少博大精深的民族文化内涵。由于应考教育带来的升学压力，一些家长及学生失去了学习本民族传统文化的热情。剪纸美术课还比较受欢迎，可刺绣工艺难以在学校开展，苗族文化进校园的活动放缓了脚步。当地一些教育工作者认为，要做好这项工作，需要经费保障，编写教材，培训教师及制定教学考核机制。①

（七）外来文化对边疆地区少数民族的文化渗透比较严重

延吉市地处边疆，地理位置极为特殊。当前，出于国家安全利益考虑，韩国不断加大对边境地区广播电视投入，韩国电视节目通过地面卫星接收设施、电视棒等媒介进行传播，对我边疆地区渗透严重，主流媒体节目收视率不断降低，严重影响主流舆论信息安全。对此，上级党委、政府应引起高度重视，组织相关职能部门形成工作合力，加强境外广播电视节目监管，对非法买卖、安装非法境外地面卫星接收设施及网络共享设备产品开展专项整治，站在讲政治的高度，提高境外节目审批门槛，同时，投入专项资金，建立朝鲜语节目译制中心，最大限度满足朝鲜族听众需求，最大限度减少舆论渗透，确保政治安全、舆论安全。

根据上述诸多问题，我们建议采取如下对策措施。

第一，进一步加大少数民族文化建设的投入，建立少数民族文化投入的稳定增长机制。一方面各级政府要加大财政投入力度，加强民族文化建设，通过加大投入，为少数民族文化创新提供经济保障。另一方面积极引导和鼓励社会力量兴办少数民族文化事业，推动民族文化建设。包括社团在内的民

① 彭雪芳：《苗族非物质文化遗产保护与传承现状——以贵州省台江县为例》（电子稿）。

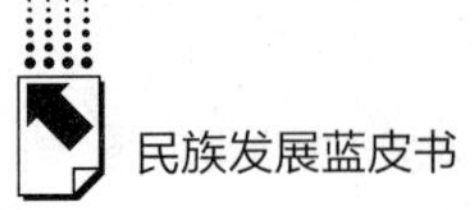

间组织在民族文化的保护继承创新中有重要作用。必须同时发挥政府、社会团体和民间组织在少数民族文化建设中的作用。民族地区应该积极争取国家财政的支持，争取确保少数民族文化传承经费的投入。坚持“政府主导、社会参与”的原则，应把政府财政投入与社会资金相结合，充分发挥社会力量，应建立少数民族文化多元投入的稳定机制。

第二，加快发展少数民族文化产业，要把发展文化产业与促进少数民族文化繁荣发展结合起来。开发打造少数民族特色文化品牌，并逐步实现市场化运作，通过发展文化产业，使民族传统工艺、民族传统艺术等在现代社会获得生存土壤，得到传承和发展的双赢效果。各民族文化在相互交流中传播，在继承中发展，在创新中延展。中央始终强调文化事业、文化产业“两手抓、两加强”，发展文化产业也要强调文化企事业单位和文化工作者的社会责任。少数民族文化建设也要紧跟时代、与时俱进、不断发扬光大，顺应文化与科技融合的主流趋势，积极推动少数民族数字文化产业和信息技术领域的创新。

第三，进一步重视少数民族教育事业，尽快改善民族地区办学条件，大幅提高边疆地区教师的工资待遇，防止人才流失。与此同时，要采用现代化教育手段，大力促进民族地区远程教育发展。要紧密结合民族地区实际，突出民族特色，整合远程教育课程教育资源，提升少数民族的文化自觉意识，优化民族地区教育资源配置，形成合力，加快推进民族教育发展。传统文化要传承、继承，必须寻求新的载体。各地区都应当不断探索适应时代要求的民族文化传承形式和教育载体，这对民族传统文化实现继承和创新非常重要。

第四，在推行城镇化和移民搬迁工作中，应该健全移民社区的文化设施，尊重少数民族移民的风俗习惯和宗教信仰，必须重视民俗文化活动场所和宗教活动场所建设。认真贯彻落实党的民族政策和宗教信仰自由政策，对移民社区的民俗节庆和宗教活动，应当遵循允许合法、制止非法的原则，满足少数民族移民的民俗和宗教需求。对传统的节日庆典和宗教法会，移民社区管理机构应充分尊重并积极支持，发挥传统文化凝聚人心的作用。

第五，借鉴国外成功经验，更加完善少数民族非物质文化遗产保护体系。我们应该积极地学习和借鉴国外的成功经验，更加完善和细化我国少数民族非物质文化遗产保护和传承工作。对于非物质文化遗产的保护工作，要坚持“保护为主、抢救第一、合理利用、传承发展”的指导方针。

第六，积极推动文化体制改革，进一步增强少数民族文化发展的动力与活力。积极推进优势互补、资源优化重组，把转制改革和资源整合、结构调整结合起来，加强指导和推进民族地区文化艺术院团的整合，解决机构重复设置、布局不合理、规模效益不高、损失浪费资源等问题，应进一步增强少数民族文化艺术生产力和竞争力。鼓励和支持非公有制经济以多种形式进入民族地区文化产业领域。重点发展以数字化生产、网络化传播为主要特征的民族文化数字内容产业，鼓励扶持对舞台剧目、文物景点、非物质文化遗产等进行数字化转化和开发，大力采用数字技术传播文化产品，丰富文化表现形式和传播渠道。

B.5

中国少数民族和民族地区小康社会建设进程发展报告：进展、问题及对策

课题组*

摘　要：本报告以全面建成小康社会指标体系和地区发展与民生指数为依据，对民族地区全面小康社会建设进程进行了总体评价，展现了新世纪以来民族地区全面建设小康社会在经济发展、民主法治、生活质量、文化教育、资源环境五大方面所取得的重大成就。对于民族地区与东中部地区不断扩大的经济、社会发展差距，经济发展方式转型和生态环境保护难度大，基础设施落后、产业结构整体落后，文化教育落后、人才匮乏、科技创新能力不足等现实难题进行了较为深入的探究，并据此给出了宏观、中观和微观的政策建议。

关键词：小康社会　经济发展　民生发展

为掌握21世纪初期以来特别是"十二五"时期中国少数民族和民族地区发展状况，深入分析当前民族工作面临的形势，总结工作成绩和经验，分析少数民族和民族地区经济发展的困难和原因，提出民族地区未来经济发展和全面建成小康社会的对策建议，中国社会科学院民族学与人类学研究所课

* 课题组组长：王延中，成员：龙远蔚、王希恩、扎洛、吴兴旺、周竞红、陈建樾、丁赛、刘晓春、刘小珉、王剑峰、张世和、刘玲，联系人：曾少聪。初稿执笔：龙远蔚、扎洛、吴兴旺、王剑峰。本报告执笔：王延中。

题组受国家民族事务委员会委托，开展了中国少数民族和民族地区发展状况评估研究，完成了“评估研究总报告”及若干专题报告。

一　加快少数民族与民族地区发展事关中国现代化建设全局

中国作为历史悠久、幅员广大、地区发展很不平衡的多民族统一国家，在全面建设小康社会与社会主义现代化建设中的任务是多重的：既要促进沿海地区快速发展，又要促进内地与民族地区跨越式发展；既要以经济建设为中心加快经济增长，又要实现经济建设、政治建设、社会建设、文化建设、生态文明建设的同步协调推进；既要在一个相当长的时期内使经济增长保持一定速度以实现赶超目标，又要加快经济发展方式转变以提高经济增长的质量与效益。通过改革开放以来几十年的快速发展，中国小康社会与社会主义现代化建设事业取得了举世瞩目的成就，但也在发展过程中积累了很多矛盾与问题。区域与城乡发展不平衡、发展成果未能在社会成员中有效实现公平共享，是当前中国面临的突出矛盾和问题。中国少数民族与民族地区的发展整体滞后，无疑使上述矛盾和问题更加突出。

进入21世纪以来，党和政府以中国特色社会主义理论体系为指导，制定和实施了一系列深化改革、保持稳定、促进发展的重大战略思想和举措。党的十六大提出，全面建设小康社会是我国21世纪头二十年的奋斗目标。党的十七大进一步提出了“实现全面建设小康社会奋斗目标的新要求”。党的十八大明确提出“确保到2020年实现全面建成小康社会宏伟目标”。党的十八届三中全会通过的《关于全面深化改革若干重大问题的决定》，不仅重申了到2020年全面建成小康社会的目标任务，而且进一步提出，要在全面建成小康社会的基础上“建成富强民主文明和谐的社会主义现代化国家，实现中华民族伟大复兴的中国梦”。加快少数民族和民族地区发展、全面建成小康社会，在全国现代化建设全局中无疑具有十分重要的战略地位。

首先，民族地区的小康社会建设事关全国小康社会建设成败。2010

年，我国全面小康社会的实现程度达到80.1%，其中东部地区的实现程度为88.0%，西部地区为71.4%。少数民族更加集中的民族八省（区），实现小康社会的程度只有70%左右。西部地区尤其是各民族省区之间的资源条件、生态环境、民族文化、经济结构等，与全国平均水平和东部地区差距比较大，全面建成小康社会的任务很艰巨、难度较大，也是全国全面建成小康社会的难点所在。在很多民族地区，尤其是集中连片的14个扶贫开发区，摆脱贫困问题依然是当务之急。在一定程度上讲，民族地区能否实现全面建成小康社会的目标，关系到全国全面建成小康社会的进程与水平。

其次，加快少数民族与民族地区发展是实现中华民族伟大复兴中国梦的关键。新一届中央领导集体多次强调，全面建成小康社会，离不开少数民族和民族地区的全面小康；实现中国梦，离不开56个民族13亿人民戮力同心、团结奋斗。全面建成小康社会，不是中国发展的终点而是建设富强、民主、文明、和谐的社会主义现代化国家的阶段性任务。在此基础上，实现中华民族的伟大复兴才是更大、更高、更宏伟的目标，也是中华民族近代以来最伟大的梦想。中国梦凝聚了几代中国人的夙愿，体现了中华民族和中国人民的整体利益，是每一个中华儿女的共同期盼。中国梦是国家的、民族的，也是每一个中国人的。在实现中国梦的征程中，不让每一个区域落伍，不让每一个民族掉队，既是中国共产党带领全国人民努力实现的发展目标，也需要全国各族人民的不懈努力和奋斗。

再次，加快少数民族与民族地区发展是新时期做好民族工作的基础和根本任务。作为历史悠久的多民族国家，中国对民族问题的处理，积累了异常丰富的经验教训。特别是新中国成立以来，中国共产党不仅在中国历史上第一次实现了各民族之间的政治平等，建立了平等、团结、互助、和谐的社会主义民族关系，而且在加快民族地区改革开放和经济社会文化发展等方面，取得了显著的成效。中国的民族工作是卓有成效的，其根本点就在于把民族工作融入中国社会主义现代化建设的工作全局之中。一些民族地区形成了民族工作大格局体制，并通过民族工作引领党和政府有关部门工作，有效促进了民族地区的改革、发展与社会稳定。发展作为党执政兴国的第一要务，是解决中国所有问题的关键。加快少数民族和民族地区经济社会发展，是实现各民族“共同团结奋斗，共同繁荣发展”的根本，也是解决民族地区困难和问题的关键，更是现阶段民族工作的主要任务。

最后，加快少数民族和民族地区发展是实现固边睦邻和边疆繁荣稳定的重要支柱。中国是世界上边界线最长、邻国最多、边界情况最复杂的国家之一。陆地边境线长度约为2.2万公里，其中1.9万公里在民族区域自治地方，约占中国陆地边境线总长度的90%。中国陆地边疆与14个国家接壤，涉及6个民族省区和107个边境民族区域自治旗县。边疆地区也是中国少数民族集中聚居地区，其特点是少数民族集中、地域广、跨境民族多。跨境民族语言、文化、宗教信仰相似，国内外交流来往频繁。周边地区是中国维护社会稳定、民族和睦的直接外部屏障。周边环境历来对中国国内形势以及发展战略有直接牵动作用。维护周边安全是周边外交工作的重要内容。一个和平、稳定的周边环境是中国社会主义现代化建设事业顺利进行的重要条件。边疆民族地区稳定、民族关系和谐，则中国陆疆安宁。中国加快少数民族和民族地区发展，不仅可以促进边疆民族地区的和谐稳定与繁荣发展，而且能够促进与周边国家的开放合作，营造一个适合快速稳定发展的周边国际环境。在一定程度上讲，加快少数民族与民族地区的发展，进而带动睦邻、安邻、富邻，是中国外交战略与周边安全战略的重要基础，也是中国实现自身发展战略的重要组成部分。

二　中国少数民族与民族地区小康社会建设进程总体评价

到2020年全国全面建成小康社会作为中国既定战略目标，是当前中国特色社会主义现代化建设的中心任务。与东部沿海地区甚至中部省份相比，民族地区全面小康社会建设尽管取得了巨大成绩，但面临的困难和挑战也非常艰巨。下面，我们从三个方面加以论述。

（一）按照“全面建成小康社会建设指标体系”完成目标难度大

国家统计局按照中央部署研制了全国小康社会建设指标体系，并不定期公布小康社会建设进程监测报告。根据国家统计局发布的《中国全面建设小康社会进程统计监测报告（2011）》，2010 年中国全面小康社会的实现程度达到 80.1%，比 2000 年提高 20.5 个百分点，平均每年提高 2.05 个百分点。其中，东部地区全面小康社会的实现程度为 88.0%，按照平均增速将提前实现全面小康社会；西部地区全面小康社会建设的起点很低，2000 年的实现程度仅为 53.2%，2010 年提高到 71.4%，年均增幅仅为 1.82 个百分点。8 个民族省份又略低于西部地区平均速度，每年大约提高 1.8 个百分点。

按照 21 世纪第一个十年小康社会建设监测指标的平均增速计算，2020 年全国全面实现小康社会的宏伟目标是可期的。尽管从 21 世纪第二个十年开始，全国经济增速明显放缓，完成上述任务难度加大，但在十年内提高 12 个百分点（约是第一个十年平均提高幅度的 60%）也是可能的。当然，2011、2012、2013 年在全国经济增速放缓（平均增长 8.2%）的情况下，民族省区依然保持了高于全国平均增速的经济发展速度（约高 2 个百分点）。这对于民族省区缩短与全国小康社会建设进程差距、提高民族省区小康社会建设指标完成程度是有帮助的。

问题的关键是中国地区发展不平衡，民族地区经济社会发展与东部地区甚至全国平均水平差距不断扩大的趋势尚未根本扭转。中西部地区尤其是民族省区要实现全面建成小康社会的目标，难度不小。如果民族省区小康社会进程按照第一个十年的平均增速，到 2020 年大体可以实现全面小康社会建设监测指标的 89% 左右，约等于东部地区 2010 年的水平；如果按照全国第一个十年的平均增速 90% 计算，大体可以达到监测指标的 87%，刚刚接近 2010 年东部地区平均水平；如果第二个十年只能达到全国平均增速（第一个十年增幅的 60%），则 2020 年只能完成监测指标的 83%，略高于 2010 年全国平均水平。即使民族地区在经济增长指标上保持 2011 ~ 2013 年比全国高 2 个百分点的速度，即按照全国小康社会建设进程第一个十年平均增速的 122% 计算，民族地区 2020

年小康社会建设监测指标也只能达到91%左右。在中国经济发展宏观背景发生重大变化的情况下，实现上述增速的可能性非常小。

从地区看，不同民族省区小康社会建设进程差异较大。2010年，内蒙古与全国平均水平差距最小，只落后0.5个百分点；广西次之，差距为7.7个百分点；其他6个省区差距均在10个百分点之上，其中青海、新疆、贵州、西藏差距均超过17个百分点（见表1）。按照前面所述增速，只有内蒙古有可能完成全面建成小康社会指标体系测算的指标任务，其他省份几无可能。

表1 2010年民族八省（区）小康实现程度和六大内容与全国平均水平差距

单位：个百分点

	小康实现程度	经济发展	社会和谐	生活质量	民主法治	文化教育	资源环境
内蒙古	-0.5	7.4	6.2	-7.3	-2.5	-7.8	-8.3
广　西	-7.7	-18.9	-8.7	-3.6	-0.8	-8.8	11.2
贵　州	-17.4	-24.5	-21.1	-15.6	-8.4	-15.0	-7.7
云　南	-12.0	-22.4	-21.7	-18.8	0.1	12.3	-1.4
西　藏	-17.2	-23.4	-20.2	-28.3	-5.0	-22.9	16.6
青　海	-18.3	-15.5	-25.2	-22.7	-10.4	-15.4	-18.1
宁　夏	-14.1	-14.4	-12.5	-13.2	-5.2	-9.3	-28.5
新　疆	-17.9	-16.4	-22.3	-22.0	-15.1	-16.0	-12.6

资料来源：根据国家统计局相关监测指标计算。

由此可见，民族省区到2020年实现全面建成小康社会宏伟目标的任务非常艰巨。如果民族地区在21世纪第二个十年没有大的跨越式发展，或者指标体系不按照新的形势进行适当调整，则其全面建成小康社会的指标任务很有可能无法实现。如果民族省区无法完成全面建成小康社会的指标任务，那么即使全国总体上实现了建成小康社会指标任务，其质量也会受到一定程度的影响。

（二）按照“地区发展与民生指数”，民族地区发展差距缩小，但总体建成小康社会难度增大

2013年，国家统计局公布了2000～2012年地区发展与民生指数。地

区发展与民生指数旨在从总体上对各地区的经济发展、民生改善、社会发展、生态建设、科技创新等方面的情况进行监测，将发展引导到质量效益改进和民生福祉提高上来。地区发展与民生指数评价指标体系包括经济发展、民生改善、社会发展、生态建设、科技创新和公众评价（公众评价暂未开展）六大方面，共42项指标，二级指标涵盖内容更为宽泛。地区发展与民生指数的编制和计算，主要借鉴了联合国人类发展指数（HDI）等有关方法，根据指标的上、下限阈值来计算各个指标的评价指数，指数一般介于0～100，然后根据指标权重合成分类指数和总指数。在小康建设监测体系23项二级指标中，除了基尼系数外，其他指标均在地区发展与民生指数中予以体现。地区发展与民生指数的这一变化是考虑到中国地区经济社会发展中出现的一些新情况，特别是党的十八大提出了新要求，用以突出反映民生改善情况。2013年2月，国家统计局公布了2000～2011年的地区发展与民生指数，12月又公布了2012年的地区发展与民生指数。这为我们研究测算民族地区小康社会建设进程，提供了更加全面、便利的数据。

根据国家统计局发布的两次《地区发展与民生指数（DLI）统计监测结果》，可以看出进入21世纪以来尤其是在“十一五”时期，全国东、中、西部与民族地区的发展与民生指数增长十分迅速（见表2）。与2000年相比，2012年东、中、西部地区的发展与民生指数分别提高了54.28%、63.78%、70.33%；东部地区2012年为71.57%，中部和西部地区分别是60.35%和58.22%（见表3）。与小康社会指标不同的是，西部地区发展与民生指数提高幅度仅次于东部地区，但是高于中部地区，与东部、中部的发展指数差距明显缩小。同时，由于西部地区发展基数较低，几乎同样的增长幅度意味着西部地区更快的增长速度。2001～2012年，东、中、西部地区发展与民生指数年均增长3.68%、4.20%、4.54%，西部地区最快，分别是东部和中部地区平均增速的123%和108%。按照这12年的平均增速，2013～2020年这8年间，全国各个地区发展与民生指数大体每年提高2个百分点，到2020年，东、中、西部地区的发展与民生指数将分别达到

88%、76%、75%左右；民族八省（区）与西部地区持平的话，也将达到75%左右。考虑到进入21世纪第二个十年期间发展与民生指数增幅已经趋于下降，其中东部地区下降更加明显（2011～2012年增速为2000～2012年的89%），西部与中部地区比“十一五”时期速度有所下降但仍高于2001～2012年平均增速（见表2）。通过测算，到2020年，东、中、西部地区发展与民生指数可以调整为86%、76%和77%。这样，全国不同地区之间的发展与民生指数差距将进一步缩小，西部民族地区的发展与民生指数将实现全部指数的近8成。西部地区尤其是民族地区与全国其他地区相比，同步化程度明显提高。但是，就全国来说，与全面建成小康社会的目标任务差距也明显加大了。尽管这种差距在全国普遍存在，但中、西部地区的差距更加明显，完成目标的压力更大、任务更艰巨。在民族八省（区）中，除内蒙古的发展与民生指数略高于西部地区平均数外，其他省区依然排在全国各省区后面（见表3），差距比较明显，到2020年不可能完成地区发展与民生指数的整体跨越，全面建成小康社会建设的阶段性目标难以完成。

表2　2001～2012年各地区发展与民生指数年均增长率

单位：%

	2001～2012年	“十五”期间	“十一五”期间	“十二五”以来
东部地区	3.68	3.26	4.27	3.28
中部地区	4.20	3.35	5.02	4.27
西部地区	4.54	3.40	5.44	5.17
内蒙古	4.28	3.82	4.85	3.99
广　西	4.27	4.02	4.53	4.27
贵　州	5.43	4.83	5.72	6.21
云　南	3.92	1.83	5.26	5.88
西　藏	4.44	3.54	5.29	4.57
青　海	4.38	3.46	4.47	6.46
宁　夏	4.61	3.85	5.67	3.89
新　疆	4.44	2.80	5.83	5.15

资料来源：中国统计学会、国家统计局统计科学研究所《2012年地区发展与民生指数（DLI）统计监测结果》（2013年12月31日），国家统计局网站。

表 3　2000～2012 年三大区域与民族八省（区）发展与民生指数

单位：%

	2000年	2001年	2002年	2003年	2004年	2005年	2006年	2007年	2008年	2009年	2010年	2011年	2012年
东部地区	46.39	47.98	49.72	51.20	52.73	54.45	56.90	59.61	61.62	64.49	67.10	69.38	71.57
中部地区	36.85	38.39	39.59	40.61	41.80	43.45	45.54	48.42	50.30	53.19	55.51	58.04	60.35
西部地区	34.18	35.31	36.80	37.58	38.57	40.40	42.10	45.44	47.07	50.05	52.64	55.43	58.22
内蒙古	35.78	36.64	37.73	38.73	40.36	43.15	45.38	50.21	49.67	52.39	54.69	56.85	59.14
广　西	34.83	36.51	38.30	39.15	40.01	42.42	43.86	46.34	47.64	51.09	52.93	54.33	57.55
贵　州	28.66	29.55	31.01	31.97	33.23	36.29	37.24	40.17	41.19	44.40	47.93	51.21	54.07
云　南	35.42	33.79	34.99	36.25	37.15	38.79	39.58	42.96	44.69	47.77	50.13	52.95	56.20
西　藏	30.09	32.10	33.72	34.94	36.39	35.80	38.82	39.88	40.94	43.40	46.32	47.85	50.65
宁　夏	31.37	32.29	34.33	35.41	36.86	37.89	40.09	43.28	44.90	46.68	49.92	50.80	53.88
青　海	31.06	31.97	33.58	34.95	35.43	36.82	38.91	39.81	41.01	42.93	45.82	48.68	51.93
新　疆	30.92	31.11	32.51	34.67	34.35	35.49	37.17	39.90	41.54	44.46	47.12	49.42	52.10

资料来源：中国统计学会、国家统计局统计科学研究所《2012 年地区发展与民生指数（DLI）统计监测结果》（2013 年 12 月 31 日），国家统计局网站。

（三）绝大多数民族地区干部、群众对于全面建成小康社会总体充满信心，但部分心存担忧

根据中国社会科学院“21 世纪初中国少数民族地区经济社会发展综合调查”项目组 2013 年进行的 16 个子项目的实地调查和问卷调查，民族地区的干部、群众十分拥护全面建成小康社会的战略目标，从总体上看，对于本地区实现全面建成小康社会的目标充满信心。5404 份城乡家庭调查问卷中，很有信心和有信心的比重为 87.4%；1132 份干部调查问卷中，很有信心和有信心的比重为 85.4%。群众的看法比干部乐观一些。当然，也有 11.3% 的群众和 12.1% 的干部对于全面建成小康社会信心不足，极少数干部和群众没有信心（见表 4）。

表 4　民族地区干部、群众对 2020 年全面建成小康社会的信心状况

单位：人，%

		很有信心	有信心	没什么信心	不可能	合计
甘　肃	干部	30	47	1	0	78
		38.5	60.3	1.3	0	100.0
	群众	79	249	33	10	371
		21.3	67.1	8.9	2.7	100.0
	合计	109	296	34	10	449
		24.3	65.9	7.6	2.2	100.0
贵　州	干部	25	125	34	5	189
		13.2	66.1	18.0	2.6	100.0
	群众	162	859	221	9	1251
		12.9	68.7	17.7	0.7	100.0
	合计	187	984	255	14	1440
		13.0	68.3	17.7	1.0	100.0
内蒙古	干部	40	66	14	3	123
		32.5	53.7	11.4	2.4	100.0
	群众	192	391	110	5	698
		27.5	56.0	15.8	0.7	100.0
	合计	232	457	124	8	821
		28.3	55.7	15.1	1.0	100.0
青　海	干部	26	46	8	2	82
		31.7	56.1	9.8	2.4	100.0
	群众	66	228	42	12	348
		19.0	65.5	12.1	3.4	100.0
	合计	92	274	50	14	430
		21.4	63.7	11.6	3.3	100.0
新　疆	干部	93	232	34	8	367
		25.3	63.2	9.3	2.2	100.0
	群众	347	820	72	15	1254
		27.7	65.4	5.7	1.2	100.0
	合计	440	1052	106	23	1621
		27.1	64.9	6.5	1.4	100.0

续表

		很有信心	有信心	没什么信心	不可能	合计
云　南	干部	58	179	46	10	293
		19.8	61.1	15.7	3.4	100.0
	群众	219	1109	135	19	1482
		14.8	74.8	9.1	1.3	100.0
	合计	277	1288	181	29	1775
		15.6	72.6	10.2	1.6	100.0
合　计	干部	272	695	137	28	1132
		24.0	61.4	12.1	2.5	100.0
	群众	1065	3656	613	70	5404
		19.7	67.7	11.3	1.3	100.0
	合计	1337	4351	750	98	6536
		20.5	66.6	11.5	1.5	100.0

资料来源：中国社会科学院民族学与人类学研究所《21 世纪初少数民族地区经济社会发展综合调查》2013 年 16 个县问卷调查数据库。

干部、群众对于本地区全面建成小康社会的信心应当肯定和鼓励，同样应当重视他们对本地区建成小康社会困难的看法或者信心不足的理由。群众认为经济收入提高慢（70.8%）、居住条件差（35.4%）、基础设施不足（33.8%）、扶持政策不到位（29.9%）是影响信心的主要因素。干部对第一位影响因素的看法与群众相同，即有 69.0% 的干部认为经济收入提高慢是信心不足的主要理由；第二、第三、第四项原因分别是基础设施不足（50.8%）、扶持政策不到位（34.9%）和社会保障不完善（37.4%）。基于上述认识，群众认为应当解决的主要问题或提出的主要建议是加快发展当地经济（61.8%）、加快基础设施建设（37.3%）、落实到位中央政策（27.9%）、扩大当地就业（25.0%）；干部认为应当采取的主要措施是加快发展当地经济（68.3%）、加快基础设施建设（44.6%）、提高教育水平（26.7%）。

从以上三个方面的数据监测和调查分析可以看出，21 世纪第二个十年是民族地区全面建成小康社会、促进地区发展、改善民生的关键时期，到 2020 年全国全面建成小康社会的战略目标是可以实现的。民族地区的广大干部、群众对此也充满希望和信心，说明他们也希望与全国其他地区一样同步进入全面小康社会。但是，客观数据显示，民族地区要在余下的7年时间内达到全面建成小康社会指标体系设定的数值几乎是不可能的。其实，新时期以来尤其是党的十八大以来，中国经济社会发展进入新阶段和转变发展方式的新要求，明确指出不唯GDP论英雄、不以增长速度论英雄、不以数据指标论英雄。新的发展观和考核办法，为地方广大干部、群众以谋民生改善为目标的科学发展、全面发展松了绑。这对于民族地区全面推进小康社会建设进程是有利的。

三　新世纪以来民族地区全面建设小康社会取得重大进展

进入21世纪以来，西部大开发战略、民族地区一系列国家级区域发展战略的实施，以及国家在财政、税收、投资、文化、教育、科技、人才、扶贫、社会保障等方面出台的一系列扶持优惠政策，有力地推动了少数民族地区政治、经济、社会、文化和生态建设的全面发展。整个“十五”时期、“十一五”时期和“十二五”前半期，民族地区发展和民生改善速度明显快于东部地区、中部地区和全国平均水平，民族地区小康社会建设的进度呈显著加速态势。在一些领域，民族地区与全国平均水平的差距开始出现缩小势头。

（一）民族省区经济赶超势头强劲，局部地区实现跨越式发展

“十一五”（2006～2010年）期间，民族八省（区）的国内生产总值和财政收入每年均以两位数的速度增长，高于全国平均增速。民族八省（区）国内生产总值年均增长13.1%，人均地区生产总值达到18014元；城镇居民人均可支配收入14070元，农民人均纯收入3931元，分别比2005年提高5328元和1654元。内蒙古自治区经济增长速度自2002年以来连续八年保持全国第一，地区生产总值在全国排名由第24位上升到第15位。从小康社会实现程度的“经济发展”指数来看，2010年八个民族省区实现程度为

51.6%～83.5%，比2000年的36.4%～46.5%，年均分别增长1.37～3.7个百分点。内蒙古异军突起，2000～2010年“经济发展”实现程度年均增长3.7个百分点（全国年均增幅为2.58个百分点），从2000年的46.5%提高到2010年的83.5%，从落后于全国到超过全国平均水平7.4个百分点。经济快速增长成为内蒙古与全国差距缩小的主要原因。从国家宏观发展规划周期来看，民族八省（区）“经济发展”实现程度在“十一五”时期的增速快于“十五”时期（见表5）。2010～2011年，除了西藏以外，其他民族省区“经济发展”实现程度的增速都快于“十一五”时期，其中广西、云南、新疆、宁夏的增长幅度达到2.7～3.1个百分点。这是一个很好的发展趋势。值得注意的是，一些民族地区如丽江、九寨沟、喀什等利用经济开发区、特色旅游业、民族手工业等条件和产业支撑，经济快速起飞，不仅摆脱了贫困，实现了经济跨越式发展目标，而且在工业化、城市化与经济社会结构转型方面也取得重大进展。

表5　2000～2010年民族八省（区）小康指标“经济发展”实现程度

单位：%

	全国	西部地区	内蒙古	广西	贵州	云南	西藏	青海	宁夏	新疆
2000年	50.3	—	46.5	40.7	36.4	—	39.1	45.3	45.5	45.4
2001年	52.2	—	—	41.7	37.5	—	40.7	45.9	45.9	46.7
2002年	54.4	—	—	42.9	38.3	—	42.4	48.3	47.3	47.9
2003年	56.3	—	—	43.8	39.4	—	42.4	49.3	48.7	48.1
2004年	58.2	—	—	44.6	40.2	—	43.4	50.1	50.5	49.4
2005年	60.6	—	—	46.2	41.8	—	44.3	50.3	51.7	50.3
2006年	63.4	—	—	47.6	43.5	—	45.5	51.2	53.5	51.7
2007年	66.6	—	—	49.1	45.0	—	47.5	52.5	55.6	53.8
2008年	69.1	—	—	51.4	46.8	—	49.6	53.5	56.4	55.5
2009年	73.1	—	—	54.7	49.4	52.0	51.6	57.6	59.7	58.3
2010年	76.1	62.4	83.5	57.2	51.6	53.7	52.7	60.6	61.7	59.7
“十五”年均增长	2.06	—	—	1.10	1.08	—	1.04	1.00	1.24	0.98
“十一五”年均增长	3.10	—	—	2.20	1.96	—	1.69	2.06	2.00	1.88

资料来源：根据国家统计局发布的相关监测指标整理。

（二）民主法制建设与全国同步，社会总体和谐稳定

民主法制反映依法治国和公民权利的实现程度，是社会政治文明的重要参数。这一指标包括公民自身民主权利满意度和社会安全指数两项监测指标。从“民主法制”实现程度来看，2010 年民族八省（区）实现程度为 78.5% ~93.7%，比 2000 年的 58.0% ~84.8% 分别年均增加 0.8 ~2.34 个百分点。2000 ~2010 年，除广西和贵州外，其他民族省区都高于全国平均增速（云南无 2000 年数据无法统计）。2010 年，云南、广西、内蒙古“民主法制”建设进程实现程度均超过 90%（见表 6），达到或接近全国平均水平。民族地区民主法制建设为全面建成小康社会提供了制度和法律保障，特别是一些地方民主法制建设特色鲜明，为保障少数民族群众合法权利、维护社会和谐稳定发挥了积极作用。

表 6　2000 ~2010 年民族八省（区）小康指标“民主法制”实现程度

单位：%

	全国	西部地区	内蒙古	广西	贵州	云南	西藏	青海	宁夏	新疆
2000 年	84.8	—	79.2	84.8	77.2	—	65.2	70.0	66.6	58.0
2001 年	82.6	—	—	82.6	75.2	—	75.2	68.9	71.3	58.5
2002 年	82.5	—	—	84.2	78.1	—	73.7	63.0	70.8	64.4
2003 年	82.4	—	—	85.0	78.5	—	63.6	70.4	71.9	64.5
2004 年	83.7	—	—	87.7	80.3	—	65.8	70.8	73.3	66.7
2005 年	85.6	—	—	89.6	80.1	—	70.2	72.2	74.1	62.8
2006 年	88.4	—	—	91.2	82.7	—	75.1	74.7	76.8	70.2
2007 年	89.9	—	—	90.0	83.2	—	72.2	77.7	82.5	74.3
2008 年	91.1	—	—	91.6	84.3	—	86.0	80.0	81.5	76.4
2009 年	93.1	—	—	93.3	84.5	90.2	75.6	81.0	84.3	79.5
2010 年	93.6	—	91.1	92.8	85.2	93.7	88.6	83.2	88.4	78.5
“十五”年均增长	0.16	—	—	0.96	0.58	—	0.99	0.44	1.50	0.96
“十一五”年均增长	1.60	—	—	0.64	1.02	—	3.69	2.20	2.86	3.14

资料来源：根据国家统计局发布的相关监测指标整理。

经济快速发展时期也是利益格局与社会结构迅速变动和调整时期，各种社会矛盾错综复杂，涉及民族宗教因素的社会矛盾也呈现多发、频发态势。在快速发展中保持人际关系与民族关系和谐、社会环境安全稳定，是民族地区稳步推进全面小康社会建设的前提条件和基本保障。从“社会和谐”指标实现程度来看，2010 年民族八省（区）为 57.3% ~88.7%，比 2000 年的 22.1% ~69.3%，分别年均增加了 0.98 ~2.83 个百分点。民族八省（区）“社会和谐”实现程度与全国基本一致，大多数民族省区在“十一五”时期的实现程度增速快于“十五”时期（见表 7），2010 ~2012 年的实现程度增速快于“十一五”时期。

表 7　2000 ~2010 年民族八省（区）小康指标“社会和谐”实现程度

单位：%

	全国	西部地区	内蒙古	广西	贵州	云南	西藏	青海	宁夏	新疆
2000 年	57.5	—	69.3	62.5	33.1	—	36.7	47.5	58.3	22.1
2001 年	59.6	—	—	59.1	28.7	—	16.7	52.4	55.0	25.3
2002 年	57.1	—	—	55.6	24.1	—	49.4	51.7	56.3	24.0
2003 年	56.3	—	—	54.1	21.9	—	42.9	51.8	57.4	27.4
2004 年	59.9	—	—	52.2	21.9	—	58.4	46.8	58.8	29.8
2005 年	62.8	—	—	54.4	35.1	—	52.4	44.4	50.5	31.3
2006 年	67.6	—	—	53.8	43.7	—	71.1	41.1	44.2	37.1
2007 年	72.1	—	—	64.1	54.0	—	58.0	50.1	58.4	48.7
2008 年	76.0	—	—	67.4	52.3	—	67.5	50.5	57.0	48.7
2009 年	77.7	—	—	69.1	59.1	53.5	65.1	50.8	60.1	58.4
2010 年	82.5	74.1	88.7	73.8	61.4	60.8	62.3	57.3	70.0	60.2
“十五”年均增长	1.06	—	—	-1.62	0.40	—	3.20	-0.62	-1.56	1.84
“十一五”年均增长	3.94	—	—	3.88	5.26	—	2.00	2.58	3.90	5.78

资料来源：根据国家统计局发布的相关监测指标整理。

（三）各族群众生活水平不断提高，生活质量明显改善

“十一五”以来，国家加大了以民生为重点的社会建设，极大地提升了各族人民生活质量。从“生活质量”指标看，2010 年民族八省（区）实现

程度为58.1%～82.8%，比2000年的32.5%～55.5%分别年均增加1.94～2.84个百分点。这与全国居民“生活质量”实现进程是一致的。除了广西、新疆外，其他6个民族省区“十一五”时期“生活质量”实现程度增速快于“十五”时期（见表8）。2011～2012年，除了广西外，其他7个民族省区“生活质量”实现程度的增速快于“十一五”时期，其中贵州、云南、西藏的增长幅度达到5.2～5.5个百分点，呈现加快发展的势头。2011年，民族八省（区）“生活质量”指标实现程度，全都达到或超过2020年如期实现全面小康社会所必需的年均增长速度。这说明国家大力推进民族地区民生建设的措施，取得了良好效果。

表8　2000～2010年民族八省（区）“生活质量”指标实现程度

单位：%

	全国	西部地区	内蒙古	广西	贵州	云南	西藏	青海	宁夏	新疆
2000年	58.3	—	50.7	55.5	45.6	—	32.5	40.9	50.1	45.0
2001年	60.7	—	—	57.9	46.9	—	35.8	43.0	51.8	46.6
2002年	62.9	—	—	59.8	49.8	—	36.5	46.0	53.0	47.4
2003年	65.5	—	—	62.1	51.5	—	37.1	46.5	55.1	49.6
2004年	67.7	—	—	64.2	52.9	—	38.6	47.9	57.8	51.0
2005年	71.5	—	—	70.1	56.5	—	40.0	52.2	60.2	55.1
2006年	75.0	—	—	71.9	58.5	—	43.7	54.5	62.5	57.1
2007年	78.4	—	—	74.8	60.4	—	46.1	56.1	65.1	59.5
2008年	80.0	—	—	77.2	61.2	—	48.6	58.3	67.9	59.8
2009年	83.7	—	—	81.2	66.0	64.5	54.1	61.3	69.9	62.2
2010年	86.4	75.2	79.1	82.8	70.8	67.6	58.1	63.7	73.2	64.4
“十五”年均增长	2.64	—	—	2.92	2.18	—	1.50	2.26	2.02	2.02
“十一五”年均增长	2.98	—	—	2.54	2.86	—	3.63	2.30	2.60	1.86

资料来源：根据国家统计局发布的相关监测指标整理。

（四）文化和教育事业发展迅速

文化和教育事业的发展，不仅反映一个地区各民族的软实力和人力资本禀赋，也反映一个社会的包容度与开放度。“文化教育”指标包括文化产业增加值占 GDP 比重、居民文教娱乐服务支出占家庭消费支出比重和平均受教育年限三项监测指标。从“文化教育”指标实现程度来看，2010 年民族八省（区）实现程度为45.1%～80.3%，比2000 年的35.1%～51.2%，分别年均增加了0.22～1.52 个百分点（见表9）。其中，青海、贵州、宁夏、西藏、内蒙古和广西的年均增长幅度高于全国平均增幅。2010 年，云南“文化教育”的实现程度为80.3%，比全国平均水平高12.3 个百分点。这是云南省实施民族文化强省战略取得的显著成效，其基本做法和经验值得重视。“十五”期间，大多数民族省区加快了“文化教育”的发展进程，青海、贵州、宁夏、西藏和广西的年均增速都高于全国平均水平（0.94 个百分点）。“十一五”期间，绝大多数民族省区“文化教育”的发展指标有不同程度的增长，但是年均增速略低于全国（除青海外略高外）。

表9　2000～2010 年民族八省（区）“文化教育”指标实现程度

单位：%

	全国	内蒙古	广西	贵州	云南	西藏	青海	宁夏	新疆
2000 年	58.3	50.4	50.3	40.9	—	35.1	37.4	48.0	51.2
2001 年	59.1	—	51.3	43.0	—	37.0	39.8	49.2	51.9
2002 年	60.9	—	52.7	45.4	—	39.8	42.8	52.8	54.0
2003 年	61.8	—	53.4	47.9	—	41.9	44.7	54.1	55.3
2004 年	62.2	—	54.5	49.3	—	43.6	45.5	57.5	52.3
2005 年	63.0	—	57.8	49.4	—	44.6	47.3	56.2	52.4
2006 年	64.1	—	61.0	48.9	—	46.5	49.4	57.8	51.8
2007 年	65.3	—	63.7	50.4	—	48.6	52.1	59.5	51.8
2008 年	64.6	—	54.2	50.3	—	52.3	51.3	59.7	50.5
2009 年	66.1	—	56.6	47.0	78.0	53.6	51.8	59.5	50.3
2010 年	68.0	60.2	59.2	53.0	80.3	45.1	52.6	58.7	52.0
“十五”年均增长	0.94	—	1.50	1.70	—	1.89	1.98	1.64	0.24
“十一五”年均增长	1.00	—	0.28	0.72	—	0.11	1.06	0.50	-0.08

资料来源：根据国家统计局发布的相关监测指标整理。

（五）更加重视生态文明建设

民族地区面积广大、资源富集，但总体生态环境脆弱，很多区域又是国家生态安全屏障。在加速发展的背景下，民族地区资源环境保护压力巨大。民族地区在加速经济发展过程中，更加重视生态环境保护工作，生态建设取得明显效果。从2010年“资源环境”指标实现程度来看，除宁夏外，其他民族省区实现程度均在60%以上，其中西藏、广西分别达94.8%和89.4%，远高于全国平均水平（78.2%）；云南、贵州、内蒙古分别为76.8%、70.5%和69.9%；青海、新疆分别为60.1%、65.6%（见表10）。随着国家生态补偿机制的日益健全、生态保护力度的加大、产业结构的升级，民族地区生态环境将会得到进一步的改善。

表10　2000～2010年民族八省（区）“资源环境”指标实现程度

单位：%

	全国	内蒙古	广西	贵州	云南	西藏	青海	宁夏	新疆
2000年	65.4	57.1	81.9	57.7	—	94.9	55.7	50.2	55.8
2001年	64.6	—	86.5	59.8	—	93.9	52.8	50.7	53.0
2002年	66.3	—	87.9	60.9	—	94.5	58.4	53.1	53.3
2003年	67.2	—	86.8	62.5	—	94.3	57.9	37.2	57.4
2004年	67.7	—	83.5	62.1	—	94.5	58.7	38.7	55.6
2005年	69.5	—	84.9	65.3	—	94.5	59.8	38.8	58.6
2006年	70.6	—	84.2	64.3	—	94.8	59.6	38.3	58.0
2007年	72.6	—	86.6	66.5	—	94.5	59.4	38.8	58.7
2008年	75.2	—	87.5	68.0	—	94.3	57.7	41.1	63.2
2009年	76.8	—	89.0	69.2	77.2	95.0	57.9	45.3	62.6
2010年	78.2	69.9	89.4	70.5	76.8	94.8	60.1	49.7	65.6
“十五”年均增长	0.82	—	0.60	1.52	—	-0.08	0.82	-2.28	0.56
“十一五”年均增长	1.74	—	0.90	1.04	—	0.06	0.06	2.18	1.40

资料来源：根据国家统计局发布的相关监测指标整理。

总之，实施西部大开发战略以来的十几年间，特别是“十一五”期间，民族地区小康社会建设总体进展顺利，各项监测指标均呈大幅度上升趋势。这一时期是少数民族和民族地区经济社会发展最快、城乡面貌变化最大、各族群众得到实惠最多的时期之一，为民族地区全面建成小康社会打下了坚实基础。

四　民族地区全面建设小康社会面临的主要问题

（一）民族地区小康社会建设水平与全国平均水平总体差距依然十分明显，差距扩大趋势尚未得到遏制

尽管21世纪以来民族地区小康社会建设进程加快，尤其是在“十一五”期间和“十二五”前半期，增长速度明显快于东部地区和全国平均水平，但受发展基数等因素的制约，民族地区在全面建设小康社会指标甚至民生改善指标等很多方面，与东部及全国平均水平的总体差距并没有明显缩小反而有所扩大（见表1、表11）。

从表1对小康实现程度及各分项指标的分析可以看出，在经济发展、社会和谐、生活质量、文化教育、资源环境指标上，民族八省（区）除个别省份达到或超过全国平均水平外，其他的均大幅度落后于全国平均水平。从2010年民族八省（区）全面建设小康社会六个方面的完成情况来看，经济发展、文化教育是民族地区全面建设小康社会进程中的“短板”，资源环境也是制约民族地区全面建设小康社会的重要因素。民族地区落后的根本是经济的落后，民族地区与全国全面建设小康社会的差距，主要是经济发展方面的差距。在经济发展指标中，最重要的指标是“人均GDP”，除了内蒙古实现程度已经达到全面小康标准，其他7个民族省区的实现程度都不及60%，其中青海、新疆、广西、宁夏的实现程度为50%～60%，西藏、云南不到五成，最低的贵州仅为32.3%。对于实现程度最低的贵州来说，时间已过2/3，只完成目标值的1/3，很显然，用剩余1/3的时间完成目标难度很大。而对于指标“R&D经费支出占GDP比重”，民族八省（区）的实现程度都

不及 60%；对于指标“第三产业增加值占 GDP 比重”，除贵州、西藏外，其他 6 个民族省区的实现程度为 60% ~89%，部分省区还处于不稳定状态；对于指标“城镇人口比重”，除内蒙古外，广西、宁夏、新疆、云南、青海的实现程度为60% ~89%，离全面建设小康社会标准还有一段距离，贵州、西藏的实现程度不及 60%，要在 2020 年达到小康标准十分艰难。在“文化教育”指标中，民族八省（区）实现程度最好的是“平均受教育年限”，除了内蒙古、新疆实现程度达到或基本达到小康标准，其他 6 个民族省区的实现程度为 60% ~89%，与全面建成小康社会标准尚有一定距离。对于指标“文化产业增加值占 GDP 比重”，除了云南外，其他 7 个民族省区的实现程度都不及 60%，与全国平均水平有一定的差距，与小康标准距离遥远。对于指标“居民文教娱乐服务支出占家庭消费支出比重”，除了内蒙古外，其他 7 个民族省区的实现程度都不及 60%。“文化教育”是严重影响民族地区全面建设小康社会的重要因素。在“资源环境”指标中，“环境质量指数”除了广西已经达到小康标准外，其他 7 个民族省区的实现程度为 60% ~89%，离小康标准还有一段距离。对于指标“单位 GDP 能耗”，除了西藏因未开发达到小康标准、广西达到 60% ~89% 外，内蒙古、宁夏、新疆、云南、青海和贵州的实现程度都不及 60%。对于“生活质量”中的“居民人均可支配收入”指标，除了内蒙古外，其他 7 个民族省区的实现程度都不及 60%。对于“5 岁以下儿童死亡率和平均预期寿命”指标，除了内蒙古外，广西、云南、宁夏、青海的实现程度为60% ~89%，西藏、贵州、新疆的实现程度不到 60%。对于“社会和谐”部分的“城乡居民收入比”指标，除了内蒙古、新疆外，青海、西藏的实现程度为 60% ~89%，广西、云南、贵州、宁夏的实现程度不及 60%。对于指标“地区经济发展差异系数”，宁夏、新疆、青海的实现程度都不到 60%。

从表 11 可以看出，2012 年民族八省（区）的地区发展和民生指数比小康指数看起来差距小一些，但是与全国平均水平及东部地区的总体差距依然十分明显。很多分类指标上的落差巨大，其中最突出的为科技创新指数。民族八省（区）中，科技创新指数最高的是广西，只有 10. 74%，比东北地区中部地区乃至西部地区平均水平分别落后5.92个、8.90个、7.28个百分点，比东部地区更是落后36.46个百分点。

表11　2012年民族八省（区）和其他区域地区发展与民生指数

单位：%

	地区发展与民生指数	经济发展	民生改善	社会发展	生态建设	科技创新
东部地区	71.57	81.77	75.71	69.75	72.82	47.20
东北地区	62.04	75.86	67.67	68.22	62.61	16.66
中部地区	60.35	65.74	66.04	68.16	65.83	19.64
西部地区	58.22	66.73	61.81	66.45	62.07	18.02
内蒙古	59.14	76.31	62.63	65.01	63.23	7.97
广　西	57.55	63.97	62.49	65.61	66.98	10.74
贵　州	54.07	62.17	58.22	65.47	58.92	6.89
云　南	56.20	63.03	58.64	69.92	63.19	7.89
西　藏	50.65	58.02	54.70	68.95	48.80	3.03
青　海	51.93	64.39	58.51	62.80	46.95	6.99
宁　夏	53.88	66.89	61.17	61.03	50.93	9.79
新　疆	52.10	65.86	63.38	57.18	46.23	6.14

资料来源：中国统计学会、国家统计局统计科学研究所《2012年地区发展与民生指数（DLI）统计监测结果》（2013年12月31日），国家统计局网站。

（二）制约民族地区经济社会健康发展的因素众多，解决发展难题的能力不足

1. 民族地区在承接东部产业转移和工业化的进程中，面临经济发展与生态环境保护的难题

民族地区的工业化还处于从初期向中期转变阶段，承接国内外产业的梯度转移既是其经济发展的客观规律，又是西部大开发“十二五”发展规划中的战略布局。同时，按照国家的部署，能源、矿产资源重大项目，以及主要利用陆路进口资源的重大项目优先在中西部地区重点开发区域布局。大部分民族地区资源富集但生态脆弱，很多地方作为国家生态安全屏障，保护生态环境的压力巨大。民族地区在资源开发、经济发展和环境保护方面面临两

难处境，面临如何处理好发展经济与保护生态的关系的问题。为了发展，民族地区不得不发展工业，甚至承接东中部产业梯度转移的一些落后产业。这就需要为保护生态环境投入更大的资金、技术等方面的成本，但这恰恰又是民族地区最缺乏的。目前，国家在民族地区资源开发利益分享、生态保护补偿机制等方面的法律还不健全。如果在经济开发中没有更大的生态环境保护力度，那么民族地区为了经济发展目标，难免重走发达地区“先污染，后治理”的老路。

2. 基础设施不足、产业结构整体落后，经济发展方式转型困难

民族地区面积广大，基础设施投入远远不能满足现实需要，尤其是难以满足扩大开放、建设丝绸之路经济带和环北部湾经济圈的功能拓展要求。同时，在国土功能区规划中民族地区的限制开发和禁止开发区域面积大，民族八省（区）的国家级自然保护区面积占全国自然保护区总面积的82.37%，真正能够大规模开发建设的面积并不充足。沿海地区大规模基础设施建设热潮处于压缩冷却阶段，很多民族地区基础设施建设热潮还没有到来，仅仅依靠民族地区自身，无力完成完善基础设施的任务。

民族地区山区面积广大，自然环境复杂多样，长期投入不足制约了水利设施等农业基础设施的改善，物质装备水平较低，农业公共服务和社会化服务比较滞后，科技成果转化和推广应用能力不强。在工业化、城镇化过程中，土地非农化、农业劳动力转移、农村资金外流等问题突出，农业生产要素流失严重。近年来，国内商品价格增长迅猛，农业生产进入高成本、高风险阶段，农业发展边际效益递减，仅仅依靠农业难以使民族地区广大农民脱贫致富。

草原畜牧业是牧区经济发展的基础产业，是牧民收入的主要来源，是全国畜牧业的重要组成部分。草原是中国面积最大的陆地生态系统，是主要江河的发源地和水源涵养区，其生态地位十分重要。目前，中国牧业现代化与草原保护问题日益突出。中国牧区主要分布在少数民族地区，有268个牧区半牧区县（旗、市），占全国国土面积的40%以上，在中国经济社会发展大局中具有重要战略地位。但是，中国草原生态总体恶化趋势尚未得到根本遏制，草原畜牧业粗放型增长方式难以为继，以承包分割为主要方向的草场经营体制与草原生态规律的矛盾日益突出，牧区基础设施建设和社会事业发展欠账较多，牧民生活水平的提高普遍滞后于农区，牧区仍然是中国全面建设小康社会的难点。

民族地区产业结构不合理的问题十分突出。重工业与轻工业的比例不尽合理，非公有制经济发展不足，经济活力和竞争力较弱。西部民族地区农业人口多，农业产值占 GDP 小于农业劳动人口在总劳动人口中的比例，贫困面广，少数民族贫困人口比例高；城镇化水平低，农村剩余劳动力转移难度大。民族地区产业结构升级困难，新型产业尤其是城镇服务业发展严重滞后，难以实现产业结构转型升级的要求。

3. 民族地区财政保民生、保基本建设负担沉重

中国西部民族地区地域辽阔，公共服务成本和费用相对较高，民生类支出的刚性增长难以避免，基础设施建设支出比重高于全国水平。2012 年，民族八省（区）教育、社保、医疗卫生和住房保障四项民生支出占财政支出比重高达 39.34%；农林渔、交通运输支出占财政支出比重达 22.58%，较全国平均水平高 5.03 个百分点；民生支出及基础设施建设支出占总支出比重高达 61.92%。此外，《民族区域自治法》虽然规定上级国家机关对民族地区的投资应减少或免于资金配套，但在实际运行过程中，绝大部分投向西部民族地区的投资均要求一定比例的资金配套。这对财政状况十分窘迫的西部民族地区来说，无异于雪上加霜。不少民族地区为了获得上级国家机关的投入，不惜向银行举债。这在客观上造成了西部民族地区地方债务负担沉重，经济发展和举办公共事业举步维艰。西部民族地区的政府机关是国家在广大民族地区实施管理、处理公共事务的专责机构。民族地区的财政困窘状况直接决定了党和国家政策的推行和实施力度。改善西部民族地区的财政状况，不仅是地方发展的财政问题，更是意义重大的政治问题，必须予以特别关注和特别扶助。

4. 民族地区经济社会自主发展和生态补偿机制落实不到位，国家能源资源价格改革滞后

中国含民族八省（区）在内的西部 12 省区面积 686.7 万平方公里，占

全国的71.4%。以西部为主的民族自治地方面积613.3万平方公里，占全国的63.9%。西部民族地区矿产、能源、水利等资源十分丰富，部分资源品种在全国占优势地位，开发潜力巨大。但长期以来，这些资源并未充分实现其价值。究其原因是多方面的，一是西部民族地区由于受资金、技术、市场、生态等条件的约束，没有能力开发、变现这些资源潜在的价值。二是中国资源价格体系长期没有理顺，偏低的价格和低廉的环境成本，一方面助长了上下游产业的粗放式开发利用和资源浪费，另一方面也转移了资源产地应得的利益，导致经济结构、地区发展的“双失衡”。三是“国家在民族自治地方开发资源、建设企业的时候，应当照顾民族自治地方的利益”的原则落实不到位，资源所在地及其居民对本地自然资源的优先开发和优先受益权难以落实。四是生态保护补偿机制不健全，对于民族地区在保护生态环境方面的发展权益损失，没有进行合理和有效的补偿。

5. 文化教育落后、人才匮乏、科技创新能力不足，困扰民族地区经济社会发展

改革开放以来，西部民族地区和少数民族人才队伍建设在相当长的时期受“孔雀东南飞”影响而人才流失严重，人才匮乏困扰着民族地区经济社会发展：民族地区面临的现实仍然是人才总量不足，结构分布不合理，整体文化素质参与全国竞争处于劣势，少数民族传统文化现代化发展缺少强有力的人才支撑。农牧业技术人才、工程技术人才缺口巨大，教学科研学术人才、企业经营管理人才和高层次双语文化人才严重短缺。在一项2011年省际比较研究中，基本人力资本指标、研发实力指标和科技效能指标分析结果显示，各民族省区人才资源综合实力处于全国中等水平的地区只有内蒙古、新疆、广西和云南，贵州、宁夏、青海、西藏则在综合实力方面处于全国末位。[①] 如何通过政策手段，让西部民族地区多出人才、留住人才、用好人才，已经成为整个西部民族地区综合发展能力提升的关键。

---

① 潘晨光：《中国人才发展报告（2012）》，社会科学文献出版社，2011，第68~70页。

五　加快少数民族与民族地区全面小康社会建设的对策建议

（一）进一步完善民族地区全面小康社会建设指标体系

在日益强化对地方政府工作考核评价工作的背景下，评价指标就是工作导向。全面建成小康社会作为全党中心工作，是各地区开展各项工作的总目标。在这个意义上讲，全面小康社会建设指标体系就成为各地全面建设小康社会的工作导向和基本抓手。因此，小康社会建设指标体系的科学性至关重要。国家统计局2003年制定、2007年修订的《全面建设小康社会统计监测方案》，确定了由6个方面23项指标组成的全面建设小康社会指标体系，对于促进各地开展全面小康社会建设工作发挥了一定积极作用。然而，过于强调经济增长作用仍是该指标的主要弊端。2010年之后，随着国家把发展重点转移到转变经济发展方式、提高经济发展的质量效益上，指标更全面、评价更科学的“地区发展与民生指数”应运而生。

对比两套指标体系，可以看出“地区发展与民生指数”比“建设全面小康社会指标体系”更容易因地制宜、发挥自身优势，也可以在一定程度上避免过度强调经济增长的发展导向。地区发展与民生指数可以更好地体现党的十八大提出的“改善民生”等方面的新要求，也可以更准确地反映各地尤其是民族八省（区）全面建设小康社会的进程，准确反映少数民族和民族地区经济社会发展实际。例如，2001～2012年，民族八省（区）的GDP、人均GDP年均增速高于全国平均值。地区发展与民生指数也显示，民族八省（区）的指标年均增速超过了东部和中部，但除内蒙古外，小康社会建设指标显示的差距则是在扩大的，与人们的认知有较大的偏差。在地区发展与民生指数中，西藏、青海、宁夏、新疆是中国生态环境最脆弱的地区，其“生态建设”指数与中部地区的差距分别为17.03%、18.88%、14.9%和19.6%，表明这四个省区是中国生态建设压力最大的地区，也比较符合人们的认知。但在全面小康社会建设指标的“资源环境”指标中，西藏成为中国“资源环境最好的地区”（2000～2010年保持在95%左右）。这未必能够准确评价西藏的发展潜力与生态文明建设工作。此外，“科技创新”指标的设立，更加符合全面建设小康社会的客观要求，同时也准确揭示了民族八省（区）经济社会发展的薄弱环节。如果以地区发展与民生指数的80%替换全面建设小康社会指标，按民族八省（区）2001～2012年年均增长4%的速度，2020年全面建成小康社会目标是可以预期的。我们建议以地区发展与民生指数替代小康社会建设指标体系，结合中央十八届三中全会通过的《深化改革若干重大问题的决定》精神，从民族地区全面建设小康社会进程需要和主客观条件出发，进一步完善“地区发展与民生指数”。完善思路是在保持上述评价指数框架基础上，适当增加一些有利于少数民族和民族地区加快发展的考核指标。

1. 增加地区生态保护贡献指标

小康社会指标体系、地区发展与民生指数中均没有与“环境保护”有关的内容。民族八省（区）生态环境脆弱，大多位于边疆，是中国大江大河的主要源头，其生态环境保护的重任较之东、中部地区又有所不同，其生态环境保护对于全国有举足轻重的作用。如民族八省（区）的国防林、国家自然保护区等无法用于经济发展的土地面积占比明显偏高，而财政转移支付力度不足，因而应增加西部民族八省（区）生态环境保护的指标，并给予较之环境治理和资源消耗更多的权重。这将更好地体现民族地区对全国生态文明建设的贡献，同时有助于国家从生态安全屏障建设的角度加大对民族地区生态补偿的投入，也有利于促进全国可持续发展体制机制的建立。建议在综合考评指标中新增的指标包括：①国家自然保护区所占面积比例。应充分考虑国土功能区规划中限制开发和禁止开发区域面积比例与地方经济发展之间的关系，建议设立国家保护区占所在省区面积的比例，并赋予其与资源消耗、环境治理、环境质量相同或更高的权重。②水资源流出地和流入地的水质评价。中国的资源税中没有包括水资源税，但最不可或缺的水资源保护应得到足够重视。许多大江大河的上游位于民族八省（区），其保护效果对

下游意义重大。虽然有“谁污染谁治理”的要求，但“自己保护，他人受益”的成效也应进行评估。建议增加水资源流入地和流出地的水质评价指标。③空气质量指标。可以考虑将 Pm2.5 等不同等级天气占一年天数的比例纳入考核，以更好地反映地区环境质量状况。这也有助于治理大气污染，减少雾霾天气，提高居民健康水平和生活质量。

2. 增加扶贫工作及减贫贡献率指标

按照2011年国家贫困标准（农村居民家庭人均纯收入2300元/年），全国还有1.28亿贫困人口。民族八省（区）是贫困人口最多、贫困面积最大、贫困发生率最高的地区。连片贫困人口绝大多数集中在民族地区。不脱贫根本无法建成小康社会，民族地区扶贫工作和社会保障工作直接关系到全面小康社会建设进程。事实上，如果民族地区扶贫工作和社会保障工作取得良好效果，对于全国全面小康社会建设进程也是最大、最直接的贡献。衡量一个国家经济社会的发展，不仅要看其最高水平和平均水平，也要看其最低水平——贫困人口的生活状况，以及贫困地区的发展程度如何。就民族八省（区）而言，扶贫开发是长期而重大的任务。因此，建议借鉴联合国千年发展目标，将扶贫开发及其成效（脱贫贡献度）作为小康社会建设考核指标的内容之一。建议增加的减贫贡献率指标包括：①减贫人数占各省区贫困人口比例指标。根据《中国农村扶贫开发纲要（2011~2020年）》总体目标，划分每年各省区应完成的减贫人数占贫困人口的比例，核定完成任务的等级并对应不同的分值。②贫困人口生活水平提高率。《中国农村扶贫开发纲要（2011~2020年）》总体目标中指出，贫困地区农民人均纯收入增长幅度高于全国平均水平，基本公共服务主要领域指标接近全国水平，扭转发展差距扩大趋势。从人类发展和世界范围来看，扶贫是一项永恒使命。因此，以收入提高幅度和享受的公共服务为核心内容，衡量贫困人口自身生活水平提高幅度很有意义。

3. 增加少数民族发展和民族关系指标

相关研究证明，自改革开放以来，中国少数民族从总体上得到很大发展，但其在教育、预期寿命、正规就业岗位、收入分配等方面的弱势十分明显。目前缺少这些指标，难以全面显示少数民族民生改善进展状况，也无法准确评估少数民族和民族地区在全面建设小康社会进程中面临的主要困难与问题。虽然少数民族发展指标可能主要适用于民族地区，但是随着城镇化进程的加快、少数民族人口流动规模的扩大，这一指标的覆盖面将越来越大。建议增加的指标包括：①民族地区人口自然增长与预期寿命指标，反映人口计划生育工作及经济社会发展综合水平。②民族地区族际人口收入差别系数。可根据指标结果更好地采取相关扶持政策，实现因地制宜、因族施策、缩小差距、科学发展的目的。

此外，考虑到民族省区大多处于陆地边疆地区，承担着固边守疆任务，因此可以适当增加国家职能贡献率指标，如从事边境安全的当地人员占劳动力总量的比例、地方财政中用于边境安全的支出比例等。当然，考虑到全面建设小康社会是一项长期任务，指标取舍要遵从科学全面、简便可行、适当稳定的原则。在今后几年增加多少对于民族地区看似有利的指标并不十分重要，关键是要针对民族地区存在的发展难题，采取切实可行的扶持政策和有力举措加以解决，促使民族地区更好、更快发展。

（二）加快少数民族与民族地区发展的若干建议

1. 完善生态补偿及资源开发约束机制

民族地区是国家重要的生态屏障和战略资源储备区。民族地区生态环境的保护和自然资源的有序利用关系到国家未来的可持续发展，必须从国家整体生态安全和生态战略的高度认识生态保护问题。为此，建议完善生态补偿机制和资源开发约束机制。

第一，完善生态补偿机制。目前，国家对于生态保护已经采取了一系列措施，如退耕还林、退牧还草以及通过财政转移等方式间接地给予生态补偿。但是，这些方式的局限性在于江河下游经济发达省区等生态产品受益者并未直接贡献补偿。建立生态补偿机制不仅仅是中央政府的职责，更应当提高受益地区的责任，切实提高生态保护区政府和民众的积极性。建议在评估现有机制及经验教训的基础上，统筹协调各方利益，明确生态保护各相关方面的责任义务，在科学研究基础上，建立具有可操作性的量化体系，特别是明确江河上游省区的生态保护责任和江河下游生态受益省区的补偿责任。坚持生态保护与促进广大农牧民增收相结合，通过实施多样化的补助、奖励等方式，直接对当地农牧民给予经济补偿，确保当地居民的收入稳定，从而调动和提高广大农牧民保护生态的积极性。

第二，进一步完善资源开发约束机制。切实杜绝生态关键区域内自然资源的无序开发利用，是生态保护工作中的重要环节。必须改变民族地区自然资源开发利用中的无序状态，通过有效的途径完善资源开发约束机制。①建议尽快建立民族地区资源利用中的利益分享机制。协调《民族区域自治法》及其配套法规与相关资源单行法律法规的内容，在现行法律框架内，充分考虑《民族区域自治法》的要求，明确资源开发利益分享途径。②建议国务院有关部门制定具体办法，明确资源开发企业中少数民族职工的最低比例，以落实《民族区域自治法》关于“上级国家机关隶属的在民族自治地方的企业、事业单位依照国家规定招收人员时，优先招收当地少数民族人员”的要求。技术含量高的企业，需对少数民族职工进行必要的技能培训和就业指导，使之逐渐达到这一比例。③建议国家民委联合有关部门协商，制定民族地区资源输出补偿具体标准和实施办法，以落实《民族区域自治法》关于“对输出自然资源的民族自治地方给予一定的利益补偿”的规定。④建议通过财税手段提高资源开发成本、资源开发准入门槛等方式，遏制民族地区资源利用中存在的无序和混乱状况。

2. 对民族地区实施更优惠的财政、税收扶持政策

改革开放以来，中国逐步确立了由市场起决定作用的价格机制，但全面反映市场供求关系、资源稀缺程度、资源所有者权益、环境损害成本等方面的市场体系和政府管理制度仍存在缺陷。建议在尽快建立全国统一市场的前提下，给予民族地区更加优惠的财政、税收优惠或扶持，使发展相对落后的民族地区在市场竞争中获得公平地位。

第一，完善资源税费制度，建立有助于增强民族地区自我发展能力的成本分摊与利益分享机制。目前，中央在资源税费分享比例上为民族地区提供

的优惠安排原则较多，但缺乏更具可操作性的具体方案。在资源产地和资源使用地（者）之间、开发企业与当地政府及居民的利益之间，无论是资源成本分摊还是利益分享等方面都存在不平衡问题。建议从资源稀缺程度和扶持民族地区发展的角度，适度提高资源的补偿费和资源税率，节约资源，倒逼经济结构做出调整，转变粗放型发展方式。①把资源补偿综合费率调高至4%左右。水力发电的水资源费，在一定程度上类似火力发电中的煤炭、燃油成本，可大幅提高；破除电力工业的地方保护主义，切实推动各种电力竞价入网，鼓励使用绿色能源，减少污染和能耗。②清费正税，清理地方和部门不合理、不合法的资源收费，按“从价定率”提高并征收资源税。资源税的综合税率，可参照原油、天然气暂定在5% ~10%水平。需要说明的是，原油、天然气5% ~10%的资源税率，与俄罗斯等国家相比是较低水平的税率，没有必要暂按5%征收，应尽快过渡到按10%征收。

第二，完善生态补偿制度，试点开征专门用于环境保护和生态恢复的环境税。2007年6月，国家发改委会同有关部门制定了《节能减排综合性工作方案》，明确提出要“研究开征环境税”。2010年，国务院批转发改委《关于2009年深化经济体制改革工作的意见》时也提到，要加快理顺环境税费制度，研究开征环境税。这其中的两个难点，一是环境税如何与其他税种的税制改革相互协调，如资源税、增值税；二是环境税如何与现有环境方面的收费协调，如排污费、矿产开发保护费等。难点客观存在，但可以按“清费正税”思路，选择小区域进行试点。

第三，提高与矿产资源开发相关税费的分享比例。矿产资源开发是民族地区优势产业，也是民族自治地方政府财政收入的重要来源。但矿产资源开发相关税收分配过度偏向中央财政，不仅限制了民族自治地方政府财政能力的提高，而且对中央与地方以及开发企业与当地民族关系有一定程度的负面影响。建议将增值税、企业所得税两大税种中央与地方分成比例改为五五分成，营业税仍依企业隶属征收，资源税还归地方征收。依照2011年国务院修改《中华人民共和国资源税暂行条例》规定，在实行油气从价征收后，推动煤以及其他矿产资源开发企业从价征收资源税，同时提高资源税税率，提高矿产资源补偿费收费标准和分享比例。中央与自治区矿产资源补偿费的分成比例改为二八分成，并使资源所在地政府所得占到补偿费总数的五成以上。

3. 夯实民族地区农牧业发展基础，促进农牧业现代化

2011 年，民族八省（区）第一产业产值占全国的 15.26%，超过其人口比重（13.85%），更超过第二产业、第三产业产值占全国的比重（分别为 9.05%、7.99%）。因此，必须重视和强化民族地区农牧业发展的基础地位。

第一，夯实民族地区农业发展基础。①重点改善民族地区农业基础设施和装备水平。一是着力农田水利建设，尤其是加快符合民族地区特点的中小型农田水利建设，因地制宜提升民族地区山（丘陵）区小水窖、小水池、小塘坝、小泵站、小水渠等五小水利工程水平。国家建设大型重点水利工程项目与资金，要适度向民族地区倾斜。同时，对农村五小水利工程给予资金、技术方面的倾斜扶持及贷款优惠。二是加强以土地平整、土壤改良、地力培肥、机耕道路、农田林网等工程为依托的土地整治和中低产田改造，提高旱涝保收高标准农田比重。三是立足民族地区实际，面向产业需求，提升基层农技推广服务能力，大力推进现代农业产业技术体系建设，普及适合山（丘陵）区的小型农业机械。②大力发展特色农业，提高民族地区农业生产经营组织化程度。一是加大民族地区政策支持力度，扶持并依托农业龙头企业，带动农户大力建设适宜当地生态、资源环境特点的特色农业基地，加快构建生产、加工、销售有机结合的农业产业体系，尤其是便捷高效、成本低廉的农产品流通网络。二是扶持、引导民族地区发展农业、农民专业合作组织，创新合作发展形式，有序、稳步推进土地等农业生产要素流转，优化农业要素资源配置和产出，提高市场竞争能力。③大力发展建设农村基本公共服务体系。民族贫困地区、山区，要切实加强以公共服务机构为依托、公益性服务和经营性服务相结合、专项服务和综合服务相协调的新型农业社会化服务体系；要充分利用国家扶持政策，重点解决农村安全饮用水、危房改造、环境公共卫生整治等急需解决的问题。

第二，深化现代牧业经营管理体制，积极探索适合民族地区牧业发展道路。从产值上看，民族地区牧业的重要性似乎有所下降。但是，作为中国面积最大的陆地生态系统，草原是主要江河的发源地和水源涵养区，其生态地位十分重要。因此，现代牧业发展和牧区草原资源开发，必须探索为农牧民增产增收与保护国家生态安全的平衡之路。针对草原生态总体恶化趋势尚未根本遏制、草原畜牧业粗放型增长方式难以为继、草场经营体制不太适应草原生态规律的问题，要按照十八届三中全会改革精神，从牧区实际深化改革，加大牧区基础设施建设和社会事业发展。①加强草原生态建设，恢复草原生态平衡。以生态脆弱区为重点，通过实施重大生态建设工程等方式，坚持工程措施和管理措施相结合，加强草原生态综合治理，促进草原植被恢复。同时，加大对牧区生态移民和牧民定居工作的扶持力度，安排好搬迁牧民的生产生活。②完善草场经营体制，鼓励牧区合作社建设。深刻认识牧业生产和草原生态的特殊规律，进一步完善草场承包经营体制，在牧民自愿的基础上，积极鼓励联合经营、专业合作社等新型体制，通过草场联片经营等方式，积极探索符合草原生态特点的生产经营方式，防止牧区各项改革简单照搬农村地区改革措施。③鼓励多种经营，提高牧区公共服务水平。针对目前草原畜牧业发展状况，应鼓励在保护草原生态的前提下积极发展具有牧区特色的优势产业。比如发展优质畜牧业，有序开发矿产资源，推广生态畜牧业，发展现代物流服务业，做大做强草原文化产业和旅游业等。实施更加积极的就业政策，加大牧民转产就业培训，提高牧民就业能力。加大牧区公共服务能力建设，进一步完善教育、医疗、文化等社会事业基础设施建设，逐步实现公共服务城乡一体化，对牧区发展给予全方位扶持。

4. 加快基础设施建设，提升经济社会可持续发展能力

按照人口计算，民族地区基础设施建设力度不算小，国家也进行了大量投资。但是按照面积计算，民族地区单位面积基础设施投资强度远远落后于全国平均水平和东部地区。民族地区山区多、平地少，地形复杂，投资成本高，使用率低，本身缺乏大规模建设资金和市场化融资能力，配套建设资金也很缺乏，交通、通信、信息化基础设施严重滞后，成为制约当地经济社会发展的重要因素。国家也不可能在短时间内完全解决民族地区基础设施不足的问题，因此要切实按照国家经济建设总体规划框架，从民族地区发展和国家长治久安的角度，对民族地区的基础设施建设不论是从资金还是相关政策方面，实施长时期的倾斜、扶持。要加快基础设施骨架建设，尽快打通“卡脖子”的工程。要认真测算地方配套资金投入问题，对于没有能力配套的民族地区实施一揽子解决办法，不要强行资金配套。可以实施以工代赈、技术援助等有利于当地发挥劳动力资源优势的措施。要从国家安全战略角度考虑，对于民族地区自身的基础设施建设给予倾斜、扶持。国家扶持政策与内地对民族地区的发展援助，要更多地向基础设施建设领域倾斜，提升民族地区经济社会可持续发展的能力。

要加强扶贫攻坚力度，创新扶贫开发方式。根据国家“加快推进集中连片特殊困难区域发展和扶贫攻坚”的要求，整合扶贫资源，集中一批扶贫资金用于当地基础设施建设和公共服务能力建设，减少一般性的产业项目。以县为单位整合各个部门的培训资源，按区域集中培训当地农村劳动力，提高农民就业技术能力和劳动力迁移就业能力，促进农业转移人口就近就业。

5. 因地制宜推进工业化与城镇化，促进发展方式转变与经济结构转型升级

全国工业化、城镇化已经进入中后期阶段，但绝大部分民族地区仍处于工业化中期阶段、城镇化起步阶段。工业化、城镇化、信息化是民族地区发展与现代化必由之路，但不是所有民族地区都要复制沿海地区发展之路。要遵循市场规律，发展民族地区现代产业，注意汲取沿海地区工业化、城镇化的经验教训，因地制宜、从本地区、本市县实际出发，制定实施具有民族地区特色的工业化、城镇化发展道路。

第一，坚持工业园区建设，迎接产业转移，发展本地资源开发与高新技术产业。民族地区的工业化不要过于分散，要坚持规划先行、环保门槛、就业优先战略。当地资源开发更要注意环境保护与吸收当地居民就业问题。凡是不利于环境保护与可持续发展要求的产业，宁可少上一些、发展慢一些。

第二，大力扶持和发展民族手工业，把发展经济与保护民族文化、促进剩余劳动力转移结合起来，带动当地少数民族参与到现代经济过程之中。坚持区域规划先行、促进产业主体转型升级发展战略，扶持区域市场广阔、民族特色浓郁的传统手工业发展。各地区根据自身特点，选择一些特色产业，设立发展基金、建设生产基地、营销中心，鼓励采用现代科学技术改进传统工业，按照非物质文化遗产保护原则，健全传承人手工艺保护制度，积极培育区域性民族品牌。

第三，大力发展特色旅游业。一些自然与文化旅游资源富集的民族地区，通过大力发展旅游业实现了整体脱贫，并带动了周边地区的发展。这是民族地区跨越式发展的重要途径。旅游开发要规划先行，在发展中逐步带动产业升级。加大旅游人才培养，健全旅游市场秩序，注意保护民族文化，走可持续发展之路。

第四，因地制宜推进适度城镇化，构建城乡一体化发展格局。依托民族地区的中心城市，尤其是县城、中心乡镇及工业园区，积极稳妥地推进城镇化。要把城镇化作为一个长期的历史过程，不宜“摊大饼”“拼规模”“争速度”。要实施城乡一体化发展战略，加快推进城镇基本公共服务常住人口全覆盖和区域人口一体化，使农业转移人口与城镇户籍人口一样享受公共服务与城市文明，促使城市文明和基本公共服务向农村居民扩展，逐步缩小城乡差距。

第五，全面深化各领域改革，积极发挥市场在资源配置中的决定性作用与政府有效弥补市场失灵的作用。民族地区的市场机制不健全，政府在很大程度上仍属于“全能型”政府。要根据中央部署，结合本地实际，不断深化经济管理体制和行政管理体制改革，发挥好政府、市场、社会各自作用，促使改革、发展与社会稳定的有机统一。

6. 增加教育事业发展与人才培养的力度，提升劳动者素质与干部综合能力

民族地区经济社会发展的滞后性，突出地反映了教育滞后及各类人才匮乏的实质。为实现少数民族地区与全国同步进入小康社会的目标，建议实施

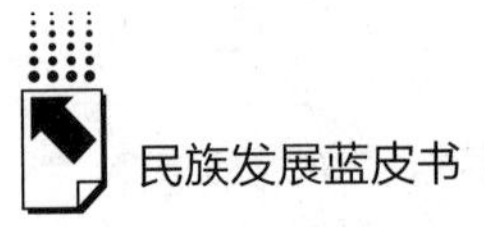

特殊的扶持政策，加速民族地区教育事业的发展，并通过有效方式强化科技人才等各类人才队伍建设。

第一，国家民委应在民族地区人才队伍建设工作中发挥重要作用。中央人才工作协调小组20个成员单位在人才政策的落实和完善方面承担着重要角色，但是，国务院主管民族事务的国家民族事务委员会并非小组成员。这不利于针对民族地区和少数民族各类人才队伍建设政策和措施的完善、党的民族政策的全面执行。建议将国家民族事务委员会纳入中央人才工作协调小组，使其承担协调民族地区和少数民族各类人才队伍建设的责任。同时，进一步加强民族地区干部培训、援助民族地区干部任前培训等工作。国家民委应承担起对各系统派往民族地区干部进行民族政策、民族宗教知识的宣传、教育、指导、培训工作，力求在干部和各类人才中树立正确的民族观，推动平等、团结、互助、和谐民族关系原则落到实处。

第二，民族地区经济社会的可持续发展取决于各类人才队伍的建设状况。建议提高各级地方政府在人才规划方面的影响力，确立人才教育、培养、引进的中长期工作计划。鉴于民族地区县域经济发展滞后、很难获得本地急需的人才这一实际，应将人才政策的重点置于造就本地急需的社会工作人才、农村实用人才、高技能人才和不断优化的党政管理人才队伍建设上，将本地培养与外部引进相结合，在强本固基的基础上，改善人才队伍状况。特别需要强调的是，在实际工作中应大力培养、充分信任并放手使用少数民族干部，使他们成为民族地区现代化建设队伍中的中坚力量。

第三，加强基础教育工作，尤其是在少数民族集中的区域，要把义务教育贯彻落实到实处，努力提升教育质量和效果。基础教育仍然是少数民族和民族地区人才队伍成长的最基本工作，各级政府仍需加大基础教育投入，改善教育基础设施条件，不断提高边远民族地区教师待遇，在工资保障、社会保障等方面完善政策措施。加大教师专业技能培训投入，积极执行教师全员培训制度，完善教师培训体系。

第四，切实提高民族地区基层干部综合素质，不仅要善于管理，把党的民族宗教政策落实好，更要通过扎扎实实的工作为少数民族群众解决实际发展难题与实际困难。加大对基层干部的业务能力培训和少数民族语言培训。对于长期在基层工作的干部，应加大对其进行党性原则和国家政策理解能力的培训，提高其管理水平。对于各类非当地少数民族干部，应加大语言培训力度，以使其能够及时准确地了解基层全面信息，提高其与广大群众的联系能力。

7. 加快陆海丝绸之路经济带建设，进一步提升对外开放水平

民族地区是中国沿边开放的前沿地带。要认真落实习近平总书记有关陆海丝绸之路经济带建设思想，按照十八届三中全会全面深化改革“决定”和国务院2014年初颁布的《关于加快沿边开发开放的若干意见》精神，推进丝绸之路经济带、海上丝绸之路建设，形成全方位开放新格局。

第一，加大跨境道路通信基础设施建设，提升民族地区扩大开放和大规模物流能力。民族区域自治地方边境线约占全国陆疆总长度的90%，但是货物进出口总额只占全国的2%左右，国际旅游人数和旅游外汇收入只占全国的4%～5%。这与民族地区的资源、人口、经济潜力相比，极不相称。中国沿海开放战略已经发展成全方位开放战略，必须提升民族地区的开放能力和开放水平，加快建设边境交通干道工程，尤其是加快解决西部特殊经济区、开发开放试验区建设中的重点工程“瓶颈”问题。国务院各个部门要进一步加强协调力度，减少项目审批环节，提升建设速度。要充分利用民族地区与周边国家的陆界相连与人文交往密切优势，按照“政策沟通、道路联通、贸易畅通、货币流通、民心相通”的指示，大力加强与周边国家的协调和沟通，使沿边开放成为中国全方位开放的新支点。

第二，深化投资体制改革，改善投资环境，加大引进外资力度。21世纪以来，民族地区引进外资数量增速很快，但依然低于全国平均水平，导致其占全国引进外资比重进一步下降。外资对于民族地区而言，不仅仅意味着资金、技术、管理，更重要的是可完全通过市场的力量带动民族地区现代产业发展和经济结构转型升级。加大引进外资力度对于民族地区的经济发展十分重要。要深化投资体制改革，只要守住国家安全门槛、生态环境门槛的底线，其他领域均可以开放。民族地区要加快政府职能转变，切实改善公共服

务能力，为外资和内地资金进入创造更加宽松、便利的环境。

第三，充分利用地缘优势、资源优势和民族文化优势，大力发展过境贸易和国际旅游业。民族地区要变成中国能源、资源的战略通道。通过实施新时期对外开放战略，畅通商品流、资金流、信息流，大力发展以边疆边境商贸物流为基础、以跨境人员来往为引导的新型开放格局，密切中国边境地区与周边国家的交流交往与协调合作。

参考文献

国家民委：《习近平同志关于民族问题和民族工作的重要论述》，2013 年 12 月。

国家民委办公厅：《近期党中央、国务院支持少数民族和民族地区加快发展重要文件汇编》，2011 年 12 月。

国家民委经济发展司等编《中国民族统计年鉴 2012》，中国统计出版社，2013。

国家民委经济发展司编《中国民族地区经济发展报告（2013）》，民族出版社，2013。

国家统计局：《中华人民共和国 2013 年国民经济和社会发展统计公报》，《人民日报》2014 年 2 月 25 日第 10 版。

李克强：《政府工作报告》（2014 年 3 月 5 日），《人民日报》2014 年 3 月 15 日第 1 ~3 版。

中国统计学会、国家统计局统计科学研究所：《2012 年地区发展与民生指数（DLI）统计监测结果》（2013 年 12 月 31 日），国家统计局网站。

中国社会科学院民族学与人类学研究所：《21 世纪初中国少数民族地区经济社会发展综合调查》问卷调查数据库（2013 年）。

B.6

民族地区社会发展报告

王延中　宁亚芳*

摘　要：本文利用民族地区的宏观省级统计数据，从教育、卫生、科技、就业、社会保障、城乡居民收入与生活水平、文化事业与文化保护事业、生态保护、社会秩序总体安全与稳定等方面展现了新世纪我国民族地区社会建设上取得的重要成就和进展。同时，也较为深入地分析了民族地区社会发展所面临的人力资本积累不足、民族地区内生发展动力较弱、贫困问题突出、生态环境恶化、文化保护与开发难度大，部分民族地区社会稳定存在问题等现实困难和挑战。本文基于上述问题及成因的分析，在战略、政策、法规、地方政府管理等五个方面提出了有针对性的对策和建议。

关键词：民族地区　社会发展　小康社会

社会发展相比经济发展所涉及的内容更加广泛，而对国家整体发展水平的影响也更为深远。社会发展是改善人民生活水平的迫切需要，是全面建成小康社会的必然选择。虽然中国人均国民收入已经步入中高等收入国家行列，但是全国人民的生活水平却与经济发展成果不协调，区域间社会事业发展差距大，落后地区缺乏改善城乡居民生活水平的驱动力，落后地区城乡居

* 王延中，中国社会科学院民族学与人类学研究所所长、研究员；宁亚芳，中国人民大学劳动人事学院博士研究生。

民缺乏稳定的安全预期和高质量的生活水平。党的十八大明确提出到2020年全面建成小康社会的奋斗目标。然而，目前相对落后地区的社会事业、居民生活水平以及生态环境等方面的小康社会建设进程仍然缓慢。在新形势下，中国面临着增强国家竞争力驱动力的新选择，其中增强和提升社会发展水平是重要内在动力。

一　加快民族地区社会发展与社会建设意义重大

改革开放30多年来，中国经济获得空前发展。从经济总量上看，2012年国内生产总值达51.9亿元，跃升到世界第二位。[①] 然而，经济和社会发展不平衡、不协调问题严重，住房、教育、医疗、养老等民生问题日益突出，贫富差距、城乡差距、地区差距持续扩大，干群关系、劳资关系等社会矛盾显化，群体性事件时有发生。党的十七大把社会建设作为我国社会主义现代化建设“五位一体”战略的重要组成部分，竭力推进深化改革开放和调节经济社会发展的不平衡。其中，加强社会建设已经成为我国深入推进改革开放和提升经济社会发展水平的重要着力点。

民族地区在经济、文化、教育等社会生活各个方面都是相对落后的。在社会发展过程中存在的人力资本不足、社会稳定压力大、生态环境脆弱等特殊性，决定了民族地区的社会建设任务在整个中国的社会建设过程中属于重中之重。一方面，受民族文化和教育科技等社会事业发展落后的影响，民族地区劳动力的教育水平偏低、参与劳动积极性不高，人力资本不足，导致缺乏内生的发展驱动力。另一方面，民族宗教问题和境外势力挑拨民族矛盾的做法所引起的边疆地区社会的不稳定，导致民族地区面临维持社会稳定的多方面压力。此外，文化自主意识较弱、生态环境恶劣、贫困问题严重等诸方面，也要求国家高度重视民族地区的社会建设和社会发展。

① 两会授权发布：《政府工作报告》，新华网，http：//news. xinhuanet. com/2013lh/2013 – 03/18/c_ 115064553. htm，2013年7月5日。

促进民族地区的社会发展不仅可以增进民族地区经济社会协调发展，能够直接提升民族地区居民生活质量，也能够促进民族地区资源可持续开发与保护。除此之外，还可以培育民族地区成员现代化发展的自主性以及民族文化主体性，提升民族地区的社会凝聚力和向心力，增强民族地区成员的国家认同感。

二　民族地区社会建设取得重要进展

（一）以教育、卫生、科技为重点的社会事业快速发展

第一，民族地区教育事业发展迅速，但地区差异大。计划经济时期，民族区域自治地方高等学校、普通高中、普通小学的专任教师人数年均增长率分别为7.9%、11.2%、5.1%，均低于全国平均发展水平（见表1）。而进入市场经济时期后，民族地区的教育事业发展步伐明显快于全国平均水平（或与平均水平持平）。市场经济时期，从纵向上来看，民族区域自治地方的高等教育水平保持了持续的增长，普通高中教育水平则以高于同期全国平均水平的增速波动发展；尽管全国推行了农村“撤校并点”行动，但是民族地区的小学教育水平则以明显快于全国平均水平的增速发展。从总体上看，民族地区的教育事业在计划经济时期和市场经济时期，特别是十五大、十六大、十七大三大阶段获得较快发展。

表1　民族区域自治地方各类学校专任教师数年均增长率（1949～2011年）

单位：%

		高等学校专职教师数		普通高中专职教师数		普通小学专职教师数	
		全国	民族区域自治地方	全国	民族区域自治地方	全国	民族区域自治地方
1949～1977年		9.2	7.9	14.8	11.2	6.8	5.1
1978～2011年		6.0	5.8	1.4	1.9	0.2	1.2
其中：	1978～1992年	4.6	4.4	-0.1	0.9	0.4	2.4
	1993～2002年	5.3	5.1	3.7	3.8	0.4	0.8
	2003～2011年	6.2	9.0	1.1	1.6	-0.1	0.2

资料来源：依据《中国民族统计年鉴2011》《中国统计年鉴2012》中的数据整理计算而得。

除了教师资源在总数上保持了较快增长之外，民族地区教育事业其他方面的发展仍然落后于全国平均水平和东部地区水平。2011 年，民族地区各级普通学校生师比均高于东部地区（除普通高校外），尤其是高中阶段教育的生师比远远高于东部地区。这就意味着民族地区的教师资源远远没有东部地区充裕，尤其是高中教育阶段的教师资源匮乏（见表2）。与全国平均水平相比，民族地区各级普通学校的教师资源充裕度与全国基本持平，而高中教育阶段的教师资源远远少于全国平均水平。

表 2　2011 年各地区各级普通学校生师比（教师数 =1）

地　区	小学	初中	普通高中	职业高中	普通中专	普通高校
东部地区	16. 14	12. 69	13. 61	17. 32	27. 93	17. 25
民族八省区	17. 42	15. 43	15. 60	22. 71	38. 37	16. 92
全国平均	17. 71	14. 38	15. 77	21. 59	31. 53	17. 42

资料来源：《中国统计年鉴 2012》。

而从东西部地区培养高等人才的高等教育事业发展水平之间的比较来看，西部地区的学校数、招生数、在校学生数在总量以及占全国的比重上均远少于东部地区。西部地区在培养高质量人力资源方面的能力远远不及东部地区（见表3）。

表 3　2010 年西部地区与东部地区高等教育资源差距比较

指　标	西部 12 省（区、市）合计	西部 12 省（区、市）占全国比重（%）	东部 10 省（市）合计	东部 10 省（市）占全国比重（%）
学校数（个）	564	23. 9	934	39. 6
招生数（万人）	153. 4	23. 2	262. 8	39. 7
在校学生数（万人）	502. 7	22. 5	902. 8	40. 5
毕业生数（万人）	123. 4	21. 5	237. 0	41. 2

注：东部 10 省（市）包括北京、天津、河北、上海、江苏、浙江、福建、山东、广东和海南。本章其他地方出现的东部 10 省即指此处说明的 10 省（市）。

资料来源：《中国区域经济统计年鉴 2011》。

第二，民族地区的卫生事业发展增速放缓。在计划经济时期，民族地区的卫生事业发展速度快于全国，其卫生机构数、卫生技术人员数和卫生机构床位数的年均增速均高于全国平均水平。而进入市场经济时期后，在全国卫生事业发展放缓的背景下，民族地区仍然以高于全国平均水平的增速实现总量上的增长（见表4）。从具体的三大阶段的民族地区与全国平均水平比较来看，民族地区的医疗卫生事业基本在以快于全国平均水平的增速发展。

表4　民族地区卫生事业发展情况（1949～2011年）

单位：%

		卫生机构数		卫生技术人员数		卫生机构床位总数	
		全国	民族地区	全国	民族地区	全国	民族地区
1949～1977年		12.1	13.9	5.6	16.9	11.8	16.8
1978～2011年		-0.2	5.5	2.8	9.8	2.8	2.2
其中：	1978～1992年	-0.4	0.01	3.7	4.4	2.9	2.8
	1993～2002年	0.6	1.5	2.0	-2.2	0.1	-1.5
	2003～2011年	-0.6	0.2	0.1	5.3	6.3	5.8

注：2011年的专业卫生人员数为2010年数据。

资料来源：依据《中国民族统计年鉴2011》《新中国60年统计资料汇编》中的数据整理计算而得。

尽管民族地区的卫生事业在市场经济时期维持了快于全国平均水平的发展速度，但是相比东部地区省份而言存在巨大差距。在卫生机构数、卫生技术人员数、卫生机构床位数方面，西部12省（区、市）均远远少于东部10省（市），尤其是卫生技术人员方面的差距最为明显（见表5）。

表5　2010年西部地区与东部地区卫生事业发展水平比较

指　标	西部12省(区、市)合计	西部12省(区、市)占全国比重(%)	东部10省(市)合计	东部10省(市)占全国比重(%)
卫生机构数(个)	288631	30.8	304501	32.5
卫生技术人员数(万人)	146.8	25.0	237.4	40.5
卫生机构床位数(万张)	130.6	27.3	177.1	37.0

资料来源：《中国区域经济统计年鉴2011》。

第三，民族地区科研人才及机构总量缓步增长，但科技成果转化程度不高且地区差距大。2003～2010 年，民族地区分地区县及县以上政府部门所属研究与开发机构以年均 0.64% 的速度增长；而在人员方面，年均增速明显快于机构数的增长，从 2003 年的 35353 人增至 2010 年的 43488 人，年均增长 2.62%。[①] 但是，民族地区的技术成果转化程度并不高，科研能力与东部地区和全国水平相比存在显著差距。民族八省区与东部 10 省（市）技术市场成交额占全国的比重的差距高达 70 多倍。而就全国而言，民族八省区的技术市场成交额仅占全国不到 5% 的比重（见表 6）。民族地区的科研成果明显偏少，其转化程度明显偏低。

表 6　2003～2010 年民族八省区与东部 10 省（市）技术市场成交额比较

单位：亿元，%

地　区	2003 年	2004 年	2005 年	2006 年	2007 年	2008 年	2009 年	2010 年
全国成交额	1084.7	1334.4	1551.4	1818.2	2226.5	2665.2	3039.0	3906.6
东部 10 省(市)占全国比重	68.0	70.7	74.2	73.3	73.8	73.5	73.2	72.6
民族八省区占全国比重	4.9	4.4	3.1	1.7	1.6	1.3	1.3	1.7

资料来源：依据《中国区域经济统计年鉴 2011》中的数据计算而得。

（二）就业和社会保障制度持续改善

第一，民族地区的就业总人数增加，且就业结构持续优化。依据三次产业就业人数所占比重的情况来看，在市场经济时期，民族八省区越来越多的劳动者流向了服务、技术创新等第三产业（见表 7）。尽管民族地区的就业结构总体趋于优化，但是相比全国平均水平而言，民族地区从事农业生产等劳动的人员所占比重远远超过全国平均水平，而从事富有创新能力和高附加值等第三产业的劳动力人员所占比重远比全国平均水平低。西部地区第一产业的就业人数所占比重大，意味着从事农业的人员多、人力资本积累不足。

① 依据 2004、2007、2008、2009、2011 年《中国民族统计年鉴》中的数据整理计算而得。

表7　民族八省区及全国就业人数三次产业分布状况

单位：%

	民族八省区按产业分所占比重			全国按产业分所占比重		
	第一产业	第二产业	第三产业	第一产业	第二产业	第三产业
1952年	—	—	—	83.5	7.4	9.1
1978年	79.4	11.4	9.2	70.5	17.3	12.2
1992年	71.9	12.5	15.6	58.5	21.7	19.8
1993年	70.3	12.7	17.0	56.4	22.4	21.2
2002年	66.5	10.1	23.4	50.0	21.4	28.6
2003年	65.8	10.3	24.0	49.1	21.6	29.3
2010年	52.6	16.2	31.1	36.7	28.7	34.6

资料来源：依据《新中国60年统计资料汇编》和《中国统计年鉴》（2010～2011）中的数据整理计算而得。

西部地区与东部地区在就业结构上存在的差异，直接体现为三大产业对地区生产总值贡献度的不同。西部地区三次产业所贡献的地区生产总值占全国生产总值的比重均大大低于东部地区（见表8）。西部地区就业结构的不合理以及较差的人力资本积累，致使就业人员的劳动潜能未得到有效发挥，限制了西部地区经济社会发展水平的提升。

表8　2010年西部地区与东部地区三大产业的地区生产总值比较

单位：亿元，%

产　业	西部12省(区、市)合计	西部12省(区、市)占全国比重	东部10省(市)合计	东部10省(市)占全国比重
第一产业	10701.3	26.4	14626.3	36.1
第二产业	40693.9	18.5	114553.3	52.1
第三产业	30013.3	17.0	102851.0	58.3

资料来源：《中国区域经济统计年鉴2011》。

第二，民族地区社会保障制度发展态势良好。一是从社会保障事业发展的财政投入来看，民族地区社会保障事业财政投入大。1995～2011年，民族八省区政府财政支出中用于社会保障事业的财政支出的年均增幅

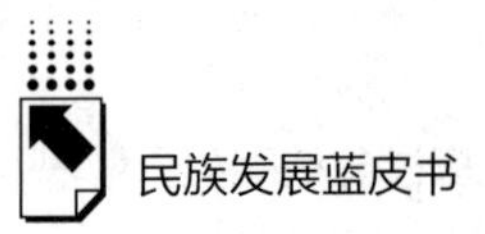

(64.8%)，远远高于同期一般财政性预算支出的年均增幅（35.2%）。[1] 民族八省区社会保障和就业财政支出占一般财政性预算支出的比重仍然低于全国各级地方政府总体水平，但是这一比重稍高于东部10省（市）（见表9）。

表9　民族八省区和东部10省（市）社会保障和就业财政支出占一般财政性预算支出比重

单位：%

地　区	2003年	2008年	2011年
全国地方政府	6.5	13.1	11.4
民族八省区	5.9	12.1	11.0
东部10省(市)	3.4	10.1	9.3

资料来源：依据《中国统计年鉴》（2004、2009、2012）中的数据整理计算而得。

二是从社会保险的参保情况来看，民族地区的社会保险参保人数不断增加。2001～2011年，民族八省区城镇基本医疗保险参保人数以年均19.2%的速度增长，城镇职工基本养老保险年均增幅为5.3%（见表10）。随着国家推进社会保障制度的目标由“广覆盖”到“全覆盖”的转变，越来越多的不同年龄段的不同人群被纳入社会保障体系。2010年新型农村社会养老保险试点开始之后，2011年民族八省区的新农保养老保险参保人数为4130.3万人。在新型农村合作医疗方面，自2003年开始试点以来，民族八省区的参保人数以年均2.8%的速度增长。

三是民族地区社会救助事业发展水平也不断提升，贫困人群的基本生活需求得到保障。2007～2010年，民族八省区城镇居民最低生活保障待遇水平的年均增长率均在5%以上，其中以内蒙古的年均增幅最大（见表11）。但是，民族地区城镇居民最低生活保障待遇水平存在着严重的地区差异，民族八省区城镇居民最低生活保障待遇水平远远低于全国平均水平和东部地区（如北京等地）的水平。

① 依据《新中国60年统计资料汇编》和《中国统计年鉴2012》中的数据整理计算而得。

表 10　民族八省区社会保险参保情况

单位：万人

	城镇基本医疗保险参保人数	城镇职工基本养老保险参保人数	新型农村合作医疗保险参保人数	新型农村社会养老保险参保人数	工伤保险参保人数	失业保险参保人数	生育保险参保人数
2001 年	796.3	1316.9	—	—	354.6	1027.4	332.8
2002 年	1080.1	1353.4	—	—	340.0	1010.8	323.7
2006 年	1638.8	1575.6	—	—	767.9	1045.1	719.8
2008 年	3140.0	1772.9	12636.9	—	1009.6	1105.8	904.6
2010 年	4402.3	2040.6	13432.7	—	1183.0	1167.8	1137.3
2011 年	4592.6	2206.7	13729.5	4130.3	1325.5	1217.6	1271.8
年均增长率	19.2	5.3	2.8	—	14.1	1.7	14.3

资料来源：依据《中国人力资源和社会保障统计年鉴 2011》和《中国统计年鉴 2012》中的数据整理计算而得。

表 11　民族八省区城镇居民最低生活保障待遇水平

单位：元/（月·人），%

	全国水平	北京	内蒙古	广西	贵州	云南	青海	宁夏	新疆
2006 年	169.6	310.0	147.1	147.5	150.6	168.2	171.9	172.3	131.1
2008 年	205.3	390.0	171.8	123.3	135.6	140.8	179.0	136.8	142.8
2010 年	251.2	430.0	299.0	228.0	211.6	206.4	232.0	211.9	183.2
2007～2010 年年均增长率	10.3	8.5	19.4	11.5	8.9	5.2	7.8	5.3	8.7

资料来源：《中国社会统计年鉴》（2007～2011）。

总体而言，民族地区的就业人数不断增加，越来越多的就业人员集中于第二产业和第三产业。而与劳动者密切相关的社会保险事业，也伴随民族地区经济发展水平的提升而不断得到完善。此外，解决绝对贫困人员和低收入家庭困难的社会救助制度在救助范围和财政支出方面的扩大，使越来越多的贫困人员得到社会的帮扶。

（三）居民收入与生活水平不断提高

第一，城乡居民家庭人均收入持续增加，但仍滞后于全国平均水平。自2003 年起，民族区域自治地方城镇居民家庭人均可支配收入以年均 12.0%

的增幅增至2010年的15606.0元，而农村居民家庭人均纯收入以年均12.2%的增幅增至2010年的4232.0元（见表12）。相比城镇居民而言，近几年来农村居民家庭人均收入水平的增速基本快于城镇地区。但是，从收入的绝对水平来看，城乡之间的差异仍然十分显著，城乡之间的收入差距从2003年的3.3倍扩大到2010年的3.7倍。尽管民族区域自治地方城乡居民家庭人均收入从十六大以来得到大幅增长，但是城乡居民家庭人均收入远远低于全国平均水平。

表12　民族区域自治地方城乡居民家庭人均收入及恩格尔系数

	城镇居民家庭人均可支配收入(元)		农村居民家庭人均纯收入(元)		城镇居民家庭恩格尔系数(%)		农村居民家庭恩格尔系数(%)	
	全国	民族区域自治地方	全国	民族区域自治地方	全国	民族区域自治地方	全国	民族区域自治地方
1998年	5425.1	—	2162.0	1638.0	44.7	—	53.4	55.0
2003年	8472.2	7053.0	2622.2	1895.0	37.1	37.2	45.6	50.3
2010年	19109.4	15606.0	5919.0	4232.0	35.7	35.8	41.1	45.4

资料来源：依据历年《中国民族统计年鉴》和《中国统计年鉴2012》中的数据整理计算而得。

第二，城乡居民家庭恩格尔系数持续下降，生活水平有所改善。民族地区城镇居民人均生活费支出从2000年的4361元提升至11231元，年均增长10%。相比城镇地区，农村居民家庭的人均消费支出水平在绝对值上与城镇存在巨大差距。城镇居民家庭的人均消费支出水平从2002年至2010年基本维持在农村的3倍左右。[①] 而城乡恩格尔系数在逐年下降的同时，也体现了明显的城乡差异。民族区域自治地方的城镇家庭恩格尔系数与全国平均水平基本持平，而其农村居民家庭恩格尔系数明显高于全国平均水平（见表12）。此外，从民族地区的城乡居民家庭消费结构的变动来看，2003年后城镇居民家庭用于家庭设备及服务、交通和通信等方面的支出比重逐年增加。农村居民家庭用于居住、家庭设备及服务、医疗保健、交通和通信等

① 依据历年《中国民族统计年鉴》中的数据整理计算而得。

方面的改善生活水平和质量的支出比重在逐年增加（见表13）。总的来看，城乡居民家庭的消费结构不断完善，旨在改善家庭生活水平的支出不断增加。

表13　城乡居民家庭消费分项支出占总消费支出比重

单位：%

	居住		家庭设备及服务		医疗保健		交通和通信		娱乐文化服务	
	城镇	农村	城镇	农村	城镇	农村	城镇	农村	城镇	农村
2000年	26.2	12.6	21.2	4.1	15.5	4.5	20.2	4.2	31.7	11.0
2003年	11.0	15.3	6.1	3.9	6.5	5.5	11.4	7.0	13.6	10.2
2006年	10.7	15.7	5.5	4.7	6.6	6.3	12.2	9.7	12.5	9.2
2010年	9.7	18.0	6.9	5.6	6.9	8.5	14.1	10.2	10.8	7.0

资料来源：依据历年《中国民族统计年鉴》中的数据整理计算而得。

（四）文化事业与文化保护事业得到加强

第一，群众文化事业进一步繁荣，从业人员及成果数量持续增长。一方面是群众文化事业的从业人员增多。改革开放初期（1978～1992年），民族地区群众文化事业机构和职工人数保持了年均8%以上的增长，出版物则以年均12.4%的速度增长（见表14）。1993～2002年，民族地区的群众文化事业发展速度相对放缓。而从2003年开始，民族地区艺术事业发展速度明显加快，群众文化机构和职工数量也稳步增加。另一方面，2010年，民族区域自治地方分地区网络文化服务、动漫企业和其他文化产业及相关产业开始发展。其中，网络文化服务机构有2个，从业职工人数达272人，其他文化产业及相关产业机构数为9403个，从业人数达到33138人。[①]

第二，民族文化保护事业越发得到重视。在改革开放初期，文物保护管理机构和人员以年均12.3%和11.5%的速度增长，实现了快速发展。而整

① 参见《中国民族统计年鉴2011》。

个民族区域自治地方文物事业的机构建设与人员配置也发展较快。1993～2002年，文化保护事业增速步伐放缓。而从2003年开始，文物事业及文物保护管理事业再次加快了发展速度，一方面是总量持续增加，另一方面是年均增幅加大（见表14）。

表14　民族地区文化事业和文化保护事业发展情况

	文物事业		文物保护管理		群众文化		艺术事业		
	机构（个）	职工（人）	机构（个）	职工（人）	机构（个）	职工（人）	机构（个）	职工（人）	出版物（种）
1978年	122	1379	95	665	2568	7101	645	28466	1458
1992年	337	2959	269	1775	7531	19651	828	28836	7528
年均增长率	12.0	8.9	12.3	11.5	8.6	8.1	1.9	0.1	12.4
1993年	315	3390	243	2118	8231	20425	820	28196	6657
2002年	644	5652	458	2774	7698	19602	846	25697	11989
年均增长率	8.3	5.8	7.3	3.0	-0.7	-0.5	0.4	-1.0	6.8
2003年	630	6139	445	3291	7617	19734	845	24990	13590
2010年	1056	12755	689	7021	8618	22525	1066	32492	21703
年均增长率	7.7	11.0	6.4	11.4	1.8	1.9	3.4	3.8	6.9

数据来源：依据《中国民族统计年鉴2011》中的数据整理计算而得。

从总体上来看，我国民族地区的群众文化事业与民族文化保护事业在机构建设与人力资源配置方面均获得快速发展。随着国家进一步推动文化大发展、大繁荣以及科学发展文化产业，民族地区文化事业及文化保护事业的发展水平将得到更大的提升。

（五）在资源开发中更加注意生态保护

一方面是工业生产对生态环境污染的影响在减轻。从工业废水排放情况和工业固体废物综合利用情况来看，2003～2010年，民族八省区的工业废水排放达标率以及工业固体废物综合利用率逐年提高，工业生产破坏生态环境的可能性在逐年降低（见表15）。

表 15 民族八省区工业废水排放达标及工业固体废弃物综合利用情况

单位：%

	工业废水排放达标率			工业固体废物综合利用率		
	2003 年	2006 年	2010 年	2003 年	2006 年	2010 年
内蒙古	63.9	77.0	90.2	32.8	44.7	56.3
广　西	86.5	—	96.9	61.9	58.9	67.9
贵　州	19.5	27.4	63.7	8.8	19.3	38.8
云　南	73.6	74.6	81.3	35.2	—	55.7
西　藏	—	28.2	29.5	100.0	—	—
青　海	21.1	39.2	88.4	25.9	3.1	44.9
宁　夏	58.5	64.8	78.7	49.8	54.1	57.7
新　疆	59.7	61.1	57.3	49.7	47.5	48.0

资料来源：依据《中国民族统计年鉴》（2003、2007、2011）中的数据整理计算而得。

另一方面，民族地区是中国自然保护区集中地，其生态环境保护力度较大。2005～2010 年，民族区域自治地方的国家重点自然保护区个数和面积分别以年均增幅 2.3% 和 1.0% 的速度增加。① 2011 年，民族八省区的国家级自然保护区有 94 个，占全国的 28.1%，超过东部十省区 7 个百分点。而民族八省区的国家级自然保护区面积占国家比重高达 83.1%，是东部十省区的 48 倍（见表 16）。

表 16 2011 年民族八省区自然保护区建设与东部 10 省（市）和全国的比较

地　区	自然保护区个数（个）	国家级自然保护区个数（个）	自然保护区面积（万公顷）	国家级自然保护区面积（万公顷）
全　国	2640	335	14971.1	9315.3
东部 10 省（市）	725（27.5）	71（21.2）	950.0（6.3）	160.9（1.7）
民族八省区	653（24.7）	94（28.1）	10440.8（69.7）	7738.4（83.1）

注：括号中的数据指该项数据占全国比重。

资料来源：依据《中国统计年鉴 2012》中的数据计算而得。

① 依据《中国民族统计年鉴》（2006～2011）中的数据整理计算而得。

（六）民族地区社会秩序总体安全与稳定

边疆民族地区的宗教问题与民族问题交织在一起。在境外反动分子的挑拨下，危害国家安全和边疆地区稳定的事件时有发生。近些年来，境内外各种敌对势力的活动越来越频繁。据不完全统计，1990～2007年，境内外"东突"恐怖势力在我国新疆境内制造了200多起恐怖暴力事件，造成各族群众、基层干部、爱国进步宗教人士等162人丧生，440多人受伤。近20年来，按照发生的时间、密度及危害程度，这些恐怖暴力事件可划分为四个发案波峰。[①] 即2008年发生的"3·14"拉萨暴乱，以及东突组织的"7·5"乌市暴乱，2011年的"7·18"和田袭击暴力恐怖事件、"12·28"新疆恐怖团伙劫持人质事件；2012年的"2·28"达叶城恐怖袭击事件、"6·29"新疆和田劫机事件；2013年的"4·23"巴楚暴力恐怖事件、"6·26"新疆鄯善县暴力恐怖事件、和田县群体聚集闹事事件。边疆民族地区一系列的突发性事件严重影响了当地经济社会发展的态势，扰乱了当地居民的安定生活，给民族地区和整个国家带来了多方面的负面影响。

三　民族地区社会发展面临的突出问题与挑战

近几年，随着西部大开发和国家产业结构调整的推进，民族地区的经济发展水平得到较大提升。民族地区GDP的平均增长速度快于全国平均速度，也快于东部地区平均发展速度。2005～2011年，民族地区生产总值的年均增速为13.6%，比全国平均增速高0.9个百分点，比东部地区高1.0个百分点；人均GDP增长了1.94倍；地方财政收入增长了3.01倍；全社会固定资产投资增长了2.95倍。[②] 但是，在经济水平实现跨越式发展的同时，民

① 《新中国成立以来新疆民族分裂势力的主要活动》，http://blog.sina.com.cn/s/blog_5fb49abc0100vtxp.html，2013年8月20日。

② 牛志男：《又好又快，看民族地区经济跨越式发展——访国家民委经济发展司司长乐长虹》，《中国民族》2012年第10期。

族地区的社会发展却相对滞后，并没有跟随经济水平的增长幅度正向提升。民族地区的社会发展主要存在以下突出问题。

（一）劳动力素质偏低，人力资本积累不足

第一，民族地区教育资源紧缺，劳动力受教育程度低。从民族地区各级普通学校的生师比来看，贵州等5省区的小学生师比高于全国平均水平（见表17）。各级教师资源十分紧缺。通过2011年民族八省区的生师比可以发现，民族地区尤其是基础教育阶段和高等教育阶段的教师资源配置较为紧缺，同时职业技术中专教育的教师资源配置有待大幅提升。上述这三类教育阶段教师资源配置的缺乏，将直接影响民族地区基础教育的质量以及专业技术人才的培养。此外，高等院校教师资源配置的缺乏也会影响民族地区学生对高等教育的获得。

表17　2011年民族八省区各级普通学校生师比（教师数=1）

	小学	初中	普通高中	职业高中	普通中专	普通高校
全　国	17.71	14.38	15.77	21.59	31.53	17.42
贵　州	20.74	19.23	19.02	28.35	41.90	17.47
青　海	19.77	15.18	13.88	12.59	34.03	13.98
广　西	19.50	16.84	17.96	—	40.88	17.45
宁　夏	19.32	15.90	15.81	26.12	65.18	18.19
云　南	18.06	17.21	15.38	26.24	39.74	18.49
西　藏	15.45	14.95	13.15	—	32.68	15.51
新　疆	14.20	11.46	13.84	26.93	22.42	16.65
内蒙古	12.36	12.65	15.76	16.02	30.09	17.63
全国最低生师比	11.81	9.90	9.60	12.21	15.18	13.98

资料来源：《中国统计年鉴2012》。

由于教育事业发展长期落后于全国平均水平，民族地区接受中等和高等教育的人口比例偏低，15岁及以上文盲、半文盲人口比重大，城乡劳动力人口整体素质差异大，部分人力资源处于闲置和半闲置的状态。再加上少数

民族地区自身文化的影响，民族地区成员的劳动观念、对劳动技能学习的态度以及对待财富的观念，也直接导致了他们的劳动参与程度较低，无法适应现代化的国家扶贫开发政策。少数民族成员中的男性劳动参与率低、劳动参与方式零散以及劳动力技能低等特点，都限制了民族地区从西部大开发以及国家某些倾斜性政策中获益。

第二，民族地区科技事业发展水平低下，制约内生发展动力的形成。民族八省区的专利申请量以及研究与发展事业的发展水平均十分偏低，三种专利申请授权数、规模以上工业企业 R&D 经费、规模以上工业企业 R&D 人员以及 R&D 项目数占全国的比重均未超过 4% （见表 18），并且在总数和占全国比重上均远远落后于东部地区。民族地区与东部地区之间的科技发展水平相差悬殊。近十年来，科技部累计投入科技经费 119.97 亿元，以促进边疆科技创新、成果转化和科技能力建设。[①] 但是在综合科技进步水平上，民族地区的监测指数长期聚集在 30% ~40%，远低于中东部地区的同类指标。[②]

表 18　2011 年民族八省区科技研究与发展水平

	三种专利申请授权数(件)	规模以上工业企业R&D 经费(万元)	规模以上工业企业R&D 人员(人)	R&D 项目数(项)
全　国	883861	59938055	1939075	232158
东部地区	673008	43752620	1371348.8	164576
东部地区占全国比重(%)	76.1	73.0	70.7	70.9
民族八省区	18184	2288755	70243.4	8826
民族八省区占全国比重(%)	2.1	3.8	3.6	3.8

资料来源：依据《中国统计年鉴 2012》中的数据整理计算而得。

① 《科技部十年投入近 120 亿元“兴边富民”》，新华网，http：//news.xinhuanet.com/society/2011 -02/03/c_ 121049273.htm，2013 年 7 月 5 日。

② 李红玲：《基于弹性分析的我国民族地区财政科技投入研究》，《科技管理研究》2012 年第 10 期。

科技创新能力的低下直接限制了民族地区劳动力对现代化技能的掌握，致使民族地区内生发展动力难以形成。随着西部大开发以及国家某些政策的一定倾斜，边疆少数民族地区开始进行经济结构调整。一些新兴产业、行业和技术、职业出现，它们对素质较高的人力资源有着庞大的需求，但与其相应的人力资源供给却存在着脱节。①

第三，卫生事业发展水平低，制约劳动力身体素质的改善。一方面，医疗床位资源远低于国家平均水平，使得民族地区劳动力对于医疗资源的可及能力受到严重抑制。从每千人口卫生机构床位数来看，云南等4省低于全国平均水平，其中广西和贵州的每千人口卫生机构床位数水平不到全国平均水平的75%。另一方面，医疗卫生机构床位数的分布城乡差异大，影响了农村劳动力的修复和健康的身体素质的维持。在民族八省区中，青海、西藏两省的城乡差距比在3倍以上，而除新疆和广西的城乡差距比为1.78和1.93外，其余4省的城乡差距比均在2~3倍。此外，医疗技术人员数量城乡分布差距大，农村成年劳动力的修复及青年劳动力身体素质的积累无法得到满足。2011年，广西等4省的每千人口卫生技术人员数位列全国末位，分别为全国平均水平（8.05人）的82.1%、73.0%、70.3%和58.9%。此外，医疗技术人员数量在城乡之间的分布差距大，西藏、青海、贵州、云南、宁夏的每千人口卫生技术人员城乡比在3倍之上，高于全国平均水平。②

（二）国家与东部地区的援助行动较难转化为民族地区内生发展动力

自1999年西部大开发实施以来，来自中央政府和其他省份的对口支援使得西部地区一方面获得了大规模的建设资金，另一方面也获得了推进现代化建设的技术与人才。依托外部驱动力的帮助，民族地区的经济社会发展水

① 杨鸿等：《边疆少数民族地区人力资源供需矛盾及对策分析》，《云南师范大学学报》（哲学社会科学版）2007年第2期。

② 依据《中国统计年鉴2012》中的数据整理计算而得。

平得到了提升。但是，由于多方面因素的影响，在西部大开发过程中，民族地区并没有将外部的人力、财力和技术转化为内生驱动力，在摆脱贫困和实现现代化过程中表现出了较强的依赖性。依据罗斯托“起飞理论”中的经济成长阶段论来看，当前民族地区在西部大开发过程中正长期徘徊于由“准备起飞阶段”向“起飞阶段”转变的过渡期内。由于内生发展动力的缺失，一旦离开外部驱动力，民族地区就将“跌落”至地面。现行的国家援助行动存在的不足，制约了民族地区内生发展动力的形成。一是依赖大规模外部投资驱动西部地区经济发展的模式难以为继。二是以矿产资源开发为重点的产业发展模式产业关联度低、就业吸纳能力有限，对地方经济发展的拉动作用小；产业利益大量流出西部地区，这对培育区域经济的内生发展能力极为不利。三是西部大开发中有关科技教育的政策并未带来西部地区创新能力的长足发展，区域创新能力不足仍然制约着西部地区的内生发展。四是西部大开发政策“偏区域、偏经济、轻个人、轻社会”的理念导致的持续失衡的社会经济差距，直接制约了西部地区内生发展能力的培育。

（三）贫困问题突出，全面建成小康社会压力大

民族地区贫困率偏高，贫困人口越来越集中于民族地区。这依然是我国扶贫工作的重点。一方面，民族地区贫困人口占全国总贫困人口比重不断增大。2006～2010 年，民族区域自治地方贫困人口占全国总贫困人口比重从 44.5%增至 55.1%（见表 19）。另一方面，2006～2010 年，民族区域自治地方的贫困发生率比全国农村贫困发生率基本高 10 多个百分点。民族扶贫县的贫困程度比全国平均水平和国家扶贫重点县的平均水平更严重。[①] 2010 年，民族扶贫县贫困发生率（10.5%）比国家扶贫重点县高 2.2 个百分点，比全国平均水平高 7.7 个百分点。

---

① 国家统计局农村社会经济调查总队：《中国农村贫困监测报告 2011》，中国统计出版社，2012，第 62 页。

表 19　民族区域自治地方贫困人口比重和贫困发生率

单位：%

	2006 年	2007 年	2008 年	2009 年	2010 年
民族区域自治地方贫困人口占全国总贫困人口比重	44.5	52.2	52.5	54.3	55.1
民族区域自治地方贫困发生率	18.9	18.6	17.6	16.4	12.2
全国农村贫困发生率	6.0	4.6	4.2	3.8	2.8

资料来源：《中国农村贫困监测报告 2011》。

尽管我国的“大扶贫”格局实现了通过生活救助与扶贫开发“两轮驱动”来解决民族地区贫困问题，但是，扶贫工作的效率与结果并不理想。一方面，民族地区实施乡级瞄准仍然存在扶贫瞄准精度不高、瞄准时序错位的问题。[①] 另一方面，对集中连片深度贫困地区缺少整体扶持计划，缺少较有针对性的政策。民族地区返贫情况严重，民族区域自治地方的返贫率从 2007 年开始逐年上升，返贫人口数则从 2006 年逐年增加（见表 20）。总体上看，民族地区的减贫任务仍将十分沉重，突出的贫困问题也正给我国全面建成小康社会造成巨大压力。

表 20　民族区域自治地方因灾因病返贫率及人数

单位：%，万人

	2006 年	2007 年	2008 年	2009 年	2010 年
返贫率	16.8	8.2	10.8	14.1	15.3
返贫人口	160.0	184.8	226.9	276.2	226.4

资料来源：根据《中国农村贫困监测报告》（2007～2011）中的数据整理所得。

（四）社会发展面临瓶颈与挑战

一是生态环境恶化，可持续发展压力大。民族地区自然生态环境脆弱，已经在很大程度上影响了民族地区成员的生存和发展。而随着经济的快速发

① 刘流：《民族地区农村扶贫瞄准问题研究——基于贵州省民族地区乡级扶贫瞄准绩效的分析》，《贵州民族研究》2010 年第 4 期。

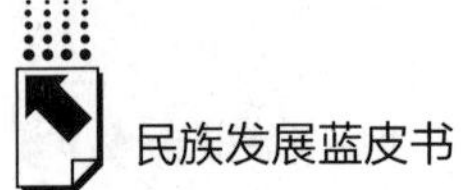

展，生产过程中出现的生态环境恶化加剧，直接制约着民族地区的可持续发展。水资源污染严重、草原植被和森林植被严重破坏导致生物多样性锐减、农业污染和工业污染严重、西部民族地区城市发展以高能耗和高污染的产业为主导，长期的经济发展过程使生态环境遭到较大破坏。[①] 2000～2011 年，民族八省区的工业废水排放量占全国总排放量的比重由 9.8% 增至 15.2%，工业废气排放量占全国总排放量的比重从 14.5% 增至 20.4%，一般工业废弃物产生量占全国总产生量的比重从 14.1% 增至 23.8%。《中国省域生态文明建设平价报告（ECI2012）》显示，2010 年民族八省区的生态文明指数排名除内蒙古排名第 15 位外，其他 7 个省份排位在第 18～30 位之间。[②]

二是民族文化遭受现代化冲击，文化保护与开发难度大。随着经济全球化和现代化建设的推进，在主动参与或者是被动卷入的过程中，外来文化对民族地区的传统文化造成了冲击。这种冲击具体表现为：①伴随着现代媒体传播计划的发展，大量现代文化元素传入民族地区。文化特点的鲜明对比，一方面使部分民族成员产生文化自卑心理，另一方面则是使年轻成员对于本民族文化的传承意愿被削弱。②经济快速发展所引致的人口流动，导致民族文化与现代文化的冲突更加明显和频繁。人口流动给民族地区的文化带去了被同化的风险。③在现代化进程中，民族文化商业开发引致民族文化被歪曲和误解。而在文化保护中又存在着诸多难点：第一，文化保护遭遇多方利益博弈。第二，文化主体性的塑造十分艰难。第三，文化资源开发与保护不协调。第四，民族文化保护理念与资源配置仍然不足。

（五）部分民族地区社会稳定问题突出

边疆民族地区的社会稳定是社会整体稳定的重要组成部分。[③] 但是，长

---

① 贾霄锋、许营：《社会转型加快时期西部民族地区生态环境问题治理探析》，《青海民族研究》2013 年第 1 期。

② 北京林业大学生态文明研究中心：《中国省域生态文明建设平价报告（ECI2012）》，社会科学文献出版社，2012，第 2 页。

③ 鲁刚等：《社会和谐与边疆稳定》，中国社会科学出版社，2011，第 7 页。

久以来活动在我国西藏、新疆等边疆地区的“三股势力”动作频繁，不断变换手段破坏新疆和西藏地区的社会稳定与安全，对国家安全和当地社会成员的日常生活造成了重大影响，并对维护我国民族团结与国家统一形成挑战。西藏“3·14”事件、新疆“7·5”事件等表明，边疆民族地区的长治久安直接影响到国家安全、民族团结与我国在国际社会中的政治利益问题。①“4·23”新疆巴楚暴力恐怖事件、“6·26”新疆鄯善暴力恐怖袭击案件等给新疆各族群众生命财产安全带来严重损失，同时也直接影响了当地经济生产等活动的进行。达赖集团分裂势力、“东突”分裂势力等民族分裂势力仍然是影响我国民族地区社会稳定的最主要因素。维护民族地区社会稳定、促进民族团结和国家统一的任务仍然沉重。

四　加快民族地区社会发展的建议

（一）高度重视民族地区社会发展与建设，确立全面建成小康社会的总体战略

党的十八大报告提出确保到2020年实现全面建成小康社会的宏伟目标。民族地区的社会发展直接关系着小康社会的全面建成，民族地区是实现全面建成小康社会的“短板”。因此，党中央和政府在进行建成小康社会的顶层设计中，应当将民族地区社会发展与建设纳入全面建成小康社会的总体战略中。按照《中国全面建设小康社会进程统计监测报告》中的指标体系，应持续推进民族地区的社会发展方面，不断缩小民族地区以教育、科技、卫生、社会保障等为主要内容的社会事业与全国平均水平和其他地区之间的差距，实现民族地区社会发展与政治、经济、文化及生态领域的协调发展。

① 王志立：《中华民族认同现状与路径选择论析》，《江苏师范大学学报》（哲学社会科学版）2013年第2期。

（二）继续加大财政、技术及人才支持力度，培育民族地区社会事业内生发展动力

第一，继续加大财政投入力度和调整财政投入结构，保障民族地区社会事业发展的物质基础。目前在转移支付结构中，以公共服务均等化为导向的一般性转移支付所占比重较小，其中民族地区转移支付显得力度不够。[①] 建议在进一步增加对民族地区的财政投入中，一方面建立合理的财政资金投入模式，将民族地区承担的特殊事权作为增加财政投入的重要因素进行考虑；另一方面则扩大财政转移支付中用于支持民族地区社会事业发展的资金比重。

第二，继续加大人才培养和支持力度，增进民族地区人力资本积累。民族地区的现代化发展内化为整个民族的需要，急需在民族地区优先发展教育。只有民族地区人力资本得到增加和改善，才能从根本上促进民族地区的整体发展。[②] 因此，在构建民族地区社会事业发展的内生动力时，必须进一步发展现代化教育，投入充足的教育资金和教师队伍，加大对民族地区的人才支持和培养，增进民族地区的人力资本积累。只有积累起良好的人力资本，才能激发民族地区成员自身对于经济社会发展的正确认识和内生动力，才能树立起民族地区成员对于促进经济社会协调发展的主体性和能动性。此外，各级政府还需要进一步加大对民族地区的科技支持力度，具体包括加大用于科技创新研究与技术引进的财政投入、对从事科学研究的科技人才的培养、对民族教育事业的扶持，等等。

（三）创新民族地区资源开发方式，保护生态环境和民族文化

我国民族地区既有着丰富的自然资源，也有着特色鲜明的文化资源。这

---

① 肖育才、谢芬：《民族地区财政转移支付效应评价》，《中南财经政法大学学报》2013 年第 1 期。

② 刘晓巍、张诗亚：《优先发展教育促进民族地区整体发展》，《民族教育研究》2012 年第 4 期。

两类资源已经成为推动民族地区发展的重要支撑。但由于生态系统本身脆弱，民族文化不断遭遇现代化冲击。因而在不合理的开发方式下，脆弱的自然资源与文化资源均遭到不同程度的破坏。因此，必须创新民族地区资源开发方式，提高民族生态环境和民族文化开发与保护的效果。

在创新自然资源开发方式方面，一是转变经济发展方式，大力发展循环经济。应当坚持“绿色经济”的理念，实现从“环境换取增长”到“环境优化增长”的转变。二是完善地方政府绩效考核体系，将自然资源开发过程中的环境损失、资源消耗、环境效益纳入经济社会综合发展评价体系。三是进一步创新自然资源开发技术，不断提高自然资源的利用率和生态环境的修复能力。此外，还需构建完善的民族地区资源开发生态环境补偿机制。

在创新民族文化资源开发方式方面，一是牢固树立民族文化资源保护与开发的辩证理念。开发不只是利用，而是为了实现科学的保护。二是推进可持续的少数民族文化产业化开发。运用新的科学技术和艺术手法，打造西部少数民族文化产业的精品和品牌。同时，完善发展与民族文化产业相配套的产业政策、产业体制和支持体系，为少数民族文化产业的深层次发展奠定体制机制的基础。三是积极引导公益组织力量加入对民族文化资源的保护与开发中来。四是积极实施生态博物馆等一系列系统性的民族文化保护手段，改变以往民族文化保护偏项目性的做法，建立起呈体系化的民族文化保护与开发方式。

（四）加大援疆、援藏和援助民族地区工作力度，进行社会稳定风险评估，确保民族地区社会稳定与长治久安

要推动新疆、西藏等地的跨越式发展和社会稳定，应当加大援疆、援藏的力度，提升新疆、西藏等地经济社会发展的内生力。一是进一步加大援疆、援藏的人力、财力和物力投入，并从结构上完善援助内容。从政府主导投资拉动经济增长的单一模式转为多方主体积极参与、援助内容多元化的模式。援助的重点应当扩展到经济、科技、教育、医疗、文化、生态等方面，以保障和改善社会发展水平为基点，完善人才、技术、资金、科技等全方位

的支援。二是制定科学严格援助行动的社会影响评估机制。援疆、援藏和援助民族地区工作不仅事关被援助地的经济社会发展实际效果，也影响民族地区与国家之间、与援助主体间的关系。因此，必须建立健全专门的援疆、援藏和援助民族地区相关政策和运行效果的管理机制以及健全援助工作社会影响的评估机制，监督和促进各项援疆、援藏活动更加有针对性和更好地发挥促进民族地区经济社会可持续发展的作用。

（五）全面准确落实党的民族政策和民族区域自治法规，加强民族区域自治法律和法规体系建设

发展是提升民族群体生活质量的重要动力，而切实落实以民族区域自治制度为主体的民族政策体系，是创造和巩固政治稳定的前提。[①] 落实民族政策体系需要继续坚持民族区域自治制度，并完善民族区域自治制度以应对新形势。一是制定民族区域自治制度的配套法律法规和具体措施，因地制宜地制定或修订各级自治地方的自治法律法规。确保民族地区与国家机关之间、民族地区内的各级政府之间的权责明晰，逐步建立健全完备的民族区域自治制度法律体系。二是进一步增强民族区域自治制度与其他政策的良性互动。加强民族区域自治制度与其他经济政策、社会政策、政治制度等的良性互动和协调。三是加强监督《民族区域自治法》贯彻执行的情况，充分保证民族区域自治地方依法行使自治权，保障民族地区社会成员的合法权益，提升民族地区社会成员的生活质量。

① 郝时远：《中国共产党怎样解决民族问题》，江西人民出版社，2011，第212页。

B.7

中国民族生态文明发展报告

方素梅*

摘　要：中国民族地区大多处于内陆和边疆，与东部地区相比在资源丰富性和环境重要性等方面，具有很大的优势。同时，民族地区生态脆弱性也极为突出。这些构成了民族地区生态环境的基本特点。近年来，随着一系列重点生态工程的实施，民族地区生态保护与建设工作取得了明显成效，工程治理区呈现生态改善的良好势头。民族地区的环境污染治理投资同比增长，农村环境保护工作逐步得到重视，土地荒漠化和沙化整体得到初步遏制。由于民族地区区域辽阔，生态环境的区域差异巨大，在生态环境保护和建设方面，依然面临一系列的问题和困难，主要表现为水土资源保护任务艰巨，环境污染尤其是农村环境污染治理亟待加强，防灾减灾工作面临诸多挑战。为此，应从生态文明制度建设、完善资源有偿使用和生态补偿机制、加强经济社会发展、加大资金投入和财政支持力度、科学规划各类生态项目等方面，加快民族地区生态文明建设。

关键词：民族地区　生态文明　环境保护　生态工程　制约因素　政策建议

* 方素梅，中国社会科学院民族学与人类学研究所研究员。

一　生态文明的内涵及其指标体系研究

（一）生态文明的内涵

所谓生态文明，是人类对传统文明形态特别是工业文明形态进行深刻反思之后，努力追求和正在建立的人与自然和谐相处的新的文明形态，是人类社会在发展理念、发展道路和发展模式方面的重大进步。

人类社会的工业化进程已经持续两个多世纪。它在推动人类文明进步的同时，也使人类快速发展的巨大需求与地球有限承载能力、能源资源和生态环境约束间的矛盾日益加剧。人类开始重新审视和深刻反思发展的理念、价值、目标和途径，特别是1992年联合国环境与发展大会发布了《里约环境与发展宣言》和《21世纪议程》，标志着人类开始了节能环保、绿色低碳、社会包容的可持续发展的生态文明社会进程。

20世纪六七十年代以来，西方国家率先开展环境保护和生态建设，并形成一些理论流派。1995年，美国学者Roy Morrison明确提出了“生态文明”（ecological civilization）这一概念，并将生态文明作为工业文明之后的一种文明形式。[①] 严格地说，西方关于生态文明的相关研究虽然较多，但是在理论阐述方面尚未形成系统的观点。

中国对生态文明理念的创新和发展做出了重要贡献。党的十七大把建设生态文明确立为中国特色社会主义事业建设的重要战略任务。党的十八大将生态文明建设提升到与经济建设、政治建设、文化建设、社会建设并列的战略高度，并且进一步明确了生态文明建设的相关目标，即到2020年“资源节约型、环境友好型社会建设取得重大进展。主体功能区布局基本形成，资源循环利用体系初步建立。单位国内生产总值能源消耗和二氧化碳排放大幅

① 参见杜建红《生态与民主问题调研——读Roy Morrison的〈Ecological Democracy〉》，《文学界（理论版）》2010年第4期。

下降，主要污染物排放总量显著减少。森林覆盖率提高，生态系统稳定性增强，人居环境明显改善”。[①] 党的十八届三中全会通过的《中共中央关于全面深化改革若干重大问题的决定》，提出要从经济、政治、社会、文化、生态等五个方面进行全方位改革。

中国共产党对生态文明建设的一系列论述，既表明了我国现代化发展理念的根本转换，也反映了生态文明理论的重大创新。与此相适应，国内学术界也掀起了生态文明理论研究的高潮。有的认为，生态文明是人类社会继原始文明、农业文明、工业文明后的更为高级的新型文明形态；有的认为，生态文明是与物质文明、政治文明和精神文明相并列的现实文明形式之一；有的认为，生态文明是人们在社会实践的过程中处理人（社会）和自然之间的关系以及与之相关的人和人、人和社会之间的关系方面所取得的一切积极、进步成果的总和；有的认为，生态文明是自然与文明和谐双赢的文明。这些观点见仁见智，都强调人类、自然、社会相互之间的和谐互动，重视绿色发展和可持续发展。

（二）生态文明指标体系研究

生态文明是人类社会努力追求的新的文明形态，它必须通过具体的发展道路和发展模式来实现，也就是生态文明建设。如同对生态文明概念的解释各不相同，目前对生态文明建设的理解也不尽一致。总的说来，学者们比较一致的看法是生态文明建设包含丰富的内容，涉及诸多层面，关乎自然与社会的和谐，是一项复杂的系统工程。基于这样的认识，党的十八大报告强调要把生态文明建设融入经济建设、政治建设、文化建设、社会建设的各方面和全过程。

20 世纪 90 年代以来，世界各国及相关组织纷纷开展了对可持续发展指标体系的研究，提出了针对不同国家和地区的各种类型的指标体系与框架。

① 胡锦涛：《坚定不移沿着中国特色社会主义道路前进　为全面建成小康社会而奋斗——在中国共产党第十八次全国代表大会上的报告》（2012 年 11 月 8 日），中国网中国时政频道，2012 年 11 月 20 日，http：//news. china. com. cn/politics/2012 - 11/20/con。

我国迄今尚未出台国家层面的有关生态文明建设考核、比较统一规范的指标体系，但是国内对生态文明指标体系的研究日益增多，学者们相继提出了从国家尺度到地方尺度形形色色的指标体系，如可持续发展指标体系、国家环境保护模范城市指标体系、生态市（县）和生态省建设指标体系、全国文明城市指标体系等。这些指标体系各具特点甚至差异极大，在很大程度上反映了学术界在生态文明或生态文明建设理论研究方面尚在探索阶段。党的十八大明确提出要把资源、环境、生态纳入经济社会发展评价体系。因此，如何找到一个科学的核算体系来反映生态文明建设的进展，是学术界亟须攻克的课题。

目前，国内与生态文明指标有关的研究成果主要包括以下几种。

第一，从1999年起，中国科学院可持续发展战略研究组开始推出《中国可持续发展战略报告》。报告提出的中国可持续发展能力评估指标体系，由生存支持系统、发展支持系统、环境支持系统、社会支持系统、智力支持系统构成，下分三级指标。经过不断修订，至2013年，该指标体系的基层指标数扩充到240个。

第二，2009年，国家社科基金项目“新区域协调发展与政策研究”课题组在其研究成果《中国生态文明地区差异研究》中，采用生态效率（EEI，eco-efficiency）来定义经济发展的生态文明水平。EEI为地区产生单位生态足迹所对应的地区生产总值，与GDP成正比，与生态足迹成反比。据此，该项研究提出了中国首份各省区市生态文明水平排名。

第三，从2010年起，北京师范大学“科学发展观与经济可持续发展研究基地”联合西南财经大学“绿色经济与经济可持续发展研究基地”、国家统计局中国经济景气检测中心，推出《中国绿色发展指数年度报告》。报告提出的绿色发展指数包括三大类一级指标，即经济增长绿化度、资源环境承载潜力和政府政策支持度，以下分9个二级指标和55个三级指标（2011年增加到60个），形成独具特色的绿色发展评估指标体系。

第四，从2010年起，北京林业大学生态文明研究中心推出了《中国省域生态文明建设评价报告》。报告提出的生态文明建设评价指标体系建立在“总指标——考察领域——具体指标”三层指标体系框架基础上，包括生态活力、环境质量、社会发展和协调程度（2011 年增加转移贡献）几大核心考察领域，并据此选取和设立表现各考察领域不同侧面的建设水平、具有显示度和数据支撑的 20 项（2012 年增加为 25 项）具体指标。

第五，由世界自然保护联盟（IUCN）提出并倡导的生态系统生产总值（GEP-Gross Ecosystem Product），旨在建立一套与国内生产总值（GDP）相对应、能够衡量生态良好状态的统计与核算体系。通过计算森林、荒漠、湿地等生态系统及农田、牧场、水产养殖场等人工生态系统的生产总值，来衡量和展示生态系统状况。2013 年初，中国首个生态系统生产总值核算试点项目在内蒙古库布其沙漠落地。生态系统生产总值（GEP）概念的提出，填补了目前国内外自然生态资产核算指标的空白。

第六，2008 年 7 月和 10 月，厦门市和贵阳市先后发布生态文明建设指标体系，成为全国最早发布此类指标体系的城市。此后，我国许多省市地方政府首次提出组织开展了生态文明指标体系研究，并相继编制了生态文明建设规划。

此外，张清宇等人于 2011 年出版的《西部地区生态文明指标体系研究》，主要以民族地区为研究对象的区域性的生态文明指标体系。该书认为应从生态经济、生态承载力、生态保障、生态环境、生态发展等方面综合评价生态文明程度，其建立的西部地区生态文明指标体系包含的变量为 39 个。

由于生态文明的内涵目前尚在探讨中，生态文明建设的评价体系也处于建立之中，特别是少数民族地区人口少、分布广，经济社会发展类型多样、形态各异，与东部发达地区有着明显的差别，以及考虑到本书的结构同时包括了政治、经济、社会、文化几大方面的内容，本章按照党的十八大报告提出的目标和任务，重点对生态文明建设中的重点问题（即资源环境问题）、2007 ~ 2012 年民族地区的生态文明建设进行论述，并进行必要的比较。相关评估指标主要参考以上几项成果设计的内容。

二 民族地区生态文明建设的进展

党的十七大提出生态文明建设的战略任务以来，生态文明已经从学术层面的探讨上升到政府的施政纲领和国家理念，生态文明建设开始在全国蓬勃开展。截止到2012年夏，全国已有15个省（自治区、直辖市）开展了生态省建设，超过1000个县（市、区）开展了生态县（市、区）建设，38个县（市、区）建成了生态县（市、区），1559个乡镇建成国家级生态乡镇。在此基础上，53个地区开展了生态文明建设试点。[①] 在这种形势下，民族地区的生态文明建设也取得了很大的进展。

据2010年第六次全国人口普查统计，中国大陆少数民族人口占全国总人口的8.49%，比2000年第五次全国人口普查时上升0.08个百分点。[②] 少数民族人口在全国总人口中的比重不大，分布却十分广泛，其中大部分人口聚居在西部地区。因此，本章在论述民族地区的生态文明建设时，主要以少数民族聚居的西部12省区市（重庆、四川、贵州、云南、西藏、陕西、甘肃、青海、宁夏、新疆、内蒙古、广西）为代表，或以5个自治区（内蒙古、宁夏、新疆、广西、西藏）和少数民族人口较多且占比较大的3个省（贵州、云南、青海）为代表。内容以生态环境和生态保护指标为主，适当参考经济发展和社会发展指标。将来条件成熟，可考虑建立适用于民族地区的生态文明指标体系。

（一）民族地区经济社会发展状况

经济社会发展状况是衡量生态文明的重要参数。这一点得到学术界的公

① 《中国环境报》记者刘蔚对“第七届全国生态省论坛暨生态文明建设工作会议”（2012年8月21～22日）的报道。转引自 http://www.mep.gov.cn/zhxx/hjyw/201208/t20120823_235104.htm。

② 中华人民共和国民族事务委员会网站 http://www.seac.gov.cn/art/2011/5/3/art_31_121261.html。

认，是党的十八大强调要把生态文明建设融入经济建设、政治建设、文化建设、社会建设各方面和全过程的理论依据。

目前，人类发展指标是使用较广的、全面衡量经济社会发展程度的指标。根据中国科学院可持续发展战略研究组的研究，20 世纪 90 年代以来中国各区域的可持续发展能力总体呈现上升趋势。其中，西部地区增长排在前列（见表 1、表 2）。

表 1　中国各区域可持续发展能力总体变化趋势（以 1995 年为 100）

地　区	1995 年	2005 年	2006 年	2007 年	2008 年	2009 年	2010 年
东部地区	103.8	110.3	111.4	111.9	112.5	112.8	113.9
东北老工业基地	103.2	109.4	110.1	110.7	111.6	112.2	113.4
中部地区(8 省)	100.5	106.9	107.9	108.5	109.3	110.0	111.3
中部地区(6 省)	99.7	106.2	107.3	108.0	108.7	109.4	110.8
西部地区	96.9	103.5	104.0	105.3	106.1	106.7	107.7

资料来源：引自中国科学院可持续发展战略研究组《2013 中国可持续发展战略报告——未来十年的生态文明之路》，科学出版社，2013，第 281 页。

表 2　中国各区域可持续发展能力增长率

单位：%

地　区	2010 年比 2005 年增长	2010 年比 1995 年增长	“十一五”年均增长率
东部地区	3.26	9.73	0.64
东北老工业基地	3.66	9.88	0.72
中部地区(8 省)	4.12	10.75	0.81
中部地区(6 省)	4.33	11.13	0.85
西部地区	4.06	11.15	0.80
全国	3.85	10.60	0.76

资料来源：引自中国科学院可持续发展战略研究组《2013 中国可持续发展战略报告——未来十年的生态文明之路》，科学出版社，2013，第 282 页。

从表 2 可见，西部地区 2010 年可持续发展能力比 1995 年增长 11.15%；“十一五”期间年均增长率达 0.80%，在全国处于领先地位。

经济指标的增长最为显著。2007 年，西部地区经济增长速度达到 14.6%，首次超过东部地区。2008～2011 年，中西部和东北地区经济指标增长速度整体加快，连续4年全面超过东部地区。中西部和东北地区生产总值占全国生产总值的比重由2006年的44.7%上升到2011年的48.0%。[①] 2012年前三季度，中西部和东北地区经济继续保持快速发展势头，地区生产总值同比分别增长10.8%、12.4%和10.0%，均超过东部地区9.1%的增速。[②] 2012年，西部地区实现生产总值113915亿元，同比增长12.5%，占全国国内生产总值比重由上年的19.2%提高到19.8%。国家发展和改革委员会发布的通知指出，西部地区主要经济指标增速已连续6年超过东部地区和全国平均水平，基本扭转了与其他地区发展差距不断扩大的势头，并成为我国经济增长潜力最大的区域。[③]

社会建设也有长足进步。根据中国统计学会的报告，2011年各地区发展与民生指数均比上年有所提高。该指数评价指标体系包括经济发展、民生改善、社会发展、生态建设、科技创新、公众评价六大方面的42项指标。通过对测算结果进行分析，2011年四大区域的发展与民生指数中，东部地区最高，为69.53%，比上年提高2.50个百分点；东北地区次之，为60.22%，比上年提高2.19个百分点；中部地区和西部地区分别为58.33%和55.41%，分别比上年提高2.73个和2.79个百分点。从指数的增速看，西部地区最快，为5.30%；中部地区次之，为4.91%；东北地区和东部地区分别为3.78%和3.73%。指数排在前十名的地区分别为北京、上海、天津、江苏、浙江、广东、福建、山东、辽宁和重庆；指数增速排在前十名的地区分别为甘肃、重庆、青海、河南、海南、安徽、贵州、新疆、四川和云南。[④]

民族地区经济社会的较快发展，首先得益于国家区域发展总体战略的实

① 张清宇、秦玉才、田伟利：《西部地区生态文明指标体系研究》，浙江大学出版社，2011，第18页。

② 参见《西部蓝皮书：中国西部发展报告（2013）》，社会科学文献出版社，2013。

③《发改委：西部地区扭转与其他地区发展差距扩大势头》，中国新闻网，http://www.chinanews.com/gn/2013/08-26/5204535_5.shtml，2013年8月26日。

④ 朱剑红：《地区发与民生指数报告发布》，人民网，http://politics.people.com.cn/n/2013/0209/c1001-20473017.html，2013年2月9日。

施，特别是连续十几年的西部大开发，为民族地区带来了千载难逢的机遇。为了促进民族贫困地区的发展，国家还制定和实施了兴边富民行动规划、扶持人口较少民族发展规划、对口支援和帮扶计划、集中连片特殊困难地区区域发展与扶贫攻坚规划等一系列政策和措施，并取得了显著成效。不过，由于基础薄弱，民族地区与东部地区相比，差距依旧显著。同时，其增长方式在很大程度上还较为粗放，主要还是靠能源、土地、劳动力和资本等生产要素的投入，并且给环境、资源带来很大压力，在较大程度上影响了生态文明建设的进程。

（二）民族地区生态环境的保护和建设

民族地区大多处于内陆和边疆，与东部地区相比，在资源丰富性和环境重要性等方面，具有很大的优势。但同时，民族地区生态脆弱性也极为突出。这些构成了民族地区生态环境的基本特点。

21 世纪以来，民族地区面对生态环境日益恶化、水土流失趋势不容乐观、草地“三化”势头强劲、土地荒漠化和沙化形势严峻、森林资源难以满足生态需求、生物多样性受到严重破坏等一系列严重问题，实施了天然林资源保护、退耕还林、退牧还草、京津风沙源治理、自然保护区建设、防沙治沙、湿地保护与恢复、石漠化综合治理、水土流失治理、防护林体系建设等重点生态工程，加快推进了三江源、青海湖、塔里木河、黑河、黄河水源补给区、西藏生态安全屏障等重点区域和流域的生态综合治理，对恢复和改善民族地区的生态起到积极作用。① 特别是“十一五”期间，节能减排成为我国生态文明建设的重要发展战略，资源消耗、环境保护首次作为约束性指标，被纳入各地区、各部门经济社会发展综合评价和绩效考核体系。单位国内生产总值能源消耗降低 20% 左右更是作为“十一五”期间重要的约束性指标，对全国各省区市的发展方式转型、生态文明建设起到约束和引导作

① 参见郝时远、王希恩主编《中国民族发展报告（2001～2006）》，社会科学文献出版社，2006，第 170～188 页。

用。下面，我们将通过几个主要生态环境和生态保护指标，来考察民族地区生态环境保护和建设状况。

1. 污染治理与节能减排

近年来，国家采取一系列政策措施，进一步拓宽环境污染治理投资的资金渠道，强化环境污染防治管理，促使污染治理投资保持较快增加、重点领域投入力度加大。2012 年，全国环境污染治理投资总额为 8253.6 亿元，比 2005 年的 2388.0 亿元增长 5865.6 亿元占国内生产总值比重由 2005 年的 1.31% 提高到 2012 年的 1.59%。[①] 民族地区的环境污染治理投资同比增长。仅以工业污染治理为例，2011 年八个民族省区共完成投资 838564 万元，比 2007 年的 602429 万元增加 236135 万元，增长 39.19%（见表 3）。

表 3　部分民族地区工业污染治理投资完成情况

单位：万元，项

指　标	省　区	2007 年	2008 年	2009 年	2010 年	2011 年
工业污染治理完成投资	内蒙古	167487	219189	178258	132400	310164
	宁　夏	46272	90631	43472	40896	38735
	广　西	181940	149751	117118	92845	86230
	新　疆	66748	88878	143497	66813	106276
	云　南	86423	102677	94880	106272	137331
	贵　州	45646	102029	89475	68080	131970
	青　海	7913	11165	29439	9747	27858
治理废水项目完成投资	内蒙古	38035	46064	33155	46323	40808
	宁　夏	22599	30530	12891	23478	17417
	广　西	61803	109237	75922	47388	45998
	新　疆	33473	49240	30742	19687	43093
	云　南	21511	26847	14808	24184	40870
	贵　州	14503	28041	6926	19383	7873
	青　海	1056	2194	3885	1019	8510

① 根据中华人民共和国环境保护部《全国环境统计公报（2006）》和《全国环境统计公报（2012）》统计，http：//zls. mep. gov. cn/hjtj/qghjtjgb/201311/t20131104_ 262805. htm。

续表

指　标	省　区	2007年	2008年	2009年	2010年	2011年
治理废气项目完成投资	内蒙古	121185	152410	123759	68783	214617
	宁　夏	19595	51555	30198	5618	20529
	广　西	101154	34223	28286	27250	34460
	新　疆	25343	36756	109356	46276	62105
	云　南	51766	46429	63769	72910	67799
	贵　州	19881	62115	38747	39461	64249
	青　海	6856	7493	25544	8729	10091
治理固体废物项目完成投资	内蒙古	6932	532	10194	1987	17299
	宁　夏	3610	483	15	—	166
	广　西	16012	3714	7090	17024	3242
	新　疆	1676	1964	600	800	—
	云　南	7501	21630	13399	6302	12016
	贵　州	9141	9767	35267	6298	56023
	青　海	—	478	—	—	5705
治理噪声项目完成投资	内蒙古	111	126	120	201	659
	宁　夏	—	39	—	—	18
	广　西	1	52	—	80	46
	新　疆	219	270	170	—	75
	云　南	284	289	424	240	1215
	贵　州	161	34	213	2497	89
	青　海	—	1000	10	—	—
治理其他项目完成投资	内蒙古	1224	20057	11031	15106	36782
	宁　夏	468	8024	369	11800	606
	广　西	2971	2526	5821	1104	2483
	新　疆	6038	648	2629	50	1003
	云　南	5361	7482	2481	2636	15432
	贵　州	1961	2072	8323	441	3735
	青　海	—	—	—	—	3552
工业污染治理本年竣　工项目数	内蒙古	143	186	247	156	136
	宁　夏	138	100	84	14	65
	广　西	367	524	223	166	198
	新　疆	123	164	127	48	64
	云　南	425	416	381	334	388
	贵　州	190	256	197	97	129
	青　海	21	33	28	11	35

资料来源：该表根据国家统计局国家数据网（http：//data. stats. gov. cn/workspace/index？m = fsnd）上述省区相关统计数据制作。

节能减排作为社会发展的约束性指标，是环境保护的硬抓手。“十一五”期间，在能源消费和国民经济年均分别增长6.6%和11.2%，均超过规划预期的情况下，全国二氧化硫排放量、城市和工业领域化学需氧量排放量分别下降14.29%和12.45%（见表4）。综合考虑西部各省区环境容量、排放基数、工程削减能力及社会经济发展需求等因素，国家环境保护部对西部地区实行总量控制政策的倾斜，统筹解决了西部地区由国家审批环评项目所增加的二氧化硫总量指标。同时，环保部毫不松懈地抓好污染减排工作。从2007年开始，环保部每半年开展一次总量减排核查核算工作，对减排工作进展缓慢的地区启动了减排预警通报机制。对没有完成年度减排任务的部分地市和单位实施了区域限批和行业限批。

农村环境保护工作逐步得到重视，中央财政首次设立的农村环保专项资金向西部地区倾斜。党的十七大报告明确提出，要建设生态文明，统筹城乡发展，推进社会主义新农村建设。随即国务院办公厅转发了环保总局、发展改革委、农业部等8部委《关于加强农村环境保护工作的意见》，表明农村环保建设被提上了政府工作日程。2008～2009年，中央财政对西部地区安排农村环保专项资金共5.49亿元，受益人口达163万人。其中：2008年，中央财政对西部地区安排资金1.67亿元，资金总量占全国农村环保专项资金的33.4%，支持226个村庄开展农村环境综合整治，受益人口56万人；2009年，安排资金3.82亿元，支持500个村庄开展农村环境综合整治，受益人口107万人。[①] 2012年，中央农村环保专项资金补助规模为55亿元，要求地方予以配套资金，并明确了中央和地方资金配套比例，即东、中、西部地区分别为1∶1.5、1∶1.0、1∶0.5，在资金政策方面继续向西部地区倾斜。[②]

---

① 《环保部：西部生态环境恶化得到一定遏制》，人民网，http：//env.people.com.cn/GB/10701651.html。

② 《中央财政安排专项资金今年55亿元整治农村环境》，人民网，2012年2月14日 http：//politics.people.com.cn/GB/1026/17102427.html。人民网，http：//env.people.com.cn/GB/10701651.html。

表4　2012 年民族地区主要污染物总量减排考核结果

地区		化学需氧量					氨氮				
		2011 年排放量（万吨）	2012 年排放量（万吨）	较 2011 年增减（%）	2012 年减排目标（%）	是否完成年度减排目标	2011 年排放量（万吨）	2012 年排放量（万吨）	较 2011 年增减（%）	2012 年减排目标（%）	是否完成年度减排目标
内蒙古		91.90	88.39	-3.82	-1.7	完成	5.39	5.27	-2.26	-1.5	完成
广西		79.33	78.03	-1.63	-1.0	完成	8.39	8.26	-1.61	-0.5	完成
贵州		34.22	33.30	-2.69	-1.0	完成	3.98	3.88	-2.64	-1.0	完成
云南		55.47	54.86	-1.10	-1.0	完成	5.93	5.87	-1.09	-1.0	完成
西藏		2.68	2.57	-4.26	0.0	完成	0.33	0.33	-1.28	0.0	完成
青海		10.32	10.37	0.53	4.5	完成	0.96	0.98	1.79	4.5	完成
宁夏		23.37	22.80	-2.43	-0.5	完成	1.80	1.74	-3.10	-1.0	完成
新疆	自治区	57.38	57.95	0.98	1.6	完成	4.16	4.19	0.70	1.7	完成
	兵团	9.91	9.97	0.65	2.0	完成	0.52	0.53	1.62	2.0	完成
全国		2499.9	2423.7	-3.05	2.0	完成	260.4	253.6	-2.62	1.5	完成

地区		二氧化硫					氮氧化物				
		2011 年排放量（万吨）	2012 年排放量（万吨）	较 2011 年增减（%）	2012 年减排目标（%）	是否完成年度减排目标	2011 年排放量（万吨）	2012 年排放量（万吨）	较 2011 年增减（%）	2012 年减排目标（%）	是否完成年度减排目标
内蒙古		140.94	138.50	-1.73	-1.7	完成	142.19	141.90	-0.20	0.0	完成
广西		52.10	50.41	-3.25	-1.0	完成	49.40	49.83	0.86	3.0	完成
贵州		110.42	104.11	-5.72	-1.0	完成	55.32	56.36	1.87	5.0	完成
云南		69.13	67.23	-2.75	-1.5	完成	54.85	54.43	-0.77	0.0	完成
西藏		0.42	0.42	0.00	0.4	完成	4.11	4.42	7.57	15.0	完成
青海		15.66	15.39	-1.76	6.0	完成	12.41	12.61	1.61	6.0	完成
宁夏		41.04	40.66	-0.92	4.0	完成	45.82	45.55	-0.60	9.9	完成
新疆	自治区	65.82	66.30	0.73	2.0	完成	65.59	70.47	7.45	7.5	完成
	兵团	10.49	13.31	26.93	28.0	完成	9.92	11.47	15.63	17.0	完成
全国		2217.9	2117.6	-4.52	-2	完成	2404.3	2337.8	-2.77	0.0	完成

资料来源：《环境保护部发布 2012 年度全国主要污染物总量减排情况考核结果》，http：//www.mep.gov.cn/gkml/hbb/qt/201308/t20130829_259033.htm。

2. 重点生态工程

目前，我国实施的重点生态工程主要包括植树造林、草原生态保护、防沙治沙、水土流失治理等。

进入21世纪以来，我国植树造林活动取得的成效日益显现。第七次全国森林资源清查（2004～2008年）资料显示，我国森林覆盖率为20.36%，比第六次全国森林资源清查（1999～2003年）增长2.15个百分点。截止到2010年，西部地区退耕还林面积2.4亿亩，退牧还草面积6.8亿亩，森林覆盖率从10年前的10.32%提高到17.05%。[①] 2007～2011年民族地区造林面积详见表5。

表5　民族地区造林面积统计

单位：千公顷

省　区	2007年	2008年	2009年	2010年	2011年
内蒙古	590.10	718.60	861.90	655.18	731.84
宁　夏	73.60	103.40	89.50	94.93	90.48
广　西	135.20	129.10	139.40	143.25	147.81
新　疆	171.30	270.70	343.60	251.60	216.91
西　藏	45.20	53.60	140.70	117.80	177.49
云　南	319.20	566.10	713.50	661.50	619.96
贵　州	167.40	177.90	236.10	206.60	202.41
青　海	45.20	53.60	140.70	117.80	177.49

资料来源：该表根据国家统计局国家数据网（http：//data. stats. gov. cn/workspace/index？m = fsnd）上述省区相关统计数据制作。

由于自然地理环境因素的影响，一些民族地区森林面积增加不多，且总面积在国土面积中的占比不大。不过，国家林业重点工程大多涉及民族地区，包括天然林保护工程、退耕还林工程、三北及长江流域等防护林建设工

① 《国家发改委：未来10年内还要实施十大生态工程》，新气象网站，2010年7月9日，http：//www. zgqxb. com. cn/kjzg/kejidt/201007/t20100709_ 10488. htm。

程等。这些林业重点工程的年度规划，按地区有所不同。例如，2010 年，新疆和广西分别完成京津风沙源治理工程造林面积 178693 公顷和 30870 公顷；2004～2007 年，西藏完成三北及长江流域等防护林建设工程造林面积 44126 公顷。①

表 6　民族地区林业重点工程造林统计

单位：公顷

指　标	省　区	2011 年	2010 年	2009 年	2008 年	2007 年
林业重点工程造林面积	内蒙古	660392	606397	812223	548861	363860
	宁　夏	40698	94932	89480	103422	73568
	广　西	45592	55872	73502	57195	58488
	新　疆	162187	217726	298775	208394	161822
	西　藏	11999	11906	58442	11180	21319
	云　南	230605	236593	283420	155673	116882
	贵　州	51241	104336	140379	96984	105482
	青　海	101707	63670	104870	43782	43395
天然林保护工程造林面积	内蒙古	87317	116902	238022	119657	123338
	宁　夏	17947	11331	7332	12867	16220
	广　西	—	—	—	—	—
	新　疆	—	—	—	—	—
	西　藏	3333	3165	47621	1180	1119
	云　南	72985	71273	150841	73361	66237
	贵　州	19336	46673	72765	35048	32148
	青　海	28132	17955	20801	20541	15964
退耕还林工程造林面积	内蒙古	39696	51997	48555	101369	34879
	宁　夏	5999	20238	33042	35844	24690
	广　西	18246	23406	33892	49704	54036
	新　疆	33066	39033	50120	62308	41907
	西　藏	8666	8741	10821	10000	10000
	云　南	137060	152749	118648	71778	43843
	贵　州	18667	36663	33274	45936	60002
	青　海	22516	20855	28102	15509	21923

① 国家统计局国家数据网（http：//data. stats. gov. cn/workspace/index？ m = fsnd）新疆、广西、西藏的相关数据。

续表

指　标	省　区	2011 年	2010 年	2009 年	2008 年	2007 年
三北及长江流域等防护林建设工程造林面积	内蒙古	125380	282745	234100	72172	33881
	宁　夏	16752	—	49106	54711	32658
	广　西	27346	—	37642	7139	4452
	新　疆	129121	—	248655	146086	119915
	西　藏	—	—	—	—	10200
	云　南	20560	—	13931	10534	4708
	贵　州	13238	—	34340	16000	13332
	青　海	51059	—	55967	7732	5508
京津风沙源治理工程造林面积	内蒙古	407999	154753	291546	255663	171762
	宁　夏	—	63363	—	—	—
	广　西	—	30870	—	—	—
	新　疆	—	178693	—	—	—
	西　藏	—	—	—	—	—
	云　南	—	12571	—	—	—
	贵　州	—	21000	—	—	—
	青　海	—	24860	—	—	—

资料来源：该表根据国家统计局国家数据网（http：//data. stats. gov. cn/workspace/index？ m = fsnd）上述省区相关统计数据制作。

中国是世界上遭受荒漠化和沙化危害严重的国家之一。其中，西部地区是国内荒漠化和沙化的重灾区。新疆、内蒙古、西藏、甘肃、青海、陕西、宁夏、河北八省区荒漠化面积占全国荒漠化总面积的98%以上。同时，全国具有明显沙化趋势的土地面积为31. 86 万平方公里，占国土总面积的3. 32%，其中绝大部分分布在内蒙古、新疆、青海、甘肃4 省（自治区）。[①] 党和政府对防沙治沙工作极为重视，大力实施以生态建设为主的林业发展战略，并构建了以《防沙治沙法》为主的法律政策体系。截至2009 年底，我国荒漠化土地面积为262. 37 万平方公里，沙化土地面积为173. 11 万平方公里。与2004 年相比，5 年间荒漠化土地面积净减少12454 平方公里，年均减少2491 平方公

① 《第三次中国荒漠化和沙化公报》，中央中央政府门户网站，http：//www. gov. cn/ztzl/fszs/content_ 650487. htm。

里；沙化土地面积净减少 8587 平方公里，年均减少 1717 平方公里。我国土地荒漠化和沙化整体得到初步遏制，荒漠化和沙化土地面积持续减少，土地荒漠化和沙化程度减轻，植被状况进一步改善，实现了“治理与破坏相持”。①

3. 生物多样性保护与自然保护区建设

一是生物多样性保护积极有序地开展。2007 年，国家环境保护总局发布了《全国生物物种资源保护与利用规划纲要》，在西部地区的云南、广西、贵州、四川、重庆、青海、新疆等 7 省（自治区、直辖市）开展生物多样性评价试点。通过试点，基本掌握了各省（自治区、直辖市）的生物多样性现状、变化趋势和威胁因素。

二是自然保护区建设和管理水平不断提高。截至 2012 年底，全国（不含香港、澳门特别行政区和台湾地区）共建立各种类型、不同级别的自然保护区 2669 个，总面积约 14979 万公顷，其中国家级自然保护区总数 363 个，面积 9415 万公顷。西部地区也新建了一批国家级自然保护区。目前，自然保护区面积占西部地区总面积的 18%。

表 7　民族地区自然保护区建设情况统计

	自然保护区数（个）		其中国家级保护区数（个）		保护区面积（万公顷）		其中国家级保护区面积（万公顷）		保护区占辖区面积比重（%）	
年　份	2003	2011	2003	2011	2003	2011	2003	2011	2003	2011
内蒙古	183	184	18	24	1489. 0	1380. 5	360. 4	395. 0	12. 6	11. 7
宁　夏	12	14	5	6	49. 2	53. 6	36. 2	42. 7	9. 5	10. 3
广　西	67	78	11	16	148. 1	145. 3	20. 9	30. 8	6. 1	6. 0
新　疆	26	27	7	9	2152. 9	2149. 4	1294. 4	1360. 6	13. 5	13. 0
西　藏	15	47	7	9	4087. 3	4136. 9	3703. 1	3715. 3	34. 1	33. 9
云　南	186	163	13	17	355. 0	297. 8	137. 5	144. 4	9. 0	7. 8
贵　州	107	129	7	8	80. 9	95. 2	21. 4	24. 4	4. 6	5. 4
青　海	8	11	5	5	2060. 8	2182. 2	2025. 2	2025. 2	28. 6	30. 2
全　国	1999	2640	226	335	14398. 1	14971. 15	8871. 3	9315. 27	14. 4	14. 9

资料来源：该表根据郝时远、王希恩主编的《中国民族发展报告（2001～2006）》第 185～186 页数据及国家统计局国家数据网（http：//data. stats. gov. cn/workspace/index？ m = fsnd）上述省区的相关数据制作。

① 《第四次中国荒漠化和沙化状况公报》，中国林业新闻网，http：//www. greentimes. com/green/econo/hzgg/ggqs/content/2011 －01/05/content_ 114232. htm。

4. 各类区域生态保护及建设规划

2004 年，国家环境保护部组织编制了《国家重点生态功能保护区规划》。在划定的 50 个国家重点生态功能保护区中，少数民族聚居的西部地区占 25 个，保护面积达 145 万平方公里。随后，国务院及国家发改委等相继批准实施了《青海三江源自然保护区生态保护和建设总体规划》（2005 年）、《青海湖流域生态环境保护与综合治理规划》（2007 年）、《甘南黄河重要水源补给生态功能区生态保护与建设规划》（2007 年）和《西藏生态安全屏障保护与建设规划》（2009 年），为构筑稳固的青藏高原国家生态安全屏障打下坚实基础。

以上所列主要涉及 2007 ~ 2011 年民族地区生态环境保护和建设状况。2012 年，西部地区生态建设和环境保护取得如下新进展：一是安排中央林业投资 440. 2 亿元，继续实施天然林资源保护、京津风沙源治理、石漠化综合治理、湿地保护等重点生态工程。二是巩固退耕还林成果，专项安排基本口粮田建设 770 万亩、户用沼气 17 万口、生态移民 17 万人、特色种植业 1183 万亩、补植补造 480 万亩；安排草原生态保护补助奖励资金 139 亿元，退牧还草工程安排围栏建设 6606 万亩，退化草原补播 2191 万亩，人工饲草地建设 83 万亩，舍饲圈棚建设 6. 5 万户。三是小水电代燃料生态保护工程建设装机 19 万千瓦，解决 16. 8 万户农村居民的生活燃料问题。四是治理水土流失面积 6553. 2 平方公里，实施坡改梯 68. 8 万亩。五是建立健全生态补偿机制，中央财政安排重点生态功能区转移支付 371 亿元。六是深入开展生态文明市（县）示范工程试点，批复内蒙古乌兰察布等 13 个市（州、盟）和重庆巫山县等 74 个县（市、区、旗、团）为生态文明工程示范试点市（县），批复贵阳建设全国生态文明示范城市。七是继续实施重点流域污染治理、重金属污染综合防治、重点区域大气污染防治、良好湖泊生态环境保护、尾矿库闭库治理等环保工程。继续支持重点节能工程和园区循环化改造示范试点、鄂尔多斯等城市工业固废综合利用试点、“城市矿产”示范基地建设，启动资源综合利用“双百工程”。八是稳步推进历史文化名城名镇名村、风景名胜区和世界遗产保护，新建古日格斯台等 12 个国家自然保护区和青格达湖国家城市湿地公园。[①]

三　民族地区生态文明建设的分析及建议

我国少数民族主要聚居在西部地区。该区域生态系统类型多样，但生态脆弱区域面积较大，降低了该地区生态环境承载能力，加剧了自然灾害危害程度，给人民生命财产安全带来了许多隐患，制约了经济社会可持续发展。尽管生态保护与建设工作取得了明显成效，工程治理区呈现生态改善的良好势头，但生态环境状况整体恶化的态势尚未得到根本遏制，传统经济发展方式带来的生态保护压力依然较大。

（一）经济社会发展面临的问题

21 世纪以来，民族地区经济社会发展都取得了显著的进步，尤其是经济增长速度排在全国前列。然而，民族地区的快速发展建立在十分薄弱的基础上，与东部地区相比差距依旧显著。根据中国科学院可持续发展战略研究组的评估，20 世纪 90 年代以来，各省（自治区、直辖市）可持续发展能力增幅超过全国平均水平（10.6%）的有 22 个，包括西藏、贵州、青海、新疆、内蒙古、广西、云南等民族地区。但是如果按照全国省（自治区、直辖市）的排名，民族地区则较为靠后。从 2010 年中国各省（自治区、直辖市）可持续发展能力排序看，位居后十位的依次是新疆、内蒙古、河北、贵州、山西、云南、青海、甘肃、宁夏、西藏，其中有 7 个属于民族省区。[②] 2010 年全国各区域可持续发展能力综合评估结果见表 8。

① 《发改委：西部地区扭转与其他地区发展差距扩大势头》，中国新闻网，2013 年 8 月 26 日，http：//www. chinanews. com/gn/2013/08 - 26/5204535_ 5. shtml。

② 中国科学院可持续发展战略研究组：《2013 中国可持续发展战略报告——未来十年的生态文明之路》，科学出版社，2013，第 283、275 页。

表 8　2010 年各区域可持续发展能力综合评估结果（1995 年全国为 100.0）

地　区	生存支持系统	发展支持系统	环境支持系统	社会支持系统	智力支持系统	可持续发展总能力
东部地区	106.2	123.8	106.5	119.2	113.6	113.9
东北老工业基地	107.9	118.9	107.5	119.8	112.8	113.4
中部地区(8 省)	107.6	116.5	106.1	114.9	111.3	111.3
中部地区(6 省)	107.1	116.4	105.6	113.8	111.0	110.8
西部地区	104.7	112.8	100.2	109.4	111.2	107.7

资料来源：根据中国科学院可持续发展战略研究组《2013 中国可持续发展战略报告——未来十年的生态文明之路》第 278 页表格制作，科学出版社，2013。

目前，我国民族地区经济发展的一大问题是产业结构问题。第一产业比重偏高，从业人数较多，产业结构水平低，农牧业经济特色明显；第二产业发展滞后，工业内部结构性矛盾突出，从业人数依然较低，存在资源型重工业超前发展、轻型加工业严重滞后的特点；第三产业近年有较大发展，在三次产业中所占比重逐年提高，但层次偏低，以传统服务业为主，存在结构性滞后问题。① 随着工业化和城镇化进程的加快，部分民族地区经济社会发展对资源能源的消耗量和污染物排放量都较高。这种高消耗、高排放的粗放型发展模式给生态环境造成了很大的压力。

社会发展的问题在基础设施建设、公共服务及教育科技水平等方面均有反映，并通过民生发展水平的评估体现出来。北京师范大学发布的《中国民生发展报告》显示，1995 ~ 2010 年中国民生发展水平大致呈现出“东部—东北部—中部—西部”由强渐弱的阶梯形分布趋势。在 2010 ~ 2012 年省级发展与民生指数排名中，云南、甘肃和贵州一直位居后三位；特别是 2011 年度的评估中，人均 GDP 排序相对靠前的内蒙古、宁夏、新疆、青海等省份，发展与民生指数排序却相对靠后，表现出地区发展与民生指数和人

① 参见张清宇、秦玉才、田利伟《西部地区生态文明指标体系研究》，浙江大学出版社，2011，第 22 ~ 23 页。

均 GDP 的比较差异较大的特点。①

经济社会发展指标与生态文明建设水平呈现出正相关关系。严耕等人的研究发现，生态文明指数（ECI）排名靠前的省份，有的是由于社会发展程度高，其经济总量和人均国内生产总值居全国前列，经济规模较大，并且对城镇化、教育发展、农村改水等各项社会事业投入力度较大，现代化程度较高，而且其产业结构已开始转型升级，正向较高程度的协调方向迈进；另一些省份则是由于生态环境较好，生物资源的生产力水平较高，生态资源基础雄厚。生态文明指数排名靠后的省份，大部分位居内陆，相对而言，尚不具备发展经济的地理优势。而且有的省份是农业大省或者能源大省，不仅其产业结构不太合理，而且其现代化程度不高。与此同时，其生态环境比较脆弱，面临的压力较大。② 根据他们的评估，2005 年以来民族地区的生态文明指数在全国各省区中的排名整体来说处于中下水平（见表 9）。

表 9　民族地区生态文明指数（ECI）得分和排名等级

单位：分

地　区	2005 年	排名	2006 年	排名	2007 年	排名	2008 年	排名	2009 年	排名	2010 年	排名
内蒙古	60. 14	27	59. 71	30	60. 33	28	65. 47	24	90. 69	15	90. 98	15
广　西	69. 99	14	70. 30	15	74. 33	10	73. 38	13	88. 91	16	87. 10	18
云　南	70. 07	13	65. 20	22	70. 57	16	70. 45	17	83. 19	23	86. 13	19
西　藏	73. 34	11	68. 02	18	71. 49	14	70. 24	18	87. 90	18	85. 02	20
新　疆	62. 38	25	62. 40	25	60. 82	27	62. 67	28	79. 43	28	80. 04	26
青　海	64. 26	22	62. 51	24	64. 39	24	65. 13	25	78. 43	30	78. 74	28
贵　州	59. 18	28	60. 12	29	63. 52	25	62. 85	27	79. 67	27	78. 46	29
宁　夏	55. 57	30	61. 64	27	56. 36	31	59. 29	30	78. 83	29	75. 67	30

资料来源：引自严耕等《中国省域生态文明建设评价报告》2010 年卷第 3 页、2011 年卷第 3 页、2012 年卷第 2 ~ 3 页表格数据，社会科学文献出版社，2010 ~ 2012 年出版。

① 朱剑红：《地区发展与民生指数报告发布》，人民网，2013 年 2 月 9 日，http：//politics. people. com. cn/n/2013/0209/c1001 – 20473017. html。

② 严耕等：《中国省域生态文明建设评价报告（ECI2010）》，社会科学文献出版社，2010，第 4 页。

综合几年的评价结果可以发现，八个民族省区生态文明指数排名的变动较大，既有上升也有下降，其中内蒙古的得分提高幅度较大。从 2009 年起，该研究将各省域生态文明指数排名分为四个等级，排名位于第三等级的省份，整体生态文明水平均在全国平均水平以下。在八个民族省区中，只有内蒙古的排名在全国平均水平之上。虽然广西、云南、西藏、贵州等省份在生态环境方面具备一定优势，但社会发展水平相对落后，经济社会发展压力较大。

（二）生态环境保护和建设面临的问题

单就生态环境和生态保护的某些指标来说，民族地区具有无可比拟的优势。比如，自然保护区面积广阔、占国土面积比重大。2010 年，我国有 9 个省份的自然保护区面积比例高于 11.93% 这一世界平均水平，其中包括西藏、青海、新疆、内蒙古四个民族省区。西藏、青海的自然保护区面积比例达到 34.02% 和 30.21%，相当于世界第 11 位和第 12 位的水平。① 再比如，人口密度较低。根据 2010 年的资料，在全国 31 个省份中，西藏、青海、新疆、内蒙古的人口密度低于世界平均水平。② 从大尺度的空气、水体以及土地环境质量来说，云南、西藏、贵州、青海、新疆等也都具有较为优越的条件。然而，民族地区区域辽阔，生态环境的区域差异巨大，在生态环境保护和建设方面，一直面临一系列的问题和困难。

中国科学院课题组通过对能源消费总量、用水总量、建设用地规模、固定资产投资、化学需氧量排放量、二氧化硫排放量、工业固体废物排放总量、氨氮排放量、烟尘排放量等指标进行评估，计算出资源环境综合绩效指数。通过对 2000 年以来各地资源环境综合绩效评估结果的分析，可以看到目前中国的资源环境综合绩效指数最高的为东部地区，最低的为西部地区（见表 10）。

---

① 北京林业大学生态文明研究中心：《中国省域生态文明建设评价报告（ECI2012）》，社会科学文献出版社，2012，第 41～42 页。

② 北京林业大学生态文明研究中心：《中国省域生态文明建设评价报告（ECI2012）》，社会科学文献出版社，2012，第 65 页。

表 10 中国各区域资源环境综合绩效指数（2000 年全国为 100.0，不含西藏）

地 区	2000年	2001年	2002年	2003年	2004年	2005年	2006年	2007年	2008年	2009年	2010年	2011年
东部地区	136.8	149.7	171.8	185.8	204.2	216.3	246.3	287.1	330.5	378.3	429.2	434.0
东北老工业基地	81.3	89.9	102.5	110.4	119.1	114.9	125.7	142.8	165.8	187.7	217.4	229.0
中部地区	81.6	87.9	93.9	97.1	102.2	106.3	116.2	133.1	153.2	170.7	196.8	210.9
西部地区	65.1	70.8	75.8	76.2	80.4	83.1	93.5	108.8	124.4	140.1	154.6	168.6
全 国	100.0	107.2	116.6	121.6	127.0	130.7	145.3	167.9	189.0	210.0	232.8	239.0

资料来源：中国科学院可持续发展战略研究组：《2013 中国可持续发展战略报告——未来十年的生态文明之路》，科学出版社，2013，第 313 页。

在资源环境综合绩效水平评估中，民族地区在全国 30 个省份中（缺西藏）的排名也较为靠后，特别是位列全国后十位的省份以西部地区居多数（见表 11）。

表 11 七省区资源环境综合绩效水平排序（2000～2011 年）

地 区	2000年	2001年	2002年	2003年	2004年	2005年	2006年	2007年	2008年	2009年	2010年	2011年
内蒙古	27	28	27	28	28	27	24	24	24	24	24	23
广 西	26	26	26	26	27	26	26	26	26	25	25	19
贵 州	29	29	29	29	29	28	27	28	27	27	26	26
云 南	17	17	14	15	15	17	17	19	19	18	18	25
青 海	24	23	22	25	25	29	29	29	29	29	29	28
宁 夏	30	30	30	30	30	30	30	30	30	30	30	30
新 疆	22	22	23	24	24	24	25	27	28	28	28	29

资料来源：根据中国科学院可持续发展战略研究组《2013 中国可持续发展战略报告——未来十年的生态文明之路》（科学出版社，2013）第 312 页表格制作。

目前，民族地区生态环境保护和建设的突出问题表现在以下几个方面。

1. 水土资源保护任务艰巨

我国是世界上水土流失严重的国家。特别是少数民族聚居的西部地区，由于荒漠化及沙化、草场退化等问题的影响，人们的生存和发展环境受到极大的破坏。根据遥感调查，全国土壤受侵蚀面积达 357 万平方公里，占国土面积的 37.2%。其中：东部地区水土流失面积 9.1 万平方公里，中部地区

51.15 万平方公里，西部地区 296.65 万平方公里。全国水土流失面积比 1990 年减少 11 万平方公里。[①] 说明我国水土流失综合治理在局部地区成效显著，但西部地区水土流失防治任务仍然十分艰巨。

目前，我国土地荒漠化和沙化整体得到初步遏制，但是防沙治沙的任务仍然非常艰巨。荒漠化和沙化最严重的八个省区中，均包括新疆、内蒙古、西藏、青海、宁夏 5 个民族省区。同时，西南地区的贵州、广西、云南三个民族省区，是我国土地石漠化的重灾区。不断增加的土地退化面积使民族地区本来紧张的可利用的资源不断减少、土地生产力下降，给民族地区的社会经济和可持续发展带来了巨大影响。

由于环境变迁和人类活动的影响，少数民族聚居的西部地区缺水状况较为严重。特别是西北地区，年降雨量大都在 400 毫米以下，有的仅为 100 毫米，而多年平均年蒸发量高达 1200 毫米以上，且降水量和径流量的年际变化很大，水资源供需矛盾突出。西南地区水资源丰富，但多暴雨，导致水资源利用率低，流失量大，旱灾、水灾交替发生。同时，西南地区由于岩溶地貌和高山深谷地形的影响，无法涵蓄较多的水分，也难以修建大型水利工程。总的说来，西北地区属资源性缺水，西南地区为工程性缺水。

草原退化和森林植被破坏的情况在民族地区还没有得到根本改变。特别是西北民族地区的草原退化率大大高于全国平均水平，其中宁夏草原退化率高达 90% 以上，西藏高达 30% 以上。由于自然条件的限制，以及过度垦殖、放牧和乱砍滥伐等人为因素的影响，西部地区森林植被破坏也较为严重。截至 2011 年，新疆森林覆盖率为 4.0%，青海为 4.6%，宁夏为 9.8%，西藏为 11.9%，大大低于全国 20.4% 的平均水平。[②]

2. 环境污染治理亟待加强

随着工业化和城镇化进程的加快，民族地区经济总量得到较快增长。但

① 《遥感调查发现：全国土壤侵蚀总量占国土面积的近四成》，新华网，2010 年 11 月 28 日，http://www.xinhuanet.com/chinanews/2010-11/28/content_21501931.htm。该报道的数据应当来自 2002 年公布的全国第二次水土流失遥感调查结果。

② 国家统计局国家数据网（http://data.stats.gov.cn/workspace/index?m=fsnd）新疆、青海、宁夏、西藏的相关数据。

是，大规模的开发浪潮也带来了巨大的环境压力。特别是部分民族地区资源开发型的发展方式和发达地区落后产业向民族地区转移引起的环境质量下降，造成了当地人民的不满情绪，在一定程度上影响到社会稳定和民族团结，影响到我国生态文明建设的整体进程。

长期以来，农村环境污染没有得到足够的重视。目前，农业污染已占全国污染的半壁江山，农村环境保护形势严峻，环境问题日益突出。我国农村环境保护面临的最大问题是农业源污染，即在农业生产活动中，由农药、化肥、废料、沉积物、致病菌等分散污染源引起的对水层、湖泊、河岸、滨岸、大气等生态系统的污染。2007 年第一次全国污染源普查结果显示，农业源主要污染物如化学需氧量、总氮和总磷分别达到 1324.09 万吨，270.46 万吨、28.47 万吨，分别占全国排放量的 43.7%、57.2% 和 67.3%。[①] 化肥、农药的过量施用是造成农业源污染的主要原因。统计数据显示，1980 年至今，我国粮食单产水平提高了 56%，而化肥投入量增长了 225%；同期，德国、法国等发达国家粮食单产水平提高了 51% ~52%，而化肥投入量减少了 31% ~47%。2012 年，全国农药行业产量达 112 万吨（折百量），比上年增长 11%，其中除草剂产量增 40%。[②] 受自然条件、土地利用、基础设施及生产方式等因素影响，民族地区生产力的提高在很大程度上依赖于对化肥、农药的利用。内蒙古、广西、新疆、西藏、云南、贵州、青海八个民族省区的农药施用强度连年上升，成为这些地区环境质量退化的主要因素之一。[③] 除此之外，西部民族地区农村生活垃圾、畜禽粪便的处理也存在很大的问题，导致农村环境污染不断加重。

3. 防灾减灾工作面临诸多挑战

由于特殊的地理、地质、气候条件，少数民族聚居地区成为我国灾情多

① 《2012 中央财政直投农村环保 55 亿》，新浪网财经频道，http：//finance. sina. com. cn/roll/20111227/004011077204. shtml，2011 年 12 月 27 日。

② 《农业源污染治理刻不容缓》，《中国环境报》2013 年 3 月 4 日，引自新浪网公益频道 http：//gongyi. sina. com. cn/greenlife/2013 - 03 - 04/101941379. html。

③ 参见北京林业大学生态文明研究中心《中国省域生态文明建设评价报告（ECI2012）》（社会科学文献出版社，2012）第三部分对各省区的相关分析。

发区，自然灾害的种类多，发生的频率高，造成的损失大。特别是2008年以来，我国接连发生特大自然灾害，包括南方低温雨雪冰冻、汶川特大地震、玉树强烈地震、舟曲特大山洪泥石流、西南大旱等，都发生在少数民族聚居地区，给各族人民的生命财产安全造成了严重威胁，给经济社会发展带来了严重影响。由于各种因素的限制，长期以来民族地区抵御灾害的能力较弱，防灾减灾的工作面临严峻挑战。在制度建设方面，缺少完善的法律法规，应急指挥体系和应急管理机构也存在不少问题。在预测预警和预案方面，能力严重不足，面临很多技术、水平以及机制方面的问题。在人力、物资、设备、设施、资金、保险、宣传等方面，同样存在诸多的问题与不足。上述方面存在的问题，成为民族地区防灾减灾工作走向制度化、程序化、规范化的制约因素。

（三）讨论和建议

《西部地区重点生态区综合治理规划纲要（2012～2020年）》指出：西部地区是国家重要的生态安全屏障，是我国大江大河的发源地，是森林、草原、湿地等生态资源的集中分布区和重要的生物多样性聚集区，是优质农林牧产品生产基地和特色自然文化旅游资源富集区。[①] 因此，加强西部民族地区生态保护和建设，对保障国家生态安全和实现可持续发展具有重要意义。

进入21世纪以来，我国少数民族聚居地区的生态文明建设取得了积极进展。中国社会科学院可持续发展战略研究组认为，就我国可持续发展的接续能力而言，西部地区在资源丰富性、市场潜在性、环境重要性、文化多样性、对外开发性等方面具有很大的优势。然而，西部地区既是大江大河水源涵养区，又是生态脆弱区和环境敏感区；既是我国的能源和资源的战略要地，又是经济欠发达地区。因此，它面临着“保护与发展”这一矛盾辩证的巨大难题。如何“在发展中求保护，在保护中促发展，使发展与保护相统一”，寻求经济发展与环境保护的两全之策？我们认为需要政府和社会各

① 引自中国发展门户网，http：//cn.chinagate.cn/economics/2013－04/22/content_28621109.htm，2013年4月22日。

界进行多方面的努力。

第一，按照党的十八届三中全会决定的精神，加快生态文明制度建设。即建立系统完整的生态文明制度体系，包括健全自然资源资产产权制度和用途管制制度、划定生态保护红线、实行资源有偿使用制度和生态补偿制度、改革生态环境保护管理体制。实行最严格的源头保护制度、损害赔偿制度、责任追究制度，完善环境治理和生态修复制度，用制度保护生态环境。只有这样，才能真正将生态文明建设提到战略发展的高度。然而，关于制度建设，谁来制定？如何制定？怎样执行？这是一个需要认真研究和科学探讨的重大问题，是关系生态文明制度建设成败的关键所在。

第二，针对民族地区既是我国能源和资源的战略要地，又是经济欠发达地区的现实特点，加强对民族地区的资源有偿使用和生态补偿。长期以来，民族地区要求生态补偿的呼声很高，并引发了诸多社会矛盾和问题，因此应当予以极大的重视。除了从国家层面进行统筹发展的设计外，应按照“谁受益谁补偿、谁破坏谁恢复”的原则，探索各种类型的民族地区生态补偿体制。例如，2013 年 11 月在青海省启动的三江源、青海湖牧区分户式太阳能碳权开发暨碳交易项目，即生态环境保护与开发建设权益交易体系中的中国西部首个生态补偿碳交易项目。此项生态补偿碳交易项目从减缓气候变化角度出发，在三江源和青海湖地区分别选择三个试点社区，引导 600 余户牧民进行分户式太阳能设备的碳减排量的实践。该项目主要运用公平、公开、公正的交易平台，将二氧化碳减排指标挂牌销售，并将碳交易收益以生态补偿方式返还社区，通过生态补偿的方式鼓励农牧民优先使用清洁能源。中国兴业太阳能技术控股有限公司购买碳减排指标 100 吨，成功完成了首单交易。[①] 该项目为三江源及与三江源有类似生物特征地区的生态文明建设提供了借鉴。

第三，加强经济社会发展，全面提高生态文明建设的能力。经济发展与生态维护的关联性问题在民族地区最为严峻。要破解民族地区“保护与发展”

---

① 《青海省完成西部首单生态补偿碳交易项目》，《西宁晚报》2013 年 11 月 5 日。转引自中国日报网财经频道，http：//caijing. chinadaily. com. cn/xfly/2013 - 11 - 06/content_ 10513289. html。

的矛盾，必须加快转变经济发展方式，大力调整优化产业结构，加快发展第三产业，特别是生态旅游、生态文化创意产业等新兴产业，提高其比重和水平；优化第二产业内部结构，大力推进信息化与工业化融合，提升高技术产业，限制高能耗、高污染工业的发展；大力发展循环经济，加强对废物的资源化再利用，提高资源利用率；加快发展生态农牧业。在社会建设方面，要进一步加强基础设施、教育文化和医疗卫生等公共服务能力建设，全面提高人口素质和人民生活水平，为经济社会的全面协调发展奠定更加坚实的基础。

第四，在资金投入和财政支持方面继续给予民族地区更大的支持。全国592个国家扶贫开发工作重点县（旗、市），大部分属于少数民族聚居的西部地区。这些地区由于经济总量小、财政收入少，财政困难的状况依然没有得到根本的改变，许多地方政府债务沉重。中央在下达地方专项资金的同时，要求地方安排相应配套资金，给地方财政带来极大负担，致使各种问题迭出，产生了消极影响。因此，应逐步减少乃至取消民族贫困地区的财政配套资金。

第五，结合地方实际和特点，科学规划各类生态项目。加大节能减排工作和环境污染治理力度，继续实施重点生态工程，在植树造林、防沙治沙、水土保持、草原保护、荒漠化及石漠化治理等方面，取得更好的成效。重视农村环境治理，特别是农业源污染治理和生活垃圾处理，继续拓展农村新能源建设领域，巩固沼气、太阳能项目建设成果。在城镇化进程中，特别需要重视小城镇的科学规划和建设，避免形成新的环境破坏和污染。

总之，生态文明建设是一项全面系统的工程，必须将之融入经济建设、政治建设、文化建设和社会建设各方面和全过程。正如有的专家指出：“经济规模、城市化水平、科技教育水平、产业结构、社会福利水平对促进生态文明建设发挥作用的原理，是通过促进社会发展、在经济发展的基础上提高协调发展能力，并通过积极反哺于生态建设的方式，对环境的破坏进行补偿，最终实现在整体上推动生态文明建设事业不断进步。”①

① 严耕主编《中国省域生态文明建设评价报告（ECI2011）》，社会科学文献出版社，2011，第31页。

专题报告

Special Reports

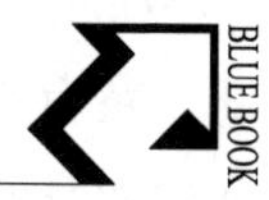

B.8

三江源地区生态移民的经济社会风险分析

扎 洛*

摘 要：本文根据2009年、2011年两次在三江源地区的田野调查，通过案例分析的方式，对生态移民过程中，牧民群体在搬迁到城镇定居后面临的经济社会风险进行了梳理，指出无论在移民初期，还是未来在城市的长期生活，牧民都面临着一系列的风险。在即将启动新一轮城市化进程时，有必要认真总结前期移民项目的经验教训，以完善未来同类项目的规划设计，使投资巨大的社会发展项目达到预期的目标。

关键词：三江源 生态移民 社会融合 风险

* 扎洛，中国社会科学院民族学与人类学研究所研究员。

从2003年建立三江源（即长江、黄河及澜沧江的源头地区）生态保护区开始，中国政府在青藏高原东部藏族聚居区实施了一系列游牧民迁移和定居项目。根据《青海三江源自然保护区生态保护和建设总体规划》（2005年1月26日国务院批准），从2004年起，将玉树州、果洛州、海南州、黄南州等地10140户55773人迁移到24个城镇定居。随后，中央政府相继颁布的《关于支持青海等省区藏区经济社会发展的若干意见》（2008年）以及《玉树地震灾后恢复重建总体规划》（2010年6月9日国务院批准）都包含着将三江源地区游牧民搬迁安置到乡、县、州政府所在地城镇附近的政策。

此项政策主要基于如下考虑。①保护草原生态环境。1998年长江流域持续的洪涝灾害，给富庶的长江中下游地区造成了巨大的经济损失。人们发现造成灾害的重要原因是长江全流域自然生态的严重破坏。以此为契机，中国政府提出了生态保护的宏观规划（“再造秀美山川”）。青藏高原东部地区作为江河之源，在水源涵养、水土保持方面具有重要意义。但这一地区同样面临草原退化等生态危机。专家们认为，除了全球气候变化因素，超负荷利用草原（“过度放牧”）是生态恶化的重要原因。在尚未找到有效方法自主恢复草原生态的情况下，解决问题的办法似乎只有减少草原区人口和牲畜数量，缓解草场压力，通过休养生息使草原生态得以恢复。于是，基于草场生态承载力划分出禁牧区、减畜区（即所谓“以草定畜”），按比例实施移民搬迁。②提高牧民生活水平。之所以将部分牧民迁移到城镇或城镇附近安置，是基于中国目前的城乡福利水平差异而做出的选择。长期以来的城乡二元结构使城市拥有的公共设施（如学校、医院、交通、信息、商业等）远优于牧区。由于居住分散，牧区公共设施建设成本很高，长期以来处于明显的滞后状态，在未来一个时期内也很难实现城乡同步发展。将牧民安置到城镇定居，使其能够分享城镇公共设施，是改善牧民福利条件的有效手段。假使通过适当的扶持，使他们能够在城市立足并获得发展机会，则有助于他们步入现代化生活。因此，从政府的角度看，游牧民城镇安置不只单方面要求牧民做出牺牲，同时也包含着促进牧民经济社会发展的内涵。

游牧民城镇安置项目从一开始即受到国内外学术界的高度关注。学者们基于实地观察，描述和讨论了移民的动因，迁移后的经济生活、社会适应、文化变迁等①。通过文献检索不难发现，一些最初发现的常见问题，比如生活适应问题，随着时间的推移已逐步消除。文化变迁和社会融合问题正以各种方式凸显出来，成为新的关注热点。而就业（“后续产业”）困难这

---

① 相关研究成果较为丰富。有关移民搬迁原因分析的论文有：张贺全、逯庆章：《青海三江源地区实施生态移民的分析与思考》，《青海草业》2007 年第 4 期；白建俊、谢芳：《对黄南藏族自治州三江源自然保护区生态移民情况的调查》，《青海金融》2007 年第 7 期；绽小林、陶秉元：《青藏高原区三江源区生态环境与生态移民及社会发展困境问题研究——以青海藏区藏民族移民群体为主体的实证研究》，《藏学学刊》2008 年第 4 辑；陈洁：《青海省三江源退牧还草和生态移民考察——基于玛多县的调查分析》，《青海民族研究》2008 年第 1 期；隋艺：《生态移民迁移的动因分析——以三江源 × 村生态移民为例》，《青海社会科学》2012 年第 3 期。有关社会文化适应的论文有：石德生：《三江源生态移民的生活状况与社会适应——以格尔木市长江源生态移民点为例》，《西藏研究》2008 年第 4 期；解彩霞：《三江源生态移民的社会适应研究——基于格尔木市两个移民点的调查》，《青海社会科学》2009 年第 3 期；白雪梅：《三江源环境保护中生态移民的人文思考》，《青海环境》2009 年第 3 期；百乐·司保才仁、韩昭庆：《试论三江源生态移民的文化变迁》，《复旦学报》2007 年第 3 期；百乐·司保才仁：《谈三江源生态移民及其文化变迁》，《青海师范大学学报》2006 年第 3 期；祁进玉：《草原生态移民与文化适应——黄河源头流域为个案》，《青海民族研究》2011 年第 1 期；索端智：《三江源生态移民的城镇化安置及其适应性研究》，《青海民族学院学报》2009 年第 2 期；桑才让：《对三江源生态移民文化适应性问题的调查与思考》，《攀登》2011 年第 6 期；韦仁忠：《草原生态移民的文化变迁和文化调适研究——以三江源生态移民为例》，《西南民族大学学报》2013 年第 4 期。有关移民就业的论文有：周华坤：《三江源生态移民的困境与可持续发展策略》，《中国人口·资源与环境》2010 年第 3 期；骆桂花：《三江源生态移民安置与后续产业发展的社会调查》，《青海民族学院学报》2009 年第 2 期；贾荣敏：《三江源生态移民对于反贫困问题的意义》，《青海民族学院学报》2009 年第 2 期；赵宏利等：《生态移民后续产业发展模式研究——以三江源国家级自然保护区为例》，《生态经济》2009 年第 7 期；邢晓红：《三江源地区生态移民后续产业发展现状及调查》，《林业经济》2010 年第 7 期；郭志仪、马洪波：《三江源可持续发展的制度选择》，《改革》2005 年第 10 期；严琼：《三江源地区生态移民就业问题研究》，《青海民族大学学报》2013 年第 1 期；田朝晖、解安：《社会救助的贫困治理绩效与“陷阱”规避——以三江源生态移民为例》，《南京人口管理干部学院学报》2012 年第 3 期。有关社会整合的论文有：王小梅、高丽文：《三江源地区生态移民与城镇化协调发展研究》，《青海师范大学学报》2008 年第 1 期；韦仁忠：《藏族生态移民的社会融合路径探索——以三江源生态移民为例》，《中国藏学》2013 年第 1 期；王小梅等：《三江源区生态移民整合研究》，《生态经济》2007 年第 2 期；周甜：《牧民？农民？市民？——浅议三江源生态移民社会角色的特殊性》，《青海民族研究》2009 年第 4 期。

个核心问题始终未得到妥善解决。当前，中国政府将提高城镇化水平作为推动新一轮社会发展的重要动力，可以预料游牧民城镇定居的政策仍将继续。在这种背景下，对先前的同类项目（同一族属人群、同一治理环境）进行深入的考察和评估，总结经验教训，对于未来的工作无疑具有借鉴意义。

笔者基于风险分析视角，通过2009年、2011年两次在青海省三江源地区（玉树州、果洛州、黄南州）的田野调查，梳理和分析游牧民定居项目特别是城镇安置型项目实施过程中牧民群体面临的经济社会风险。根据笔者对迁移牧民安置的历时（纵向）观察，将这些风险归类为短期风险和长期风险，以标识在移民搬迁不同阶段需要特别加以关注的问题。最后，立足于风险控制提出若干政策建议。

一　“风险”定义

风险（risk）是指一种潜在的危险（danger），它并非已经发生，然而确有毁灭或造成损害的可能性，它表述的是安全和损害之间的一个中间阶段的特性，是“虚拟的现实”。如果对这种可能性缺乏感知和判断并加以防范，就可能出现各种不确定性和悲剧等“意外结果”，使危害成为现实。

为了预测和防范风险，出现了风险评估和分析行业。风险分析的目的在于感知和发现这种可能性，从而应对、防范、规避、化解风险，使事物的发展处于“控制”之中。对风险的描述一般都是通过阐述风险造成的伤害或损失的可能性来进行的，因此带有主观推测的性质。但是，这种推测又是有历史经验依据的，先前的或其他地方的案例是评估风险的重要依据。当然，风险并不全是负面的，化解风险激发人类的创造活力，是推动社会进步的重要动力来源。[①]

就本文关注的三江源地区生态移民城镇安置类项目而言，我们如何来

① 大卫·丹尼：《风险与社会》，马缨等译，北京世纪出版公司、北京出版社，2009，第9页。

定义或感知牧民所面临的经济社会风险呢？鉴于游牧民定居工程并非临时政策、权宜之计，而是包含着期待部分牧民永久离开草原而定居城市的社会发展目标，因此，我们不仅需要考察安置的具体过程及其适应城市生活等带来的各种风险，更需要考察牧民迁移后，在文化变迁、社会融合等方面面临的风险。每一个环节的设计失误与行动失调都有可能对牧民（包括个体和群体）造成损害，使其对项目产生抗拒心理，影响项目的整体效果。[①] 当然，这并不是说风险无处不在，政府的项目规划通常包含控制常规风险的机制，因此，我们看到移民搬迁项目总体实施较为顺利。但是，任何一种机制都由于自身的特性存在一些难于克服的，或者说容易忽略的矛盾，这就有可能使特定的风险敞口大开。三江源地区在实施生态移民城镇安置项目的过程中个别地区就出现过不同类型的“问题”，引发牧民静坐示威、集体上访等，还有一些矛盾只是表现为局部地区人群的抱怨、愤怒等，并未激化成为实际的抗议行动。笔者认为这些在“此时”“此地”出现的问题或者说对牧民利益造成的损害，就“彼时”“彼地”而言就是一种风险存在，一种潜在的值得特别加以注意的危险可能。在本文中笔者将迁移及适应过程中的风险概括为短期风险，通过田野访谈很容易了解曾经有哪些问题发生；而将文化变迁、社会融合过程中的风险概括为长期风险，由于此类问题是在较长时期的社会互动中产生的，目前尚未充分显露，因此，只能就目前捕捉到的一些现象做初步的推测和阐释。提前勾画这些“虚拟的现实”，只是为了警示未来的同类项目在设计和实施中需要注意的问题。需要说明的是，笔者的调查主要是个案访谈，而没有进行问卷调查，对于试图说明群体社会状况的研究来说，缺乏定量分析，显然是个缺陷。

① 世界银行高级专家迈克尔·M. 塞尼（Michael M. Cernea）等总结认为，非自愿移民安置中经常出现的八大贫困风险：失去土地、失业、失去家园、边缘化、不断增长的发病率和死亡率、食物没有保障、失去享有公共的权益、社会组织结构解体，当然这些因素在不同地方的影响不同。见河海大学水库移民经济研究中心编译《移民·重建·发展——世界银行移民政策与经验研究（二）》[*Resettlement · Rehabilitation · Development-Studies on World Bank Resettlement Policies and Experiences*（Ⅱ）]，河海大学出版社，1998。

二　短期风险

所谓短期风险是指牧民在迁移准备和初到城镇定居等早期阶段所面临的风险。这一阶段对于牧民来说是最困难、最脆弱的阶段，面临着抉择、离别和生活环境的巨大变化，能否顺利度过这一阶段，对于牧民重建新的生活意义重大。调查中，多个地点的牧民反映，对于他们来说，决定搬迁完全是个仓促的决定，甚至有特殊个案显示当地政府只给了一个晚上的考虑时间，这让他们对未来生活的可能变化缺乏充分的估计。当几个月后，他们离开家乡搬进城镇新居时，感受各不相同。对于河南县德尔龙村的牧民来说，他们的新家离原先的草原只有十几公里，他们熟悉县城环境。而对于曲麻莱县曲麻河乡的牧民来说，建在格尔木市附近的新家离原先的草原有 500 公里之遥，对于多数人来说完全是个陌生的异乡。

生态移民作为由国务院批准、当地政府推动的官方项目，前期有较为详细的规划和设计，项目区地方政府必然将其作为重点工作来执行，也有各种政策和服务保障，因此，多数牧民搬迁后很快能够稳定下来，生活步入正轨。但是，调查发现也有一些地方在落实规划时存在缺陷，一些牧民在适应城市生活方面遇到难题，这些都给牧民生活和利益造成了程度不同的损害。

1. 规划落实不到位带来的风险

凡涉及移民搬迁的县乡前期都根据青海省的相关规定制订了移民规划，为了动员牧民搬迁，当地政府前期已将这些规划向牧民公开。多数牧民就此也对未来生活形成了大致的预期，但是，由于施工进度过快、资金不足等原因，一些地方的原有规划并未完全落实，不仅给牧民生活造成不便，还影响到牧民对政府、官员的信任。

案例 1　我们没有自来水

我们属于玛沁县优云乡优曲牧委会，2007 年 125 户迁移到州府大武镇。按照规划每户都应该有自来水，但是，2007 年我们迁移过来时，没有自来水。定居点旁边有条小河，河水看着很清，大家就从那里提水喝。但是，没想到那条小河是从城市边上流下来的，已经被污染，很多人（喝了河水后）拉肚子、出麻疹，这时人们才知道城里的河与草原上的河不一样。但是，政府派来的医生不承认是这个原因。后来我们集体向政府反映，要求打水井，现在几户共用一口井。由于没有水，室内厕所用不了，而公共厕所又很少。2009 年时，这一片共 295 户，只有两个公共厕所，人们随地大小便，卫生环境很差。2010 年新建了 5 个厕所，环境卫生才好些了。（2010 年 8 月 19 日大武镇沁源新村访谈记录）

案例 2　我们的房子漏水

我们是达日县特合土乡的移民，搬迁到县城边上（秀塘镇移民安置点）。我们本来挺高兴的，但是，当发现下雨后房子漏水就高兴不起来了。我们这里总共 42 户平房，有 22 户第二年就漏雨了。据说当初是两个老板承包的工程，工程实施很不正规，“三江源办”就扣留了 15 万元，老板没干完就跑了。现在你看刚装修的墙皮因为屋顶漏水被弄脏了，很难看，时间长了墙有倒塌的可能。村民经常提意见，反映情况。居民区里的道路三年了还没有修。自来水管道没有深埋，管子也是很薄的那种，到冬天就冻裂了，自来水公司也没有办法修理，现在很多人家自已挖土深埋。（2010 年 8 月 22 日达日县秀塘镇访谈记录）

上述两个案例并不具有普遍性，但也不是特例。调查显示曲玛莱县约改镇、玉树县隆宝镇等移民点也存在缺水、缺电等类似问题。① 这些问题的出现与预算不足等能力缺陷有关，也与放任施工、承包单位肆意压低成本等工程监管不力有关。也有官员反映，出现上述情况还与确保按期完成搬迁人数的工作要求有关。为完成上级部门的考核，在安置点基础设施、生活条件尚

① 张贺全、逯庆章：《青海三江源地区实施生态移民的分析与思考》，《青海草业》2007 年第 4 期。

未齐备的情况下，仓促实施搬迁。特别需要指出的是，整个施工过程缺失将来的使用者——搬迁牧民的监督参与，这使他们对先前承诺未能兑现容易进行恶意推断，也对预算约束造成的各种施工困境缺乏必要的认识和谅解。很显然规划落实不到位损害了移民的利益，一定程度上也损害了政府与移民之间的关系。

2. 不适应城市生活造成的风险

从祖祖辈辈以游牧业为生的牧民，转变成城市居民，生活方式发生了剧烈的变化。在一个他们完全陌生的环境中生活，他们原先的生产生活知识归于无用，而需要全新的学习和积累。这一过程的艰辛是可以想见的。可喜的是，笔者调查发现，大多数牧民能够较快适应新的生活方式，他们以自嘲的方式谈论最初到城市时的情景，回顾几年来发生在自己和同伴们身上的变化。可以发现，适应城市生活的过程有明显的个体差异，对一些人来说这一过程也充满风险。

案例3　交通事故频发

以前牧民很少进城，对城市的各种规则不了解。刚搬迁下来的时候，真是艰难。县城的街道上各种车辆飞奔，牧民不会过马路，看到汽车过来，就像受了惊的牦牛，快跑，躲过这面的车，却撞上了那边的车。年轻人喜欢骑摩托车，还像在草原上一样，在街上随意穿行，甚至逆行，结果大人小孩经常发生交通事故。上个月在市场门口，南其村的青年撞倒了托叶玛乡的老人，后来老人去世了。交警队和双方代表协商了好几次，最后以“赔命价”的方式解决了。(2009年河南县优干宁镇社区居委会访谈记录)

多数牧民没有家庭用电、燃煤知识，电击伤人、煤气中毒事故时有发生。调查发现，移民在搬迁之前，从未接受过正规的有关城市生活知识的学习和培训。人群密集的城市是通过各种规则约束而运转的，那些对于城市居民来说已成为基本常识的规则，对于搬迁牧民来说是一整套完全陌生的知识。他们需要在短期内学习并掌握这些知识，而这个过程基本上依靠自己的观摩和经验积累，没有政府机构或其他社会力量的指导和帮助。然而，还有一些问题则是城市生活本身带来的，解决起来就不那么容易了。

案例4　牧民对传染病缺乏抵抗力

我从一个医生的角度看，牧民进城后明显的变化是疾病增多了。城市里人群聚集，传染病很多，而牧民对很多传染病没有抗体，加上没有养成良好的卫生习惯，因此，疾病很多。牧民得小病后没有检查吃药的习惯，怕花钱，一直拖到快死了才去医院。还有一些问题我必须向你们反映一下，现在要求产妇分娩必须到医院，给300元补贴。但是入院生育需要1700～1800元，因此，人们还是愿意在家里生育。这样我就要去帮忙。我们这里肝包虫病多，它会传染给下一代，如果在小孩出生24小时内打针灭虫效果很好，但是，像我这样的乡村医生拿不到这些药，在这里看病打针也不能报销，因此，有时候没有办法帮助病人。另外，现在打防疫针比较正规，药发到村医手里，我就给他们打了。可是，他们听说县里通知让打防疫针，有的人跑到县里的防疫站又打一次，我不知道他们怎么想的，出了问题怎么办？（2010年8月22日玛沁县优云乡优曲牧委会村医访谈记录）

这个案例告诉我们，城市生活对牧民造成的压力不仅在心理上，也表现在身体上。对许多传染病缺乏抗体使他们面临着疾病多发的风险，需要他们尽快改变卫生习惯，建立一种适应复杂环境的卫生习惯，以确保自身安全。在草原上他们面对的是医疗服务供给不足，进城后却面临着过度供给或供给混乱的问题，同样有害无益。如果没有严格的医疗管理制度和知识普及，这些隐藏的风险很容易转化成为实在的伤害。

3. 生活方式改变造成的风险

牧民在草原上都是家户单独居住，户与户之间距离遥远。每户人家的起居习惯可能不同，但不会影响到其他家户。他们没有与其他人家毗邻而居的经验，搬到城里，住宅前后左右都有人家，彼此如何和睦相处，如何协调邻里关系，对牧民来说是个不小的挑战。

案例5 厕所和垃圾带来的苦恼

进了城我们的生活变化很大，有了舒适温暖的房子，作为老人我感到满意，但也有许多原先没有想到的苦恼。第一是厕所的问题。我们的搬迁比较仓促，刚来的时候，每家都没有修厕所，人们在外面就到处大小便，到家里只好自己砌个小围墙当厕所，有的人家干脆就用塑料布围个小厕所。第二年政府补贴1000元，要求自己建厕所。由于没有厕所下水道，只能建旱厕，虽然可以用土盖住粪便，但还是会有臭味。于是问题就出现了。如果建在东墙边，东面的邻居不高兴，建在西墙边西面的人家也不高兴（南墙一般是别人家的房屋后墙），在自家院子中间建一个厕所也不美观。邻居之间为此而闹纠纷。解决问题最好的办法是有下水道，像真正的城市居民那样，水冲走就不会影响其他人。但是，这需要花很多钱，我们只能依靠政府投资。即使有了下水道，用水是要花钱的，老百姓哪有钱用得起那么多水啊？另外，小区几十户人家只有一个垃圾箱，由于太远人们就把垃圾倒在自家大门口，这又造成矛盾，垃圾离别人家近了也会造成不愉快。（2009年河南县优干宁镇德尔龙村移民点访谈记录）

案例6 在家里上厕所让我心惊肉跳

以前我们在草原上大小便，随便找一个离家远一点、别人看不见的地方就可以了。到了这里，厕所就建在家里，开始时真不习惯。早晨我在厕所里，听到儿媳在厨房说话，我就觉得心都要跳出来了，太难为情了。后来我每天到外面找公共厕所，或者等天黑了在外面找地方。大部分人都觉得厕所建在房子里头不好，所以都当成储藏间用了。（2011年8月23日称多县珍秦镇移民点访谈记录）

尽管遇到了种种困难，绝大多数牧民还是坚持了下来，表现出了极强的学习和适应能力。对他们来说，草原上的生活更熟悉、更自在些，但是，草原生态的日益恶化预示着如果没有改变，传统游牧业将可能走向衰落，人们最终将陷入贫困。① 搬迁进城是改变他们自己，特别是改变下一代命运的一个契机，如果自己的艰难经历能够换得子女们美好的未来，一切都是值得的。正因为如此，多数牧民都抱有坚定的信念，只有少数牧民权衡利弊，选择了放弃，出售了城里的住房返回草原，他们的决定也得到了尊重和认可。

三　长期风险

正如上文所述，游牧民城镇安置肩负着生态保护和社会发展双重使命，关键是“留得住、不反弹”，使他们永久地居留在城市，成为市民，不再回到草原上，从而达到缓解草原生态压力的目标。如果10年期满，多数牧民决定放弃在城市里生活，仍回草原从事游牧业，那么这些游牧民搬迁项目在一定意义上可以说是失败了。

要实现“留得住、不反弹”的目标，就需要解决一些深层次的问题，比如如何使他们具备新的经济生活能力（“能致富”）、如何融入城市社会、如何获得参与和分享公共资源的平等机会等，这不像适应城市生活那样简单，而是需要从相应的制度安排、政策倾斜等方面做出努力。笔者调研时，最早搬迁到城市的家庭在城市已生活了4～5年时间，更多的家庭正陆续搬进新居，许多深层的社会矛盾尚未充分显现出来。但一些隐患已经初露端倪，一些矛盾逐渐浮出水面，预示着移民未来生活也面临各种风险。在此，笔者主要集中讨论移民就业困难导致的社会矛盾，以及日渐明显的社会集团壁垒对于社会融合的阻碍。②

---

① 孟向京根据“推拉理论”考察了三江源移民安置，认为无论在原居地的“推力”，还是新居地的“拉力”都未达到典型的移民标准，说明迁出地、迁入地的经济社会条件差距不大（见《三江源生态移民的选择性及三江源生态移民效果影响分析》，《人口与发展》2011年第4期）。但是，笔者调研中许多牧民反映，草场退化是实在客观的，单位草原面积上的载畜量明显下降了。

② 世界银行从一般的移民状况出发认为移民社会网络的破坏，将对移民的社会生活造成严重影响，笔者认为此问题在三江源地区并不特别突出，因为那里主要是群体迁移且集中安置，社会关系相对完整。国内学术界一些学者指出文化变迁对于移民造成了显著的心理压力。笔者的调查发现，文化的差异性主要表现为城乡生活方式差异而不是两种民族文化的冲突，整个三江源地区藏族人口的比例很高，移民在语言、风俗、宗教信仰等方面并没有强烈的异质感。

1. 移民就业困难，引发不满情绪

对于祖祖辈辈从事游牧业的牧民来说，搬迁进城不仅是生活方式上的巨大变化，更是生产方式上的根本改变。目的地城市能否提供适当的就业机会，牧民能否掌握新的生产技能，并依靠这些技能获得工作岗位，是生态移民项目能否成功的关键因素。但是，从目前的情况看，就业问题（“后续产业”）并未得到理想的解决。原因大致有两个方面：一是目的地城市缺乏就业吸纳能力；二是牧民缺乏发展外向性经济的人力和金融资本。

三江源地区的多数城镇规模较小，功能单一。除了结古镇、恰卜恰镇等少数城镇外，多数城镇都是新中国成立后设置行政机构时才形成的，主要是党政机关公务员及其家属，社会结构单一。早期由于政策原因，不允许农牧民迁移到城镇。改革开放后，有少量牧民进城寻求发展机会，多数主要从事商贸活动。实行社会主义市场经济后，多数服务性行业主要由国营企业（主要解决公务员家属就业）和外来私人企业经营。当地缺少规模化的产品加工企业。由于气候条件的限制，三江源地区多数城镇也难以形成从事粮食生产、蔬菜种植的郊区农民。因此，当地城市并不具备先天的就业吸纳能力。搬迁牧民缺乏社会资本以跻身于国营服务行业，也缺乏自主创业的人力资本和资金，就业被限定在低端服务行业等特定的领域，而这些岗位或者对移民尊严造成伤害，或者由于“拥挤效应”而获利甚微。当内生需求不足时，可选的方向是发展外向型经济，比如加工制造业等，但是，当地无论在资金、技术，还是市场信息、交通便利程度等各方面都不具备优势，对外来投资者缺乏吸引力。

案例 7　牧民就业困境

牧民迁移到城里后最大问题是就业困难。作为干部我们也为他们想各种出路。今年我们找到的就业岗位有：①一开始下来的时候县里准备了 40 个清洁工的岗位，每个月工资 700 元（省里规定不得低于 600 元），分段打扫街道，早晚各清扫一次，中午保洁一次，主要清理垃圾。我们选择贫困户担任这项工作，每家一个名额。结果1个月后绝大多数不干了，主要是觉得这个工作有损自尊，不愿意。现在有5个厕所需要收费员，但是找不到人干。牧民有个特点，觉得自己的生产生活方式很优越，看不起农民，觉得他们很辛苦。你现在让他扫大街、看厕所，他们觉得太低贱了，宁可不干。②联系挖虫草的地方。我们这里的牧民都属于禁牧区人员，原先的草场不允许再挖虫草。我们负责给他们联系其他地方，出面谈判缴纳的草场保护费，2009年到东倾沟乡挖虫草需要交3000元，到昌玛河乡挖虫草缴500元。青壮年虫草季40天左右收入在5000元左右。③联系为奶粉场放牛，工作比较简单，但是收入也低，一天10元。④培训参加建筑队。牧民盖房子不行，主要还是技术不好，老板们不敢要他们。建筑行业老板和工人多数是外地人。但是，修公路的活技术要求低些，牧民可以参与。今年政府给了我们110公里乡村公路的养护任务，共13万元。有时还有拉网围栏等工程。牧民能够参与的工作不多。（2009年8月21日大武镇西部新村访谈记录）

案例8　牧民就业困境

搬迁牧民的就业都是初级的工作，我们社区能够就业的主要是两个渠道：年轻妇女给政府机关的双职工家庭当保姆，经过适当的卫生培训后有16个人就业，每月工资600元，对方不管吃住，晚上回自己家；一些男子冬天去给政府单位看房子。冬天放假时，各单位除了值班员，都去省城西宁了，他们雇用牧民去看护办公室。这些都是少数人的临时工作，收入也不高。县人事局也在做其他培训，如唐卡绘制、汽车修理等，但基本没有培训后找到工作的人，时间太短，学不到什么。除了政府给的6000元饲料补贴和2000元的燃料补贴外，最主要的收入还是依靠虫草。（2009年达日县秀塘镇访谈记录）

案例9　牧民就业困境

我们村属于“以草定畜”减牧区域，共有213户，已经搬迁150户。经过我们的努力和政府的帮助，今年我们村子有21人开出租车（全县90

辆）；有24人开“兰驼”牌手扶拖拉机，主要是送货；有13人开农用拖拉机拉沙石等；有8家开小商店；有30人参加了土木工程工作（每天收入40~45元）。与其他村相比我们的就业状况属于好的。但是除了开商店，其他工作每年只有几个月的就业时间，商店太多，实际收入不高。还有很多人家没有在城里就业，只好依靠放牧的收入。（2009年河南县优干宁镇访谈记录）

就业困境对移民生活造成多方面的影响。最初牧民因为变卖家产多少都有些储蓄，随着储蓄耗尽，牧民生活的困窘日益显现。政府最初发放的固定补贴随着持续的通货膨胀，实际购买力明显下降。[①] 当搬迁牧民不能获得稳定的、可持续的就业收入时，就会出现边缘化风险，形成他们与公务员等当地原有居民群体收入差距日益拉大的状态。必须警惕的是，这种状况逐渐得到默认，被认为是理所当然或无可奈何的了。

案例10　精打细算度过每一天

进城后最大的感受就是任何东西都要花钱。原先觉得一年8000元的补贴，维持生活基本够了。那时在草原上需要花钱的地方不多。但现在不一样了，一袋10块钱的牛粪只够用两天的，一度电7毛5分钱，社区卫生、看闭路电视都要交钱。蔬菜、粮食、肉都要花钱。而且价格年年上升。我觉得每天都在算账。原先在草原上，我们总是拿出最好的食品招待访客，现在变了，周围邻居都贫困，大家串门尽量不在其他人家里吃饭。牧民喜欢吃肉，现在吃肉也少了。（2011年8月24日称多县称文镇访谈记录）

贫困给牧民的生存带来很大压力，家庭纠纷比如离婚案件多发，笔者在果洛州西部新村了解到从昌玛河迁来的牧民中一年就有6个家庭离异。

① 骆桂花在2008年对格尔木市三江源移民村的移民家庭9项支出的调查统计显示，移民前户均年支出4130元，移民后户均年支出7856元（见《三江源生态移民安置与后续产业发展的社会调查》，《青海民族学院学报》2009年第2期）。

贫困导致焦虑情绪，家庭纠纷多发。收入不足、原有组织方式和社会领袖的丧失，[①] 导致某种程度的社会失范，偷盗案件日益增多，社会稳定存在隐患。

案例 11 偷盗案件日益增多

我原先在县公安局刑警队当领导，工作比较轻松。2004 年开始牧民进城，其中也有我的一些亲戚。他们每年有 6000 元补贴，但是这根本不够开销。他们找不到工作，没有其他收入，于是偷盗打架的事就多起来了。原先县城都是国家干部，社会治安很好，人们在院子里晾衣服、堆燃煤，甚至摩托车也放在院子里，很安全。现在小偷多了。我们有一次蹲点，结果抓的人里就有我的亲戚，不抓呢他犯法了，抓呢我就得罪整个家族，很为难。后来我就从公安局调到民政局，负责给他们发各种救济物品。我调动后，有 10 多个人从公安局调出来了，因为工作难度越来越大了。[2009 年 8 月果洛州某县干部才加（化名）访谈记录]

案例 12 牧民发现了干部的“秘密”

我在果洛州工作了一辈子，现在对这里的社会治安真有点担心。搬迁进城的都是贫困牧民，他们在城里无事可做，四处闲逛。有一天，遇到优云（乡）的扎西（化名）跟我说，“每天晚上看到好多汽车到饭店门口，觉得奇怪，后来才发现是在吃饭，据说一桌就花几千元（实际可能是招待工作组，夏季工作组多——笔者按）。我们去申请救济，干部说没钱，可是他们一顿吃几千元，实在让人气愤”。原先，牧民偶尔进城，对干部的收入和生活条件了解不多，现在他们发现自己的生活水平和干部相比，差距很大。[2009 年 8 月果洛州某县干部老李（化名）访谈记录]

---

① 牧民搬迁进城后虽然多数保留了牧委会等组织，但是，政府专门安排了干部负责移民社区，他们成为移民社会的实际管理者，原先的村庄管理者被边缘化，这就是社会管理层表现出更多怨气、不满的原因。

社会学研究已经证明，社会收入分配的不平等容易造成社会关系紧张，穷人（或社会边缘人）对社会现实不满，有可能刺激他们通过犯罪来提高自身的满足度，由此导致了社会地位较低的群体犯罪的可能性。从经济学的角度看，穷人犯罪的机会成本低，而富人的财富给穷人创造了通过非法活动获得经济回报的机会。[①]

调查发现，当地政府采取了三个措施解决此问题。第一，通过各种渠道比如尽可能转让就业机会等方式提高牧民收入，不过，这些就业机会多属于短期、临时性质。就目前来看，由于当地处于大规模基础设施建设阶段，还有可以提供的就业机会，但从中长期可持续性角度看，前景不容乐观。第二，不断提高补贴标准，比如发放新的补助、救济物品，提高原有项目的补贴标准等。[②] 第三，非正式地默认确有困难的家庭在草原上保留小规模的牲畜，以解决温饱问题。目前看，进城的牧民多数处于贫困状态，[③] 他们的生活水平甚至与留在草原上的家庭之间也拉开了距离，当洛乡的牧民索南（化名）说“当初搬走的大多是贫困户，几年了，他们除了脸白了，其他没看出有什么变化，生活比以前更困难了。他们经常跟我们要肉吃”。也就是说，如果移民就业问题不能得到有效的解决，牧民再次回到牧场的可能性始终存在。

2. 社会壁垒日渐明显，阻碍社会融合

在一个理想的社会中，全体社会成员能够平等地获得必要的机会和资源，通过这些资源和机会，他们能够全面参与经济、社会和文化生活，享受正常的生活和所居地正常的社会福利。然而，现实生活中歧视和社会排斥随处可见，对某些社会成员形成一种剥夺，当歧视和社会排斥达到一定的量级后，发生社会冲突的几率就会上升。

---

① 周伟林、郝前进等编《城市社会问题经济学》，复旦大学出版社，2009，第389页。

② 2009年青海省就出台了《青海三江源自然保护区生态移民困难群众发放生活困难补助管理办法》，对发放补贴后收入达不到全省平均水平的牧民家庭给予再补贴。

③ 近年来的研究指出，与迁移前相比，搬迁后牧民的生活水平略有降低，见田朝晖、解安《社会救助的贫困治理绩效与“陷阱”规避——以三江源生态移民为例》，《南京人口管理干部学院学报》2012年第3期。

调查发现，三江源地区的搬迁牧民与迁入地原有居民之间的互动存在一定的障碍，形成两个壁垒和边界日益明显的社会集团的趋势。上文已经提及，三江源地区城镇的原有居民主要是党政机关干部及其家属，属于一个具有固定收入、享受优越社会保障的群体。而迁移牧民原先生活在草原上，是一个发育成熟、结构完整的游牧社会。但是进入城镇后，重新建构的社会结构，使牧民群体原先的各个阶层被压缩成为一个阶层，整体性地嵌入城市社会的低层。其中的一部分虽然享有城镇户口，却是一个享受城镇低保的群体。而更多的迁移牧民，虽然居住在城市里，却没有市民的身份，他们依然属于农村户口。[①] 缺乏稳定的收入是他们最主要的特征。也因此，他们与干部群体在消费水平、福利待遇、行为模式、居住格局等各个方面形成了鲜明的差异。

大规模的牧民进城原本是城镇发展的良好契机，但是，三江源地区的移民安置选择了居住隔离的模式。比如果洛州大武镇的河源新村、西部新村离城市中心区 3 公里左右，达日县秀塘镇移民安置点离县城 2 公里，格尔木市郊的长江源村（唐古拉乡移民）、昆仑民族文化村离格尔木市 4 公里。[②] 一条路，或是一座桥，或是某种自然隔离物，将移民安置点与原先的城镇分离开来。之所以选择这种居住隔离的安置模式，官员们给出的解释主要是“方便管理”。事实上，它对牧民群体的另一个好处是文化上的同质性，缓解了他们的文化陌生感。然而，居住隔离自然地容易形成心理上的区隔，彼此之间很少来往，日常言语中“我们”和“他们”分得很清。城市里的消费者主体是公务员群体，牧民原本应该作为服务供给者占据相应的社会结构，然而居住隔离使得彼此之间信息交流不畅，牧民很少能进入干部的“社区”去从事各种服务活动。

对于多数的牧民来说，他们在心理上认可了与干部之间的收入和地位差

① 周甜在《牧民？农民？市民？——浅议三江源生态移民社会角色的特殊性》（《青海民族研究》2009 年第 4 期）一文中初步描述了移民群体的尴尬身份以及由此造成的社会困境。

② 杜发春形容格尔木市昆仑民族文化村时称：“它像一个孤岛一样凌立在靠近青藏铁路的一片戈壁滩上”。见《昆仑民族文化村搬迁牧民的就业类型和收入差距调查》（未刊稿）。

距，他们寄希望于未来，期望子女能通过接受教育改变身份，完成向上的社会流动，实际上这也是城镇安置项目设计中最重要的初衷。然而，现实是否真的那样乐观呢?

案例 13　不见面的竞争对手

我今年41岁，已经办理了退休手续，主要在西宁照顾孩子上学。本来我们的孩子在州中学上学，后来牧民进城，好多牧区孩子都上学了。他们的学习基础很差，家里也不重视教育。4~5月，挖虫草的季节学生都上山采药，不来上课。以前州中学主要是干部子弟，家里一般都注重教育。牧民子弟来后，学校的教学质量明显下降，我便决定不让孩子在那里上学了。我们商量就在省城西宁购置房子，在国家政策允许的情况下，我办理了提前退休手续，带着孩子到西宁。我以前是小学老师，教育孩子方面有经验，一些朋友也把孩子送到我这里。据我所知，州里的干部子弟到中学阶段多数都到西宁、贵德、乐都这些教育质量好的地方上学，县里的干部子弟有的送到西宁，有的送到州上，毕竟州上的教学质量与县里相比还是好些。这些学生走了，好的老师也因为各种优惠政策跟着走了，留下的都是很一般的老师。这两拨孩子上学阶段不见面，实际到最后是竞争对手。毕业后他们要一起回到州、县考公务员。与牧民的孩子相比，我们的孩子受的教育更好，竞争优势更明显。［2011年8月西宁卓玛（化名，藏族）访谈记录］

迁移牧民将全部的热情投入子女的教育上，寄希望于通过教育获得更好的社会地位，然而，他们的竞争者投入更大，回报也可能更多。这有可能使下一代的就业状况仍然延续上一代，牧民的后代仍然在一些低端的行业中挣扎，延续、重复前代的贫困境遇，形成“阶层固化”和“贫困代际传递”。当牧民附加在教育之上的希望落空时，挫败感带来的社会后果绝不是积极的。

结 语

风险分析的功能不是要预测危害真的发生，而是由此警示人们采取某些预防性措施，避免危害发生或降低危害的程度，以此来寻求自身的“悖论”。本文的目的亦在于此。笔者并不是要详细描述迁移牧民所经历的各种困境，实际上，这种描述是不可能的，因为到目前为止三江源地区已形成的100多个移民社区的情况千差万别，由于个人能力禀赋、资源状况的差异，人们遇到的困难也各不相同。笔者试图说明的是，移民生产生活每个环节的挫折感都可能影响到他们在城里居住的意愿，那些虽然居住在城镇、依然保留着牧民身份的家户随时都可能迁回草原，从而使投入巨大的生态移民项目、社会发展项目归于失败。或者，如果他们融入城市生活的进程遭遇挫败，进而引发社会动荡，政府为了必要的社会秩序需要花费更多的资源进行安抚或者惩罚，那同样意味着某种程度的失败。

目前，得到国家宏观政策的扶持和鼓励，三江源地区将加速城镇化进程，搬迁进入城镇的牧民人口将日益增多。面对这一历史契机，适时开展对前期移民搬迁工作的总结和反思十分必要。特别需要指出的是，重新检视移民搬迁过程的每一个环节，尽可能降低牧民可能遭受的经济社会风险，不仅是宏观政策获得成功的重要指标，更是以人为本执政理念的具体体现。

移民搬迁并不是今天才有的现象，在世界范围内，数百年来经常发生由政府主导的移民活动。近几十年来，移民搬迁作为一种促进社会发展的方式和行动受到国际机构和各国政府的重视，相关的研究成果也极为丰富。其中，世界银行的相关研究极具代表性。迈克尔·M. 塞尼等人在大量调查研究基础上总结了移民政策特别值得关注的基本要素，包括：（非自愿）移民应尽可能避免或缩小规模，因为他可能产生家人分离、人民受穷的不利影响；在移民不可避免的地区，应帮助移民努力提高或至少恢复原有的生活水平和经济收入，它应该是整个工程设计的组成部分；移民应该获得损失赔偿、得到分享工程收益的机会、在搬迁过渡过程中得到帮助；应集体搬迁或缩短迁移距离，以使移民更快适应社会文化和自然环境；鼓励移民和迁入地居民参与项目规划和实施，信息公开有多方面的积极意义；应促进移民与原有社区的融合；应帮助移民接受地克服因为人口增加而造成的社会或环境困难；土著居民、少数民族、牧民等群体具有一些特殊的文化习俗，应该得到充分的兼顾。[1] 这些要素实际上包括了从前期项目规划、实施过程到未来发展的整个过程，是在总结全球范围内的非自愿移民搬迁项目经验教训的基础上凝练而成的。针对三江源地区的移民搬迁工作，笔者认为一些内容具有特别的借鉴价值。

第一，充分保障移民群体的知情权和参与权。

移民安置事关当地牧民的未来生活，因此，无论项目规划还是具体措施，相关机构都有责任征求拟移民群体的意见，“这样做可以增加对他们的需求、资源和选择的了解，防止要付出昂贵代价的错误，减少可以理解的、对移民的抵触与移民有关的压力，从而加快向新地点的过渡和在新地点的聚合过程”[2]。先期进行充分的信息公开，建立有组织的、系统的信息交流机制，让他们了解自己的权益、预定工作程序以及提出诉讼的途径，让他们充分参与决策，可以优化项目方案，也可最大程度地得到牧民的理解、配合，否则，一旦出现问题，恶意推断、误解、抵触就难以避免。

移民群体的参与主要有两个方面，一是决策参与，二是过程监督。调查中较为普遍的反映是，早期的移民几乎没有参与意见，只是根据要求迁移到指定的地点。越往后牧民参与的机会越多了，这显示政府部门工作方法的改进。但是，移民群体参与项目监督，比如牧民参与住房的设计和施工质量，监督规划中各种福利政策的落实等，目前还较为少见。缺乏密集监督有可能造成质量问题，或者滋生其他腐败问题。玉树灾后重建的经验之一就是灾民参与住房建设的质量监督，已取得很好的效果。

① 迈克尔·M. 塞尼：《移民·重建·发展——世界银行移民政策与经验研究（二）》，河海大学水库移民经济研究中心编译，河海大学出版社，1998，第216页。

② 迈克尔·M. 塞尼：《移民与发展——世界银行政策与经验研究》，河海大学水库移民经济研究中心编译，河海大学出版社，1996，第61页。

第二，政府持续给予帮助。

移民搬迁和移民生活秩序的重建是个动态的过程，在不同的阶段移民面临的困难或者说风险各有不同，有必要针对各个阶段制定相应的工作规划。必须指出的是，移民生活秩序的重建是个漫长的过程，其影响甚至会延续2~3代人。移民从离开祖居地的那一天起就开始了充满风险的生活，他们需要学习新的生产生活技能，需要重新建立社会关系网络，甚至需要重新确立一套价值系统，这种变动、不确定的状态，决定了他们将长期处于弱势地位。可以说，三江源地区的生态移民与其他地区的水库移民等具有类似的性质，即他们为宏观利益做出了奉献（当然，如上文所述，项目本身含有促进发展的目标），有理由得到关注和帮助。调查显示，各地政府部门都有一整套的后续帮助措施，但是，笔者希望强调的是，移民安置极为复杂，涉及综合因素，需要政府各个部门的参与。目前来看，三江源地区的生态移民受到预算约束影响，安置水平、补偿标准都比较低，固定额度现金补偿随着通货膨胀而购买力下降。移民社区的基础设施建设、就业培训、鼓励创业的金融支持、改善移民子女的学习状况等行为，都需要国家持续的投入。

第三，促进社会整合。

生态移民项目能否实现“留得住”的目标，一个关键的因素是移民群体能否尽快与城镇居民实现社会整合。社会整合至少应包括同等享受公共设施、公共资源的权利，同等的社会流动机会以及相互依赖。调查中不难发现，由于移民的农村居民身份（决定其福利水平）、居住隔离等因素的影响，移民群体与原先的城镇居民群体分野较为明显，有迹象（有差异的子女求职竞争力）表明这种格局有延续的可能，这种现象违背社会公平原则，将成为社会稳定的隐患。因此，有必要通过舆论宣传、制度安排消除社会壁垒，核心的问题是提高移民改变自身地位的能力和保障他们享有同等的机会与权利。

第四，充分照顾移民群体的文化习俗。

三江源地区移民搬迁项目前期重点关注生活安置，较少考虑移民群体文化生活的重建问题。一个典型的案例是神山（地域保护神）崇拜问题，牧民离开了原居地来到新的地方，理论上，他们应该受到当地神山的护佑。但是，神山崇拜又是与一定人群的历史相联系的，具有排他性，于是牧民们为了崇拜活动不得不回到家乡，这种不便和额外的支出也让牧民产生抱怨。再比如，牧民传统的天葬习俗，在搬迁到城镇后面临困难境地。由于他们一时不能接受火葬厂的火葬方式，有的人家将已故亲属运回故土，实施天葬；有的人家则根据各自意愿或能力，寻找合适的天葬台举行葬仪。而这种四处求葬的情况不仅让牧民增添了飘零无助的感觉，事实上正在逐步侵蚀牧民群体的归属感和凝聚力。

表1　三个移民点的神山崇拜、丧葬行为调查

移民点	神山崇拜	丧葬行为
格尔木长江源村移民点	藏历五月瞻部洲烟祭日，每户一名男子返回唐古拉乡参加达莫江日神山（stag-mo-'gying-ri）祭祀活动。距离移民点约500公里	迁入地新建简易天葬场，但是认同度不高，一些人家选择去西藏那曲的孝登寺天葬台，有的去拉萨色拉寺天葬台，有的去止贡天葬台。最远的天葬台距离移民点1200公里
河南县优干宁镇德日隆村移民点	藏历五月初四祭祀吉隆日（gyi-lung-ri）神山，每户至少派一名男子回去参加活动，开自己的摩托、汽车或班车。距离移民点约20公里	少量当地天葬。多数因为当地活佛的提倡而将已故亲属运到甘南州夏合县政府办的火葬场（500元火化费、运输费）。距离移民点120公里
同德县果洛新村移民点	当地人对地域保护神崇拜观念不强，很少有人回去参加祭祀活动	少数贫困户在当地县城火化，多数人家运回到果洛州达日县查郎寺天葬台。距离移民点300公里

事实证明，当移民适应了城市生活、稳住阵脚后，如何重建有意义的文化生活就成为必然的需求。如果前期规划中不能充分考虑文化生活重建问题，某种程度上将为未来预留问题的种子。

总之，我们通过对三江源地区生态移民城镇安置项目的系统梳理和经验总结，不难发现过去在项目设计、实施中存在的问题，牧民们因此而不同程度地面临经济社会风险。我们应充分借鉴国际经验，结合当地实际，形成一套能够最大限度地防范、规避风险的城市安置行动规范，以指导未来的行动。

B.9

小康战略目标下西藏农牧民收入问题研究*

罗绒战堆**

摘　要：西藏农牧民收入相对较低，是新时期西藏发展进程中最受决策者和学者关注的民生问题，更是西藏实现既定小康目标所面临的一个主要障碍。本文依据统计数据并结合第一手资料和长期的调查积累，围绕现阶段西藏农牧民人均收入水平、收入构成以及与全国平均水平的差距等问题，就增加农牧民收入需要追赶的速度、追赶方向和追赶方式开展分析和研究。主要研究结论为：伴随着西藏农牧民观念的转变、能力的提升，只要有国家各种投入，尤其是政策和资金投入的保障，2020 年西藏与全国一道步入全面小康社会前景乐观。与此同时，文中也提出了两个担忧：一是如何统筹西藏不同地区农牧民收入的共同提升，二是如何保持西藏社会的持续稳定。

关键词：西藏　全面小康建设　农牧民人均纯收入　增收的机遇与挑战

* 本文系中国藏学研究中心社会经济研究所重点课题“西藏构建全面小康社会若干重大问题研究”子课题研究成果之一。

** 罗绒战堆，教授，博士生导师，四川大学社会发展与西部开发研究院。

一　问题的提出

由于自然、历史和社会等诸多因素，西藏自治区长期以来就是我国经济发展相对滞后、农牧民生活水平相对低下的一个边疆民族自治地方。占总人口75.9%[①]的西藏农牧民，收入水平在全国一直处于下游，2000年之前的多数年份里，农牧民纯收入这一指标在全国所有省区经常排名垫底。经过10年的努力，西藏农村人口（农牧民）的人均收入水平在2010年达到4138元，虽然超过同处西部的陕西、甘肃、青海、云南、贵州五个省，列全国倒数第六，但与全国平均5919元的水平相比，仍有1781元的差距。西藏农牧民收入的相对低下，是一个长期困扰西藏经济发展尤其是民生改善的历史遗留问题，也是广大农牧民群众最关切的问题，更是近几届中央政府和西藏地方政府最关心的问题。

与此同时，从国家层面上讲，无论是国家统计局发布的小康监测[②]指标，还是中国社会科学院发布的研究报告[③]，或是新近召开的中共“十八大”，均将人均GDP和居民收入作为影响力最大、权重最高的衡量指标。“十八大”更是将国内生产总值和城乡居民人均收入作为国家“十二五”“十三五”期间的主攻方向和2020年实现小康目标的两大刚性指标。

从西藏自治区层面上讲，第五次中央西藏工作座谈会召开[④]前夕，笔者与在京的近十位专家一同受到中央相关部委的邀请，就西藏的发展问题接受咨询。在此次咨询会上，鉴于西藏的特殊性，包括笔者在内的诸多专家向中

① 中华人民共和国国家统计局编《中国统计年鉴2011》人口部分，中国统计出版社，2011，第254页。

② 国家统计局统计科学研究所：《2008年中国全面建设小康社会取得新进步》，2009年12月31日，www. state. gov. cn/was40/gttjj_ detail. jsp?，2013年2月12日。

③ 朱庆芳：《全面建设小康社会2020年主要指标的发展及2007年实现程度》，2012年12月25日，www. cas. cn/zt/jzt/ltzt。2013年2月12日

④ 中共中央、国务院与2010年1月18日至20日在北京召开了第五次西藏工作座谈会，中央主要领导出席了此次会议并在会议上发表了重要讲话，会议形成的《纪要》成为新时期（2011～2020年）指导西藏工作的纲领性文件。

央谏言，希望中央在考虑新时期西藏经济发展目标时，不要过多强调 GDP 的增长速度，而应把农牧民收入水平的增长作为衡量西藏跨越式发展、民生改善，尤其是小康建设的刚性指标。从会议的进程看，胡锦涛总书记代表中央对新时期西藏经济社会发展的主要目标做出了如下部署："到2015 年，农牧民人均纯收入与全国平均水平的差距显著缩小，基本公共服务能力显著提高，生态环境进一步改善，基础设施建设取得重大进展，全面建设小康社会的基础更加扎实。到 2020 年，农牧民人均纯收入接近全国平均水平，人民生活水平全面提升，基本公共服务能力接近全国平均水平，基础设施条件全面改善，生态安全屏障建设取得明显成效，自我发展能力明显增强，社会更加和谐稳定，确保实现全面建设小康社会的奋斗目标"。从国家主席的讲话，到中央相关部门传来的信息和新华社发布的《第五次中央西藏工作座谈会召开会议纪要》[①]，只字未提 GDP。国家最高决策层重视并采纳了专家们的意见，赋予了农牧民的收入水平特殊的重要意义。其一是将西藏农牧民的收入作为新时期西藏经济工作的重中之重，其二是将西藏农牧民的收入水平作为衡量西藏小康建设进度的最重要的刚性指标。由此可见，无论在学者或是决策者的眼中，西藏农牧民的收入问题是关系到 2020 年西藏自治区能否与全国一道实现全面小康这一既定目标的关键因素。

长期以来，境外的民族分裂势力和国际反华势力就在利用所谓的西藏问题干扰西藏的发展与稳定。其中，西藏农牧民收入相对低下的问题，就成为其攻击中国政府治藏政策的一个口实。有的西方学者不顾世界范围内发展中国家普遍存在的城乡差距和农村人口收入相对低下这个事实，更不顾西藏的实际，将历史遗留的西藏农牧民的相对贫困和业已存在的城乡差距，解析为中国共产党及其领导的政府对藏人的蓄意政策[②]，将纯粹的经济问题政治

---

① 此次会议召开后不久，中国各大媒体和网络均刊载了相关消息。只要在百度搜索中输入"中央第五次西藏工作座谈会"既可查阅相关消息。

② 参见加拿大籍博士 Andrew Fischer 著 *Poverty on design：economy discrimination for Tibetan*。2002 年在南非约翰内斯堡召开的世界人权大会和 2005 年丹麦哥本哈根召开的亚欧峰会期间，该报告就被境外民族分裂分子作为中国政府在西藏"践踏人权"的一个重要证据而被广泛传播，在国际社会产生了一定的影响，该小册子未公开出版。

化。因此，提高西藏广大农牧民群众的收入水平，使其与全国人民一道，充分并及时享受祖国改革开放和经济发展带来的成就，不仅是改善民生的需要，而且对于凝聚人心、抵御分裂势力对西藏的渗透破坏，回应敌对势力对所谓西藏问题的炒作，维护我国的民族团结和国家尊严均具有重要意义。

鉴于以上缘由，本文拟从增长量、增长结构、增收动力和面临的障碍与制约四个方面就西藏农牧民的收入问题开展研究：

第一，基于统计数据，现阶段西藏农牧民收入在量上与全国的差异，以及需要的追赶速度；

第二，基于统计数据，现阶段西藏农牧民收入在结构上与全国的差异，以及需要的追赶方向；

第三，基于实证，分析从当前到2020年西藏农牧民可期待的增收动力；

第四，基于实证，分析从当前到2020年西藏农牧民增收面临的障碍与制约。

二　从量的角度看西藏农牧民人均收入与全国平均水平的差距及需要的赶超速度

据政府发布的统计数据，2011年西藏自治区农牧民人均纯收入为4904元[①]，同比增长达到创纪录的18.5%，比全国17.9%的增长率高出0.9个百分点[②]，比西藏城镇居民收入水平的同比增长率高出10.4个百分点，且连续9年保持了两位数以上的增速。即便这样，2011年西藏农牧民人均收入与全国6977元的农村人口平均收入相比，仍有2073元的差距，差幅为29.71%，虽然差幅较2000年的40.67%收窄了10.96个百分点（见图1），但差距依然明显，追赶的任务依然艰辛。因此，首先需要关注西藏农牧民人

① 陈敬：《西藏2011年农牧民人居纯收入4904元，增长18.5%》，《西藏日报》2012年2月10日第1版。

② 《中国农村居民2011年人均纯收入近七千元》，中国新闻网，2012年1月20日，http://finance.chinanews.com/cj/2012/01-20/3619353.shtml，2013年2月12日。

均收入所需的追赶速度，才有可能在2020年实现政府既定的战略目标。

胡锦涛总书记在十八大报告中提出了确保到2020年全面建成小康社会，实现国内生产总值和城乡居民人均收入比2010年翻一番的目标。按照这个目标，2020年全国农村人口的收入水平将从2010年的5919元增加到2020年的11838元以上。2001年西藏农牧民人均纯收入已达4904元，要在2020年追赶上全国平均水平，其年平均增速在理论上就需保持在10.92%以上，考虑到从2001~2010年的10年里，西藏农牧民人均纯收入的年均实际增速达13.32%，今后9年，只要能够保持甚至稍低于这个增幅，到2020年，西藏农牧民人均纯收入接近甚至超过全国平均水平还比较乐观。

然而，一个不能忽略的事实是，2001~2010年的10年里，农牧民人均纯收入虽然经历了年均13.32%的高速增长阶段，但同一时期，全国农村居民年均纯收入之平均增长速度达到了11.14%。如果假设两者都保持原有的增速，那么到2020年，全国和西藏农村人口的纯收入将分别达到18054.52元和15111.57元，西藏与全国平均水平仍有16.3%的差幅，虽差幅较2010年的29.71%收窄了13.41个百分点，但与中央第五次西藏工作会议制定的“到2020年，农牧民人均纯收入接近全国平均水平”的战略目标仍有一定的差距。鉴于农牧民收入水平被中央作为检验西藏与全国同步实现小康这一战略目标的最大权重指标之一，如果全国农村居民的纯收入水平在未来9年保持同样增速，这一时期西藏农牧民纯收入的年均增长速度就需在15.58%的高位运行，其纯收入水平才有可能在2020年接近或者超越全国平均水平。从这个动态角度考虑，要完成2020年西藏农牧民人均纯收入接近全国平均水平这个战略目标，机遇与挑战共存。

三　从收入结构的差异看收入增长的方向

在对西藏与全国农村人口纯收入水平量上的差距进行了分析比对后，为找到具体的收入差距所在，需要对两者的收入在结构上存在的差异进行研究比对。为比对分析之方便，我们将借助政府公布的统计数据，通过表1就全国与西藏的4类收入（工资、经营、财产和转移）的结构差异进行直观的比对和分析。

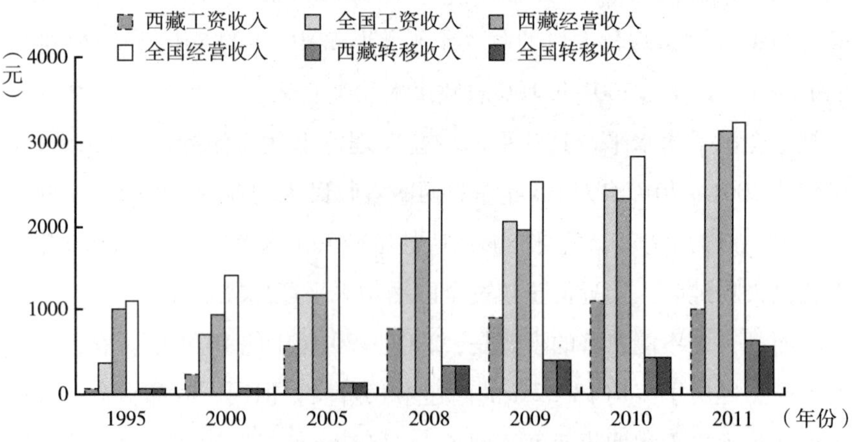

图1　1995～2011年西藏农牧民纯收入结构与全国的比较

从收入构成上看，西藏农牧民与全国农村人口一样，两者收入比例座次完全相同，排序为工资性、经营性、转移性和财产性收入，然两者在构成比例的大小和不同类别的收入总量上存在明显差异。

首先，对两者贡献最大的收入源——经营性收入，也就是家庭经营的农（牧）业（这个有点问题，因为全国的农村家庭经营收入，应该含专业养殖和种植，包括家庭农场之类的收入在内）的收入比进行分析。从全国而言，2012年我国农村人口收入的47%仍依靠农业，但从2009年开始，其收入结构发生了革命性的变化，农牧业收入的比例低于农民纯收入总量的一半。也就是说，农业不再是农村的主导产业，也不是农民的主要收入来源。然而在西藏，2012年农牧民的经营性收入仍然为61%，高出全国平均水平14个百分点，这说明西藏农牧民的收入对传统农牧业的依赖要高于全国平均水平14%。因此，虽然从总量上看，2012年西藏农牧民经营性收入为3143元，开始接近全国3321元的平均水平，比后者低5.4%。但从结构上看，在农牧业仍然是收入主要来源的西藏，农牧民的经营性收入在总收入中的比例应该比全国平均水平高出14个以上的百分点，可见传统农牧业对农牧民增收的贡献非常有限。

其次，就收入源排序中的工资性收入进行比对。2012年，全国与西藏农村人口的工资性收入分别占其纯收入总量的42%和25%，两者间存在17个百分点的差幅。而在同一时期，两者的工资性收入分别为2963元和1008元，西藏农牧民的工资性收入仅相当于全国平均水平的34%。可见，西藏的非农产业为农牧民提供的收入远远低于全国平均水平。

再次，就收入源排序第三的转移性收入而言。2012年，全国与西藏农村人口转移性收入分别占各自纯收入总量的8%和12%，西藏高于全国平均水平4个百分点。不仅如此，同一时期西藏农牧民的转移性收入已达640元，比全国563元的平均水平高13.7%。在四类收入中，西藏只有这一项超过全国平均水平，由此说明西藏农牧民在国民经济的二次分配中所得到的收入高于全国平均水平。鉴于政府在西藏各项投入上的绝对主体作用，这还在很大程度上说明，政府给予了西藏农牧民更大的扶持和更优惠的补贴政策。

最后，2012年全国和西藏农村人口的财产性收入分别为229元和114元，虽然西藏农牧民的这类收入较全国平均水平低了50.2%，但两者只占各自纯收入总量的3%和2%，再加之财产性收入在两者历年收入中的比例均未超过4%，即便对此忽略不计，也不会对整体的分析比对产生大的影响。

通过上述比对分析，可以清晰地看到，在2011年的四种收入类别中，西藏农牧民除转移性收入已超全国平均水平外，虽然其余三类收入与全国平均水平均有差距，但经营类和财产类收入的差距仅占差距总和2073元的3.82%和5.45%，可是工资类收入差距占差距总和的比例高达94.32%。由此可见，与全国水平相比，西藏农牧民收入差距主要集中在工资性收入。与工资性收入存在的差距相比，其他三类收入差距或超幅已显得微不足道。

除了上述横向的比较，我们还可以对全国和西藏在2001年和2011年10年间纵向的数据进行比较，表1是2001年和2011年全国与西藏农村人口不同种类收入差距和增长的情况统计。

表 1　2001 年和 2011 年全国与西藏农村人口不同种类收入的差距和增长情况

	经营性收入	工资性收入	转移性收入	财产性收入
2011 年全国平均水平(元)	3221. 90	2963. 40	563. 30	228. 54
2011 年西藏平均水平(元)	3142. 62	1008. 03	640. 03	113. 60
西藏与全国的差距(元)	79. 28	1955. 37	-76. 73	114. 94
西藏与全国的差幅(%)	2. 46	65. 98	-13. 62	50. 29
上述差距占 2012 年纯收入差距总量(2073 元)的比重(%)	3. 82	94. 32	-3. 70	5. 54
2001 年全国平均水平(元)	1459. 63	771. 90	87. 90	49. 97
2001 年西藏平均水平(元)	1079. 20	133. 52	123. 10	68. 19
西藏与全国平均水平的差幅(%)	26. 06	82. 70	-40. 04	-36. 46
十年间全国平均增长率(%)	8. 24	14. 39	20. 41	16. 41
十年间西藏平均增长率(%)	11. 28	16. 04	17. 92	5. 23
上述两项的差距(个百分点)	3. 04	1. 65	-2. 49	-11. 18

从表 1 中的纵向数据可以看到，2001 ~2011 年，西藏农牧民除财产性收入的年增率（0. 64%）提升很慢外，经营性和转移性收入的增速在同期分别达到 12. 89% 和 26. 26% 的较高水平，并以分别高出全国平均水平 4. 41 个和 4. 52 个百分点的增速大步赶超，使得西藏与全国现阶段的差距缩小到了 5 个百分点以内。可是，尽管西藏农牧民的工资性收入在同期取得了年均 16. 04% 的高增长，但此增幅仅高出同一时期全国平均水平 0. 55 个百分点，对缩小历史遗留差距的贡献明显不足。

纵观全国各省区农村人口纯收入的构成可发现，全国农村人口八成以上的纯收入来自于经营性和工资性收入，比如，工资性收入对我国农村人口收入排列前三位的上海、北京和浙江省的贡献率分别高达 87. 78%、65% 和 51. 42%，但西藏的贡献率仅为 25%。因此，实现西藏农牧民纯收入在 2020 年基本达到全国平均水平的既定目标，大力增加农牧民的工资性收入应成为一个主攻方向。

此外，像西藏这样长期享受国家优惠政策和大量财政补贴的地区，其农牧民也应享受更多的转移性收入。虽然过去十年西藏农牧民这类收入的增幅高于全国4.52个百分点，但当前西藏农牧民得到的转移性收入不要说与经济发达地区比较，就是与同处青藏高原且发展境况相同、农牧民收入更低的青海而言都有差距。因此，增加农牧民转移性收入也应成为提升西藏农村人口收入水平的一个期望点。

四　可期待的增收动力

鉴于过去10年西藏给出的漂亮数据，对今后9年西藏农村居民纯收入的增长在理论上有理由给予乐观的期待。除了理论上的期待，更需要结合西藏的实际，通过实证分析，研究现阶段西藏农村居民的收入还有那些持续或者新的增收源，并在此基础上对前景做出判断。为此，本文将结合近十多年对西藏农村社区和农户进行的跟踪调查资料进行阐述。

（一）过去10年里，观念变化和能力提高赋予了西藏农牧民更多的人力资本，为西藏农村居民增收提供了强大且可持续的动力

2000年前后，在西藏各大中城镇诸多的发廊和洗脚房等休闲娱乐行业，藏族服务员凤毛麟角。2003年笔者在拉萨市附近农户家中例行访谈时，与不下20个农户成员谈及过这个问题，95%以上的年轻人对此行业嗤之以鼻，许多年轻人讲："我们连自己父母的头脚均没有洗过，怎么会洗别人的脚"。然而不到10年，时过境迁。我们研究团队于2012年夏季对拉萨市6个中高档发廊（兼有足浴）进行调查时发现，在两个高档发廊里就业的人员中，西藏当地人的数量已接近50%，而在另外4家中等档次的发廊（兼有足浴）里，西藏当地人的数量已近70%。许多年轻藏族足浴技师讲："我们一不偷，二不抢，靠诚实劳动挣钱，没有什么不好意思的"。2012年对农村农户的回访表明，对此行业不屑一顾的年轻人的比重已从2003年的90%下降到30%。可见，多数人的观念已经发生了巨大的改变，不仅如此，以拉萨市现代服务行业为例，藏族农民工总就业的比例在过去10年里已有大幅度增长（见表2）。

表2 2001年和2011年拉萨市受访企业藏族就业人数的变化情况

单位：%

就业企业*	拉萨市两家综合性大商店	拉萨市三家中高档发廊	拉萨市三家三星级酒店	拉萨市四家知名餐饮企业
2001年就业比	32	13	25	20
2011年就业比	67	54	78	76

*为尊重部分受访企业希望不要公开企业名录的要求，本表未列出具体的企业名称。

笔者曾在《中国藏学》撰文，列举过生活在拉萨市八角街一位康巴①商人次旺所的一段经历②：

2003年夏季，八角街道路翻修，商人之妻得到了一份每天30元钱的打工机会，其工作是为八角街修路从事强度较大的铲土和搬运土石等粗活。而每天50元、80元等工资和技术含量较高且比较轻松的工作机会基本由内地来藏务工人员所得。眼见劳动强度和工资的巨大差异，这位商人对其门前施工的一位内地泥水匠抱怨："为什么你的工作这样轻松，可工资还如此高。"这位泥水匠抿嘴一笑，指着身旁水泥袋上的一串数字说："认识这些标号吗？知道用法吗？"听到这里，商人无言应答，只好作罢。

2010年初夏，我们来到其妻子的老家曲水县查巴拉村，在这位上门女婿的安居房③中对他做了一次专访。据他介绍，借助政府的资助，包括他家在内该村当年有近10个农户新盖了安居房，多为集传统藏式

① 康巴人，即生活在康区的藏族同胞。历史上，藏地被分为三个区域，西藏自治区除昌都以外的地区叫作"卫藏"地区（其中，日喀则地区被称为"藏"，也称为"后藏"），现今的西藏昌都地区、四川的甘孜州、云南的迪庆州和青海的玉树州被称为"康"，青海、甘肃和四川阿坝州北部藏族聚居区被称为"安多地区"。

② 罗绒战堆、次仁央宗、达瓦次仁：《机会的供给与把握——构建和谐西藏的一个重要因素及相关经济学分析》，《中国藏学》2008年第1期，第155页。

③ 从2006年开始，通过政府补贴，西藏自治区人民政府推动一项旨在改善农牧民住房条件的安居工程，计划用5年的时间，使80%以上农户的居住条件得到大幅度改善。鉴于得到改善和重建的民房均为藏式风格和藏式建筑，参与此项工程的人员除个别汉族民工外，基本为当地的农牧民群众。经过几年的锻炼，许多参与者不仅掌握了传统藏式建筑的建筑技艺，而且学会了现代建筑的技艺。

风格和现代建筑方法为一体的两层楼房，承包商和建筑工人均为后藏日喀则地区的农民。他还特意强调，就连四个墙角的钢筋水泥柱也均为藏人所建，只有铝合金窗户是拉萨的汉族技工加工和安装的。当我以怀疑的口气追问道："真的没有一个汉族技工吗"？他肯定的回答："当初我看见这些来自穷地方①的藏族民工倒腾钢筋和水泥时，心中无底，就去找包工头说，你们会弄钢筋水泥吗？这是住人的房子，可不是关牲畜的牛圈，你们最好找几个汉族工人。工头听后，很不高兴，对我讲，你这个房子算什么，日喀则地区和拉萨市某干部的退休房都是我们盖的。听到这些有名有姓的大干部的房子都为他们所建，心中才有了底。"

我们注意到，像这样证明西藏农牧民劳动技能在过去10年里得到大幅度提升的示例不胜枚举，之所以在我们掌握的众多事例中选取上述个案，除其代表性和说服力外，另一个重要原因就是，建筑业在很长时期以来，就是西藏农牧民外出打工的主要就业领域，也是增加其工资性收入最重要的一个行业。从全国第二次农业普查情况看，虽然2006年自治区外出从事建筑业的人数仅为4.81万人，占当年西藏农牧区劳动力的3.6%，但却占农村外出务工人员总量的34.2%②，是吸纳西藏农民工最多的行业。据近两年我们对分布于西藏不同地区农村社区的调查和4个调查点反馈的情况，2011年西藏农牧区外出务工人数的增幅在30%以上，其中，从事建筑业的人数更是超过50%，从事建筑业的平均日工资也从2006年的40元左右增长到2011年的60元以上，建筑业对于西藏农牧民增收，特别是增加农牧民工资性收入有着举足轻重的地位。

① 日喀则西部为现阶段自治区贫困程度相对较深，贫困区域相对集中，贫困人口相对较多且扶贫难度相对较大的一个地区，后藏日喀则人性情温和、吃苦耐劳。他们多前往藏北牧区，较为富庶的林芝、拉萨和虫草产区打工，这是该地区农牧民增加收入的重要方式，他们多从事技术含量和工资水平相对较低的工种。对此问题的进一步介绍可参见笔者拙著《西藏的贫困与反贫困问题研究》，中国藏学出版社，2002。

② 中华人民共和国国家统计局编《中国第二次全国农业普查资料汇编》，中国统计出版社，2009，第749页。

（二）在“十二五”时期，中央政府将给予西藏前所未有的财政补贴和专项扶持，自治区政府又为农牧民的增收制定了相应的政策保障

需要说明的是，在西藏这样一个自然经济占主导地位的中国边远民族省区，因自身的发展能力十分有限，不仅重大建设项目的资金基本依靠中央政府的投入，地方日常性财政支出的九成以上[①]也依靠中央的补贴。在西藏经常能听到的一句话就是，“我们这里每花的 10 块钱里，9 块多来自中央”。因此，中央的财政补贴和项目支持对西藏未来的经济增长、生计改善乃至农牧民增收等将产生至关重要的影响。

根据“中央第五次西藏工作座谈会”做出的部署，“十二五”期间，中央政府对西藏的财政补贴和项目支持的资金将分别达到 2124 亿元和 3305 亿元[②]，与“十一五”时期的 1161 亿元和 1378 亿元[③]相比，上述两项指标分别大幅增长了 82.9% 和 139.8%。也就是说，“十二五”时期的每年里，每个西藏居民将收获来自中央政府 3.6 万元资金支持。鉴于“十二五”时期中央政府对西藏这样巨大的投入，以及较“十一五”时期投入的巨大幅度，西藏农牧民收入水平在此期间上一个大台阶在理论上完全可行。不仅如此，“中央第五次西藏工作座谈会”已就未来对西藏投入制定了“收入全留，补助递增，专项护持”的财政政策。虽然当前还无法预测“十三五”期间中央政府对西藏的具体财政支持力度，但有中央政府的政策承诺，农牧民增收最起码有资金保障。

（三）第五次中央西藏工作座谈会召开后，从中央到自治区各级政府大力强化了对农牧民增收的政策支撑力度

对三个不同时期[④]西藏自治区人民政府鼓励农牧民增收的相关政策进行

---

① 中华人民共和国国家统计局编《中国统计年鉴 2011》财政部分，中国统计出版社，2011。

② 胡锦涛：《在中央第五次西藏工作座谈会上的讲话》，2010 年 1 月 21 日，http://baike.baidu.com/view/3227068.htm，2013 年 2 月 9 日。

③ 斯塔：《“十二五”中央援藏资金将逾 3000 亿元比“十一五”翻番》，2010 年 3 月 11 日，http://www.tibet.cn/news/wmsd/201003/t20100311_553054.htm，2013 年 3 月 5 日。

④ 即“十五”、“十一五”和“十二五”这三个时期。

简单梳理后发现，“十五”时期，自治区对拓展农牧民增收渠道的政策定位为：“引导农牧民走出传统种养业，大力开展以劳务输出、农产品加工、资源开发、服务业为主的二、三产业，培植农牧民增收新亮点。继续把劳务输出作为农牧民增收的重要渠道，加强组织引导，建立健全输出联络机构，开辟劳务市场”①。可见，这一时期的政策定位主要着眼于对农牧民增收的“组织引导”和“疏通渠道”。

进入“十一五”以后，自治区层面的政策定位除继续强调“组织引导”和“疏通渠道”外，还于2007年10月下发了《中共西藏自治区委员会、西藏自治区人民政府关于提高农牧业综合生产能力促进农牧民增加收入的意见》② 的文件。该文件给人印象最深的一点就是第一次明确提出：“对于以工代赈、农房改造、乡村公路和其它适合农牧民参与建设的工程，原则上要交给农牧民施工队伍承建”。

进入“十二五”以后，西藏自治区党委和人民政府再度强化了对农牧民增收的政策扶持力度。用自治区政府政策研究室一位研究人员的话讲，促进农牧民增收是当前西藏经济工作的重中之重，除继续加强对农牧民增收的“组织引导”、“疏通渠道”和“亮点培育”等外，现在最切实的一条政策措施就是要求在西藏承接政府工程的甲方必须将农牧民能够干的工作和工种统统交给农牧民。与此同时，政府还给予了农牧民在生产、生活和社会保障领域许多新的优惠政策，并把这些政策印制成藏汉两种文字的海报和《明白卡》，张贴于农牧区每一个村委会，分发到所有农户家里。让农牧民了解政策的同时，促请农牧民监督各级政府对政策的落实状况。

由此可见，“十二五”时期，西藏对农牧民增收的扶持力度从纵向看前所未有，如做横向比较，也很难有哪个省区对其农村人口的增收政策扶持力度可以超过西藏自治区。因此，西藏农牧民收入水平的提高有强有力的政策做保障。

---

① 白玛平措：《2003年西藏自治区政府工作报告》，《西藏统计年鉴2004》，中国统计出版社，2005。

② 中共西藏自治区委员会：《中共西藏自治区委员会、西藏自治区人民政府关于提高农牧业综合生产能力促进农牧民增加收入的意见》，《西藏日报》2007年10月15日第1版。

受中央相关部门委托，笔者于2011年和2012年就西藏惠民政策的落实情况，对西藏的农牧区和诸多在建工程进行了实地调查。在走访过的数十个行政村和数百个农户那里，无一例外地看到了政府送达的明白卡。识字的多数户主对政府给予的优惠政策已做到了心知肚明，而那些不识字的户主中，近60%对明白卡的内容也能说个八九不离十。

在当前西藏投入最大的在建工程——拉日铁路①沿线的多个建设工地的随机抽样调查表明，80%以上的建设者为工地附近的藏族农民工。据工程承包商讲，工程上马伊始，政府相关部门就要求甲方将农牧民能够做的工程统统交给农牧民，且将这一条款写入了承建合同。不仅如此，政府还要求甲方尽可能接收农牧民提供的工程建设所需的机具。以位于拉日铁路建设沿线的拉萨市曲水县查巴拉为例，2012年该村的汽车拥有量从2009年的30辆增加到了2012年的67辆。所增加的这部分大多为载重卡车、翻斗车，此外还有4台大型装载机。据工程甲方一位负责人员介绍，由于工程建设用不了这样多的车辆机具，该村农户自己进行排队，轮流承担工程。此景不由得让我们想起了“十五”时期青藏铁路建设伊始的场景。2002年，也就是青藏铁路开工的第二年，本研究团队曾对多段建设工地的用工情况进行过考察，当地农民工的参与率不足20%。为此，就有学者以此为例，撰文②向西藏自治区和中央相关部门反映过此事，其中一条重要建议就是，通过政策杠杆，保障政府投入的建设项目所雇用的当地藏族民工的比例不得低于30%。

五　增收面临的障碍与制约

首先是市场的障碍。西藏与祖国内地远隔千山万水，是我国唯一的少数民族人口占绝对多数的民族自治地方。由于单一民族在农牧区的高度聚居，

① 拉日铁路，东起青藏铁路终点拉萨市，西至西藏第二大城市日喀则市，于2010年9月26日正式开工建设，铁路全长253公里，投资108亿元，于2014年建成通车。

② 该报告引起了中央主要领导的重视，中央采纳了报告中提出的一些建议，时任中央政治局的多位常委对该文做了重要批示，并将此文作为中央研究西藏发展的参考文件。

农村成年劳动力中的多数不谙汉语，缺乏前往内地发达地区打工创业之基本交流工具——汉语，故而在内地打工的西藏农民工屈指可数。西藏农牧民要获取农业以外的劳务收入，只能依靠自治区自身狭小的劳务市场。然而在我国其他多数欠发达地区，却有浩浩荡荡的农民工队伍前往东南沿海和大中城市打工创业，农村人口依靠广阔的市场获取农业以外的劳务收入。以地处黔西北的贵州正安县为例，该县总人口的32%，劳动力总数的45%在东南沿海和大城市打工。[①] 因此，当前乃至今后一段时期内，就业市场的狭小将是制约西藏农牧民收入增加，尤其是工资性收入增加的一大障碍。

其次是自然的约束。西藏严酷的自然环境所导致的建设期短的现实是制约农牧民收入增加的又一大障碍。西藏位于有着世界第三极之称的青藏高原的腹地，与其他两极一样，冬季降临，天寒地冻。此时西藏农村畜已归圈，粮已入仓且人闲地荒，多数建设工程也处于停工期，且要持续长达半年左右。而春暖山青时，农户既要忙于耕作，又要忙于畜牧和采集虫草[②]，再加之近年西藏实行严格义务教育，过去作为劳动力的学龄儿童基本在校读书，部分农户已出现农忙季节劳动力吃紧的状况[③]。可见，西藏相对恶劣的自然环境所导致的用工期相对较短和农村劳动力的季节性短缺问题，是影响农牧民增加收入，尤其是增加工资性收入的又一大制约因素。

再有就是受制于社会稳定的因素和宗教的影响。改革开放以后，随着中国的和平崛起，民族分裂势力和西方反华势力加紧了中国西部藏族自治地方各项事业的干扰和破坏。其中，西藏自治区首府拉萨一直就是分裂集团在境内进行破坏活动的重点目标和突破口。据相关部门统计，1987 年以来，民

---

① 张日新、万俊毅：《要素配置与新农村建设研究》，中国经济出版社，2011，第 146 页。

② 近年来，由于价格的攀升，虫草已成为西藏农牧民最重要的收入源之一。据自治区农牧厅提供的资料，西藏虫草年总产出在 13 万斤以上。即使以 3 万元/斤的保守水平估算，虫草可为西藏农牧民带来的直接纯收入在 39 亿元以上。目前，西藏自治区有超过 75 万名农牧民的主要收入依靠虫草，其中，那曲的 20 万名和昌都的 45 万名农牧民的收入主要依靠虫草，此外，分布在其地区的近 10 万名农牧民群众的主要收入也依赖虫草。参见罗绒战堆《虫草的战略地位及其对西藏农村经济发展影响研究》，《中国藏学》2006 年第 3 期。

③ 为弥补虫草采集季节农牧民劳动力短缺，多数虫区甚至将学校寒假调整到虫草产出季节，即每年的 5 ~ 6 月，以便孩子可以跟随家长上山采集。

族分裂势力仅在拉萨就策动了近百次骚乱事件[①]。最令人记忆犹新的是2008年发生在拉萨的“3·14事件”，此次严重骚乱事件不仅威胁了西藏的社会稳定，而且对农牧民的正常收入造成了极大的负面影响。2008年，前往西藏旅游和朝佛的人数就从2007年的403万人次减少到2008年的224万人次[②]。笔者再回到西藏农村调查点时就看到，原本依靠生产氆氇[③]、围裙和头巾等获取现金收入的日喀则地区、山南地区和拉萨市地区许多农户的产品大量滞销，收入锐减。山南地区扎囊县扎西林村农户的现金收入主要依靠生产和销售氆氇，可在当年，80%以上的产品滞销。房东告诉我们，往年他家最少要卖出去20“布”[④]氆氇，2008年只销售了2“布”。西藏最少有5万以上农户30多万名农牧民的收入主要依靠轻纺民族手工产品的生产和销售。可以讲，“3·14事件”给这些老百姓的正常收入带来了非常大的负面影响。

值得一提的是，现代西藏社会脱胎于旧西藏政教合一的封建农奴制社会，多数农牧民群众笃信藏传佛教，宗教不仅是信教群众日常生活的重要组成部分，而且对人民生产、生活、消费乃至创收的诸多关键决策产生着重大影响。有的农户一旦有成员染疾，首先不是去医院治病，而是请喇嘛念经消灾，请寺院或高僧卜卦，决定去不去医院，就连去哪个医院也要求卦问卜。许多农户在进行收支领域的重大决策时一般也要求助喇嘛的卦旨，甚至连是否外出打工、买什么颜色的汽车这样的事情也要向喇嘛求卦问卜，农户的诸多偏好和决策强烈地受制于僧侣的意志。

实事求是地讲，地处基层农牧区寺院的绝大多数僧侣们，能够秉承普度众生的宗教教义，虽其传统佛学越来越难以应对当代社会日新月异的发展，但仍在尽可能地用其修来的德行为信教群众指点迷津和排忧解难。可是，也

---

① 董湘：《制造1987、1988、1989年拉萨骚乱》，2009年4月3日，http://xz.people.com.cn/GB/147280/151133/9078536.html，2013年2月8日。

② 中华人民共和国国家统计局编《西藏统计年鉴2009》对外贸易和旅游部分，中国统计出版社，2009。

③ 用羊毛精纺的一种毛织品，相当于内地生产的毛料，单色氆氇主要用作制作藏袍，印有十字图案的氆氇主要用于衣物的装饰，彩虹图案的氆氇主要用于制作藏族妇女佩戴的围裙。

④ “布”，藏语译音，相当于汉语的匹。

有少数寺院及僧侣受境外民族分裂势力的蛊惑和指使，借宗教之名，干扰当地正常经济活动，甚至不惜牺牲农牧民的生计与政府对抗。近两年，笔者在西藏和其他“四省藏区”[①] 调研时就发现，一方面政府在千方百计地发动和引导农牧民发展多种经营，发展特色养种植业；另一方面少数从印度学经返回原籍的喇嘛在为信教群众讲经说法时，宣讲养猪、养鸡、杀牛、买牛和使用农药等的危害，就有当地农户向寺院集体发誓，不再做喇嘛认为有“危害”的事情，结果导致农户耕地产出下降，收入锐减。个别农户为求生计不得不像贼一样，半夜悄悄赶牛前往县城交易。虽在西藏腹地尚未发现这样的案例，但临近四川的西藏东部地区已有这样的事例。因此，2020 年西藏能否实现既定战略，使农牧民的收入水平接近甚至赶超全国平均水平，相对稳定的社会环境和排除民族分裂势力的干扰显得十分重要。

还有就是受制于产业，特别是资源的不均衡分布，农牧民增收的水平会有较大的地区差距。西藏地域辽阔，从现阶段不同地区的发展状况看，有资源和产业支撑地区农牧民的收入现状不仅相对较好，且提升速度也快。比如，农牧民收入排位第一的林芝地区，2011 年农牧民纯收入已达 6433 元（见表3），与全国平均水平的差距只有 7.8%。不仅如此，依托虫草、松茸等林下资源和旅游资源，该地区 2012 年农牧民的人均纯收入水平可达到 7410 元，提升幅度高达 15.2%，赶上甚至超过全国平均水平指日可待，且该地区已雄心勃勃地提出在 2018 年率先全面实现小康。[②] 再比如，拉萨市依托中心城市具有的各种现代产业的拉动，2012 年农牧民纯收入达到 7150 元，提升幅度将高达 18.8%[③]。如以县为单位考虑西藏农牧民的收入水平，富甲一方的地方还不在这两个发展先行的地区，而在西藏的虫草主产区。[④]

---

① 指四川、青海、甘肃和云南的藏族自治地方。

② 赵世军（林芝地区行署专员）：《林芝力争在 2018 年实现全面小康社会》，2012 年 12 月 28 日，http：//www.57tibet.com/news/news201212254385.html，2013 年 2 月 12 日。

③ 中国新闻网：《拉萨市年度经济数据出炉增速高达 18.2%》，2013 年 1 月 11 日，http：//www.yangtse.com/system/2013/01/11/015900257.shtml，2013 年 2 月 12 日。

④ 西藏虫草主产区主要分布于那曲地区东部和昌都地区的北部，其中昌都地区的丁青县和那曲地区巴青县以虫草产量大和质量好著称。

以昌都地区丁青县为例，仅虫草收益一项，一年最少可以为该县农牧民带来人均1万元以上的收入。在城镇购置房产，享受城镇生活的当地农牧民绝非少数。与此同时，他们雇用了许多来自日喀则贫困地区的农牧民为其放养牲畜，通过雇工，维系传统的农牧业。

表3　2011年西藏六地市农牧民人均从收入情况

地　区	拉萨市	昌都地区	山南地区	日喀则地区	那曲地区	阿里地区	林芝地区
农牧民人均纯收入(元)	6019	4332	5183	4473	4860	4183	6433
与全国的差距(%)	13.7	37.9	25.7	35.8	30.3	40.0	7.8

然而，西藏还有许多地区没有林芝、拉萨市和虫草产区这样的发展条件和发展优势。其中，昌都东南部三岩[①]地区及周边地区就有近20万农牧民生活在坡度大于30度的高山峡谷，其收入除分布于陡坡之薄地的产出和传统的畜牧业外，没有其他收入来源。在西藏西北部地区[②]，近40万农牧民群众生活在降水量只有100～200毫米的半荒漠干旱地区，有的县年降水量仅有60毫米，甚至低于非洲撒哈拉沙漠地区的降雨量。[③] 上述地区的共同特点是不仅生存环境极为恶劣，而且远离中心城镇和交通干线，既没有虫草这样的资源可以依赖，更没有现代产业做支撑。拿什么做依托，用什么做动力，迅速提升农牧民的收入水平，使其在2020年前和自治区其他地区一道步入全面小康？因此在西藏，产业特别是资源的不均衡分布已成为制约许多地区农牧民增收的一个关键因素。

当然，除以上列举的影响西藏农牧民增收的几大障碍和制约因素外，

① “三岩”之藏语意思就是穷山恶水，位于西藏昌都地区东南部，这里不仅经济发展滞后，而且社会发育度也很低，有的乡村还保留着父系社会的痕迹。

② 该地区指日喀则西北部地区，那曲的西部地区和整个阿里地区。

③ 据西藏阿里地区气象局专家介绍，该地区噶尔县的年降水量只有60毫米，甚至少于世界最干旱的非洲撒哈拉沙漠地区年均100毫米的降水量。

还会有其他诸多因素，鉴于已有学者对此做了大量研究且形成了相关研究成果①，在此就不再转述和赘述。

六 小结与评述

基于上述分析研究和近年对西藏的实地调查，本次研究认为，过去的“九五”和“十五”时期，是西藏农牧民群众的就业观念和就业技能得到逐步更新和提高的一个时期，是国家对西藏的财政支持和对口支援逐步大规模增加的一个时期，是各级政府逐步出台和给予西藏农牧民更多增收优惠政策和措施的一个时期。在此期间，西藏虽然经历了2008年的“3·14”事件，与农牧民增收相关联的一些重大因素还是处于“逐步”渐入佳境的时期，但在这过去10年里，西藏农牧民的人均纯收入仍经历了13.2%的高增长阶段。2010年1月，中央召开第五次西藏工作座谈会以后，各级政府强化了对农牧民增收工作的重视，中央对西藏的财政支持，兄弟省区对西藏的对口支援，各级政府对农牧民增收的政策保障已从“渐入佳境”到了前所未有的阶段。不仅如此，基层农户对西藏各项发展事业的参与意识和参与度从未出现过今天这样的强烈和高涨。因此，本次研究对于2020年西藏农牧民整体收入水平接近全国平均水平这个既定目标持乐观态度。

同时，笔者也有两个担忧。一是提高西藏自治区这样本身既无产业基础又无资源优势的欠发达地区农牧民的收入水平将面临相当的困难。如果这个问题解决不好，就可能出现量上实现小康，但面上还有相当部分农牧民生活窘困，地区间贫富悬殊，社会矛盾加剧的情况。二是担忧西藏社会能否保持一个相对持续的稳定。在长期与西藏基层农牧民的交往中，我们发现，西藏绝大多数的农牧民和广大僧侣的基本心态是夸政策、盼稳定、图发展、求富裕。但是，境外的民族分裂势力和反华势力始终没有放弃借助所谓的西藏问题，干扰西藏的各项事业。近年来，境内外民族分裂势力对西藏的渗透破坏

① 可参见罗绒战堆《西藏农牧民收入问题研究》，《中国藏学》2005年第1期，第35页。

更是趋于频繁。因此，西藏的社会稳定问题对于农牧民收入的持续提高将产生重大影响。

为此，本报告希望政府通过法律的力量安西藏之民心，保西藏之稳定。与此同时，建议为保障西藏实现全面建设小康社会这个既定的宏伟目标，以县域经济为检测和验收的基本单位，不仅保证农牧民收入水平在 2020 年基本赶上全国的平均水平，还要保证 90% 以上的县实现这样的目标。

B.10

2010～2013年新疆维吾尔自治区发展专题报告

木拉提·黑尼亚提*

摘　要：2010年，新疆维吾尔自治区党委张春贤书记提出了新疆“稳疆兴疆，富民固边”未来发展总体战略方向。三年多来，自治区党委结合新疆区情制定和实施了一系列卓有成效的推进新疆经济社会和文化事业的发展战略。本文通过翔实的数据分析、资料论证，从经济、政治、文化、社会、生态文明五个方面将2010～2013年新疆维吾尔自治区所取得的成绩和存在的问题条分缕析，对新疆维吾尔自治区经济社会发展、确保全面建设小康社会具有理论和实践意义。

关键词：小康社会　发展战略　五位一体

2010年5月17～19日，中共中央、国务院在北京召开了新疆工作座谈会，这是自1949年以来中央首次召开关于新疆工作和发展的座谈会。此次座谈会明确提出新疆人均地区生产总值到2015年要达到全国平均水平，城乡居民收入和人均基本公共服务能力达到西部地区平均水平，努力改善基础设施条件，明显提高自我发展能力和加强民族团结与巩固社会稳定；到

* 木拉提·黑尼亚提，新疆社会科学院哲学研究所所长、研究员。

2020 年确保实现全面建设小康社会的奋斗目标。由此，一场波澜壮阔的变革大幕从此拉开，新疆站在了新的历史发展起点上。

一　中央新疆工作座谈会与新疆跨越式发展战略

2010 年 7 月，在贯彻落实中央新疆工作座谈会精神的自治区党委七届九次全委（扩大）会议上，自治区党委张春贤书记提出了新疆“稳疆兴疆，富民固边”未来发展总体战略方向。在具体战略选择上要以现代文化为引领，以科技、教育为支撑，加速新疆“三化”，即新型工业化、农牧业现代化、新型城镇化进程，加快改革开放，打造中国西部区域经济的增长极和向西开放的桥头堡。[①] 三年多来，自治区党委结合新疆区情制定和实施了一系列卓有成效的推进新疆经济社会和文化事业的发展战略。

（一）坚持环保优先和生态立区发展战略

2010 年召开的自治区党委七届九次全委扩大会议明确提出新疆在新时期、新阶段的发展要形成“生态立区、环保优先”的理念，新疆必须要走一条“资源开发可持续、生态环境可持续”的发展道路，明确提出要精心呵护新疆的生态环境，确保新疆山川秀美、绿洲常在。在 2011 年底召开的自治区第八次党代会上，自治区党委又做出了一系列推进生态建设和环境保护的重大决策，再次对新疆的生态环境保护和建设进行了具体的战略部署和安排，提出要形成全民参与环境保护的共识，要形成环保优先、生态立区的长效机制，使资源在跨越式发展中得到科学、合理、有序开发，生态环境得到积极、持久、有效保护。

座谈会三年多来，新疆加强了生态环境的保护和建设，把区域经济规划与环境保护目标有机结合起来。尤其对水源涵养区、地下水源、饮用水

① 张春贤：《在自治区党委第七届九次全委（扩大）会以上的讲话》（2010 年 5 月 26 日），转引自《新疆日报》。

源、各类自然保护区、自然生态良好区域、风景名胜区和人群密集区等生态敏感区域实行了最严格的环境保护措施，严禁进行任何资源勘探和开发。

在森林覆盖率和沙漠化治理上，自治区积极实施和推进天山、阿尔泰山天然林保护和平原绿化、保护荒漠植被三大生态工程，加大了塔里木盆地周边和准噶尔盆地南缘沙漠化治理力度，实施伊犁河谷百万亩生态经济林工程。到2012年底，新疆重点生态工程稳步推进，“三北”五期工程顺利实施，完成造林162万亩；退耕还林完成荒山荒地造林54万亩；完成防沙治沙工程建设任务840万亩，伊犁河谷百万亩生态经济林工程完成造林10万亩。① 新疆林业发展成就令人瞩目，生态效益已经显现。全区森林覆盖率由“十五”末的2.94%提高到2012年的4.02%，绿洲森林覆盖率由14.95%提高到23.5%，重点沙化治理区生态状况得到明显改善，初步构筑起了相对稳定的绿洲生态安全体系，抵御自然灾害的能力也得到显著提高。②

在河流保护和治理上，新疆加快了对伊犁河、额尔齐斯河、博斯腾湖、艾比湖流域生态环境综合整治步伐。与此同时还启动了塔里木河流域综合治理二期工程。“十一五”以来，在中央支持下，为改善和保护塔河流域生态环境，自2001年起，自治区投资107.39亿元实施了塔里木河流域综合治理工程。自治区通过连续13次向塔里木河流域下游实施生态输水，2011年底首次实现了连续20个月不断流的历史突破。截至2012年，已累计向下游输送生态水量34亿立方米，新增植被面积105万亩，减少沙化面积130万亩，极大改善了下游生态环境。③

在草原生态建设方面，自治区不仅加大了对巴音布鲁克草原和水资源的保护力度，同时还结合定居兴牧，因地制宜做好退牧还草、退耕还林相关工作。“十二五”期间，新疆还将加强重要生态功能保护区建设，在加强塔里木河干流、哈密东天山等保护区建设的同时，构筑由阿尔泰山地森林、

① 《新疆确立“环保优先、生态立区”理念》，《人民日报》2013年9月1日。

② 天山网，http：//www. tianshannet. com，2012年7月11日09：36：16。

③ 天山网，http：//www. tianshannet. com，2012年7月11日09：36：16。

天山草原森林和帕米尔高原—昆仑山—阿尔金山荒漠草原三大生态屏障，以及环塔里木盆地、准噶尔盆地边缘绿洲区组成的“三屏两环”生态安全战略格局。与此同时，自治区还建立了新疆地方矿产资源开发生态补偿机制，加大对地方环境生态保护的监督和重视，节约水资源和土地资源，统筹协调工农业生产用水、生活用水和生态用水力度。明确规定严禁超采地下水和无序开荒。着力推进农村环境连片整治，不断改善人居环境。通过有效治理，主要污染物得到有效控制，大中型工业企业稳定达标排放，市县和主要城镇全部建成污水处理厂和城市垃圾处置设施，新疆的生态环境质量有了显著改善。

在防治大气污染方面，加大了大气污染的整治力度。2012 年，乌鲁木齐实施了投入 121 亿元的历史上投资最大、力度最大、规模最大的“煤改气”工程。先后完成了 189 家燃煤锅炉的天然气改造，共拆除 431 台大型燃煤锅炉，实现替代燃煤供热面积 1. 16 亿平方米，改造后天然气供热比重提高到 76% 。据测算，通过“煤改气”工程的实施，一个采暖季可减少燃煤消耗 500 万吨，减排二氧化硫 3. 5 万吨、烟尘 1. 7 万吨。[①]

（二）实施和推进了“外引内联、东联西出、西来东去”的开放合作平台战略

2011 年 10 月，国务院发布了《关于支持喀什、霍尔果斯经济开发区建设的若干意见》。在该若干意见中明确指出，要充分发挥喀什地区和伊犁州对外开放的区位优势，通过拓展对外联结通道，充分发挥口岸和交通枢纽的作用。要加强与中亚、南亚、西亚和东欧的紧密合作，从而实现优势互补、互利互惠、共同发展。通过打造“外引内联、东联西出、西来东去”的开放合作平台，把喀什、霍尔果斯经济开发区建设成为我国向西开放的重要窗口，形成中国“陆上开放”与“海上开放”并重的对外开放新格局。

---

① 天山网，http：//www. ts. cn，2013 年 4 月 15 日 10：05：00。

《关于支持喀什、霍尔果斯经济开发区建设的若干意见》的出台极大地推动了两个特区的发展潜力：霍尔果斯结合当地实际提出“一区三园”的发展模式，即建立霍尔果斯特殊经济开发区管理委员会直接管理霍尔果斯口岸、伊宁配套产业园区、清水河配套产业园区三个管理委员会。同时还委托江苏城市规划设计院和苏州工业园编制“特区”总体规划和产业规划。目前，霍尔果斯已引进了14个项目，总投资210亿元，有6个项目已开工建设，实现了经伊霍铁路与哈萨克斯坦铁路进行对接，高速公路312线也与哈萨克斯坦对接，形成中国向西开放的大通道。在喀什经济开发区东城核心区，喀什深圳城规划用地面积达5平方公里，以公共广场、经贸大厦、图书馆、学校、医院等公共建筑为中心，两翼分布中央商务区、仓储式购物中心及餐饮等综合服务设施。

（三）制定和实施了加快推进新疆新型工业化进程与特色优势产业发展战略

自治区党委认为，新疆新型工业化发展关系到新疆现代化建设和发展的全局。2011年，自治区党委、人民政府出台的一号文件《关于加速推进新型工业化进程的若干意见》，明确提出按照“两个可持续”和高起点、高水平、高效益推进新型工业化建设，把新型工业化作为第一推动力，带动和促进新疆农牧业现代化、新型城镇化，实现新疆跨越式发展和长治久安。三年多来，在加快优势资源转换战略的推动下，近百家世界500强、中国500强企业纷纷进驻新疆，带动了新疆规模经济的迅速壮大和不断提升，地方工业实现快速发展，中小企业实力不断增强，涉足领域不断扩大。截至2011年底，落户新疆的中央企业已有44家，资产总额达到5739亿元。截至2012年，央企对新疆工业增加值的贡献率超过70%。

面对新型工业化发展态势，新疆还加快了构建现代产业体系的步伐。2011年5月26日，国家发改委、国家能源局正式行文（国能电力〔2011〕161号），批准新疆全面启动实施哈密—郑州±800千伏特高压直流外送工程，标志着新疆“疆电外送”工作进入全面启动实施的新阶段。项目建成

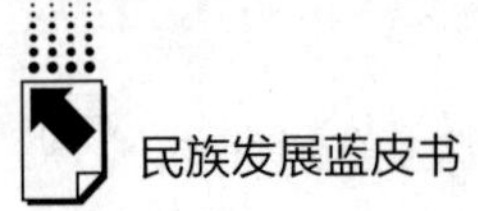

后，年均可实现向河南省输电370多亿千瓦时，将就地转化煤炭1800万吨以上，真正实现“煤从空中走、电送全中国”发展蓝图。

为了推动新疆现代煤电煤化工产业发展，新疆充分利用国际国内领先技术，加快了煤制天然气、煤制烯烃，以及煤基多联产等煤炭清洁、节能和循环经济示范项目建设，着力打造一批煤—电、煤—电—化、煤—电—冶产业链。2012年11月，规划建设总规模为每年1.22亿吨、共划分19个井（矿）田，新疆最大的整装煤田——哈密三塘湖矿区总体规划获国家批复。该总体规划的批复，进一步明确了三塘湖煤田资源开发转化的思路和原则，合理安排了矿区煤炭开发转化的布局和时序，也为新疆进一步规范矿区煤炭开发秩序、优化煤炭开发布局、深化煤矿建设项目前期工作等奠定了坚实基础，将成为加快资源开发转化步伐、推进新型工业化的新起点。2012年10月18日，新疆最大的有色金属矿——年处理30万吨铜锌矿的新疆保利深蓝矿业正式投产，成为又一个新疆推进优势资源转换和大企业大集团战略的重点项目。保利深蓝矿业一期投产后的年处理矿石量将达到30万吨，预计年产铜精粉将达到2.6万吨、锌精粉将达1.2万吨，该项目最终将建成一个采、选、冶一体化综合型企业，实现年生产总值50亿元，预计将为上千人解决就业难题。

在新能源的开发利用方面，2010年新疆与西北电网联网工程投运以来，新疆风电装机容量每年增长约50%。据预测，新疆九大风区可开发风电总装机容量在8000万千瓦以上，相当于4.5个三峡水电站（1820万千瓦）的装机容量。截至2012年9月底，新疆并网风电装机容量190.7万千瓦，占总装机容量的8.3%。作为国家重要的能源基地，新疆对于新能源的利用开发走出了良好的探索之路，必将为我国未来的能源格局开辟更加广阔的发展空间。

在“十二五”期间，新疆还将充分发挥新疆能源资源优势，力争形成5000万吨原油、1000亿立方天然气和煤制气、3000万千瓦疆电外送能力，建设国家大型油气生产加工基地、大型煤炭煤电煤化工基地、大型风电基地和国家能源资源陆上大通道。

（四）加强基础设施建设和改善新疆投资与发展环境战略

在新疆经济社会发展中，水利、交通、能源、通信等基础设施建设落后已成为制约新疆发展的重要因素，也是新疆吸收外资、优化投资环境首先解决的问题。

水资源是新疆最重要的基础性资源。新疆水资源总量800多亿立方米，人均水资源占有量近4000立方米，列全国第三，在世界同类干旱地区，水资源相对丰富。但由于水资源时空分布极不均衡，“春旱、夏洪、秋缺、冬枯”特征明显。由于新疆在重大控制性水利工程欠账较多，现有的450座水库，其总库容仅为103亿立方米，只占年径流量的12.4%。水资源调控能力严重不足的现状，已成为新疆水利跨越式发展的主要瓶颈。

2011年，在“水利兴则新疆兴”的理念下，全疆水利建设项目总投资达84.2亿元，水利建设项目投资规模再创新高。民生水利建设步伐也不断加快，27项定居兴牧水源工程已全部开工建设，并完成了120万人饮水安全建设任务。2011年10月，阿尔塔什水利枢纽工程正式开工建设。阿尔塔什水利枢纽工程的坝址位于克孜勒苏柯尔克孜自治州阿克陶县的库斯拉甫乡与喀什地区莎车县的霍什拉甫乡交界处，是叶尔羌河干流山区下游河段的控制性工程。阿尔塔什水利枢纽工程以其162米的坝高、22.4亿立方米的库容、79万千瓦的装机规模和80多亿元的建设投资，成为目前新疆最大的水利工程，被业内专家誉为“新疆的三峡工程”。

2012年新疆水利基本建设总投资再创新高，首次突破150亿元。① 截至2012年9月30日，自治区27项定居兴牧骨干水源工程累计完成投资13.02亿元，占工程总投资的67.1%。全疆43座小、病、险水库除险加固工程累计完成投资45821.99万元，投资完成率为95.44%。全疆农村饮水安全工程已完成投资2.06亿元，占工程总投资的40.55%，其中中

① 《2012年新疆水利建设总投资首次突破150亿元创新高》，人民网，2013年1月16日。

央投资 1. 59 亿元、地方配套 0. 47 亿元。现已建成工程 26 处，受益人口 7. 62 万人。①

新疆电力发展成绩斐然。2011 年来，新疆实施的优势资源转换战略的重化工业发展加快，以石油化工、煤化工、有色金属、钢铁、水泥、盐化工等行业快速发展，拉动了用电需求，电力工业发展提速，电源建设年投产首次突破 500 万千瓦。华电昌吉热电厂、国网能源哈密电厂、中电投乌苏热电厂、天业电厂等一批重点电厂 30 万千瓦级火电机组相继投产，为新疆发展 60 万千瓦以上大容量高参数机组奠定坚实基础；截至 2011 年底，全疆发电装机容量达到 2137. 9 万千瓦，比上年增长 33%，其中火电、水电、风电装机容量占全疆装机总容量的 75. 9%、15. 3%、8. 8%；完成发电量 875. 2 亿千瓦时，增长 31. 6%，高于全国 19. 9 个百分点，增幅位居全国第二。

目前，新疆电网与西北电网联网的第一通道双回 750 千伏输变电工程已建成投运，初步实现“疆电外送”的格局，哈密—郑州 ±800 千伏特高压直流输变电工程和新疆电网与西北主电网联网的第二通道（即哈密—沙洲—鱼卡—格尔木）双回 750 千伏输变电工程开工建设。疆内 750 千伏骨干电网正在加快建设，220 千伏及以下输配电网架结构进一步补强，一批大容量、高参数环保型火电机组加快建设，可再生能源发电装机规模不断扩大，新疆的电力供应保障能力将进一步提高。2012 年 10 月 16 日，具有战略意义的能源运输大动脉——西气东输三线全面开工建设，西气东输三线工程的建设对于保障国家能源安全、改善能源结构、促进新疆煤制天然气产业发展、保障新疆清洁能源供应具有重要意义。

新疆交通行业发展取得长足进步。兰新第二双线、兰新铁路嘉峪关—阿拉山口电气化改造、南疆铁路吐鲁番—库尔勒二线、库尔勒—阿克苏复线、霍尔果斯口岸站等 8 条铁路项目的建设继续加快。2012 年 10 月，继奎屯至克拉玛依高速公路建成通车后，全长 589 公里、项目总投资 35. 8 亿元的连霍高速星星峡—吐鲁番段高速公路二期工程通过验收实现全线通车。星吐高

① 天山网，2012 年 7 月 14 日。

速是新疆首条与内地连接的高速公路，其全线通车，标志着向东出疆实现全程高速，新疆与全国相连接的重要运输通道实现公路入疆高速化。星吐高速通车后，日通行能力达到 8 万至 10 万辆，将带动沿线物流业加速发展。2013 年上半年，新疆交通行业累计完成的 164.98 亿元投资中，铁路占 72.54 亿元、公路占 89.59 亿元、民航占 2.7 亿元、邮政占 0.15 亿元。① 一批交通基础设施项目的实施加快了构建新疆综合交通运输体系建设进程，为实现新疆经济社会跨越发展奠定基础。

（五）加快推进农牧业现代化战略

2011 年 1 月，在新疆发展和稳定面临重大机遇和挑战的新形势下，自治区召开了新疆农村工作会议，提出了全面贯彻落实自治区农牧业现代化建设规划纲要的指导思想、目标任务、区域布局、产业结构、重点工程、支撑体系和保障措施，并提出推进“六个优势产区建设”，重点发展“八大优势产业”，加快实施“十大重点工程”。截至 2012 年 9 月底，第一产业增加值 925.88 亿元，比上年同期增长 7.0%，占全区生产总值（GDP）5022.04 亿元的 18.44%。全区农林牧渔业实现总产值 1634.34 亿元，比上年同期增长 7.6%。②

同时，在出台和落实一系列强农惠农富农政策、农民增收成效喜人基础上，自治区坚持在“三化”同步中加快农牧业现代化建设，加大对农业的支持和保护，增加了对农业生产和农民的补贴补助力度，支持农业发展和农民增收。2011 年本级财政安排支农资金 215.1 亿元，比上年增长 36.9%。落实各类涉农补贴奖励资金 427 项、244 亿元，人均超过 2000 元。③ 2012 年初提前公布小麦、稻谷最低收购价和棉花临时收储价格。各项强农惠农富农政策不仅有效提升了农业综合生产能力，同时使广大农牧民得到更多实惠。

---

① 《新疆 2013 上半年交通基础设施建设投资突破 160 亿》，天山网，2013 年 7 月 18 日 08：26：21。

② 《2012 年前三季度自治区国民经济运行情况》，今日新疆网，http：//www.jrxjnet.com，2012 年 11 月 2 日。

③ 《新疆统计》2012 年第 3 期。

2012年前三季度，全疆农村居民人均现金收入5151元，比上年增加841元，增长19.5%，高于全国4.1个百分点，增幅居全国首位。其中工资性收入同比增长23.5%；家庭经营收入增长15.6%；转移性收入增长50.3%；财产性收入增长28.1%。[①] 农民收入呈现多元化增长趋势，家庭经营收入稳定增长，为农民增收打下基础，农民劳务收入和政策性转移收入是农民增收的突出亮点。

新疆的农业龙头企业规模不断扩大，农业产业化经营组织辐射带动能力得到了增强。2011年，全疆农产品加工企业8891家，同比增长13%；实现总产值925亿元，同比增长26%；增加值195亿元，同比增长30%；农产品加工业转移农村富余劳动力25.76万人。农业产业化经营组织达到8425个，比2010年增加700个，自治区级农业产业化重点龙头企业达到319家，农业产业化国家重点龙头企业达到33家，新增10家。农户从事农业产业化经营增加收入11.5亿元，同比增长15%；订单带动农户占到总农户的52%，比2010年提高3个百分点。[②] 农产品加工业企业对促进产业结构升级，提高市场开拓能力，促进农民就业增收作用更加显著。农业龙头企业已成为全疆农业增效、农民增收的重要渠道，并在调整农业产业结构、转移农村富余劳动力、促进农村经济发展等方面发挥明显的带动作用。

新疆农产品外销平台建设深入推进，市场开拓能力进一步提升。在2012年的第三届新疆农产品北京交易会上，共有来自全疆130余个国家级、自治区级农业产业化重点龙头企业、农民专业合作社参加，展销品种达1000多个，累计销售额逾千万元；在第四届新疆名优特及精深加工农产品上海展示会上，来自全疆14个地州市的381家国家、自治区、地州市级农业产业化重点龙头企业及获得绿色食品认证和有机食品认证的农产品加工企业带来了60个系列、1879种、近8000吨特色及精深加工农产品参加了展示展销，特色农产品签约金额达到130亿元。

---

① 《新疆农村居民前三季度人均现金收入突破5000元　增幅居全国首位》，新华社，2012年11月4日16：05：51。

② 新疆农业产业化发展局：《农业产业化工作动态》，《农业产业化专刊》2011年第10期。

目前，新疆农业开始由单纯依靠种植业转变为林业、畜牧业共同发力。2012年，新疆农林牧渔业总产值增速继上年居全国第1位之后，连续第二年摘取全国桂冠。

（六）加快推进新型城镇化战略

2010年，新疆人口2181.3万人，新疆的城镇化水平为43.5%，城镇人口961.67万人。到2011年底，虽然新疆城镇化水平高于西北五省区平均水平，但明显低于全国52.6%的平均水平。目前，新疆还存在城镇化规模偏小、结构不尽合理、吸纳农村转移劳动力能力不强等问题。面对目前新疆城镇化的发展现状，在新疆第八次党代会上，自治区党委提出要优化城镇发展布局，着力提升乌昌经济区中心城市的核心作用，把乌鲁木齐建设成我国西部中心城市、面向中亚西亚的现代化国际商贸中心、多民族和谐宜居城市、天山绿洲生态园林城市和区域重要的综合交通枢纽。把喀什建成具有浓郁民族特色、地域特色的现代化城市，使其成为一颗璀璨的西部明珠。把伊犁建设成为天山北坡西部中心城市和向西开放的桥头堡。同时还要积极培育一批区域中心城市，支持一批成长性好的县城按高标准小城市规划建设，充分发挥城市的辐射带动作用。

2012年，《新疆城镇体系规划（2012～2030年）》（简称《规划》）获自治区党委通过，该《规划》提出新疆城镇化发展目标是到2020年新疆城镇人口占新疆总人口比重达到58%；到2030年城镇人口占总人口比重达到66%～68%；其中，天山北坡地区要建成国家重要的经济增长带，率先实现现代化，打造一批引领全疆发展的中心城市和绿洲城镇组群。到规划期末，城乡公共服务与基础设施网络建设水平整体达到我国东部地区平均发展水平。2030年城镇化率可达75%～80%。天山南坡地区建成一批带动南疆社会经济发展的区域性中心城市和绿洲城镇组群，到规划期末，城乡公共服务与基础设施网络建设水平整体达到我国东部平均发展水平。2030年城镇化率可达65%～70%。①

① 《新疆城镇化有望提速》，《上海证券报》2012年12月12日。

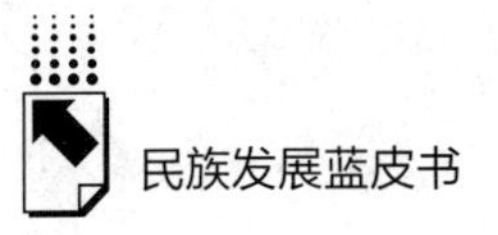

（七）扎实推进对口援疆工作战略

中央新疆工作会议三年多来，援疆的内涵进一步拓宽，“输血”与“造血”并举、“硬件”与“软件”有机结合，形成了产业援疆、项目援疆、干部与人才援疆、教育援疆等齐头并进的局面。

1. 产业与项目援疆：加速新疆经济提质增效

产业援疆不仅是内地产业和新疆产业的对接，同时也是“输血”与“造血”的更迭，助推新疆在更高起点上和更深领域、更广层面发展新型工业化。在产业援疆的带动下，新疆工业进入快速增长阶段，引领了新疆石油石化、煤电煤化工、有色金属等优势特色行业和新兴战略产业发展，基础设施建设加快；援疆工作开展三年多以来，新疆经济连续三年保持两位数增长态势，增速从2009年全国第30位，跃升到2013年上半年第10位，创造了新疆历史最好水平。

2. 干部、人才与教育援疆

在新一轮全国对口援疆工作中，干部和人才援疆作为援疆工作的重要内容和关键环节率先启动。

首先，“干部援疆”是全方位援疆，是支援地域最广（受援方由过去的新疆10个地州、56个县市和新疆生产建设兵团3个师，扩大到新疆12个地州、82个县市和兵团12个师，在支援省市中，新增了安徽、山西、黑龙江、吉林四省和广东深圳市），所涉人口最多，资金投入最大，援助领域最全面的一次对口支援。各援疆省市把干部人才援疆摆在整体援疆工作的重要位置，精心选派3261名政治坚定、综合协调能力强、有奉献精神、能干实事的优秀援疆干部人才进疆工作，并主动增派2300余名受援地急需的规划设计、项目管理、支医支教支农等计划外援疆干部人才，全力组织开展各类干部人才援疆项目。

其次，利用发达省市的援疆渠道，大规模培训新疆各级各类干部人才是干部人才援疆的重要任务。三年多来，已累计培训受援地各类干部人才42.1万人次，选派6735名受援地干部人才赴援疆省市挂职锻炼，培养青年科技英才702名，组织2420名援疆干部人才与受援地2.1万余名干部人才建立了一对一、一对多的“师傅带徒弟”定向培养关系。通过各项培训项目，有效提高了受援地干部人才整体素质，壮大了骨干队伍，促进、提升了新疆的自我发展能力。同时，几千余名援疆干部人才和依托援疆渠道柔性引进的10742名各类人才进疆工作，实现全疆14个地州市人才全覆盖，缓解了高素质人才紧缺矛盾。援疆各类人才把科学理念、成功经验、先进技术应用于新疆发展稳定，加快了受援地思想解放和观念更新，推动了编制发展规划、建设工业园区、发展现代产业、扩大招商引资、学术技术攻关以及“中国——亚欧博览会”“喀交会”“天山申遗”等各领域工作加快发展。

最后，教育援疆规划得到落实。2010～2015年援疆综合规划建设项目共计2226个，投入资金639.40亿元，其中教育援助项目448个，占项目总数的20.1%，投入资金97.61亿元，占项目资金总数的15.27%；在教育援疆基础建设项目建设中，组织实施教育基建项目169个，新建、改扩建校舍及辅助设施240.32万平方米，投入资金33.55亿元；教育系统干部人才援助力度加大，采取双向挂职、两地培训和支教等多种形式进行教育人才援疆，已选派1300余名干部教师到岗任职、任教。

教育援疆还加大力度推进新疆各类教师培训，采取“请进来、走出去”等方式，组织培训各类教师2.8万人次。高校对口支援实现了全覆盖，41所内地高校对口支援新疆本、专科（高职）院校；各级各类学校结对帮扶全面开展，支援学校达到221所，受援学校达到205所；随着教育援疆的社会影响力不断扩大，援疆省市积极动员后方有关部门和社会力量援助教育，已实施计划外教育帮扶项目42个，计划外筹措援疆资金4023.76万元，建设希望小学4所，捐赠教学仪器设备430台（套）、图书资料2.5万册，资助贫困学生2.29万人。在教育援疆过程中，考虑到和田、喀什、克孜勒苏柯尔克孜自治州的实际困难，在中央支持下，2013年9月起，在继续实行普通高中国家助学金的基础上，中央财政对南疆三地州普通高中在校生免除学费，自治区财政对其中农村（含县镇）学生和城市家庭经济困难的学生免除教材费，地县两级财政承担住宿管理费，这一举措使南疆三地州在新疆率先实现了高中阶段免费教育。

通过教育对口支援新疆工作，有效缓解了受援地州教育资源不足的问题，新疆双语教育、职业教育办学条件逐步改善，受援地县（市）、师团场教育自我发展能力显著增强，新疆教育整体水平得到提升，教育真正成为推动新疆跨越式发展和长治久安的强大动力。

二　新疆经济社会的发展

（一）新疆经济“稳中求进、进中求变”

“十一五”期间新疆经济整体呈现快速健康发展态势，经济结构调整取得积极成效，经济增长质量明显提高，综合经济实力显著增强。“十一五”时期，新疆累计实现地区生产总值20447.49亿元，比“十五”时期增加10643.66亿元，增长1.1倍；年平均增速达10.6%，是自“九五”以来新疆经济总量增长最快的时期，比“十五”时期平均增速提高0.5个百分点；分别在2006年、2008年和2010年先后迈上3000亿元、4000亿元和5000亿元三个台阶，为“十二五”良好开局奠定了坚实的基础。

2012年以来，在一系列卓有成效的重大举措下，新疆经济逆势上行，许多经济指标处于全国前列，国民经济呈现“一个突破”“两个新高”“三个增强”“四个高于”“五个领先”的良好态势。新疆经济发展呈现的“两个新高”，即生产总值和固定资产投资增速创历史新高。新疆经济发展还呈现出“三个增强”的特点，即非石油工业、制造业投资、民间投资拉动作用在持续增强。以往新疆工业经济过于依赖石油工业，没有工业发展主导权。近三年来，煤炭、电力等非石油工业的不断增长，改变了工业内部结构，尤其是特色产业的发展，使新疆逐渐掌握了经济发展的主导权。同时，新疆的制造业也实现突破，正在从原材料初级加工向制造终端产品发展，利用新疆优势资源，通过自主研发、自主品牌，形成终端产品，最终掌握产业的主动权和制高点。

新疆经济呈现出的生产总值、规模以上工业增加值、社会消费品零售总额、进出口贸易总额增速高于全国的“四个高于”，意味着新疆新型工业化发展步伐不断加快，大企业大集团在新疆的项目开工增多，工业产品规模不断扩大，质量和效益逐步提升，工业占地区生产总值的份额跃居第一位，形成了“二三一”的产业格局。另外，新疆城镇固定资产投资、公共财政预算收入、金融机构贷款、农村居民人均现金收入、城镇居民人均可支配收入五项指标增速全国领先，促进了新疆经济社会文化事业的全面发展。

1. 新疆生产总值有了飞跃发展

2010 年、2011 年、2012 年新疆生产总值分别达到 5437 亿元、6610 亿元、7530 亿元，增速均超过 10%。2012 年新疆经济逆势上升，全年生产总值 7500 亿元，同比增长 12%，高于全国 4. 2 个百分点（见图 1）。

2013 年上半年，新疆生产总值达到 2896. 51 亿元，同比增长 10. 5%，高于全国（7. 6%）2. 9 个百分点，增速位列全国第 10 位，自 1991 年来新疆 GDP 增速首次进入全国前 10 位。[①]

2. 社会固定资产投资进一步扩大

投资增速持续高位，为新疆增强发展后劲夯实了基础。2010 年、2011 年、2012 年新疆全社会固定资产投资分别完成 3540 亿元、4713 亿元、6258 亿元，均比上年新增投资 1000 亿元以上。2012 年，全社会固定资产投资总额 6258 亿元，增长 32. 8%，投资增速居全国第 1 位，创 1993 年以来新高。消费和出口这两驾“马车”持续发力，2012 年，新疆社会消费品零售总额 1800 亿元，比上年增长 15. 5%，比全国高 1. 2 个百分点。实现出口 194 亿美元，增长 15. 0%，高于全国 7. 1 个百分点。2011 年、2012 年连续两年增速超过 30%，其中，2011 年增速居全国第 1 位。2013 年以来，新疆固投在近年来高速增长的基础上，又大幅增长三成以上，这使得新疆经济的内生动力不断增强，并呈现出“三个加大”“两个优化”的特征。“三个加大”即民生类投资、基础设施投资和石油工业投资力度的加大：城镇民生类工程投

① 新疆发改委召开媒体座谈会，中国在线，2013 年 9 月 4 日。

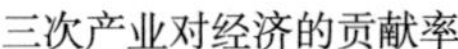

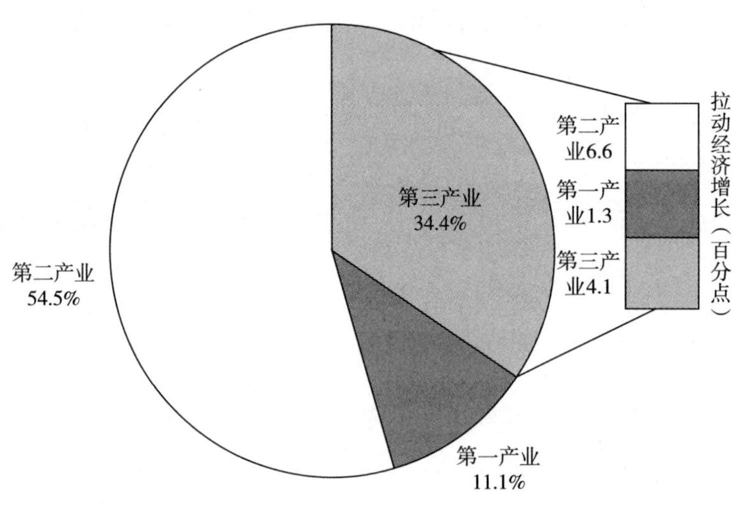

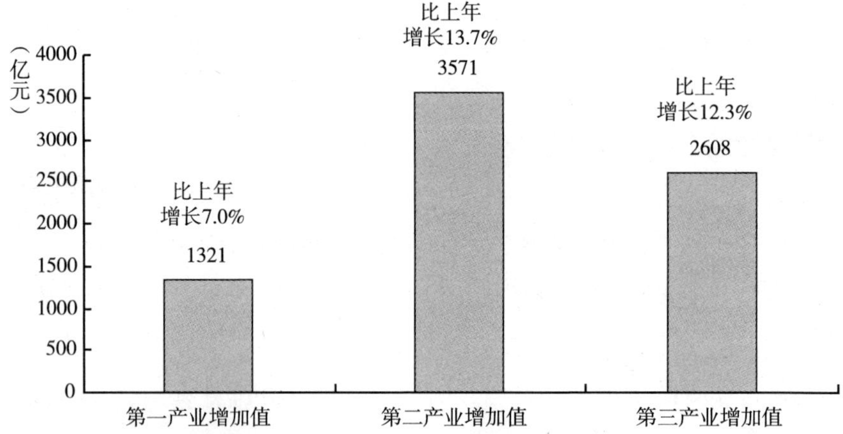

第一产业：农林牧渔业总产值增速连续两年全国第一，这也是由单纯种植业转变为林业、畜牧业共同发力的结果。

第二产业：工业结构也在发生重大变化，非石油工业与建筑业已成为经济增长中的重要支撑点。非石油工业增加值占比首超石油工业，石油工业“一业独大”的格局正在改变。

第三产业：服务业方面，以金融业、交通运输业为代表的生产性服务业成为推进产业增长的新动力。

图 1　2012 年新疆生产总值*

＊郭玲、吕杨：《2012 年新疆经济数据公布：GDP 增速高于全国 4.2 个百分点》，新疆网，2013 年 1 月 27 日。

资 1360. 21 亿元，增长 34. 4%，涉及各类保障性住房建设的房地产业、教育、卫生和社会工作等投资增幅均在三成以上；基础设施投资 1241. 77 亿元，增长 43. 2%；石油工业投资 470. 28 亿元，增长 33%。“两个优化”即投资结构不断优化、投资投向更趋合理。一、二、三产分别投资 113. 61 亿元、2437. 81 亿元、2261. 63 亿元，分别增长 27. 8%、25. 2%、39. 8%，二、三产业投资协同拉动作用明显，三产投资贡献过半。地方项目投资占主导地位，占城镇投资近八成；民间投资活力不减。[①]

3. 对外开放进一步扩大，对外进出口贸易进一步增长

2012 年新疆累计实现进出口总值 167. 7 亿美元，同比增长 8. 7%。其中，出口 134. 97 亿美元，同比增长 20. 5%；进口 32. 68 亿美元，同比下降 22. 5%。进出口规模列全国第 20 位、西部地区第 4 位。进口、出口增速分别高于全国 2. 5 个百分点和 13. 1 个百分点。在西部 12 个省区市中，居四川、重庆、广西之后，列第 4 位。数据显示，2012 年新疆对中亚五国进出口 175. 8 亿美元，同比增长 3. 5%，占新疆对外贸易总额的 69. 8%。[②]

（二）民生得到切实改善

民生连着民心，民心凝聚民力。2010 年，新疆财政支出用于民生的投入突破 1000 亿元，占一般预算收入的 70% 以上，改善民生工作力度之大、惠及面之广前所未有。2011 年是自治区党委确定的“民生建设年”，自治区实施了涵盖 22 个方面的 80 项重点民生工程，涉及安居富民、定居兴牧、住房和社会保障、就业再就业、特殊群体医疗救助、教育保障、天然气入户、物价控制、农村安全饮水工程、各族群众生活质量提升等各个方面。2012 年 1 ~ 10 月，自治区民生类工程累计完成投资 1195. 68 亿元，同比增长 43. 5%，前 10 个月民生类投资比 2011 年全年超出 186. 6 亿元。2013 年，自治区提出继续开展“民生建设年”活动，以保障和改善民生为重点加强社

---

① 《新疆日报》2013 年 10 月 23 日。

② 《新疆进出口规模列西部第四位内贸同比增长 15. 3%》，天山网，http：//www. tianshannet. com/news/content/2012 -11/05/content_ 7396130. htm，2012 年 11 月 5 日 15：19：48。

会建设，实施25类100项重点民生实事工程。从2011年至2013年的三年当中，自治区财政用于民生建设的总支出就达到了4800多亿元，年均增长29.7%，民生建设力度之大，惠民政策出台之多，财政投入力度之大，受益人群之广，前所未有。

就业是民生建设的重要方面。2010年新疆重点解决零就业家庭群体、未就业的大学毕业生、农村富余劳动力这三类群体的就业问题。自治区在财税、培训补助、社保补贴等方面给予高校未就业毕业生就业上的支持，激励其自谋职业，把未就业毕业生纳入小额担保贷款支持范围；同时还为各高校提供促进就业和创业培训补贴等专项资金550万元，引导和支持高校做好毕业生离校前的就业服务指导工作，促进高校和企业互动的创业促就业体系的建立和完善；至2009年底新疆实名登记未就业大中专毕业生7.5万人，到2011年已有6.47万人实现了就业，应届高校毕业生实现就业4.75万人，就业率为72%，累计消除零就业家庭4.15万户，帮助4.73万人零就业家庭成员实现就业，实现了零就业家庭动态为零的目标。

2011年开始实施新疆“少数民族普通高校毕业生赴对口援疆省市培养计划”，该培育计划用两年时间分批选派2.2万名普通高校毕业生赴19个援疆省市培养锻炼，以解决2002年以来沉淀的未就业普通高校全日制本科毕业生为主，兼顾少部分应届本科毕业生，提高其就业能力。目前，第一批送出的2800余名试点学员已返疆安置就业。

近三年来，新疆加快完善社会保障体系，扩大各类保障覆盖范围。截至2012年8月底，自治区社会保险参保总人数2087万人（次），已超额完成了年初确定的2026万人（次）的目标任务，230万名城乡困难群众享受到最低生活保障制度的支持。同时，还在低保、医保、养老金、孤寡人员救助等方面均提高了保障标准：2005～2012年，新疆先后10次提高城市低保对象月补助水平，连续8年调整企业退休人员基本养老金，月人均养老金目前已达到1978元。城镇居民医保财政补助标准提高到每人每年240元，并全面推行尿毒症、儿童白血病等8类大病保障，肺癌、食道癌等12类大病纳入保障和救助试点范围。

随着援疆工作的深入开展，城乡居民收入增速加快。2012 年城乡居民收入增速不仅跑赢 GDP，而且双双跃居全国第 1 位，自改革开放以来尚属首次。2013 年上半年，新疆农村居民人均现金收入同比增长 14%，比全国高 2.1 个百分点。其中，工资性收入增长 69.4%，家庭经营收入增长 4.3%，财产性收入增长 13.7%，转移性收入增长 19.5%。城镇居民人均可支配收入同比增长 10.9%，比全国高 1.8 个百分点。其中，工资性收入增长 4.8%，经营净收入增长 25.2%，转移性收入增长 20.1%，财产性收入增长 3%。城乡居民收入保持较快增长势头，到 2015 年，新疆城乡居民收入要实现翻一番的目标；到 2020 年，城乡居民人均收入实现翻一番半左右的目标，预计 2015 年新疆城镇居民可支配收入为 27287.54 元，农民人均纯收入为 9285.34 元。

拥有住房是每个家庭的梦想和重要财富。“安居富民”“定居兴牧”“保障性住房”三大安居工程，被自治区列为解决广大农牧民和城镇贫困人口生产生活最紧迫、最现实问题的民生工程。自治区党委提出，要按照“统一规划、合理布局、设施配套、安全适用”的原则，坚持高起点、高水平、高效益，整合各方力量，区分轻重缓急，确保到 2015 年全面完成 150 万户农民安居和 85 万户游牧民定居目标任务，覆盖全疆 675 万人。2011 年，自治区在财政十分紧张的情况下，将安居富民户均补助标准由 4000 元提高至 8000 元，并决定对所有农民建房户使用贷款的给予 3 ~5 年财政贴息支持。截至 2012 年 8 月底，新疆安居富民工程已开工 31.6 万户，竣工 24.3 万户，27 项定居兴牧水源工程、69 项定居兴牧骨干水利配套工程、第一批 1.25 万户游牧民定居工程已全部开工建设，其中 18 个水源工程已下闸蓄水。①

（三）积极推进双语教育，加快发展职业教育，促进基础教育均衡发展

三年来，自治区不断加大教育投入力度，教育投入连年攀升：2010 年、

① 《年终回眸：新疆民生建设迈上新征程，百姓受益广》，天山网，2012 年 12 月 18 日 09：28：19。

2011 年、2012 年，分别达到 330.63 亿元、420.25 亿元、490.86 亿元，教育投入占生产总值比重连续三年高于全国平均水平；在双语教育政策和管理体系上，规范了双语教育办学行为，加强对双语教学课题的教学指导工作，推进双语教师队伍建设。2011 年启动了“双语特岗计划”，新聘的 8300 余名中小学教师已赴基层学校任教。同时重视推进农村学前教育，加大农村双语幼儿园的建设和双语师资的培养工作，截至 2012 年 10 月，2237 所国家项目幼儿园已全面完工并陆续投入使用。

在大力发展中等职业教育，适度稳定普通高中招生规模基础上，不断扩大中等职业教育规模。2012 年自治区下达高中阶段学校招生计划 30.34 万人，比 2011 年计划增长了 0.89 万人，中等职业学校计划招生数占到总计划的 53.63%。为提高南疆三地州高中阶段教育的普及率，下达 1.32 万人的北疆对口南疆三地州中职招生计划。为改善中职学校的办学条件，2012 年中央下拨 5.4 亿专项资金，作为南疆四地州和喀什、霍尔果斯经济特区 7 所重点建设学校和 14 所中等职业学校教育基础能力建设经费。

为进一步稳步扩大内高班、内初班和内职班规模，2012 年，教育部和自治区分别下达内高班、内初班招生计划 8330 人、7400 人，比 2011 年各扩招 1240 人、1200 人。为了培养高素质的教师队伍，自治区还积极开展中小学教师继续教育和各类培训。仅 2012 年中央财政投入新疆国培专项经费 3400 万元，比 2011 年增加 1400 万元。

（四）民族团结教育和实践上了新台阶

中央新疆工作座谈会以来，自治区党委、人民政府高举各民族大团结旗帜，牢牢把握各民族共同团结奋斗、共同繁荣发展的主题，结合新形势、新情况、新问题，以变化变革的精神，不断丰富载体，创新形式、手段和方法，不断拓展民族团结教育工作的内容和覆盖面。

首先，深入开展了“热爱伟大祖国　建设美好家园”主题教育和“三史”宣讲活动。2010 年 6 月，中央宣传部、中央统战部、教育部、国家民委、新疆维吾尔自治区党委根据中央新疆工作座谈会部署，在新疆开展了

“热爱伟大祖国　建设美好家园”主题教育活动。全区共组织宣讲队1.33万支，宣讲员55.76万名，开展专题宣讲9.1万场次，直接受教育群众达1100万人次。该主题教育活动推动了各民族之间的理解包容、和睦相处、和衷共济、和谐发展，为实现跨越式发展和长治久安营造了良好的社会环境。

为了引导各族干部群众，进一步深化“五观”、“四个认同”和“三个离不开”的认识，2011年9月初，自治区在全疆开展了正确认识新疆历史、民族发展史、宗教演变史（简称“三史”）宣讲活动。通过开展新疆“三史”宣传教育活动，进一步澄清了模糊认识，使全疆各族干部群众正确认识到新疆自古以来就是伟大祖国不可分割的组成部分，正确认识到新疆自古以来就是一个多民族、多宗教地区，对引导各族干部群众以现代文化为引领，促进各民族和睦相处、和衷共济、和谐发展起到了重要作用。

其次，开展“反暴力、讲法治、讲秩序”专题教育活动。2011年，为了让新疆高校广大师生认清和田“7·18”、喀什“7·30”“7·31”暴力恐怖事件的真相，看清暴力恐怖分子敌视国家、危害社会、残害人民的凶残面目，深刻揭露“三股势力”的险恶用心和罪恶本质，自治区党委、政府决定在全区教育系统开展“反暴力、讲法治、讲秩序”专题教育。通过学习教育活动，突出解决全区教育系统广大师生在思想认识、观点立场方面存在的问题，努力建立坚决防范和抵御敌对势力的渗透破坏长效机制，确保学校的安全稳定。

最后，广泛开展了向庄仕华和米吉提·巴克学习活动。

武警新疆总队医院院长庄仕华三十二年如一日，扎根边疆，无私奉献，创造了腹腔镜下胆囊切除手术等5万余例无一失误的医学奇迹。他用崇高的精神境界、精湛的医疗技术和高尚的人格魅力，尽心竭力为各族人民群众服务，赢得了部队官兵和各族人民群众的尊敬和赞誉。

米吉提·巴克是南疆和田地区的一名少数民族干部。他在长期的工作实践中摸索出了一套“通俗化、故事化、形象化、对比化”的宣传教育模式，即以“苞谷面馕”式的语言风格，创造性地把党的方针政策传播到了千家万户，传播到了广大少数民族群众之中，引起了强烈的社会反响。28年来，

他的足迹遍及和田地区7县1市84个乡镇1383个村，平均每年宣讲100多场次，累计听众近70万人次。

目前，在实现新疆跨越式发展和长治久安两大历史任务的伟大进程中，求发展、谋富裕、思稳定、盼和谐现已成为新疆各民族的主旋律，民族团结进步已成为新疆社会发展中不可撼动的必然趋势。随着中央一系列重大政策的效应不断显现，影响民族关系的大背景不断向好，新疆民族关系开始向趋稳向好方面发生重大转变。各族人民群众通过身边的发展变化和自身福祉的不断实现深刻认识到统一、团结、发展始终是中华各民族人民的最高利益和共同利益。只有在统一的国家政体下，才会有各民族的发展与进步，才会有各族人民共同的美好生活；认识到新疆的最大危险是各民族间的不团结，“三股势力”是各族人民的共同敌人，努力实现各民族间和睦相处已成为各族人民的共同要求和共同期待。

（五）医疗卫生事业的发展

三年来，新疆新农合覆盖率得到巩固和提高。截至2012年9月底，全区新农合参合人数达1078.30万人，参合率达99.7%，年人均筹资318.62元，各级政府补助263元，提前实现新农合人均筹资标准提高到300元、各级政府补助提高到250元的目标任务。同时新农合保障水平进一步提升，政策范围内住院费用补偿比例提高到74.42%，最高支付限额不低于6万元，住院实际补偿比例达54.02%。

在国家基本药物制度深入推进过程中，全区政府办基层医疗卫生机构实现了统一基本药物目录、统一实行网上采购、统一采购价格、统一配送、统一监管。据统计，自2010年实施国家基本药物制度以来，截至2012年9月底，全疆国家基本药物制度药品零差率销售金额累计达9.66亿元，累计为患者让利达1.45亿元。2012年，在加强基层医疗卫生服务体系建设中，国家确定新疆各类医疗卫生机构、培养基地等建设项目共计208个，总投资10.67亿元，中央投资占6.55亿元。

在医疗卫生事业建设过程中，积极推进了新疆中医民族医药事业，充分利用国家项目加强了新疆中医民族医医院服务能力建设。目前新疆8所中医民族医医院的20个专科获得“十二五”重点专科项目支持，2所医院的2个专科获批新一轮国家临床重点专科。喀什地区维吾尔医医院和阿勒泰地区哈萨克医医院被确定为全国第二批重点民族医医院建设单位。

三 新疆文化事业的发展成就

（一）“以现代文化为引领”、“新疆精神”和“一体多元”文化发展理论的提出

1. 以现代文化为引领的提出

2010年5月26召开的七届九次全委（扩大）会议上，自治区党委审时度势地做出关系新疆发展全局的重大战略选择——以现代文化为引领。并在2011年10月26日召开的自治区第八次党代会上，全面阐释了现代文化的涵义，即“现代文化”是以社会主义先进文化为方向，以爱国主义和时代精神为特征，以中华优秀传统文化为根基，传承和提升区域特色文化，吸收和借鉴世界优秀文化成果，适应现代化本质要求的文化。它体现了现代知识、现代观念、现代制度，包括现代科学技术、现代生产方式、现代生活方式、现代艺术等。①

2013年8月24日，张春贤书记在自治区学习贯彻全国宣传思想工作会议精神上进一步指出：“实践证明，以现代文化为引领完全符合新疆区情实际，完全契合两大历史任务需要，完全符合各族人民期盼，是引领新疆各项事业发展的灵魂，是奠定长远发展的重要思想基础。学习贯彻全国宣传思想工作会议精神，就要认真总结现代文化引领的经验做法，大力发展一体多元、融合开放、具有新疆特色的现代文化，努力使现代文化扎根到各族干部群众心中、体现到各项工作中、贯穿到经济社会发展各方面。”②

① 《为两大历史任务吹响历史号角》，《新疆日报》2012年7月31日。

② 张春贤：《要与现代文化引领的生动实践紧密结合》，天山网，http：//news. ts. cn/content/2013 - 08/25/content_ 8608736. htm，2013年8月25日10：39：56。

以现代文化为引领的提出不是无的放矢，而是有针对性，主要是针对新疆传统文化中不适应现代化发展的需求，特别是不适应新型工业社会和信息时代的需求而提出的。以现代文化为引领可以说是中国特色社会主义文化发展理论在边疆地区的最新实践成果。

2. 新疆精神是中华民族精神的重要组成部分和特殊表现形式

新疆精神既体现了中华民族精神的一般性，又表现出新疆各民族文化承载的特殊性，是新疆各族人民在长期的共同生活和社会实践中，通过对新疆各民族文化进行取舍之后的凝练与升华，有鲜明的地域特色。同时，自治区广泛开展了“新疆精神”大讨论活动，把“爱国爱疆、团结奉献、勤劳互助、开放进取”的“新疆精神”大讨论贯穿于党组织建设中，引导各族干部群众始终保持与时俱进、开拓创新的精神状态，共同建设美好未来；组织召开不同层次的座谈会研讨会，各主要新闻媒体集中刊发了《论爱国》《团结就是幸福》等系列评论员文章，引导各族党员干部群众深化对弘扬“新疆精神”的认识，把爱国热情化作加快新疆发展、建设美好家园的实际行动；引导党员干部不自满、不僵化、不停滞，以思想不断解放推动事业持续发展。结合自治区第29个“民族团结教育月”活动，深入挖掘和表彰了一批彰显“新疆精神”的先进典型和“凡人新事”，通过媒体宣传等形式，形成宣传一个典型、引领一个单位、带动一个系统、影响一方百姓的良好局面。充分运用新兴媒体，以天山网为平台，开设“新疆精神”大讨论微博和“我谈新疆精神”论坛；创作、发送以“新疆精神”为主题的手机短信，把“新疆精神”渗透到经济社会各方面和人们日常生活工作中，使“新疆精神”内化为社会群体意识、外化为自觉行动。

3. “一体多元”文化发展理论

2011年6月29日，在自治区庆祝建党90周年大会上，自治区党委书记张春贤提出发展新疆“一体多元”文化发展理论，认为要以欣赏、包容的态度，促进优秀文化的融合，进一步增强民族团结，与各族人民群众一道共同建设美好家园。大力发展一体多元、融合开放、具有新疆特色的现代文化，才能进一步发挥新疆的主体作用。新疆的稳定与发展，需要尊重差异、包容多样、相互欣赏。但更要激扬以爱国主义为核心的民族精神和以改革创新为核心的时代精神，充分发挥现代文化的教育、凝聚、鼓舞和引领作用。[①] 坚持以现代文化为引领，首先要坚持“一体多元”。“一体”是指新疆各民族都是中华民族大家庭中的一员，新疆文化是整个中华民族文化的重要组成部分。“多元”是指新疆各民族在悠久的历史中都创造了自己的优秀文化。

（二）“以现代文化引领”中的新疆文化事业发展取得新进展

1. 新疆公益性文化事业迈向新台阶

公益性文化事业即农村公共文化服务，是指由政府主导，其他部门和个人自愿参与，面向农村居民提供精神文化产品，保障和满足广大农村群众基本文化权益的服务行为。按照中央的统一部署，新疆通过实施文化建设规划，使自治区农牧区基层文化基础设施得到了有效加强，农牧民的精神文化生活得到了较大丰富。特别是中央新疆工作座谈会召开以后，自治区党委提出以现代文化引领下的基层文化建设，更加大了新疆基层文化建设力度，初步建立起覆盖城乡的公共文化服务网络。

首先，新疆“十大文化建设工程”[②] 使得新疆少数民族公益性文化事业发展迈向了新台阶，文化基础设施“硬件”全面升级，公共文化服务网络日益完善。近些年来，新疆实施了“十大文化建设工程”，包括“村村通广播电视工程”、“西新工程”、“乡镇文化站建设工程”、“农村放电影工程”、“文化资源共享工程”、“东风工程”、“农家书屋工程”、“户户通工程”、“大喇叭工程”和“新疆民族文学原创和民汉互译作品工程”。截至2012年，仅文化站建设一项，自治区就投入3.7亿元资金新建了923个乡镇综合文化站，1145个社区文化中心和村文化室，9034个农家书屋。[③] 同时，新疆74家公共博物馆、纪念馆，107个各级公共图书馆，108个各级文化馆和

---

① 张春贤：《变化变革，敢于担当，务求实效，加快推进新疆跨越式发展和长治久安进程》，天山网，http://www.ts.cn，2013年5月16日13:00:23。

② “十大文化建设工程”系笔者根据有关资料的粗略统计，不完全全面和准确。

③ 《新疆新闻出版局文化发展》（内部资料）。

1097 个乡镇（街道）文化站，都实现了免费向社会开放。一大批重点基础工程的建设，从根本上改变了新疆文化基础设施比较落后的局面。

其次，近些年文化“软件”建设丰富多彩，群众的业余文化活动丰富多彩。自治区实施的文化惠民工程不仅夯实了现代文化的基础，而且提升了各民族群众的文化素养。其中，2011 年实施的“新疆民族文学原创和民汉互译作品工程”，是面向各民族文学工作者征集文学原创作品和翻译作品，并给予重点扶持和出版资助的工程。它一方面既是进一步继承和弘扬新疆各民族优秀文化，扶持鼓励新疆本土少数民族作家、翻译家的扶持工程；另一方面也是一项将优秀作品及时介绍给新疆各民族读者，用精品力作覆盖全区学校、图书馆、乡村文化站室，丰富和满足新疆各族人民精神文化需求而实施的重要民生工程。这项工程使我区各民族优秀本土原创文学作品的出版有了保障，极大地激发了各民族作家和翻译家的创作热情。

“农家书屋工程”和“农村放电影工程”是为改善我国广大农村地区人民群众看书难、读报难而实施的重大文化民生工程。截至 2012 年，包括维吾尔语在内的 6 种语言文字共 162.6 万册图书、10.84 万盒音像制品、2168 个书架、1084 个报刊架被送入基层；而“农村放电影工程”的实施使得居住在偏远山区、草原深处的农牧民，也能享受到“优秀国产新片进农村”“万村千乡送电影”等公益放映活动。

“东风工程”是以维护新疆稳定、促进新疆全面发展和提升新疆先进文化传播力为主要目标的新疆新闻出版工程。2007 年起正式实施，这是新中国成立以来国家对新疆新闻出版行业一次性投入最大、覆盖面最广、时间跨度最长的公益性文化惠民工程。“东风工程”一期项目共向全疆 851 个乡镇和 8661 个行政村赠阅 6 个语种的报纸 39 种，36.93 万份；期刊 16 种，44.25 万份；图书（挂图）1281 种，1267.20 万册（万套）；音像制品 267 种，308.09 万盒。[①] 为保持东风工程的连续性，确保工程有效衔接，2011

① 张晓明等主编《中国少数民族文化发展报告（2012）》，社会科学文献出版社，2013，第 4 页。

年8月，自治区启动实施了共计十大项目、总投资近11亿元的“东风工程”二期项目建设任务。该二期工程包括出版物赠阅项目、南疆三地州阅报栏建设项目、提升全区党报党刊采编印刷能力项目、部分县市出版物监管用车项目、发行网点改建扩建项目、新疆民文出版基地建设项目的实施计划和资金使用方案。

2. 现代传媒体系快速发展

现代传媒体系包括广播、电视、互联网等媒体在内的现代传播体系，是少数民族文化传播发展和保护的重要依托，也是实现民族地区各族群众文化需求的重要平台。近些年来，在西新工程和广播电视村村通工程等重大文化工程的推动下，新疆少数民族现代传播体系快速发展，取得了重大进步，满足了各族人民“求富裕、求健康、求快乐”的文化需求，适应了民族地区信息化的发展需求，对少数民族文化繁荣发展起到重要的推动作用。

目前新疆广播系统开办公共广播节目159套，用维、汉、哈、蒙、柯5种语言播出，全年播出公共广播节目77.7万小时。新疆人民广播电台办有11套节目（其中5套为民语节目），平均每天播出209小时，开办公共电视节目198套，用维、汉、哈、蒙、柯5种语言播出，全年播出公共电视节目96.7万小时。新疆电视台办有15套节目（其中9套为民语节目），平均每天播出267小时。

新疆电视台开办有维吾尔、哈萨克、柯尔克孜3种语言9套民语电视频道，每天播出120多小时，节目播出时间较2009年增加了110%；每天用维、哈语译播央视《新闻联播》《国际时讯》《焦点访谈》等节目240分钟，实现中央电视台《新闻联播》结束后2小时即进行维、哈语译播，2012年实现柯语译播《中央新闻联播》《新疆新闻联播》。新疆人民广播电台、新疆电视台都已实现重大活动的同步译播。①

从2006年开始，广电总局每年免费为新疆农牧区提供1000集广播影视译制片源，2010年起增加到2000集电视剧、36000分钟动画片。全疆

① 《新疆广电局文化发展报告》（内部资料）。

广播影视年译制能力由2009年的5560集提高到2010年的7200集，初步缓解了少数民族语言电视节目重播多的矛盾。目前，新疆电视台3个维吾尔语频道平均每个频道每天可以看到3集以上新剧，2个哈语频道平均每个频道每天可以看到2集以上新剧，少儿频道每天可看到1个多小时新动画片。[①]

3. 新疆少数民族文化遗产传承和保护取得新突破

（1）少数民族文化遗产保护成果斐然。文化遗产的保护和传承是少数民族文化发展的重要维度，近些年来新疆文物和“非遗”保护取得重大突破。目前，新疆有70个国家级非物质文化遗产项目、185个自治区级非物质文化遗产项目，有47位国家级“非遗”代表性传承人，建立了3个地区级“非遗”专题博物馆、5个县级“非遗”专题博物馆以及5个地区级民俗博物馆、19个县级民俗博物馆，建立了地区级传习所1个、县级传习所35个。[②] 新疆“非遗”资源涵盖民间文学、传统音乐、传统戏剧等十个门类，其中少数民族项目占95%以上。3000多项“非遗”项目，犹如新疆各民族民俗和传统技艺荟萃的长卷，散发着魅力。此外，自治区党委和政府还计划建立健全“非遗”传承体系，加强“非遗”名录体系建设和跨国申遗工作，加强对代表性传承人的培养和扶持工作，加快各地“非遗”博物馆、展示中心、传习所建设，开展优秀传统文化教育普及活动，进一步拓展“非遗”保护和传承空间。

同时，国家和自治区还加大了保护非物质文化遗产的投入。按照政府主导、分级保护的基本原则，中央和自治区不断加大对非物质文化遗产保护的资金投入。仅2011、2012年两年，中央财政转移支付和自治区财政投入的“非遗”保护专项资金就达4706万元。其中2011年1991万元（中央投入1791万元、自治区投入200万元），2012年2715万元（中央投入2215万元、自治区投入500万元），分别用于国家级和自治区级“非遗”名录项目

---

① 《新疆广电局文化发展报告》（内部资料）。

② 阿依努尔：《新疆将建立文化生态保护区加强“非遗”保护》，新华网，2012年3月24日。

保护和代表性传承人传承补助。对推动我区非物质文化遗产的有效保护与持续传承发挥了十分重要的作用。

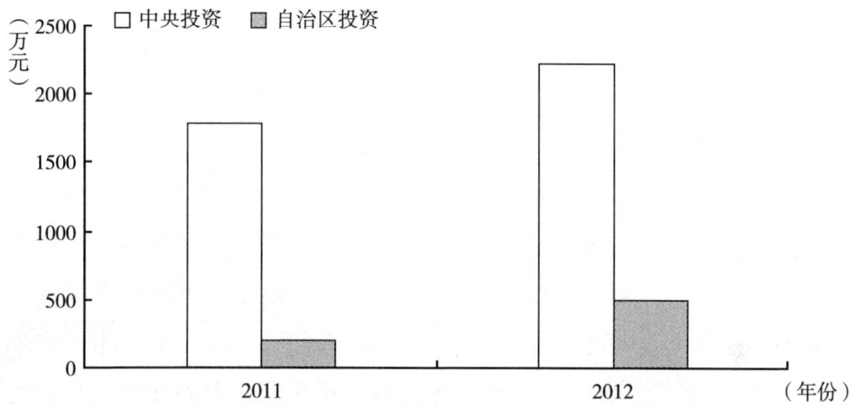

图2　2011～2012年中央和自治区财政投入非物质文化遗产保护经费情况

（2）文化生态村建设促进了民族传统文化的传承、发展和保护

援疆工作会议以来，新疆加大了文化生态村建设的步伐。2012年，新疆在原有的吐鲁番葡萄村、轮台县卡西比西村、和布克赛尔蒙古自治县江格尔村3个国家级生态文化村基础上又增添了3个“全国生态文化村”，即新疆阿瓦提县阿依巴格乡托万克卡格木什村、特克斯县乔拉克铁热克乡阿克铁热克村、阿勒泰地区禾木哈纳斯蒙古民族乡禾木村荣获第四批“全国生态文化村”称号①。至此，新疆“全国生态文化村”已达6个，区级国家生态乡镇、生态村11个。同时，按照新疆“十二五”自治区非物质文化遗产保护事业发展规划，自治区将分批、分期在13个世居民族非物质文化遗产相对集中、传统文化生态保持完整，并具有特殊价值的街区、村落或特定区域，建立4个自治区级文化生态保护区，分别在维吾尔族、哈萨克族、塔吉克族和锡伯族非物质文化遗产相对集中，原生态保持相对完整、保护意愿强烈的区域进行建设，加强“非遗”生产性保护。这样“少数民族群众能按

① 转引自人民网，2012年10月8日。

照最合适他们自己的方式生活，能积极、广泛地参与到文化生活中去。在这个过程中，既能传承和发展自己民族的传统文化，又能与外界保持很好的交流和沟通，实现不同民族文化的良好互动，达到一种和谐……”①

4. 新疆对外文化交流有了进一步拓展

新疆积极实施“走出去”“请进来”战略，多渠道开展对外宣传和文化交流工作，取得了显著成效。

目前，新疆对外文化交流的步伐越来越快，对外文化交流的规模和范围空前扩大，内容和形式日益丰富，渠道和层次更加多样。三年来，新疆共派出文化交流团组 170 多个，接待文化交流团组 50 多个，范围涉及亚洲、欧洲、非洲、南美洲及大洋洲等 140 多个国家和地区。依托文化部“欢乐春节”“亚洲艺术节”“中国文化年”等项目，积极展开对外宣传工作，收到了良好的效果。新疆对外文化交流项目不仅多次得到国内外艺术团组的肯定、赞扬，而且受到文化部、外交部、国家民委、国务院新闻办、驻外使馆等的表彰奖励。“中国新疆国际民族舞蹈节”是国家在我国西部边疆和民族区域自治地方搭建的首个国家级对外文化交流平台，与东部的国家级对外文化交流活动互相呼应、相得益彰，不仅有利于我国对外文化工作战略格局的不断深化和均衡发展，也更能彰显中华文化“多元一体”和文化大团结、文化大和谐的重要意义。

（三）新疆文化产业取得长足发展

目前，全疆已有包括“新疆和合玉器有限公司”等在内的 4 家文化企业被命名为“国家文化产业示范基地”。2012 年 3 月，自治区评选命名了新疆普拉纳广告公司、新疆七坊街创意产业投资有限公司等 25 家文化企业为首批新疆文化产业示范基地，涵盖演艺、动漫、文化娱乐、文化旅游、艺术品、工艺美术、创意设计等多个文化产业门类。

新疆维吾尔自治区对文化产业资金的支持力度也逐步增强。2011 年自

---

① 转引自亚心网，2012 年 2 月 28 日。

治区文化厅为“国际大巴扎舞台升级改造”项目申请到国家文化产业发展专项资金300万元，申请到自治区财政1000万元作为当年新疆文化产业发展专项资金。今后，专项资金逐年递增1000万元，到2015年达到5000万元。2012年，文化厅为自治区5家文化企业申请到国家文化产业发展专项资金2200万元。自治区设立的文化产业发展专项资金，极大提高了新疆文化企业自我发展的积极性。

近些年来，新疆连续参加了第二、三、五、六、七、八、九届中国（深圳）国际文化产业博览交易会，展示、销售新疆和田玉、民族乐器、沙粒画、新疆歌舞、优秀出版物、优秀电影电视等文化产品，共签约280余亿元。在2012年11月召开的北京文博会上，以新疆和田玉、民族工艺品、文化创意产品为主的文化产品销售额近100万元，落实销售订单30多万元。

四　新疆发展中存在的问题与展望

自治区党委书记张春贤在新疆第八次党代会上指出：“经济社会发展总体上比较滞后；区域、城乡发展不平衡；基础设施、基础产业、基础工作比较薄弱；生态环境保护工作有待加强；各族群众收入水平与全国其他地区的差距还比较大，扶贫和济困任务较重；社会稳定的基础仍然薄弱、形势依然严峻”。①

（一）经济发展与区域不平衡问题

中央新疆工作座谈会召开及新一轮援疆工作开始后，各级政府强力推动，各类资金大量注入，城乡建设速度大大提升，一系列民生工程极大改善了各族群众的生产生活条件。但总体上新疆南疆和北疆、城市和农村之间的

① 张春贤：《为实现新疆跨越式发展和长治久安而奋斗——在中国共产党新疆维吾尔自治区第八次代表大会上的报告》。

差别仍很大。据《新疆统计年鉴》，2011 年昌吉州农民家庭人均纯收入是和田地区的 2.87 倍，是克孜勒苏州的 3.79 倍。新疆发展，关键在南疆；南疆的发展，关键在南疆三地州。只有南疆的经济社会发展了，新疆整体发展战略才可能实现。目前，新疆经济发展的重心在北疆，北疆重心在北疆南部沿天山地区的天山北坡经济带，而天山北坡经济带的重心则以乌鲁木齐市、昌吉州和五家渠市为一体的“乌昌经济一体化”。

表 1　不同地区农民家庭人均纯收入与自治区平均水平比较（自治区平均水平为 100）

	昌吉州	伊犁州直	塔城地区	阿勒泰地区	巴州	阿克苏地区	喀什地区	和田地区
2008 年	178.2	115.7	130.6	116.3	163.9	115.7	75.0	59.1
2011 年	187.4	117.4	169.2	94.8	159.7	108.3	74.0	65.3

数据来源：根据 2009 年、2012 年《新疆统计年鉴》有关抽样数据计算。

（二）新疆城乡居民收入增长任务仍繁重，扶贫开发形势依然严峻

由于新疆经济发展滞后，财力薄弱，加快民生建设的任务繁重，依靠经济力量实施经济调控的空间和余地相对较小，对中央投资和政策扶持的依赖性较大。在国内外环境错综复杂、不稳定不确定因素增多的大背景下，各种矛盾叠加出现和保增长、调结构、防通胀的多目标管理，对自治区民生建设提出了更高要求，也使自治区党政工作面临新的挑战。

1. 居民收入增长任务仍繁重

在国家和 19 个对口援疆省市近千亿投资的大力支持下，虽然新疆经济取得了前所未有的成就，但是新疆人均 GDP 却低于全国平均水平近 5000 元。其中，新疆城镇居民人均可支配收入 15513 元，农村居民人均纯收入 5442 元，均低于全国城镇居民人均可支配收入 21810 元和农村居民人均纯收入 6977 元。在南疆三地州 501 万的农村人口中，2010 年人均纯收入仅为 2579 元。不仅农村人均纯收入低于全国平均水平 1535 元，而且区域内不同

地区农牧民之间的收入差距最大的也在1倍以上，这些都是当前新疆居民收入增加工作面临的最大挑战。

2. 扶贫开发形势仍然十分严峻

2012年新疆连续实施了“民生建设年”，伴随援疆建设的深入，自治区迎来了全面开创扶贫开发新局面的大好时机。但是扶贫开发具有艰巨性、紧迫性、长期性、复杂性和不可替代性等特点。由于历史的、自然的、社会的等多种原因，新疆扶贫开发的形势仍然十分严峻，主要是难度大、程度深、范围广、任务重。目前，随着扶贫标准的提高，贫困人口数量增加，主要表现在“三个三分之一”上：扶贫开发工作重点县（市）有35个，占全区县（市）的1/3；贫困村有3868个，占全区9800个村的1/3；按2300元的标准，还有78万户353万名扶贫对象，占全疆农村人口的31%，接近全区农牧区总人口的1/3。[①] 新疆贫困人口主要集中在资源匮乏的南疆三地州、一些边境地区和贫困山区，脱贫难度较大。

（三）社会稳定存在的问题

2012年4月，自治区党委书记张春贤在自治区维稳工作会议上明确指出：“新疆由于历史的、国际的、现实的原因所形成尖锐矛盾基础仍然存在；新疆反分裂斗争将是长期的、复杂的，绝不能掉以轻心。当前，要把遏制和防范暴力恐怖活动作为重点。”[②] 面对严峻的形势和前所未有的挑战，自治区党委、政府从全局着眼，全方位推进各项维稳措施，坚持把“一反两讲”（反暴力，讲法制，讲秩序）作为维稳的指导思想来推进落实，不断强化基层基础工作和群众工作，社会稳定的社会基础更加牢固。但目前也存在一些棘手的问题。

1. 社会管理碎片化，管理成本增大

在新疆，社会管理的重要任务是维护社会稳定。20世纪90年代以后，

① 阿不都热扎克·铁木尔主编《新疆经济社会形势分析与预测》（2012～2013年），新疆人民出版社，2012，第35页。

② 《自治区党委部署全疆维稳工作》，《新疆日报》2012年4月14日。

随着社会稳定局势日益严峻，政府对乡村（社区）基层组织建设的重视程度越来越高，社会管理完全被政府包办，并具体到社会生活的方方面面。在部分稳定形势严峻的区域，维稳工作难度越来越大，只能通过全方位、多部门投入形成庞大的维稳力量，触及社会各个角落。基层社区管理不断细化和组织化，社会管理成本很高。在乌鲁木齐市，为实现有序社会管理和服务，社区数量、社区工作人员不断增加，工作经费不断提高。截至 2012 年底，乌鲁木齐市社区总数达 675 个。而乌鲁木齐市的每个社区工作经费标准在 2010 年从 5 万元提至 10 万元；2011 年又从 10 万元提高到 16 万元，2012 年提高至 20 万元，而重点社区增加到 25 万元。某重点社区，共有 1207 户 2983 人，其中流动人口 195 户 739 人，该社区有在编社区干部、民警、外聘委员 13 人，公益性岗位人员 26 人，小联防、巡逻队员 51 人，保洁员 43 人，共 130 多人，即每 100 位居民就有社区管理、服务人员 4～5 人，虽然其中一部分是为解决就业问题，一部分是参与社会服务，但社会管理的成本高。①

2. 宗教极端主义已成为影响新疆社会稳定的突出问题

虽然近些年来境内外“三股势力”特别是以“东伊运”为代表的“东突”恐怖势力遭到沉重打击，但其对我构成的安全威胁从未停止。极端主义在世界各国的泛滥、国际恐怖主义异常活跃的态势无不刺激着新疆境内的民族分裂分子、宗教极端分子和暴力恐怖分子利用人民内部矛盾蓄意挑起事端、制造恐怖活动。在国际恐怖主义的示范效应及周边局势的影响下，新疆“三股势力”进入新的活跃期，且其实施的暴力恐怖活动开始趋向国际恐怖主义的活动特点：组织化程度小、本土化、以零散游击式运作方式进行。其中，宗教极端思想已成为新疆“三股势力”的重要思想武器和理论来源，成为新疆暴力恐怖犯罪活动不断滋生的重要因素。如 2011 年喀什的“7·30”“7·31”案、和田的“7·18”“12·28”企图偷渡边境案；2012 年“2·28”暴力恐怖杀人案件和“6·29”劫机等重大暴力恐怖事件等案件；

① 阿不都热扎克·铁木尔主编《新疆经济社会形势分析与预测》（2012～2013 年），新疆人民出版社，2012，第 35 页。

2013年的巴楚“4·23”和鄯善的“6·26”等案件，以及“10·28”天安门金水桥恐怖袭击案，这些案件中的暴徒都被灌输了宗教极端思想，其行为造成了严重后果，在社会上产生了极端恶劣的影响。

3. 新疆宗教领域存在的突出问题

目前，新疆宗教领域依然存在着一些突出问题，包括非法宗教活动屡禁不止，境内外敌对势力利用宗教进行渗透破坏的活动不断加剧，宗教热持续升温，朝觐热难以降温，一些地方宗教氛围十分浓厚。另外，宗教管理中“不愿管、不敢管、不会管、不善管”的问题比较突出，特别是思想建设、规章建设、制度建设、队伍建设严重滞后。

（四）文化发展存在的问题

虽然中央援疆工作会议以来，新疆文化建设取得了长足的发展，但总的来看“新疆的文化建设，特别是基层文化建设受经济社会发展水平的制约，历史欠账多，条件差，底子薄，还不能满足广大群众日益增长的精神文化需求”。①

1. 都市文化、现代传媒冲击着少数民族乡村的社会文化环境，但历史延续的传统文化仍是新疆少数民族乡村文化的主流

（1）文化是一种历史延续与积淀的结果。一方面，悠久的历史为新疆各民族积累了丰富且具特色的文化内容；另一方面，沉重的历史也为她所面临的社会变革造成了负担。从当前新疆文化现状来看，无论是承载的内容还是外表的形式，历史延续的传统文化仍是各个村镇现行文化的主流方式：仍是以农牧业为核心的农牧业文化为主导内容，这也是新疆少数民族历史延续与积淀的文化。

新疆少数民族乡村城镇化和现代化建设的进程比较缓慢。从少数民族乡村的经济比重分析来看，农业经济约占总收入的80%以上，从事农业生产的人数占村落劳动力总数的80%以上，农业生产方式、农事耕种

① 《新疆加强文化建设综述》，《新疆日报》2012年10月9日。

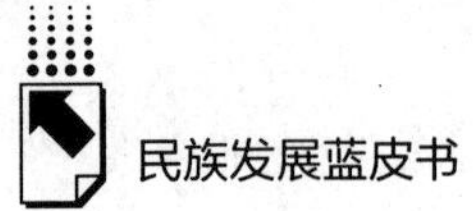

内容也都是传统的延续。因此，基于这种特定生活生产方式的社会基础，在乡村生活中，人们的心理定向、社会注意力，人群的主体时间、精力和储备的财物，都主要集中在以农业生产为核心的经济活动中，文化活动仍然按照历史悠久的延续方式进行。虽然在少数民族乡村中，新旧文化的相互碰撞对少数民族传统观念、社会行为发生着影响，但新文化的形式对人们的影响，也只能通过平缓的方式进行，人们的生活基本上维持着传统的方式。

（2）新疆少数民族乡村文化建设存在“两张皮”的问题，知识发展的差距已经成为阻碍新疆少数民族乡村发展的瓶颈。

乡村文化是乡村现代化建设的灵魂，也是抵御宗教极端主义影响的前沿阵地。新疆80%以上的少数民族人口生活在乡村，没有传统乡村宗教与文化的现代转型，就不可能实现新疆现代化建设。在现代文化引领和现代文化建设过程中，新疆少数民族乡村以文化力作为当地经济发展的促进力已经成为共识，其实践也初现成效。但是，新疆少数民族乡村贫困的原因，除了经济基础薄弱和不可抗拒的自然恶劣条件外，更重要的是当地文化建设不足带来的人的素质低下。在相当一部分乡村，当地少数民族面对未来的发展，明显地缺少改变现状所需的科技能力，缺欠促进文化进步的学习机制，缺乏改变现状必需的精神动力和对现代“文化”的认知、掌握和运用能力。

由于特殊的地理环境，南疆维吾尔地区的乡村文化建设虽然也取得了长足发展，但也存在一些难以解决的问题。如上所述，截至2012年，乡镇综合文化站就达到了923个，社区文化中心和村文化室1145个，农家书屋9034个。与此同时，新疆清真寺却达到2.46万座，呈现出乡村文化站与清真寺并列，清真寺数量远远高于文化站的局面，造成南疆乡村文化建设中的“两张皮”问题，即传统宗教文化活动与公共文化服务并存；传统的文化设施和文化活动未能与新建的公共文化服务体系形成有机的联系。[1] 南疆乡村

---

① 张晓明等主编《中国少数民族文化发展报告（2012）》，社会科学文献出版社，2013，第15页。

文化建设不能在少数民族当中“入脑入心”，就不能起到促进发展和保障安定的作用，也就起不到抵御宗教极端主义的乡村渗透的作用。

2010年新疆首次公民科学素质调查显示，新疆具备基本科学素质的公民比例仅为1.2%，在全国和东、中、西部地区都处于较低状况，相当于全国10年前和西部地区3年前的水平。其中，了解必要科学知识的公民比例为6.4%，比全国低8.27%；掌握基本科学方法的公民比例为4.5%，比全国低5.25%。这次新疆公民科学素质状况调查结果还表明，北疆地区具备基本科学素质的公民比例最高，为1.9%；南疆地区具备基本科学素质的公民比例最低，为0.5%；东疆地区具备基本科学素质的公民比例为0.8%。[①] 该调查结果印证了南疆乡村文化建设中存在的“两张皮”问题及其对少数民族群众基本科技素质的影响。新疆公民科学素质偏低，会影响并制约公众获取应用科技知识、改善生活质量、实现全面发展的能力，成为制约新疆科技方针和后发赶超的瓶颈因素。

2. 文化产业发展滞后，文化资源还没有转变成发展优势

中央新疆工作座谈会以来，自治区高度重视文化产业发展。先后出台了《关于坚持以现代文化为引领，推动文化大发展大繁荣的意见》和《关于加快自治区文化发展的若干政策》，使新疆的文化产业有了很大的发展。截至2011年底，新疆的文化产业产值虽然已达55亿元，占GDP的0.83%，但与内地发达省区相比，新疆还存在很大的差距，包括文化产业发展地区之间很不平衡；文化艺术演出市场化程度偏低，还未能创造好的经济效益；文化娱乐业、文化旅游业影响力偏弱和新型文化业态刚刚起步，还有待于进一步扶持壮大。

（五）发展与社会形势展望

当前新疆的经济社会发展已经站在了新的历史起点，新疆充满潜力和希

① 杨建社：《从公民科学素质调查看科普工作如何更好地为提升边疆各族公众科学素质服务》，《中国科普理论与实践探索》，中国科普出版社，2012，第362页。

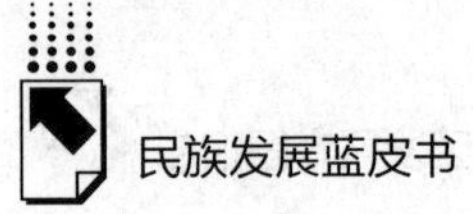

望，而新疆各族人民更是对未来充满信心和期盼。张春贤书记在新疆第八次党代会上指出，实现中央提出的到2015年新疆人均地区生产总值达到全国平均水平，2020年与全国同步实现建设小康社会的目标，未来五年是关键。在经济上要实现综合经济实力明显增强，自治区生产总值翻一番，超万亿元的目标。人均地区生产总值达到全国平均水平，在民生改善上要实现人民生活水平明显提高，城乡居民收入翻一番的目标。在生态环境上，生态环境质量明显改善，单位生产总值能耗和主要污染物排放得到有效控制，资源利用效率明显提高。在稳定工作上，坚持反分裂、“两手抓”、“一反两讲”，标本兼治、综合施策，突出抓好组织基础、群众基础、技防基础、网格责任基础建设，维稳工作不断趋于常态化、科学化、法制化，发现、防范、打击、处置能力明显提高，社会稳定的群众基础越来越牢固，维护稳定的机制越来越有效。

在民族团结上，在实现新疆跨越式发展和长治久安两大历史任务的伟大进程中，求发展、谋富裕、思稳定、盼和谐现已成为新疆的主旋律，民族团结进步已成为新疆社会发展中不可撼动的必然趋势。随着中央一系列重大政策的效应不断显现，影响民族关系的大背景不断向好，新疆民族关系开始向趋稳向好方面发生重大转变。

B.11

城市民族问题发展报告

郑信哲*

摘　要：改革开放和城市化进程，促进了少数民族人口流动。随着城市少数民族人口迅速增加，在城市事关少数民族人口事件的发生频率增多，城市民族工作面临许多新情况、新问题。本文通过梳理城市少数民族人口现状及城市居民多民族化现象，指出城市民族问题愈益凸显，强调了加强城市民族工作的重要性与必要性。

关键词：城市　居民多民族化　民族问题　民族工作

改革开放以来，尤其是进入21世纪，随着城市化进程加快，我国少数民族人口流动更加迅速，城市少数民族人口日益增多，城市居民多民族化现象日趋明显，城市民族问题更加凸显，城市民族工作变得更加重要。

一　城市居民的多民族化现象明显

改革开放以来，我国的城市化进程加快，城市化率呈现出逐渐提速发展之势。在城市化进程中，我国城市居民的多民族化现象明显。改革开放前，我国城市少数民族人口中，除了部分世居少数民族外，大部分是新中国成立以后，以工作调动、学校毕业分配、军队转业等形式落户城市的。改革开放

* 郑信哲，中国社会科学院民族学与人类学研究所研究员。

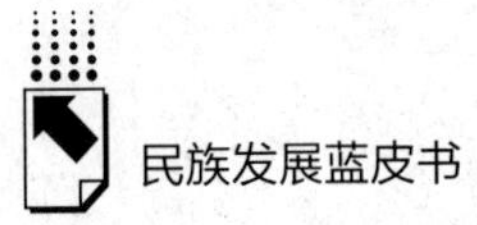

后，除上述政策因素以外，随着城市化进程的加快和大量的人口流动，广大少数民族人口以务工、经商、婚嫁等形式，大量流迁至广东、上海、北京、天津、山东、江苏、浙江等东部地区及关中城市。

进入21世纪，城市少数民族人口增速加快，城市居民的多民族化现象日趋明显。其主要表现如下。

第一，城市少数民族人口迅速增多。据2010年第六次全国人口普查资料，北京市少数民族人口80.1万人，与2000年相比，增加了21.6万人，增长36.8%；[①] 上海市少数民族人口27.6万人（不包括其他未识别的民族和外国人入籍中国的人口），比2000年的10.4万人增加了17.2万人，增长165.4%，大大高于全市人口增长速度，少数民族人口占全市总人口的比重由2000年的0.6%提高至1.2%。[②]

1982年，深圳市少数民族人口不足400人，到2000年增加至22万多人，而到2010年已增至75万多人。[③] 浙江省外来少数民族人口，1990年只有1.5万人，2000年达到15万人，到2007年增至66.6万人，而到2011年初已达149.6万人，与2007年相比，几年间净增83万人。[④] 天津市少数民族人口，1990年为20.3万人，2000年增至26.7万人，到2010年达33.1万人。[⑤] 浙江省宁波市少数民族人口，1990年全国第四次人口普查时为3980人；2000年全国第五次人口普查时常住少数民族人口33714人，暂住少数民族有6万多人；到2010年全市常住少数民族人口约4万人，暂住少数民族人口达20.7万人。[⑥] 据悉，2010年前后，深圳、广州、宁波等城市

① 北京市第六次人口普查办公室：《北京市少数民族人口状况》，http：//www.bjstats.gov.cn/rkpc_6/pcsj/201105/t20110530_203335.htm。

② 杨群：《全市少数民族人口十年增165.9%》，《解放日报》2011年11月22日。

③ 深圳市民族宗教事务局：《全方位做好改革发展中的城市民族工作》，载《全国城市民族工作座谈会交流材料汇编》，国家民委政策法规司，2010，第176页。

④ 国家民委监督检查局：《民族关系状况分析和监督检查工作材料汇编》，2011年12月，第71页。

⑤ 吴星辰：《新形势下城市民族工作问题探究——以天津市为例》，《重庆社会主义学院学报》2012年第1期。

⑥ 国家民委监督检查司：《民族关系状况分析和监督检查工作材料汇编》，2011，第71页。

的少数民族人口都以20%以上的速度递增。[①] 可见，少数民族人口数量在一些城市迅速增多，原因不是人口自然增长，而是大量少数民族人口的流迁。

在城市，少数民族人口随着人数的日益增多，在一定区域相对聚集的现象越来越明显。一些城市出现了少数民族人口相对聚居的街道社区，如山东省即墨市的西元庄社区、浙江省宁波市的芝兰社区、江苏省南京市的健园社区、广西壮族自治区南宁市的银海社区、云南省昆明市的顺城社区等。

第二，城市少数民族成分明显增加。改革开放以来，随着少数民族人口大量流迁，许多城市中少数民族成分不多的局面逐渐被打破，城市少数民族成分明显增多，过去未曾有的55个少数民族成分齐全的城市也开始出现。例如，新中国成立时，北京市有38个少数民族，到1990年全国55个少数民族均可在北京找到；1951年，上海市有11个少数民族成分，到1990年达44个，而2000年达52个，如今55个少数民族成分齐全；1981年，深圳市只有12个少数民族成分，到2000年达54个，而2008年成为55个少数民族成分齐全的城市；广州市在过去只有几个世居少数民族成分，如今也成为55个少数民族成分齐全的城市；天津市少数民族成分，1990年有41个，2000年增至49个，而2010年达53个。

第三，非当地户籍少数民族人口远远超过当地户籍少数民族人口。随着少数民族人口大量进入城市，在各级城市少数民族人口中，除了当地户籍人口以外，非当地户籍少数民族人口愈益增多，并且逐渐成为所属城市少数民族人口的多数。2012年，广州市少数民族人口近64万人，其中户籍少数民族人口只有6.3万多人，而非户籍少数民族人口达56.7万多人；2011年3月，深圳市少数民族人口达79.5万人，其中非户籍少数民族人口占93%以上，户籍少数民族人口只有5.2万人；到2010年底，上海市少数民族人口达27.6万人，其中非户籍少数民族人口有17.8万人，约占少数民族人口总

① 国家民委政策法规司：《全国城市民族工作座谈会发言材料》，2010，第14、18页。

数的64.4%。[①] 2010年，宁波市少数民族人口约35.7万人，其中少数民族流动人口有31.8万人，占全市少数民族人口总数的89%；青岛市少数民族流动人口近20万人，而少数民族户籍人口只有3.3万人。[②]

二　城市民族问题表象与走向

城市民族问题是民族问题在城市的反映，主要表现为少数民族成员在城市适应与发展过程中遇到的问题和困难。这里既包括与其他民族、与政府相关联的问题，也包括民族自身因素问题。应该说，改革开放以前，我国城市民族问题并不明显，只是改革开放以后，尤其是随着少数民族人口大量进入城市，城市民族问题变得愈益显著，而城市具有的中心区位、开放度大、集散性强等功能，更使城市民族问题变得复杂多样和敏感。

1. 城市民族问题的主要表象

城市是各民族人口频繁接触的一个交会点。随着城市少数民族人口迅速增多，各民族人口拥有的不同文化、不同传统在相互接触和碰撞中，难免产生一些矛盾和隔阂。如果对此现象或问题重视不够或处理不当，就有可能导致城市民族问题。一些迹象表明，改革开放以来，影响城市民族团结和民族关系的不利因素比过去明显增多，过去未曾出现或不显露的民族歧视、民族摩擦现象时有发生，围绕经济和民事纠纷的民族问题化倾向也比较突出，其主要表现如下。

一是因不尊重少数民族风俗习惯和宗教、清真饮食习俗而伤害少数民族感情的事件。例如，2011年，河北某地一回族农民在为其母亲入葬时发现坟茔边放着一头死猪仔，于是召集各地亲属到坟茔所在地要说法，经有关部门控制和劝解，防止了外地回族群众聚集串联；2011年，在河北某市一企业工作的几名回族职工因在公司食堂清真口误食猪肉馅饺子，引发该市某村

① 据笔者调查所获资料。

② 国家民委政策法规司：《全国城市民族工作座谈会发言材料》，2010，第14、10页。

回族群众上百人聚集，并准备去找公司讨要说法。后经开导解释工作，问题得到妥善解决。

二是城管执法人员与违章摆放摊点、占道经营以及贩卖刀具等违禁品的少数民族成员之间的事端。如 2011 年，河南某县城管执法人员在清理违章摊点时，与来自新疆某地的维吾尔族商贩发生纠纷，产生肢体冲突，造成多人受伤事件；2011 年，在湖北某市一步行街上，因保安不同意来自新疆的一些维吾尔族群众摆摊设点卖羊肉串，引发了一起冲突，导致多人受伤；2012 年，四川某县的一名藏族在武汉市一些城区贩卖管制刀具及仿真枪等违禁物品，强买强卖，并围攻城管执法人员，打伤了多名城管人员。

三是以少数民族为题材的各类出版物、影视作品以及宣传报道不够慎重而出现贬低、歪曲、侮辱少数民族历史或形象的现象。例如，2011 年，河北某日报文艺副刊一编辑在互联网博客文章中涉及对蒙古族的不尊重，引起北京、内蒙古等地蒙古族网民的不满；2010 ~ 2011 年，山东查处了两个出版社出版的小学辅导读物和台历中伤害少数民族感情的事件。

四是围绕着“拉面馆”发生的无照经营和不服管理、相互间争抢地盘、经营场地动迁或租赁不清、就餐人员与服务员之间的冲突等事件引发大量的矛盾纠纷。例如，2011 年，河南某市城管执法队在执法检查时，与青海籍经营兰州拉面馆的回族发生语言摩擦进而发生肢体冲突，致拉面馆方多人受伤，执法队一人受伤住院；2012 年，在辽宁某市，来自青海的一名回族为垄断该地区兰州拉面馆，擅自确定了所谓“相距 500 米内不允许开设两家兰州拉面馆”“非青海人不能挂兰州拉面馆招牌”的行规，并对违反行规者采取威胁、恐吓、强迫交易、暴力伤害、打砸店面和强行闭店等多种违法行为来霸占拉面馆经营市场，造成回族之间和新疆维吾尔族与青海回族之间的不和；2012 年，山东某市经营拉面馆的青海、甘肃籍两地穆斯林为争抢地盘打架，并聚众围攻民警、冲击当地派出所和市政府；2012 年，在河南某县城，两名汉族在青海籍回族经营的拉面馆就餐时，因服务员没有按顺序将做好的拉面先端给他们，与拉面馆员工发生纠纷，被员工殴打至重伤，伤者家属带人打砸拉面馆；2012 年，大连某区一拉面馆因动迁被人砸坏玻璃后，店主纠集 20 多人到区、市民族部门上访，公安部门按照治安事件介入处理时，这些人还多次到派出所扰乱正常办公秩序；等等。

五是不同民族个体之间的纠纷引起的群体性事件。如 2011 年，湖北某地建筑工地发生一起维吾尔族与当地汉族的斗殴事件，起因是经营烤羊肉串生意的维吾尔族认为当地村民王某停放的摩托车挡了其摊位，双方发生争执，引起斗殴，三人均受伤，周围地区的 10 多名维吾尔族闻讯聚集声援；2011 年，河南某市的农村回族青年程某骑电动车与汉族青年冯某开的小汽车发生擦车，因赔偿问题发生争执，两村各有声援群众聚集；2012 年 2 月，河南省农村信用社联社某营业部一名汉族职工在郾城区某餐馆就餐时，与店主妻子（回族）发生口角并厮打，致多人受伤，事后店主及亲属多人聚集到信用社联社营业部及办公楼讨要说法；2012 年 6 月，贵州某市经营烧烤店的汉族兄弟与同街经营拉面馆的马某（回族）及妻子（撒拉族）因倒垃圾发生口角并扭打，致马某夫妇和厨师受伤，马某立刻聚集 20 多名青海回族、撒拉族人，将汉族兄弟的烧烤店砸烂，当地派出所立即出警控制了事态扩大。①

此外，在城市发生的涉及民族因素的问题，如房屋拆迁、经济纠纷、拒绝一些少数民族成员乘车住店、劳务纠纷等事件中，也可看出一些城市民族问题的表象。

2. 城市民族问题的现实走向

市场经济的发展和城市化进程的加快，加速了少数民族人口向城市的流动。其结果是，城市里不仅少数民族人口迅速增多，而且少数民族人口构成变得多样化，呈现出城市民族问题日趋复杂多样的趋势。从现实城市民族问题的走向看，有如下主要迹象。

一是城市民族问题事件的主体扩大。与过去城市民族问题事件的主体是少数民族经商务工人员相比，作为城市拆迁和征地对象的世居少数民族成

---

① 上述民族问题表象之事例，均从国家民委监督检查司《民族关系状况分析和监督检查工作材料汇编》（2011）和《2012 年民族关系状况分析材料汇编》（2012）予以归纳。

员、在城市日益增多的少数民族学生等，也成为城市民族问题事件的主体之一。此外，过去城市民族问题主要是少数民族成员与汉族、与城市执法部门的冲突摩擦，而今除此之外，不同少数民族成员之间以及同一少数民族成员之间的矛盾纠纷也有所显露。

二是城市民族问题事件的主次变化明显。过去，城市民族问题事件刚刚显露时，其主要表象是新闻媒体、报刊书籍中出现歪曲、侮辱少数民族风俗习惯、宗教信仰、历史文化的现象和清真食品在生产、运输、销售中出现不清真问题等，而今除了清真不清问题仍然普遍存在以外，经济利益追求往往成为矛盾纠纷的主导诱因（2012 年，东南某省发生的 200 多起涉及民族因素事件中，为开拉面馆争抢地盘的事件占半数以上），所及事件数量多、范围广、危害大。此外，少数民族成员违章摆放摊点、占道经营及不服管理、暴力抗法等与城市管理部门的摩擦，也成为城市民族问题中的易发、多发因素。

三是城市民族因素事件的对象相对集中。随着城市少数民族流动人口的迅速增加，在城市中发生的事关民族问题的事件，大多出现在少数民族流动人口之中，如东南某省在 2008 ~ 2010 年间发生的有关少数民族成员的各类纠纷矛盾，其中 80% 以上发生在城市；辽宁某市近年来所发生的影响民族关系和社会治安的大小事件，80% 也与少数民族流动人口有关。而且，涉及事件的少数民族流动人口的流出地、民族性及其从业性也比较集中。例如，以从业特点看，青海回族与撒拉族主要经营拉面馆，新疆维吾尔族主要从事个体餐饮、流动经营糕点水果等，四川藏族等主要销售民族饰品（实际上许多属于管制刀具等）。他们在各种经营活动中，无证无照经营、流动经商现象比较普遍，与顾客、城管执法者发生了较多的摩擦。

四是城市民族因素事件的聚众性突出。这些年，从城市中发生的与少数民族成员关联的许多事件看，少数民族成员一方不管有理无理，动辄招呼一些邻里乡亲，有时短时间内可聚集几十人甚至上百人。并且，这些受邀约者不问事件曲直，不分青红皂白，一味地站在招呼者一方参与其中，使事件的聚众性突出。

五是涉及城市民族因素事件的突发性、不确定性增强。随着城市少数民族人口的迅速增多，少数民族成员中时常出现意外事件，如交通事故、突然死亡、意外自杀等。这本是日常生活中的普通事件，但由于涉及少数民族成员，往往引发少数民族聚众闹事、上访等事件，致使突发性、不确定性因素增多。

六是借“民族因素”无理取闹或图利益最大化倾向有所抬头。从城市发生的各类与少数民族成员相关的事件看，其矛盾纠纷往往是经济和民事纠纷，一般不属于民族关系问题。但一些人利用政府处理事关少数民族成员问题时的宽松或妥协态度以及“花钱买平安”等做法，不管事情大小和对否，动辄借“民族因素”将事情闹大，提出过分要求。如今，此类现象比较严重，还表露出组织化、专业化倾向。

城市是各地区政治、经济、交通、文化和社会生活的中心。随着城市化进程的加快，城市少数民族人口越来越多，城市民族问题日趋复杂多样并变得更加重要。而城市具有的人口集聚、通信发达、辐射力和扩散力强等功能，使城市民族问题更具有多发性、波及性和敏感性。

三　城市民族工作面临的新情况及应对

传统上，城市民族工作的重点在于户籍少数民族人口（这里包括世居少数民族人口及少数民族迁移人口）。改革开放以来，随着少数民族流动人口的大量出现，与少数民族流动人口相随的问题也不断发生。尤其是，进入21世纪，随着城市中少数民族流动人口数量日益增多，在许多城市少数民族人口中，非户籍人口已占多数。关注和解决外来非户籍少数民族人口问题，开始成为各级城市政府需要面对的一项重要任务。城市民族工作对象增多，范围扩大，故城市民族工作应作为针对居住在城市的少数民族人口而展开的一项管理服务工作，其对象应该包括城市户籍和非城市户籍的少数民族人口。

城市民族工作是我国民族工作的一个重要部分。1987 年以“中发 13 号文件”形式颁布的《关于民族工作几个重要问题的报告》中，第一次明确地提出城市民族工作概念。而1993年国务院批准发布《城市民族工作条例》，则标志着我国城市民族工作进入一个确立相关法律法规的阶段。而且，随着城市少数民族流动人口迅速增多，涉及城市民族问题的事件经常发生，各级政府根据新时期城市民族问题的特点，在城市民族工作中加强了清真食品管理、少数民族流动人口管理和服务、城市社区民族工作等方面的力度，并出台了一些相关的政策规定。

其一，关于城市民族工作，有国家民委《关于进一步加强新形势下城市民族关系协调工作的意见》(2004)、《湖南省人大常委会关于进一步加强散居少数民族工作的决议》(2009)、山东省《关于进一步做好新形势下城市民族工作的意见》(2010)、广东省《关于进一步做好城市民族工作的意见》(2011)、云南省《关于进一步加强城市民族工作的意见》(2012)、《武汉市城市民族工作方法》(1996)、《中共青岛市委、青岛市人民政府关于进一步加强城市民族工作的意见》(2010)、浙江省宁波市《关于进一步加强民族工作的实施意见》(2010)等。

其二，关于清真食品管理方面，有教育部《关于切实做好高等学校清真食堂的通知》(2007)、《广东省清真食品管理办法》(2003)、《湖南省生产经营清真“三食”管理办法》(1998年出台，2008年重新公布)、《辽宁省清真食品生产经营管理条例》(2012)等。

其三，关于少数民族流动人口方面，有上海市《关于加强外来流动人口中少数民族人员管理工作的意见》(2001)、重庆市《关于切实做好在渝务工经商少数民族人员服务管理工作的通知》(2010)、湖南省《关于进一步做好来湘少数民族务工人员服务管理工作的通知》(2011)、广东省惠州市《关于进一步做好城市外来少数民族工作的意见》(2010)、辽宁省大连市《关于加强少数民族流动人员服务管理工作的意见》(2011)、湖北省潜江市《关于加强城市少数民族流动人员服务管理工作的意见》(2012)、湖南省长沙市《关于进一步探索做好少数民族流动人口服务管理工作办法的意见》(2012)、江苏省盐城市《关于加强少数民族流动人员服务管理工作意见》(2012)、江苏省南京市《城市少数民族流动人口服务与管理体系建设工作实施方案》(2013) 等。

其四，关于城市社区民族工作方面，有国家民委、民政部《关于加强新形势下社区民族工作的意见》(2011)、广东省《民族工作进社区实施办法》(2011)、安徽省《关于加强新形势下社区民族工作的实施意见》(2012)、辽宁省《关于加强新形势下全省社区民族工作的实施意见》(2012)、上海市《关于进一步加强本市社区民族工作的实施意见》(2013)、辽宁大连市《关于加强新形势下全市社区民族工作的实施意见》(2012) 等。

从上述政策规定的出台时间也可以看出，近些年各级政府开始对城市民族工作和城市少数民族流动人口问题给予关注和重视。并且，各级城市政府及其相关部门针对城市民族问题出现的新情况、新问题，积极探索，勇于实践，在社区民族工作、少数民族流动人口管理和服务等方面，相继开辟出了一些适合本地实际的城市民族工作路径，为推进民族工作社会化管理、为少数民族人口在城市的适应与发展服务，做出了一定的贡献，积累了一定的经验。

第一，进入21世纪，上海市根据本地区少数民族情况，积极探索城市民族工作新途径，逐步打开了一条以促进少数民族人口融入城市、融入社会为目的，以社区、社团、社工为切入点，通过加强社区、社团和社工等“三社”联动机制，搭建来沪少数民族人员服务与管理平台，构筑“城市民族工作社会化”的城市民族工作新格局。

第二，武汉市不断深化少数民族流动人口工作的理论思考与实践探索，坚持真情服务和规范管理，帮助少数民族流动人口在城市实现适应与发展。武汉市政府出台了做好少数民族流动人口工作的文件，提出“以人为本、适应需求、真情服务、依法管理”的工作要求，依法保障少数民族流动人口的各项合法权益。在少数民族流动人口工作中，确定“落地就管”原则，坚持服务和管理并举，坚持互利共赢，以确保少数民族流动人口“进得来、留得住、富得起”，探索出一条城市少数民族流动人口工作的新路子。

第三，广州市针对少数民族流动人口增多，加强与民族地区的协作，从青海省化隆县民委、新疆维吾尔自治区民委和四川省民委聘请少数民族干部来到广州进行挂职，以协助开展少数民族情况调研和处理涉及民族因素的矛盾和纠纷，取得积极效果。政府还着重打造少数民族人口较多的海珠区瑞宝街、越秀区光塔街为优秀社区，通过对先进单位的宣传带动了少数民族流动人口服务管理工作的创新发展。

四　城市民族工作需要创新

在城市，随着少数民族流动人口的大量增多，围绕着少数民族人口出现许多新情况、新问题，城市民族问题变得日益复杂多样。这使我们不得不重新审视城市民族工作。事实上，与城市民族问题现实相比，城市民族工作比较滞后，城市民族工作应该有个新思路，应有所创新。其理由如下。

第一，改革开放以来，我国经济社会发展迅速，城市化进程加快，其中一个明显的现象是人口的大量流动。人口流动，首先是大量的农村人口流入城镇和大中城市，其中包括众多的少数民族农村人口。大量的农村人口流动，造成城市人口增多。而城市少数民族人口的增多，导致城市居民的多民族化现象逐渐突出，也使城市民族关系更加复杂和敏感，表明城市民族工作变得越来越重要。但是，从现实看，我们对城市民族工作重视不够，在机构设置、人员配备、工作权限等方面缺乏全局性指导和把握，随意变动，实际削弱了城市民族工作的功能。

第二，在城市，随着少数民族人口分布区域的扩大和相对聚居区域的形成及不同民族人口之间交往的频繁和密切，涉及民族因素的纠纷摩擦明显增多。可以说，如今城市民族工作的范围、对象、功能都有所扩大，城市民族工作无论是广度还是深度都有新的变化，城市民族问题变得更加复杂多样。然而，如今城市民族工作思路和模式依旧没有摆脱传统做法，民族工作机制还不健全，无法适应新的形势，对于不断出现的新情况、新问题，反应迟钝、无法应对或措手不及，缺乏预见性和针对性，往往处于被动。

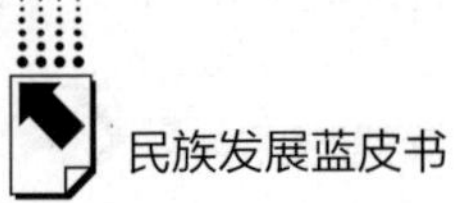

第三，城市民族工作相关政策法规的制定实施方面，表现出明显的滞后性。政策法规缺位成为城市民族工作的主要症结。一方面，与城市民族工作相关的政策法规明显不足，保障城市少数民族人口合法权益的综合性法规至今没有出台，国务院批准实施的关于城市民族工作方面的专门法规只有《城市民族工作条例》，部委层面涉及城市民族工作的相关政策法规也很少，而适应新时期、新阶段城市民族工作发展变化的政策法规更少。另一方面，已经有的相关政策法规，显示出许多不适应。从颁布实施时间看，主要政策法规都在社会主义市场经济体制确立以前，如《城市民族工作条例》（1993年）；从内容看，许多条款已经过时，无法适应日益发展变化的城市民族工作现实；从实际操作看，大部分停留于原则性的条款，执法主体不明确，可操作性十分差。此外，对已颁布实施的政策法规的修改、更新也不够及时，表露出明显的滞后性。

第四，随着城市少数民族人口的增多，少数民族人口在城市中的适应和发展问题变得突出。例如，城市少数民族人口的政治权利保障问题、就业问题、民族教育问题、民族文化保护问题、少数民族社团的定位问题等，都是应认真对待和积极解决的问题。

第五，与日益显现的城市民族工作的重要性相比，城市民族工作部门自身力量薄弱，工作力不从心。城市民族工作部门机构不健全、人员配备不足、权限不明等，不仅是城市民族工作部门的通病，而且是城市民族工作的软肋。在这种局面下，即使想做好民族工作，也只是奢望，力不从心。

少数民族人口因其在城市人口中的比重微小，其特殊性往往更容易被忽视。他们是城市里的弱势群体，他们的相关权益往往得不到保障。然而，城市所具有的特点和功能使民族问题更加复杂敏感，一旦发生问题，其后果往往很严重。所以，要改变城市民族工作现状，就必须创新城市民族工作思路，加强城市民族工作，保障城市少数民族人口的各项合法权益。其对策建议如下。

一是转变观念，强调城市民族工作的重要性，加强城市民族工作。过去，我们的民族工作重点主要放在民族聚居地区，帮助那些地区实现经济社会发展。然而，如今随着城市化进程的加快和城市居民多民族化现象的显著，城市民族问题越来越凸显，城市民族工作变得越来越重要。某种意义上说，城市民族问题无论是在影响性、复杂性、敏感性还是波及性等方面，其重要性远超传统意义上的民族问题。对此，必须有一个清醒的认识，转变传统观念，把城市民族工作摆到显要的位置而予以重视，健全城市民族工作机制，加强民族工作。城市民族工作要正确执行党和国家的民族政策，把握民族政策尺度。针对涉及少数民族成员的事件，在遵循政策原则的前提下灵活处理。在保障少数民族合法权益的同时，防止一些人借机兴风作浪。姑息迁就对平息当时事件也许有用，但其所埋下的隐患不可忽视。

二是加强城市民族问题研究，把握城市民族问题动态，及时修改或出台相关民族政策法规，从制度上保障少数民族在城市的适应与发展问题。就目前实际看，虽然流入城市的少数民族人口日益增多，但其中大部分还不拥有居住地城市户籍。一些人即使在城市居住时间较长，但仍然被排斥于政策制度之外。这严重地阻碍着少数民族人口在城市的适应发展。如今，随着城市化进程的加快，许多少数民族人口逐渐由“农业民族”向“城市民族”转化也属必然。因此，针对城市少数民族人口日益增多的实际，中央政府及各级相关城市政府应该从制度创新入手，及时制定出台保障城市少数民族人口的政治权利、就业、民族教育、民族文化等方面的各项政策措施，加强城市民族工作，从制度上切实保障少数民族人口的各项合法权益及其在城市的适应发展。

三是从国家层面制定相关法律规定，确保城市民族工作及少数民族流动人口管理服务纳入规范化轨道。随着形势的变化，中央政府在相关制度、政策方面已经开始关注城市民族工作和少数民族流动人口问题，但仍无法适应城市民族工作面临的新情况、新问题，在相关制度、政策方面显得滞后。而一些地方性法规，由于缺乏上位法的支撑，行政规章立法层次较低，很难实现应有的法律效用。也就是说，中央政府不出台一些明确的相关政策规定，地方城市政府便无据可循、无法适从。国家层面应尽快制定关于城市少数民族人口合法权益保障和城市民族工作方面的政策法规，也应及时修改、充实现有的《城市民族工作条例》等相关政策法规。

四是积极搭建不同民族人群之间相互交流的平台，增进相互沟通、相互理解。城市与农村相比，人们之间关系比较松散，联系不多。这一特点反映在城市社区，表现为不同民族之间交流少、沟通不畅，而这是他们之间相互了解不深、产生误解与偏见、引起矛盾冲突的主要因素。要解决这个问题，首先要搭建不同民族之间相互交流的平台，促进相互理解，培育社区认同感，以创造社区不同民族人群之间承认差异、相互尊重、和谐相处的良好社会环境。

五是在城市进一步加强马克思主义民族观和党的民族政策教育，引起人们对民族问题的普遍关注，引导人们正确对待民族问题。加强相关法制教育，广泛宣传各民族在法律面前一律平等，教育各民族群众树立遵纪守法、自尊自爱、做合法公民的意识。同时，要提高城市管理、行政部门的执法人员素质，树立管理寓于服务之意识，全心全意为少数民族人口排忧解难。对少数民族人口普遍地进行“公民意识”教育，培养各民族群众的“中国人”意识，克服狭隘民族主义情绪。加强多元文化教育，让人们懂得对不同民族、不同文化的理解与尊重，培育不同民族、不同文化之间相互包容和共存的精神。

B.12
民族语言发展报告

黄　行*

摘　要：我国政府根据国家《民族区域自治法》制定了一系列少数民族语言的政策法规。但是随着经济全球化进程不断加快，及我国近20年来市场经济体制的转轨，少数民族语言文字使用发展状况和相应的民族语言政策已经发生了明显的变化。本报告依据我国政府最新的关于民族语言的文件要求，将当前国家调整和实施的新时期民族语言政策规划的内容概括为：第一，民族地区国家通用语言文字的推广和普及；第二，科学保护各民族语言文字；第三，少数民族语言文字的规范化、标准化和信息处理；第四，开展语言国情调查，并对这些新的民族语言政策做了具体的解读。

关键词：民族语言政策　民族语言保护　民族语言现代化　语言国情调查

我国的少数民族语言文字政策和少数民族语言文字工作，是国家民族政策和语言文字工作的重要组成部分。少数民族使用发展本民族语言文字的权利，是民族区域自治制度规定的民族区域自治权利的重要体现。因此，做好少数民族语言文字工作，对于保障少数民族的平等权利、继

* 黄行，中国社会科学院民族学与人类学研究所研究员。

承和弘扬传统民族文化、提升国家软实力和国际影响力、维护国家安全和稳定、促进民族团结进步和民族地区经济社会的繁荣发展具有重要的意义。

我国是统一的多民族、多语言国家。根据我国民族识别的标准，使用共同的语言是构成民族的重要条件之一。少数民族使用的母语不仅是少数民族重要的社会交际工具，也是传统民族文化的载体和民族内部相互认同的标志。我国现存的多元性和多样性的少数民族语言是国家宝贵的资源。目前，中国仍在使用的少数民族语言大约有 130 种，现行的少数民族文字有 30 多种，使用少数民族语言的人口约有 6000 万人。①

新中国成立以后，党和政府非常重视少数民族语言文字工作，20 世纪 50 年代起就形成了比较完整的国家和民族地方少数民族语文工作、教学和科研的事业体系，制定和实施了一系列具有中国特色的少数民族语言文字政策法规。少数民族语言文字在民族地区的政法、教育、出版、传媒、民汉翻译、古籍整理、信息处理等语言社会使用领域都有显著的发展，少数民族语言文字规范化、标准化等语文现代化水平也有较大提高。

随着经济全球化进程不断加快及我国近二十年来市场经济体制的转轨，少数民族语言文字的使用和发展面临着一些新情况、新问题。电脑、信息技术、互联网等现代技术的发展，也为传统的少数民族语言文字适应现代社会的语言使用带来了新的机遇和挑战。越来越多的少数民族公民学习和掌握了作为国家通用语言文字的汉语普通话和规范汉字，是有利于少数民族发展的进步现象和必然趋势。同时，一些少数民族语言文字使用人口越来越少，社会使用功能越来越弱，有些甚至已经出现濒危趋势，需要加以科学保护。民族地区合理解决国家通用语言和少数民族语言关系的“双语”教育和“双语”使用制度有待加强。边疆少数民族地区与民族语文工作有关的渗透与反渗透、分裂与反分裂斗争也应该引

---

① 孙宏开、胡增益、黄行主编《中国的语言》，商务印书馆，2007。

起高度重视。

针对当前我国民族语文工作出现的新情况、新问题，政府主管部门近年来发布了一系列相关文件，对新时期全国民族语文工作提出了新的任务和部署。其主要文件有：

国家民委于2010年发布《国家民委关于做好少数民族语言文字管理工作的意见》[①]，提出当前少数民族语言文字管理工作的主要任务为：宣传贯彻民族语文方针政策；民族语文法制建设；民族语文规范化、标准化和信息处理工作；民族语文翻译、出版、教育、新闻、广播、影视、古籍整理事业；民族语文学术研究、协作交流和人才培养；各民族互相学习语言文字。政策措施为：抢救保护濒危语言；跨省区民族语文协作工作，民族语文工作对外交流合作；加强边境地区民族语文工作等。

国务院办公厅2012年印发《少数民族事业“十二五”规划》[②]，其中涉及民族语文的工作规划项目包括：民族语文规范化信息化建设工程；少数民族濒危语言抢救与保护工程；少数民族文物保护工程；民族古籍保护工程等旨在加强少数民族文化遗产保护的项目。

民族语文事业的改革和发展也被列入教育部国家语委2012年发布的《国家中长期语言文字事业改革和发展规划纲要（2012～2020年）》[③]（以下简称《规划纲要》）。该《规划纲要》中有关民族语文中长期事业的发展规划主要包括以下内容：加快在民族地区推广和普及国家通用语言文字；科学保护各民族语言文字；民族语文规范化、标准化、信息化建设；少数民族语言国情调查；各民族语言文字科学记录和保存。

根据上述政府主管部门最新的关于我国使用发展少数民族语言文字的主要文件精神，当前及今后中长期民族语言的政策调整和发展规划可以概括为以下几个方面的任务。

---

① 国家民委“民委发〔2010〕53号文件”，2010年5月。

② 国务院办公厅“国办发〔2012〕38号文件”，2012年7月。

③ 教育部国家语委“教语用〔2012〕1号文件”，2012年12月。

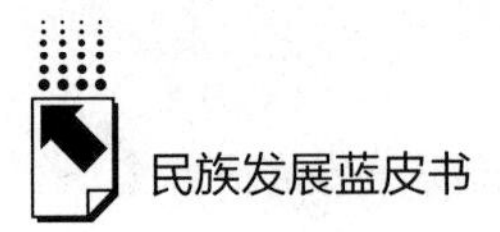

一　全面执行党和国家关于少数民族语言文字的政策法规，加快民族地区国家通用语言文字的推广和普及

我国基本的国家语言政策为“推广国家通用语言文字”和“保障各民族使用发展自己语言文字的自由”。民族语言政策总体上以“民族区域自治”制度为政治和法律依据。国家民族区域自治制度和法律规定的7项“民族地方自治权”之一，即“少数民族使用和发展本民族语言文字的权利”。[①]《民族区域自治法》中关于少数民族语言政策规定的具体内容包括：保障少数民族使用和发展本民族语言文字的权利；民族自治机关公务活动依法使用民族语言文字；少数民族学校使用民族语言文字教学；鼓励汉族和少数民族互相学习语言文字；对民族地区民族语文的使用发展提供帮助；培养民族语言文字工作人员；必要的司法程序中使用民族语文。贯彻落实好民族语文政策，可以为国家民族政策制定的各民族平等团结、共同发展繁荣和民族区域自治等目标服务，为全面建成小康社会和构建和谐社会服务。

我国《宪法》及相关法律历来都规定“国家推广普通话，推行规范汉字”。这是一项基本国策。2000年颁布的《国家通用语言文字法》规定“国家通用语言文字”即汉语普通话和规范汉字。因此，推广普及“国家通用语言文字”就从汉语方言地区扩大到包括少数民族地区在内的全国范围。也就是说，普通话和规范汉字实际上已经成为我国各民族之间共同的族际语言文字。因此可以认为在民族地区，实际是实行国家通用语言和区域自治民族语言的双语或多语制。

20世纪50年代以来经过50多年全国推广普通话的工作，少数民族地区普通话的普及和通用程度虽已大大提高，但是和世界发达国家及中国台湾

---

① 国务院新闻办《中国的民族区域自治》白皮书，2005。

地区的多语社会通用语言的普及程度相比，仍有很大的差距。所以，在民族地区既使用发展民族语文，又推广国家通用语言文字的双语制任务依然十分艰巨。

国家通用语言文字是国家语言生活重要的知识信息交流传播工具。我国绝大多数现代政治经济、科学技术的知识信息，是通过国家通用语言文字产生、传播和应用的。所以，包括少数民族在内的我国公民如果不掌握国家通用语言文字，就无法平等和充分地参与国家社会生活。世界发达国家和地区通用语言文字的推广和普及工作早在其工业化和现代化的进程中已基本完成，而在我国汉语方言地区和少数民族地区国家通用语言文字的普及程度还远远达不到一个现代化国家应有的水平，因此推广国家通用语言文字仍是一项长期的工作和任务。在今后相当长一段时间内，民族语—汉语的双语教育，在少数民族学习掌握运用国家通用语言文字方面将起到重要的辅助作用。

根据《规划纲要》的要求，到2020年，少数民族双语教师需要达到国家通用语言文字教学要求，接受并完成义务教育（一般指初中毕业）的少数民族学生也应该能够熟练掌握国家通用语言文字。

二　科学保护各民族语言文字

我国目前的国家语言状况正在发生显著的变化。这种变化也正在引起国家宏观语言政策的调整。2011年10月，党的十七届六中全会通过的《中共中央关于深化文化体制改革推动社会主义文化大发展大繁荣若干重大问题的决定》，首次提出要“大力推广和规范使用国家通用语言文字，科学保护各民族语言文字”的当前国家语言文字工作的指导思想。[①] 其中，“大力推广和规范使用国家通用语言文字”是指推广使用“汉语普通话和规范汉字”，与政府一贯的“国家推广全国通用的普通话”的基本语言政策有延续性；

① 李宇明：《科学保护各民族语言文字》，《语言文字应用》2012年第2期。

而“科学保护各民族语言文字”主要针对少数民族语言文字（同时也包括弱势的汉语方言）。与以往“各民族都有使用和发展自己的语言文字的自由”的传统民族语言政策相比，民族语文工作的任务是既要“使用发展”又要“科学保护”。这表明在国家语言的使用发展层面，相当多的少数民族语言的活力和功能已经逐渐衰退，甚至到了需要抢救和保护的地步。因此，相应的旨在促进少数民族语言社会交际功能的使用发展，客观上已经转向对少数民族语言资源的保护。这种因语言状况变化和功能衰退而对语言政策法规的调整，已经体现在国家的《民族区域自治法》，以及《西藏藏语文使用发展条例》等地方法规涉及民族语文法律条款规定的修订中。

《规划纲要》就应该如何“科学保护各民族语言文字”，提出了对民族语言文字的科学研究、资源开发利用、语言资源数字化建设、语言资源共享、挖掘利用语言的文化和经济资源价值、语言资源库建设、用现代技术手段记录保存濒危少数民族语言等具体做法。教育部国家语委正在实施的“中国语言资源有声数据库建设”和国家新闻出版总署正在开展的国家重大科技工程“中华字库”，即“科学保护各民族语言文字”的重要工程，是国家对各民族语言文字进行保护的重要体现。

国家语委于2008年启动的“中国语言资源有声数据库建设”工程，目的是从当前语言文字的国情出发，一方面加快国家通用普通话的推广和语言文字信息化建设，另一方面抢救、保存那些处于衰危状态的少数民族语言及汉语方言。工程设计了统一的工作规范和技术规范，收集记录了当代我国的汉语方言、地方普通话以及少数民族语言的有声语言资料，进行了科学整理和建库，为当前和未来深入研究和有效开发利用我国丰富的语言文化资源奠定了坚实的基础。

该项目受国家语委委托，由北京语言大学、厦门大学、上海师范大学、中央民族大学、中国社会科学院语言所、中国社会科学院民族学与人类学研究所分别设计了适用于汉语普通话、汉语方言、不同系属少数民族语言的社会概况、语音系统、基本词汇、语法要点、话语语篇和地方普通话的调查表和调查规范，设计了用于调查记录语言方言的录音软件参数和数据库框架。

“中国语言资源有声数据库建设”工程的调查布点按照一县一点的原则，调查采录各语言方言点的音系代表字、常用词汇、语法例词例句以及诵读规定典范作品和自选自然话语等有声语料。①

中国社会科学院民族学与人类学研究所和中央民族大学分别承担了“中国语言资源有声数据库建设”工程的少数民族语音、词汇、语法、语篇调查规范设计和建立民族语文文献成果数据库工作，运用统一的工作规范和技术规范，调查、记录和整理少数民族濒危语言资料。该民族语言资源有声数据库的建设，可以促进全面反映语言国情、科学制定国家民族语言规划、开发民族语言资源、保护民族语言文化遗产。这项民族语言资源有声数据库项目已经在云南、广西等省区由民族语文工作部门实施试行调查。此外，中国社会科学院民族学与人类学研究所也将“中国语言资料有声数据库建设”工程的少数民族语音等调查申请列为中国社会科学院哲学社会科学创新工程。该数据库不仅参照了国家语委“中国语言资源有声数据库建设”的工程指标，还吸收了研究所曾经完成的伦敦大学亚非学院（SOAS）国际濒危语言基金会项目的技术规范。

国家重大科技工程“中华字库”先后被列入《国家“十一五”时期文化发展规划纲要》《国家“十二五”时期文化发展规划纲要》和国家《文化产业振兴规划》。该工程的目的是建立全部汉字及少数民族文字的编码和主要字体字符库，重点研发文字的编码体系、输入、输出、存储、传输以及兼容等关键技术。完成后的“中华字库”将全面打破数字化的发展瓶颈，更好地满足各民族古今各类文献出版印刷、数字化处理和传输的需要，使中华各民族文字的使用更加方便和高效。这是引领中华文化步入信息化、数字化时代，提高中国文化软实力的一项重要举措，必将对中国乃至世界文明的历史产生重大而深远的影响。

中国社会科学院民族学与人类学研究所承担的《少数民族古文字的搜

① 中国语言资源有声数据库建设领导小组办公室编《中国语言资源有声数据库调查手册》，商务印书馆，2010。

集整理与字库制作》是“中华字库”工程的第18包和第19包，目标是在五年内研制成近30种少数民族古文字的字符库和输入法方案。这项工程目前已经进入第三阶段，即在少数民族文献扫描图档的基础上建立各文种的原形字符库，所涉文种包括西夏字、契丹大小字、女真字、方块壮字、方块瑶字、方块布依字、方块白文、方块苗文、方块侗文、方块仡佬字、佉卢字母、婆罗米斜体字母、粟特文、回鹘文、回鹘式蒙古文、托忒式蒙古文、满文、锡伯文、传教士创拉丁变体文字、突厥文、傈僳音节文字、水书、藏文、维吾尔文、哈萨克文和柯尔克孜文等。这项工程的实施标志着我们的学术研究已经开始走出象牙塔，向服务社会、服务广大人民迈出了关键的一步。

“中华字库”工程为中国的民族古文字和古文献学者带来了一项附加的利益，那就是大规模文献资料库的建立。中国一大批珍贵的民族古文献在19世纪末和20世纪初被国外探险家携去，其中有一些始终没有公布，另外还有数量无法估计的文献散落在民间，研究者无缘得见。现在借助“中华字库”工程的财政支持，研究者足以向国内外单位和个人支付文献扫描的底本费用，从而把研究的主动权掌握在自己手中。到2014年下半年为止，“中华字库”工程的文献扫描图档已经超过25000拍，形成了初具规模的中国少数民族的文献资料库，为国内学者今后的研究做好了准备。

“科学保护各民族语言文字”的一项重要任务，即开展对濒危少数民族语言的抢救和保护。

20世纪80年代后期，国家民委与中国社会科学院民族学与人类学研究所联合开展了我国现行60多种少数民族语言使用情况的社会调查，出版的课题成果《中国少数民族语言使用情况》[①] 通过诸少数民族语言在各种社会领域的使用情况，客观地反映了我国已经出现的濒危语言现象和问题。2000年，中国民族语言学会和《民族语文》杂志社在京召开关于中国濒危语言问题的学术研讨会，首次在民族语言学界提出“濒危语言”的概念。[②] 1998

① 中国社科院民族所、国家民委文宣司主编《中国少数民族语言使用情况》，中国藏学出版社，1994。

② 《民族语文》编辑部：《中国濒危语言问题研讨会纪要》，《民族语文》2000年第6期。

年，国家社科基金和中国社会科学院重大课题“中国新发现语言研究”启动。目前，该丛书已经出版40种语言的成果，其中新发现语言绝大多数属濒危语言。2000年以后，濒危语言问题研究更加广泛和深入，并且此类研究都采用文本加音像的技术开展方式，如上述国家语委“中国语言资源有声数据库建设”工程即制定了普通话、汉语方言和少数民族语言资源有声数据库的语料采集、录音与数据分析的技术标准，并在一些省区开展具体语言和方言的调查记录。多年来，国家社科基金、自然科学基金及多项省部委科研基金也将濒危语言作为重要的课题招标指南内容，资助完成了多项国内濒危少数民族语言调查研究的各类课题。特别是2011年党的十七届六中全会提出“科学保护各民族语言文字”的指导思想以来，抢救保护濒危语言事业又有了进一步的政策支持。此外近十几年来，我国一些高校和科研单位，还与联合国教科文组织及国际濒危语言基金会等组织开展过有关我国濒危少数民族语言调研和保护的合作项目。

濒危语言也是国际社会的重点和热点问题。以联合国教科文组织为代表的国际组织，召开过多次世界范围的濒危语言会议，形成多项有关濒危语言的文件和项目。英国伦敦大学亚非学院、美国濒危语言基金等专门支持和开展濒危语言研究和保护的机构，已经资助完成许多世界各国濒危语言抢救保护项目，并且已经形成比较成熟的关于调查记录濒危语言的学术理念和技术、设备标准，对我国开展濒危少数民族语言调查记录和抢救保护具有重要的标准化与国际化的借鉴意义。

国家民委制定的国家《少数民族事业“十二五”规划》（2012）也将“少数民族濒危语言抢救与保护工程”列入规划，提出在五年规划期间，“科学保护少数民族语言文字，完成20种少数民族濒危语言的调查工作，出版‘中国少数民族语言文字保护丛书’”。这一规划也得到教育部国家语委中长期语言文字《规划纲要》的支持，并被列为纲要任务。

“少数民族濒危语言抢救与保护工程”是一个系统工程，涉及我国濒危语言认定标准、少数民族濒危语言选定、濒危语言保护执行标准、濒危语言调查保护操作规范、濒危语言保护多媒体数据库开发等重要内容。工程拟对其中关键问题及标准进行研究，形成全国统一的抢救保护濒危语言的规范标准。这些规范标准应该包括以下几个方面。

第一，我国濒危语言标准的制定。目前，我国政府和学界虽然非常重视濒危语言的抢救和保护工作，但是在濒危语言标准的制定方面还存在许多分歧和模糊认识。因此，需要在参考濒危语言国际标准的前提下，根据我国的国情，开展我国濒危语言标准的调研、论证及完善制定工作。

第二，我国濒危语言的语种范围。我国学界对语言身份识别和数量统计存在争议，与国际组织的识别分类差异很大。因此，在濒危少数民族语言的调查与保护项目中，宜选择语言身份没有争议，并且具有法定民族身份的少数民族语言作为试点开展。

第三，抢救保护我国濒危语言的技术标准。濒危语言的调查和保护与传统语言调查的技术方法有很大区别，特别需要采用记录有声资源的方式进行。但是就目前业已开展的濒危语言调查记录方法和技术而言，与国际组织的做法相比，尚存这样那样的问题和缺陷，因此在20种濒危语言的试点调查中，应形成和完善我国濒危语言调查保护的技术标准，以在更大规模的濒危语言调查保护工程中规范和推广。

第四，抢救保护我国濒危语言的规划措施。濒危语言的调查保护应被列入国家和民族地区语言政策和规划的范畴，不仅要与现行的有关民族地区区域自治和民族语文使用发展法规条例的内容和要求相适应，还应形成在濒危语言民族地区可能开展的母语教育、文化遗产保护、社区语言生活等领域的配套措施。

三　搞好少数民族语言文字的规范化、标准化和信息处理等语文现代化工作

国家民委要求国家和民族地区的各级少数民族语言文字工作机构，把少数民族语言文字规范化、标准化发展作为当前民族语文工作的重要内容，要求协同有关政府语言规范化、标准化部门开展以下相关任务：研制各种少数

民族语言文字的相关标准与技术规范；制定少数民族人名地名等专有名词的汉字转写和拉丁转写规范；制定相关民族语言新词术语的原则和方法，发布少数民族语言文字新词术语审定成果；做好已制定少数民族语言文字规范标准的社会宣传和服务工作，提高少数民族语言文字规范标准的社会影响力和应用水平。

进入21世纪以后，我国的民族语文使用状况发生了明显的变化。除了应该对已经出现濒危趋向的少数民族语言进行科学的抢救保护外，对于语言活力保持较好的一些较大语种，需要进一步做好语言文字规范化、标准化和信息化工作，以适应现代化社会民族语言使用发展的需要。在民族语文相关标准与技术规范建设方面，科研院所和重点民族院校配合有关地方民族语文工作部门，在以下方面开展了民族语言文字规范标准的制定及推行工作。

一是根据教育部、国家语委组织制定的少数民族人名汉字音译转写规范总原则，国家民族语文翻译局及有关民族地区相继制定了蒙古语、藏语、维吾尔语、哈萨克语、柯尔克孜语、彝语等的少数民族人名汉字音译转写规范。

二是制定了蒙古语、藏语、维吾尔语、哈萨克语、朝鲜语、彝语等的术语标准化工作原则与方法，规范、审定、发布了各语种名词术语，规范了教材中的民族语文术语。具体制定了蒙古语、朝鲜语等的辞书编纂原则与方法，出版了《汉蒙名词术语大词典》《汉藏新词术语大词典》《维汉大词典》《汉英维科技大辞典》《汉英哈科技名词大辞典》等大型规范性工具书，出版了《彝文版中小学名词术语对照词典》，建立了蒙古语术语数据库、汉英维哈柯语名词术语数据库、汉锡伯语名词术语数据库等。

三是制定了蒙文、藏文、维吾尔文、哈萨克文、朝鲜文等的拉丁转写规范。

四是开展了蒙古语标准音、蒙古文正字法的研究与推广工作，藏语标准语的研究与征求意见工作，开展了现代维吾尔语、哈萨克语、柯尔克孜语、锡伯语正音正字的研究，制定了蒙古文标点符号用法，完善了规范彝文方案等。

在民族语文信息处理工作方面，制定信息处理用民族语言文字规范标准。民族语言文字信息化主要涉及的是蒙古文、藏文、维吾尔文、哈萨克文、柯尔克孜文、朝鲜文、彝文、傣文等传统通用民族语言文字。目前，已制定了多种我国传统通用民族文字的编码字符集、字体字形、键盘输入的国家标准和国际标准，开发了多种支持民族文字处理的系统软件和应用软件，多文种电子出版系统、办公自动化系统投入使用；民族文字网站陆续建成；民族语语音识别、民族文字识别、民族语言的机器翻译等也有了一定进展。民族语言的科研和教学部门开发建立了蒙古语、藏语、维吾尔语、朝鲜语、彝语等主要民族语言的各类语料库和知识库，为实现民族语文信息处理提供了基础研究的有力支持。

《规划纲要》还提出，加快制定、完善国家通用语言文字和少数民族语言文字基础标准、应用能力标准、评测认证标准。

目前，我国实行的语言能力标准化测试，主要包括作为第二语言的外国语和汉语普通话能力的各类考试。如美国开发的英语“托福”和英国开发的英语“雅思”等中国人出国留学进修的英语能力测试，主要针对外籍人员的汉语水平考试（HSK），面向国内少数民族的中国少数民族汉语水平等级考试（MHK），以及对以汉语普通话为工作语言的应试人员（如播音员、教师等）运用普通话能力的普通话水平测试（PSC）口语考试等。面向中国少数民族母语能力的测试和培养计划近几年来才开始受到重视，如青海师范大学、新疆语言文字工作委员会、广西壮语文工作委员会、中央民族大学等已经分别研制和实施了藏语文、新疆少数民族语言、壮语文和一些中国北方人口较少民族濒危语言母语能力水平的测试系统；在中国大陆以外，香港特区政府和台湾“行政院”下的“客家委员会”也已经分别在2000年以后开始实施旨在保护香港学生粤语母语、台湾客家族群客家话母语的水平测试和能力认证项目。

四　开展语言国情调查

新中国成立以来，政府有关机构对国家的语言文字使用发展状况开展过多次全国范围的调查。调查结果为制定、实施政府汉语文和民族语文政策规划提供了科学依据。特别是在20世纪90年代中期以后全面实行社会主义市场经济的条件下，民族语文使用情况的国情调查对于调整和更有效地落实执行新时期国家民族语文政策法规，具有重要的意义。①

早在20世纪50年代，为了制定少数民族语言研究的远景规划，中国科学院少数民族语言研究所成立。该所在建立初期的基本任务是开展全国民族语文普查，帮助没有文字的少数民族创制或改革改进文字。为落实这些任务，政府组织了由700多人组成的7个工作队分赴全国各少数民族地区调查语言。这次全国民族语言普查工作，填补了我国少数民族语言文字分布情况和使用情况的国情空白，也为当时同期开展的少数民族识别工作提供了重要参考依据（因为我国民族识别的主要依据之一就是使用共同的语言）。为解决少数民族的文字问题，该研究所提出为没有文字或原有文字不完备的少数民族创制、改革和选择文字的原则和程序，先后为壮族、苗族等10个少数民族创制了16种文字方案，帮助傣族等3个少数民族改革改进了4种文字方案。②

20世纪80~90年代，中国社会科学院民族研究所和国家民委文化宣传司联合主持开展了国家“七五”规划重点课题《中国少数民族语言使用情况调查》，从语言使用功能角度，分别以60多种大陆少数民族语言和100多个民族自治地区为单位，用第一手调查资料描述了我国不同系属少数民族语言的地区分布，在政治、经济、教育、文化、出版、传媒、宗教等不同社会领域的使用状况，全面反映了20世纪80年代少数民族语言使用的现状和国家民族语文政策和规划的执行情况。与此同时，中国社会科学院民族研究所还与加拿大拉瓦尔大学国际语言规划研究中心合作完成了《世界的书面语：使用程度和使用方式概况》（中国卷）③。该书是大型的描述中国少数民族语言文字使用情况的国际社会语言学系列丛书之一。这部书的特点是对中国语言的民族族属，使用行政区划，语言使用、兼用和转用人口，单语、双语社区，语言规范标准，语言法律地位，以及语言文字在行政、立法、司法、意识形态和学校教育、书刊出版、广播影视、制造业和服务业以及传统文化与

① 黄行：《少数民族语言文字使用情况调查述要》，《民族翻译》2013年第3期。

② 金星华、陈家才、戴庆厦主编《中国民族语文工作》，民族出版社，2005。

③ Laval University Press，1995.

宗教等社会使用领域的使用状态和程度，按照国际统一制定的语言使用活力参数框架做了系统的调查和描述。“八五”时期，根据国务院1991年〔32〕号文件的指示精神和工作部署，中国社会科学院民族研究所、国家民委语文室联合云南、贵州、湖南等省的民族语文工作机构，组成新创和改进少数民族文字调查总结工作组，分别对云南德宏傣文、景颇文、载瓦文、西双版纳傣文、拉祜文、佤文、哈尼文，贵州川黔滇苗文、黔东苗文、布依文、侗文和湖南湘西苗文等12个文种的试行工作进行全面调查总结，向国家主管政府部门提交了一组《我国新创和改进少数民族文字试行工作经验总结和理论研究》的总报告和分文种调查研究报告。①

经1997年国务院134次总理办公会议批准，1998年由教育部国家语委主持开展了我国首次《中国语言文字使用情况调查》项目。项目的宗旨和目的是了解我国语言生活领域的国民素质，为教育、文化、广电、出版、科技信息、经济建设和劳动人事等部门制定有关政策和工作规划提供科学依据，填补语言文字使用情况的国情调研空白，推进国家语言文字规范化、标准化和信息化工作。这次全国语言文字使用情况调查对象为具有中国国籍并在中国境内常住的人员。调查范围包括全国31个省、自治区、直辖市，涵盖所有使用汉语方言和少数民族语言文字的各级行政区划地区。抽样调查人数为全国人口的1‰。调查语言包括中国境内使用的汉语普通话、所有汉语方言、所有少数民族语言、常用外国语言及其他语言。调查文字包括中国境内使用的简化汉字、繁体汉字、汉语拼音、现行少数民族文字、外国文字、其他文字。调查语言文字社会使用场合包括：教学活动、公务活动、宣传活动、日常交际、信息处理、其他领域。调查方法分个人和家庭调查及部门调查。调查采用全国统一问卷，在规定时间内由省区、地市、县旗教育部门和汉语文与民族语言文字工作部门分级组织培训与实施。调查问卷由各省、自治区、直辖市教育部门和语言文字工作部门负责

① 黄行：《我国新创与改进少数民族文字试验推行工作的成就与经验》，《民族语文》1996年第4期。

汇集处理，并用统一统计软件初步归类统计后，报中国语言文字使用情况调查领导小组办公室汇总建库，后于2006年公开发布《中国语言文字使用情况调查资料》。①

在中国社会科学院和国家哲学社会科学基金规划办公室的支持下，自20世纪90年代起，国内外近百位民族语言学专家对四十余种已经处于濒危状态的我国少数民族语言进行了实地调查和语言资料的搜集。其研究成果以包括约40种语言的“中国新发现语言研究丛书”的形式出版刊布，是继20世纪80年代出版的“中国少数民族语言简志丛书”之后又一套我国少数民族语言的系列描写专著，收录的《民族语言简志》以外的语言多为各少数民族内部不同支系的非主体语言，并且基本都是濒危语言。由于民族语言是记录传承民族历史文化的主要载体，因此这套丛书的出版对这些濒危语言资源的记录、描写和研究具有抢救保护的现实意义，符合国际社会保护人类语言文化多样性发展趋势。

2005年，中央民族大学设立了“中国少数民族语言国情调查研究”这一985工程课题，以调查21世纪中国少数民族语言使用情况与发展演变为目标，实地调查具体民族语言、民族地区语言使用与演变的个案。调研成果为“新时期中国少数民族语言使用情况研究丛书”以及23篇有关语言国情调查的论文。这些研究成果可以为当前开展我国民族语言国情变化的全面调查提供参考和借鉴。

受联合国教科文组织委托，2010年中国社会科学院民族学与人类学研究所组织民族语言专家完成了中国大陆的100余种少数民族语言的活力与多样性的问卷调查，并报送联合国教科文组织，绘制世界濒危语言地图。问卷调查内容包括国际通用的语言代际使用情况，语言使用人口，语言使用领域，广播、电视和互联网等新领域的使用，传统知识领域，使用该语言编写的教材、教辅和读物，政府和机构的语言态度及政策，社区成员对母语的态

① 中国语言文字使用情况调查领导小组办公室：《中国语言文字使用情况调查资料》，语文出版社，2006。

度，语言文献记录的类型和质量，语言项目状态等 11 项指标。[①] 这份国际语言问卷调查结果显示，我国民族语言总体状态符合语言活力与多样性的正态分布，即大多数少数民族语言属于中间等级（2～4 级）语言，处于两端的“安全”（5 级）和“极端濒危或已经死亡”（1～0 级）状态的语言很少。据教科文有关文件的说法，目前全世界 97% 的人口仅集中于 4% 的语言，而 96% 的少数民族语言的使用人数仅占世界总人口的 3%；目前世界全部近 7000 种语言中，至少有一半语言的使用者正在锐减，预计在 21 世纪结束时将有 90% 的语言消失。与此世界语言发展趋势相仿，中国 90% 的少数民族语言人口仅使用蒙古语、藏语、维吾尔语、哈萨克语、朝鲜语、壮语、彝语、傣语、苗语、布依语、侗语、哈尼语、白语、瑶语等 14 种语言，其约 90% 的民族语言使用人数仅占少数民族语言人口的 13%。据此可以认为，我国的少数民族语言总体上已经出现濒危的趋势，但是情况并不比世界其他地区更加严重。尽管如此，我国所有少数民族语言母语的使用人数都毫无例外地正在减少，兼用或转用汉语的人数正在迅速增加。

《规划纲要》根据目前国家语言状况，要求建立国家定期语言普查制度，深入开展已知和新发现少数民族语言及其方言土语、语言区域分布、语言使用人口和使用情况变化、跨境语言的分布和使用情况的语言国情普查。少数民族语言普查不仅应通过调查少数民族语文在主要社会领域的使用发展状况，检验执行和落实政府制定的民族语文政策和法律法规的情况，还应进一步扩展到新时期民族语文使用发展的特殊领域，并且应该适当参考国际社会语言活力的测试指标。

新时期，我国民族语文使用发展的一些特殊领域可以包括以下几项。

1. 民族语文在少数民族非物质文化遗产中的载体和保护作用

2011 年颁布的《中华人民共和国非物质文化遗产法》将“非物质文化遗产”界定为：“各族人民世代相传并视为其文化遗产组成部分的各种传统文化表现形式，以及与传统文化表现形式相关的实物和场所。”非物质文化

---

① UNESCO Survey: *Linguistic Vitality and Diversity*, UNESCO, 2003.

遗产的具体门类包括：传统口头文学以及作为其载体的语言；传统美术、书法、音乐、舞蹈、戏剧、曲艺和杂技；传统技艺、医药和历法；传统礼仪、节庆等民俗；传统体育和游艺；其他非物质文化遗产。[①] 民族语文之于保护民族非遗的重要性在于，据国际共识90%以上的“非物质文化遗产”是由相应地方民族语言与方言记录和传承的，所以，保护非物质文化遗产首先需要对作为非物质文化载体的语言文字加以保护。

2. 民族语文标准化与信息化建设

现代社会已经进入信息时代，网络媒体的出现和普及极大地改变了包括人们使用语言文字方式的社会生活方式，因此传统民族语言文字的使用发展面临着如何适应现代社会语言文字信息化活动的新需求。我国政府一向支持和鼓励民族语文信息化工作，并已进入多项具体工程项目的落实和实施阶段。当前的主要任务包括：大力加强民族语文规范标准建设；确保网络媒体民族语文数据的传输、共享与信息安全；加快建设民族文字基础软件、通用软件研发和统一平台建设；支持民族语文多样性资源库的建设。虽然目前我国少数民族语文标准化已经取得了比较显著的成绩，但是和国家通用语言相比还远远不能满足民族语文信息化的客观要求。一些已经颁布的标准还比较粗糙，一些空白点上的重要标准尚未开始研制。总体上，民族语文标准化与国家标准和国际标准接轨程度很低，长期游离于国家和国际标准之外，且这种状况始终没有出现大的改观。因此，当前特别需要加大我国民族语文标准体系建设与国际标准的衔接。

3. 各少数民族人口母语能力的测试与提升系统的研发

从本质上说，联合国教科文组织设定的“代际语言使用”“语言使用人口”“社区语言使用人口比例”“母语传播传统知识”“母语人的语言态度”等语言活力指标的内在影响因素是民族语言群体的“母语能力”。母语能力水平可以反映一种民族语言的社会交际行为功能、范畴认知功能和传统文化载体功能的水平，因此少数民族母语能力的保持和提升是少数民族语言传承

① 《中华人民共和国非物质文化遗产法》，2011年2月25日。

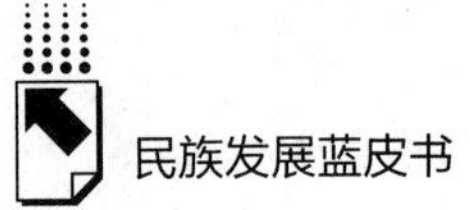

和活力保持的关键措施。但是长期以来，国内和国际旨在保护抢救濒危少数民族语言的项目，大多是从政策规划等语言群体外部的社会条件开展，忽略了保持和提高语言群体内部母语能力之于濒危语言保护的重要作用。

4. 制定边境地区少数民族语言的语言规划

在有针对性地加强周边国家跨境民族语言的调查方面，中央民族大学于2011年开始进行教育部国家语委“十二五”科研规划重大项目“中国跨境语言现状调查”。跨境语言是分布在不同国家的相同民族语言的变体，既有同一语言的共性，又有其特殊的发展规律和特点。

我国自古以来就是一个多民族多语言的国家。中国民族、语言、文化的多元性和多样性同时也辐射到南亚、东南亚、中亚、东北亚广大地区。这说明历史上通过语言文化的地理延伸，中国在亚太地区曾具有语言文化的强大优势并产生过深远影响。因此，国家管理民族事务和语言事务工作必须关注所处国际环境。通过中国社会科学院民族学与人类学研究所专家的调查，可以概括我国与周边国家的跨境语言存在以下以往不太注意的一些情况和问题。①

第一，跨境分布的同一民族和语言，存在相同语言文化认同和不同国家语言文化认同的问题。

第二，我国民族语言的身份识别和数量统计标准与国际上有很大的不同。我国一般尽量把一个民族使用的不同语言识别为同一语言的不同方言，而国外通常将其视为独立的语言，所以境外的语言不仅在数量上会多于中国，在语言身份认同方面也有明显差异。

第三，中国少数民族的母语转用和流失问题比境外语言严重。

第四，受苏联少数民族语言政策的影响，20世纪50年代我国曾开展过大规模的为少数民族创制和改革文字的运动，但是新创与改革的少数民族文字没有得到预期的试验推行效果。而周边国家的相同民族语言，一般都已不同程度地解决了文字问题，因此这些民族文字很容易传播到中国同一民族语

① 黄行、许峰：《我国与周边国家跨境语言的语言规划研究》，《语言文字应用》2014年第2期。

言地区；同时境内外同一语言由于使用不同的文字体制，造成相同语言书面语交际的困难。

第五，目前国内凡新老文字并用的民族语言，一般老文字占优；境内外文字并用的，一般也是境外文字占优。

第六，所谓“汉字文化圈”国家弃用汉字，反映出其“去中国化”的倾向。

第七，我国少数民族语言的地位和活力总体上要低于境外相同民族语言，同时我国少数民族掌握国家通用语言（汉语普通话）的水平一般也低于境外相同民族掌握该国国家通用语言的水平，因此在我国民族地区存在使用发展民族语言和推广国家通用语言的双重任务。

第八，诸独联体国家和俄罗斯联邦共和国，虽然在苏联解体以后国家主体民族语言的地位规划等级有所提升（如可并做国语以代表国家语言主权），但是实际的社会使用功能不会有明显改变，俄语的使用范围和强度在这些国家仍占绝对优势。有所变化的是，国际通用的英语已经开始在这些国家获得越来越高的威望和追捧。

第九，中国的民族语言对相同的境外语言影响甚微，甚至可能受到境外的歧视；反之，中国的一些民族会有意无意地更加认同国外的同一民族语言。

第十，我国媒体对包括少数民族语言在内的国内外传播实力仍处于绝对的弱势地位，境外敌对势力利用少数民族语言文字媒体对我的宣传和渗透力度不断加大，我国所占话语权十分有限。

从跨国语言本体规划与地位规划的对比分析看，我国的语言状况和影响力与周边国家相比，在语言身份认同、文字书面语体制的完善、语言社会使用等级、国际语言传播实力等语言本体规划和地位规划方面，基本没有优势可言。因此，在制定、调整和实施我国的少数民族语言规划时，不仅要着眼于国内的语言状况，也应将我国的复杂丰富的语言文化资源放到特定的国际环境中。特别是中国已经成为当今世界上公认的经济大国和文化大国，其源远流长的丰富的语言文化资源理应在国家语言规划的国际战略方面更加有所作为。

B.13

民族主义研究报告

刘 泓*

摘 要： 民族主义实践是人类社会的一种基本现象和客观存在，人们从不同角度进行研究，并形成不同的学科。本文分别对国际民族主义实践的发展态势、国内世界民族研究的发展态势，以及民族主义研究的现状和发展趋向进行了系统论述，例证充分，对于了解民族主义实践和民族主义研究的发展现状及发展趋势，具有重要的指导意义。

关键词： 民族主义实践 世界民族研究 民族政治学 民族主义研究

民族[①]（包括移民族群）问题在当今许多国家都是十分凸显的社会政治问题，轻者引起社会动乱不安，重者则发生冲突和仇杀。有些国家因民族问题激化，还出现政府和执政党下台，乃至国家分裂的情况。民族问题的重要性、复杂性、敏感性和突发性等特点，已为人们所普遍认识和重视。任何地方和国家发生的民族问题，都会成为国际社会和国际组织关注的目标。为处理民族问题，世界各国有不同的政策模式及理论论说，如民族联邦制、民族保留地、民族自治、民族区域自治、地方自治、国民一体化、多元文化主义、民族政党化、民族社团化、民族议会制、民族公民化，等等。这些政策

* 刘泓，中国社会科学院民族学与人类学研究所世界民族研究室主任、研究员。

① 霍布斯鲍姆认为，“至今尚无一致通论或标准规则”对此加以解释。详见〔英〕埃里克·霍布斯鲍姆《民族与民族主义》，李金梅译，上海人民出版社，2000，第5页。

模式都取得一定成效，但也存在实践问题和理论争议。由此，国际学术界对上述各种政策模式及其成说，现形成了一种引人注目的综合比较和深入反思的研究态势，并从理论根源上对自由主义传统和马克思主义立场，进行对比研究与评价，试图在思想认识上有新的发展和突破。

在近代欧洲产生的民族主义①现象，无论是作为一种社会意识形态，还是作为一种社会政治运动，它所追求的外在体现形式，都是建立在领土政治基础上的“民族—国家”。由此，当时的一些思想理论家便把这种追求概括为“一个人民，一个民族，一个国家”（one people, one nation, one state）的简明公式。该公式被后人称为“经典理论”（或译“古典理论”）。它实际上是建立在相对强势人民的政治运动和相互妥协的基础之上的，没有或很少考虑到相对弱势人民的存在。然而，为了给这种政治运动提供理论支持，证明其合理性和合法性，一些人却提出了上述公式。在这个公式中，所谓“一个人民”，就是指具有语言文化等同质性的人们共同体；所谓“一个民族”，就是在政治、经济、社会、领土等方面统一起来的“人民”；而这样的人民和民族，需要有一个主权独立的“国家”作为自己的保护外壳。但是，自法国大革命两百多年来，有能力建立独立国家的“民族”，只有不到200个。其余的“人民”，或作为某个民族—国家内的“亚民族”（sub-nation，一般叫 nationalities）存在，或作为“跨界人民”（peoples across the boundary）存在，或作为“族群”（ethnic groups）存在。而民族—国家所要求的公民忠诚，也被国际移民的合法性和合理性所突破。至于民族—国家的外壳功能，以及民族—国家间的关系，也没有完全按照民族主义古典理论家的设计和设想发展。自20世纪90年代以来，随着苏联等国家的解体和全球化的日益发展，民族主义成为世人关注的话题。

---

① 学术界迄今为止争论不休的名词之一。详见 E. B. Hass, “What is Nationalism and Why Should We Study It?”, *International Organization*, Vol. 40, No. 3, 1986; Hans Khon, *The Idea of Nationalism: A Study of Its Origins and Background*, New York: The Macmillan Company, 1946; John Brueilly, *Nationalism and the State*, Chicago: The University of Chicago Press, 1982。

一　民族主义实践的发展态势

民族主义理论在近两百多年间传遍整个世界，成为反帝、反殖的思想武器，导致全世界建立了近200个所谓的“民族—国家”，但这并没有消除世界各地的民族冲突。领土、版图是民族主义不可分割的部分。因民族主义而引发的各类问题至今仍然难以呈现下降态势，民族主义并非全球化所能取代的过时的观念。全球化在制约和挑战民族国家和民族主义的同时，也在产生、发展出大量的民族主义，民族国家和民族主义力量在想方设法调整战略，利用全球化机会发展壮大自己。

（一）挑战世界国家格局：国家民族主义频现张力

当今世界，强权的扩张、族裔集团利益的冲突、民族国家之间文化传统的渗透与反渗透……此类影像接踵映入我们的眼帘。作为认同“我们”利益、排斥“他者”的社会思潮与实践，民族主义一次次用不争的事实告诉我们，今天仍然还是它舞动“双刃剑”的时代。在当今的国际政治生活中，民族主义经常通过国家的形式表现出来，呈现给世人的是一种与国家利益相吻合的民族主义，即国家民族主义。国家民族主义在国际政治和国际关系中所展示的“魅力”，让人对其难以不给予关注。

国家民族主义是以追求国家民族的最大利益为目的、以维护国家利益为至高原则的政治思想和政治实践。它以实利为基础，以国家为载体，具有外倾性和排外性，体现国家民族利益。众所周知，强烈的国家民族主义情绪及其实践，是引发第二次世界大战的重要原因。战后，在国家民族主义思想的影响下，欧洲一体化的发展得以不断推进，并导致了欧洲区域政治上对国家民族主义的超越。随着西化改革失败后出现的俄罗斯国力和国际地位的衰弱，以追求国家利益为核心的国家民族主义迅速兴起，压倒了包括自由主义在内的各种意识形态，成为当代俄罗斯最具影响力的政治思潮，对俄罗斯的外交政策产生了重要影响。“融入欧洲”、“重返中东”和

“重视东亚”等战略随之问世。在维护国家主权和国家安全的前提下，约旦国家民族主义与阿拉伯民族主义相辅相成，大力支持巴勒斯坦人民的正义斗争。在一种强烈国家民族主义的思潮下，为捍卫国家民族荣誉和美利坚理念，美国以铲除恐怖主义为契机，在全球范围内展开了大规模的军事行动。

近年来，世界国家格局基本上处于稳定的状态，但是仍旧彰显民族国家时代的诸种特征。国家民族主义作为一种社会思潮，在反复昭示国家民族范畴的矛盾的同时，开始挑战既有的世界国家格局。2012 年新春伊始，肯尼亚和索马里交界处即发生枪击事件。4 月，苏丹向南苏丹宣战。随之，涉及两个或两个以上国家民族的海洋岛屿主权争端此起彼伏，钓鱼岛争端、独岛（竹岛）争端、南海争端、“南千岛群岛”争端、东海大陆架争端，“一曲未终”，“一曲又唱”，让人看得有些眼花缭乱。被挑战方往往认为对手冥顽不灵，扩张梦已成“司马昭之心”。挑战方则以“傲慢自大”“反复无常”“颐指气使”一类言辞指责对方。“舌战”之余，当事方或剑拔弩张，或“对簿公堂”“蓄势待发”。

随着一些国家国力和国际地位的日趋衰弱，以追求国家利益为核心的国家民族主义迅速兴起。它压倒包括自由主义在内的各种意识形态，成为当代最具影响力的政治思潮之一。所谓国家民族主义，是指以民族国家为单位、以国家利益为核心的民族主义，是一种能够在国际政治中发挥作用的力量和因素。应该承认，国家民族主义在推动阿拉伯国家文化整合、欧洲一体化的深入发展，以及民族国家建构等方面的确产生了积极的影响。

虽然美国一再回避谈及自己的民族主义，但是世人已经普遍认识到，美国民族主义的客观表现形式即以美国“国家利益”和“美国精神”为核心的国家民族主义。但是，其非理性因素现今已与霸权主义融为一体。美国的国家民族主义披上了自由、民主和市场经济的外衣，从而向公众掩盖了它非理性的一面。事实上，美国为维护“国家利益”而不择手段的做法是司空见惯的，从以铲除恐怖主义为由头，在全球范围内展开大规模的军事行动，染指世界其他地区和国家的内政外交，到随即被炒得沸沸扬扬的“监听盟

友”事件，都是例证。

与美国国家民族主义的做法可以“媲美”的，是日本对历史真相的否定，以及对他国领土的觊觎。在领土问题上，日本民众更愿意接受“符合国家利益”而不是“符合历史真相”的观点。正如日本学者中村元所言：“民族主义是日本人价值观的核心。”日本国家民族主义主张重新评价日本近现代历史，强化国民的民族国家认同，反对对美从属外交和全球化。其目标是摆脱二战后体制，恢复国家传统，成为与其经济实力相匹配的政治大国甚至是军事大国。日本因觊觎周边国家领土而招致的谴责，似乎并未根本改变其民族主义的实践步伐。2013 年 5 月，首相安倍在针对钓鱼岛问题接受美国《外交》杂志采访时称：“日方在过去同意搁置，完全是中国的谎言。”日本无端指责中国军队活动，挑衅言行不断升级。从首相到防卫长官反复宣传“中国威胁论”，声称要“击落入侵日本领海的中国无人机”，公然表示中日关系进入“灰色地带”。日本舰机无视中方反复劝阻，擅闯中国演习区。2013 年 10 月，日本外务省以外务省视频宣传部门的名义在视频网站上传了主张独岛为日本领土的视频，随之引起韩方的强烈不满。

作为冷战后形成的社会思潮和政治运动，当代俄罗斯国家民族主义的产生根源来自外部压力。它以俄罗斯民族国家为构建基础和忠诚对象，以恢复俄罗斯大国地位为政治诉求，以继续保持俄罗斯历史、文化和民族传统，竭力维护俄罗斯国家利益和尊严为宗旨。自 21 世纪初以来，美国在俄罗斯势力范围内先后策划“颜色革命”并逐一得逞，不断打压、遏制俄罗斯。作为具有深厚民族主义传统的国家，俄罗斯社会因此会长期保持较高的反美情绪，其国家民族主义亦不会很快消失。

日本民族主义属于比较典型的国家民族主义。其基本特征在于，它与国家利益相吻合，通过国家的形式加以表现。在实践中，它以作为民族国家的日本国为基本单位，以日本国家利益为核心内容，是一种在国际政治和国际关系中具有重要影响力，甚至可以发挥决定性作用的力量或因素。在世界近现代史上，透过日本发动的日俄战争、侵华战争、太平洋战争，都可以看到日本国家民族主义的这种影响力。小泉政权的建立标志着日本政治史进入一个新时期，日本从此加快了向“正常国家”方向的转变。自小泉上台后，日本政府极力倡导恢复以天皇为核心的“民族自信心”和“民族精神”。日本动用各方力量，通过参拜供奉有甲级战犯灵位的靖国神社、编写教科书等方式否认日本侵略历史，大力开展以肯定日本侵略战争为主要内容的民族主义教育，同时，加强以首相为代表的国家权力，致使其国家民族主义倾向不断凸显。

在国际舞台上，日本国家民族主义所发挥的作用也是“可圈可点”的。比如，加强与美国的同盟关系，通过修改战后和平宪法反对“一国和平主义”，通过出任联合国安理会常任理事国谋求“大国”地位，以经济力量和军事力量为依托主导东亚地区发展，追求国家利益的最大化。今天，国家民族主义在日本已经演变成为一种泛亚主义意识，冲淡了经济合作与相互依赖所带来的稳定因素，扮演了对国家战略具有强大影响力的角色。在钓鱼岛争端中，某个个人的“购岛”行为，能够被放大到今天的维度，可见日本国家民族主义的张力非同一般。

在国家民族争端的产生和发展中，国家民族主义通常以维护国家为单位的“民族”利益为旗帜，强调“爱国主义”，体现出强烈的民族主义倾向。这种国家民族主义的实践，以国家意识和公民意识作为主要载体，反映了民族国家为维护自身利益在国际关系中所持有“利己排他”的思想和态度，表达了一个国家全体国民共同具有的思想意识和行为倾向。近年来，一些国家民族在处理与邻国纠纷问题上，一意孤行、完全置邻国于不顾，简单地诉诸民族主义，以“不屈服于外国压力”为由来坚持自己主张的优先性。

但是，世易时移，在当今时代，任何意欲把自身的民族利益置于邻国的民族利益之上，将自己的主张强加给对方的举措，必将受到法律的制裁和国际社会的谴责。

（二）歧视与压制：强势人民对待弱小人民的政策

现代民族—国家的形成与建立普遍包括了大大小小不同的人民。这是各

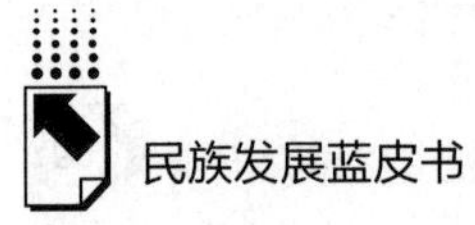

族人民生活之渠交汇流淌的结果，不以人们的主观意志为转移。既然如此，随之而来的问题是，各族人民之间该如何相处？其中，关键问题是强势人民怎样对待弱小人民。在民族主义经典理论支配下，许多国家曾对弱小人民或族裔采取不公正的政策，置他们的利益和感受于不顾。一个典型的例子是美国。现代国家以公民权利和公民社会建设为目标，但美国黑人和土著人却长期被剥夺公民身份，只能按照英裔者国家的安排，“遵规守矩”地生活。

在法律上的对少数族裔的歧视和压制被逐步取消之后，美国现实社会中的“歧视”和“压制”却依然存在。当奥巴马当选美国历史上首位黑人总统时，许多人认为美国有望步入“后种族歧视”时代。但最新的民调显示，79%的受访黑人称美国仍充斥着歧视。奥巴马就黑人少年马丁被杀案发言时，表示枪杀马丁的社区协警齐默尔曼无罪释放的判决，让人想到美国黑人所经历的种族歧视：“当特雷翁·马丁刚被枪杀的时候，我曾说过，这有可能就是我儿子的经历。换句话说，35 年前，我也可能遭到特雷翁·马丁一样的经历。”同时，他直言不讳地指出美国很少有黑人没有过被人用有色眼镜看待的经历。2014 年，美国黑人失业率较美国平均值高出 6 个百分点。认为美国种族关系“较差”或“极差”的黑人受访者多达58%，比2010 年前上升了 30%。

美国对少数族裔的歧视和压制政策，在自由主义世界特别是在欧美国家，并不是特例，而是普遍现象。这倒不是因为自由主义者本性恶，而在于他们盲目信奉的民族主义经典理论排斥他者，不能包容差异。在同质化的民族与公民社会观念下，居于弱势地位的差异性群体或人民要想获得公民权利，就必须接受同化。从 2010 年开始，法国、意大利等国不顾欧盟的反对，多次大规模驱逐罗姆人（外族称其为“吉普赛人”）。针对这一状况，2013 年 10 月，欧盟在匈牙利首都布达佩斯启动了一项促进罗姆人融入欧洲主流社会的计划，旨在帮助他们成为欧盟社会中真正的成员。但是，很多欧盟成员国对欧盟的计划敷衍了事。欧洲穆斯林也面临着来自教育、工作和居住等各方面的歧视。欧盟基本权利事务处发布的关于穆斯林群体状况的调查报告表明，穆斯林群体的失业率大大高于其他社会群体，而在教育水平等同等条件下失业率更高。20 世纪 80 年代以来，欧洲一些主要国家相继采取了多元文化政策，声称尊重文化的多样性、各种文化平等共存，但其实施结果却与人们的期望相去甚远，甚至造成文化区隔，刺激了欧洲极端排外势力的增长，导致了少数族裔长期居于弱势地位，并成为引发社会骚乱的一大根源。欧美国家，特别是欧洲国家右翼政党及时抓住了选民关心的移民问题，高举反移民和民族主义、种族主义的大旗，赢得了社会中下层民众的广泛支持，从而在西欧国家的政坛上异军突起。2013 年 4 月，克罗地亚右翼联盟获得 32.94% 参选选民支持，战胜此前被普遍看好的克罗地亚民主党，将欧洲议会中克罗地亚 12 议席的半数揽入囊中。法国极右翼组织"国民阵线"和荷兰自由党，同比利时弗拉芒利益党、英国独立党等极右政党就结盟问题展开磋商。2013 年 11 月，两党党首决定在 2014 年的欧洲议会选举中集体发力。

与此同时，俄罗斯国内掀起新一轮民族主义浪潮，莫斯科比柳廖沃区发生大规模骚乱，要求政府加强控制外来移民的呼声高涨。2013 年 10 月，俄联邦移民局局长罗莫达诺夫斯基表示，俄罗斯已决定实施严格的移民政策，国家杜马同意禁止违反移民法者入境。

（三）建构地区认同：国家民族主义的理性实践

社会进步难以完全摆脱冲突与战争，但是更离不开社会单元的互助合作。随着经济全球化和区域经济集团化的迅猛发展，各种区域合作组织纷纷问世，地区合作成为各国谋求进一步发展的主要手段和行动取向。

在全球化语境下，现代民族国家的建构维度至少应包括民族国家内部族际关系治理及其所属地区诸民族之间关系治理两个维度。每一维度之下，民族国家的建构都会呈现不同的镜像。基于民族国家范畴的"民族国家建构"，旨在完成一个国家内部走向一体化，并使其居民成为一个"民族"的过程。[①] 全球化语境下，国际体系的变迁构成了民族国家建构和地

① 〔英〕戴维·米勒等主编《布莱克维尔政治学百科全书》中译本，中国政法大学出版社，1992，第 489 页。

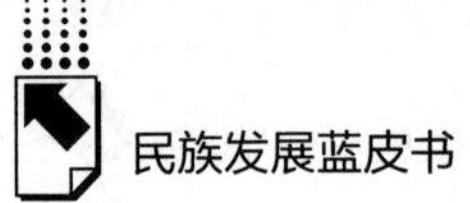

区合作“共治”的重要背景，二者形成相互建构的关系。在国际体系框架下，民族国家和地区同样也是互为建构的关系，国家利益和共有的地区认同是该建构过程的基础变量。投身地区合作是民族国家建构过程中的理性选择。

1. 地区维度下民族国家建构

学术界对“地区”的界定不尽相同。[①] 在国际范畴里，“地区”一般是指“国际地区”（international region），而不是民族国家内部的地区（region within a nation-state）。在族际关系语境中，它往往是一个具有政治、历史或文化意义的实体。地区性族际关系的建构一般是地域内民族国家在内外背景的影响下互动的结果。

在威胁和挑战人类前途的全球化面前，民族国家需要以多边主义或相互协调的方式实施共同治理，其建构的维度开始向疆界以外的地区延伸。但是超国家治理又难以不对它们的民族认同产生威胁。跨国政治共同体形成的前提是必须有一种相应的政治意志。欧盟委员会主席雅克·德洛尔曾经指出：“不考虑这种认同（欧洲认同），不努力确定欧洲人应该对他们自己有什么样的认识，能够重新统一欧洲吗？坦率地说，我认为那样是不可能的，尽管这个使命被证明是具有冒险性和困难重重的。”[②] 事实表明，民族国家无法抵制国际行为体所做出的决定以及由此产生的外在效果，不再能够依靠自身

---

① 约瑟夫·奈认为，国际关系中的“地区”是指“由地缘关系和一定程度的相互依赖性聚合起来的数量有限的国家”，参见 Joseph S. Ny，（ed.），*International Regionalism：Readings*，Boston：Little Brown & Co.，1968，p. 5；卡尔·多伊奇认为，“地区”可以视为在广泛的不同层面具有显著的相互依存关系（经常但非永远是通过区分不同国家集团的经济、政治交往和社会交流范式表现出来）的国家群体，参见 Karl W. Deutsch，On Nationalism，World Region，and the Nature of the West，in Per Torsvik，（ed.），*Mobilization*，*Center-Periphery Structures and Nation-Building：A Volume in Commemoration of Stein Rokkan*，Bergen：Universitetsforlager，1981，p. 54；布鲁斯·拉希特认为，可以根据如下标准来划分“地区”：一是成员在社会与文化（即内部属性）方面的相似性，二是成员对外行为（如在联合国的投票立场）的相似性，三是成员在政治上相互依赖，四是成员在经济上相互依赖，五是成员在地理上彼此接近，参见 Bruce M. Russett，*International Regions and the International System：A Study in Political Ecology*，Chicago：Rand & Mcnally & Copany，1967，p. 11。

② Jacques Delors，“Europe：The Continent to Doubt”，*Aspenia*，Fall，2000，p. 37.

力量有效保护其国民，需要将自己的部分权力让渡给国际组织。从现实上看，这必然要招致民族国家对外、对内主权的丧失，以及民族国家在决策中不断出现的合法性危机。

民族国家是现代国际关系中最重要的效忠和认同对象。这种认同“来源于个体对自己作为某个或某些社会群体成员资格的认识，以及附加于这种成员资格之上的价值和情感”①。尊重和保护民族认同是“非安全化”的重要内容。当这种所谓“认同”遭到威胁的时候，民族国家必须采取措施使之安全化。有些学者认为，欧洲一体化进程已经涉及了民族国家的“社会安全”，“社会安全”遂成为冷战后欧洲新的安全挑战。② 跨国政治共同体是否可以形成一种超越民族界限的集体认同，并因此而满足后民族民主的合法性条件是解决问题的关键。③ 当代政治现实说明，离开民族国家的保护，民族在国际社会和国际组织中得不到承认，甚至连基本的生存权利都难以保障。吉普赛人、库尔德人以及一定程度上的巴勒斯坦人，都提供了这方面的佐证。国际体系的生存竞争决定了任何成功的实践（创新），必然在整个体系内被迅速模仿和扩散开来。④

2. 地区合作背景下民族国家建构的路径

民族关系有其自身的发展过程，总是随着社会的发展进程处在动态发展过程中。现阶段地区民族关系现状，既是地区民族关系长期发展的结果，体现着民族关系长期发展的整合与积淀，也是地区内各民族运用调控手段调控民族关系发展的结果，同时体现着国际社会对该地区民族关系发展的干预。

地区合作背景下的民族国家建构，旨在从建构地区认同入手，通过一系列机制建设和政策实施来强化民族国家的地区使命感，最终实现民族国家的

---

① H. Tajfel, *Human Groups and Social Categories*, Cambridge: Cambridge University Press, 1981, p. 255.

② 参见 Ole Waever, Barry Buzan, Morten Kelstrup and Pierre Lemaitre, *Identity*, *Migration and the New Security Agenda in Europe*, New York: St. Martin Press, 1999。

③ 〔德〕尤尔根·哈贝马斯：《后民族结构》，曹卫东译，上海人民出版社，2002，第103页。

④ George Modelski, *Long Cycles in World Politics*, Seattle: Washington University Press, 1987, p. 208.

地区合作。

“存在共同利益”和“存在问题”是进行协商和合作机制构建的基本前提，地区内各民族因此可以获得合理参与的理由。在民族关系视阈下，当今地区合作实现深层发展战略的理性取向主要包括以下几方面的内容。

（1）参与地区合作的民族集团自身：理性地谋求民族主义的实践。

民族主义发展的核心是国家政策，国家政策是民族主义的外在表现。民族主义的形态与内涵可以根据民族国家政策结构的变迁及其与地区建构的互动而自我更新，根据人民共有观念和国家政策的引导而改变。

地区合作是全球化时代民族国家促进国家利益的手段，其实质是地区民族之间建立地区认同的过程，也是民族主义的实践过程。国家认同是以传统文化符号为工具，通过国家的组织和制度化建立起来，可通过国家政策加以引导和塑造。地区合作的形成过程也是地区认同的形成过程。在地区合作的背景下，国家利益与利益观念的变化、扩展，使地区认同的出现成为可能。地区民族之间共有观念的形成，既是历史的产物，也是地区合作及其互动的结果。对于分属于不同国家的地区民族及其民族国家而言，民族主义的理性实践是致力于推动地区民族在认同层次中纳入地区作为认同对象，将地区认同作为民族国家利益的建构结果，通过国际互动过程中形成的共同利益观念建构地区认同。

认同层次内容的更新、转变是理性化活动。在这一过程中，“通过给予人民一套符号，使狭小和局部的认同归属于一个更大的认同”①。而地位与文化是这种集体认同构建的基本因素。对参与图们江区域合作的地区民族而言，需兼顾和协调个人利益、国家利益与地区利益。地区认同的形成要求地区民族集团在认同层次中纳入地区观念，挑战曾作为最高认同对象的“民族国家”。从本质上说，地区民族实现认同对象向地区转变的过程，是主权国家政府协调个人、国家和地区利益的过程。集团越大，个体获得集体收益

① Ernst B. Hass, *Nationalism, Liberalism, and Progress* (*Vol. 1*): *The Rise and Decline of Nationalism*, Cornell University Press, 1997, p. 30.

的份额就越小；任何个体或集团子集从集体物中获得的收益很可能不足以抵消其为此所支出的成本，而获得集体物所要跨越的障碍却会增多。当这些利益抵触时，民族国家政府应当遵循的原则是：尽可能兼顾和协调三类利益。在确实难以充分兼顾和协调的场合，其应有的轻重缓急次序应当依据具体情况而非抽象原则来确定。同时，应较多地关注人类共同体利益或全球安全，它们尚无足够有力和独立的权威代表，需予以格外的关照。在这一过程中，民族国家会不断完善自己，使自己有能力采取向地区中相对较弱的民族倾斜的政策，并为地区各族共同利益的发展主动做出必要的利益让步。这是民族国家在地区合作中实现自身权益的基本条件。

（2）参与地区合作的诸民族集团：搁置争议，共同开发。

民族本身是一个利己排他的共同体。中华民族提出和平崛起和民族复兴，大和民族意为政治、军事强者，朝鲜半岛民族争取国家统一、追求民族强大，都有从国家、民族利益出发的必然性。但是历史事实告诉我们，对于参加地区合作的民族集团而言，过分追求自身利益必然导致驾驭彼此关系能力的丧失，没有任何一个民族国家能够对其他民族国家保持长久的霸权。

地区“共同开发”有两个层面的含义：一是地区各民族对地区的共同治理。[①] 二是地区民族对地区利益的共享。“共同开发”就是由地区各民族共同造就的以共同享受地区惠益为目标，以权益平衡发展为核心，以民族关系良性互动为宗旨的政治结构、运作机制和实现工具。地区民族共同开发本地区的理念的实践价值在于，它是推动地区和平开发，实现民族关系平等、自由与和谐的工具。

“共同开发”的基本前提是“搁置争议”。在地区合作中，最大的问题往往就是这些民族国家之间“心灵的距离”。[②] 地区合作开发过程中出现的“问题”“困境”，大都与各民族之间存在的“历史问题”有着这样或那样的联系。“差异”是产生权利冲突的基础，但并不意味着发生冲突的必然

① 有关“民族共治”的认识，参见朱伦《民族共治论——对当代多民族国家族际政治事实的认识》，《中国社会科学》2001 年第 7 期。

② 〔韩〕罗中一：《东北亚共同体的文化视角》中译本，延边大学出版社，2004，第 10 页。

性，问题的关键在于应对“差异”的理念和措施。[①]

只有“搁置争议”才能有效地开展共同开发，实现地区民族对本地区的共同治理。其必要性体现在：其一，“搁置争议，共同开发”是民族政治的必然和合理发展。既然是地区民族共同组成一个地区并且难以分离，那就要求地区各民族“共同治理”本地区。其二，“搁置争端，共同开发”是保障地区民族权利的要求，对地区民族权利进行进一步扩展和提升的现实途径。其三，“搁置争端，共同开发”可以使地区民族加强团结，不断增强共同的地区意识。这是该模式的生命力之所在。地区意识的培育，是当代地区建构的主要组成部分，而“共同开发”是培育地区民族意识的有效工具。共同开发要求地区各民族加强理解和沟通，建立广泛的政治、社会、经济和文化联系。在这一过程中，“谁也离不开谁”的关系就会不断得到物化，各民族的地区认同就会不断增强，从而为实现“平等—团结—互助”“合而不同”的族际关系理想奠定牢固的心理意识基础。其四，“搁置争端，共同开发”不只是出于物质上的功利目的，也是为了精神上的自由。地区民族共同治理本地区，以真诚合作和团结为基础共同发展，也就获得了精神上的自由和解放。

（3）参与地区合作的民族集团与合作区域：协调发展。

“协调发展”就是要统筹区域发展，统筹发达地区与欠发达地区的发展，统筹民族与区域发展各方面的问题，推进区域内政治、经济和社会等多方面的协调，实现不同的民族与合作区域的和合共进，由此推动区域合作关系沿着和谐稳定的轨迹发展。

“协调发展”反映了当代民族—国家对民主和共和价值的追求趋向，决定了当代地区性民族关系不同于帝国框架下的民族关系；当代国际制度下的地区治理，是地区民族参与地区管理的组织保证，是以民族之间的共同受益为目标。

---

① 有关应对民族之间存在的“差异”的认识，参见郝时远《社会主义和谐社会的重要观念：尊重差异、包容多样》，《民族研究》2007 年第 1 期；郝时远：《尊重差异，包容多样，熔铸中华民族文化》，《人民政协报》2012 年 3 月 13 日。

当然，与“协调发展”紧密相关的法律法规和实际操作问题，还取决于相关民族国家的政治制度和政策取向。需要说明的是，“协调发展”是对民族国家疆界造成的地区民族界限的一种弥合，其指向在于地区民族团结和地区的和平发展，其作用是促使地区民族向心力的增强。因此，“协调发展”的立法要求是保证主权国家的统一和民族团结，而它的实际操作则要求实现国际法的尊重。“协调发展”的物化形式和运作机制，应当以有利于民族国家行政权力的有效行使为原则，并应置于地区管理机构的领导之下。任何脱离这种治理的形式和机制，都不利于“共同开发”的健康发展，也达不到“共同开发”的目的。

地区合作的实质既是相关的地区国家之间建立地区认同的过程，也是国家民族主义的理性实践过程。欧盟的政府间合作的深化，东盟各领域合作的不断深入，中日韩（10+3）外汇储备库的大幅扩容，上海合作组织北京峰会“促进地区和平，推动互利发展”理念的倡导，非盟在解决地区争端中发挥的积极作用，“东北亚发展论坛”做出的努力，中国（成都）·南亚经贸合作项目对接与洽谈的完成，这些区域性合作的实践表明：参与地区合作的国家民族之间共有观念的形成，既是历史的产物，也是地区合作及其互动的结果。

3. 地区合作：现代民族国家建构的理性选择

20世纪晚期以来，作为前所未有的历史性变迁，全球化以其宏大的规模和多重的维度冲击着国际社会的所有成员，而民族国家首当其冲。一直以来，民族国家在国际体系中占据着中心位置，但随着全球化的深入，民族国家的地位受到越来越大的挑战。从地理上看，通信技术革命和全球信息网络打破了民族疆域的封闭性，使其日趋开放。从经济上看，现代资本主义体系迅速膨胀，把绝大多数国家纳入其中，形成了相互依赖的跨国生产，宣告了自足经济的终结。从政治上看，核扩散、恐怖主义和环境污染等全球性问题迫使各国通力合作，从全人类的利益出发做出回应，致使主权的不可让渡性遭到质疑。全球化的不断深入导致了民族疆界不断淡化，世界剧烈的整合与重组使民族认同陷入了前所未有的困境，全球性力量崛起冲击着民族认同的合法性，民族国家在被削弱后，其所属的族体又向原有的认同回归，民族认

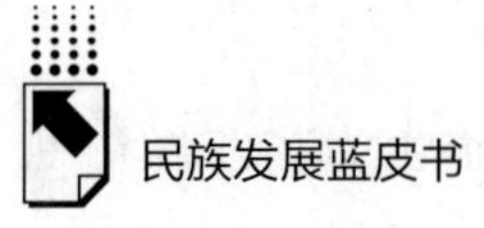

同的感召力受到极大的削弱。

地区合作是一个复杂的系统，相关问题的解决亦非一朝一夕即可完成。这种合作要真正走上康庄大道，地区各民族必须编织一条凝聚各族民心的纽带，在致力身份认同转变的同时，协调发展战略，确定发展路径，并逐步摆脱地区外的大国在政治、军事等方面对合作进程的影响，实现地区民族的“共治”与“共赢”。

（四）充当强者的政治资源：民族分离主义运动扮演的角色

民族主义作为一种意识形态和社会运动，从根本上说与政治现实利益冲突紧密相关，并且不断影响着世界政治格局和世界秩序。20 世纪 90 年代以来，随着新一轮民族主义浪潮的到来，一些多民族国家内部的民族集团竞相提出了分离主张。那些曾经具有历史积怨的民族，如菲律宾的摩洛人、印度的锡克人以及伊朗、伊拉克和土耳其的库尔德人、俄罗斯的车臣人的民族分离主义活动尤为活跃，就连多年平静的西方国家内部民族分离主义势力亦重新抬头。相关案例既包括发达国家，也包括发展中国家，比如欧洲的西班牙、法国、塞浦路斯和俄罗斯等国，美洲的加拿大、美国、尼加拉瓜和巴西等国，亚洲的中国、土耳其、斯里兰卡、印度、印度尼西亚、菲律宾、老挝、泰国和缅甸等国，非洲的埃塞俄比亚、尼日利亚和苏丹等国。

有关材料显示，当今世界有 60 多个比较有影响力的民族主义分裂组织，并结合为所谓的联合国“无代表民族和人民组织”（The Unrepresented Nations and Peoples Organisation，UNPO）。这些分裂势力分布在几十个国家和地区，有的在国外公开建立“流亡政府”或“跨国组织”，有的则设立“地下组织”，还有的成立了合法或半合法的组织，通过向联合国递交请愿、向西方政要发送呼吁、进行街头政治活动等制造国际舆论，试图造成其独立建国目标的国际化，从而对相关国家的统一和稳定构成不同程度的威胁。对任何一个多民族国家来说，在民族问题上最突出和棘手的问题就是民族分离主义。而且民族分离主义的存在一般并不以国家历史传统、政治制度和经济文化发展水平为转移。

民族分离主义产生的原因比较复杂。大体上说，冷战结束以后，多民族国家内部所发生的一系列的民族矛盾、民族冲突直接导致了民族分离主义的产生。比如，对民族自决权的误读，历史宿怨的延续，政府民族政策的失误，发展不平衡问题与民族、宗教等问题的纠结，以及民族问题的“国际化”，等等。

当今多民族国家分裂势力的发展现状和趋势，因国情不同而不同。在民主制度比较健全和社会政治比较稳定的国家，分裂势力为得到民众支持、同情，避免激起包括分裂势力所声称代表的民族民众的反对，基本不再采取或放弃了暴力方式。西方民主国家的一些分裂势力，现在趋向于采取和平手段和民主诉说的方式，如“全民公决”和向有关国际组织递交诉求书等。但在一些政治不民主、社会不稳定的发展中国家，借助暴力图谋分裂依然是时常发生的现象，并造成各种人间灾难。

大体上说，作为民族主义主要表现形式的民族分离主义，其现实“面貌”有两种：存在于现代主权国家内部的民族分离主义势力，基本上属于非主体民族或少数民族中的极端民族主义势力；而那些寄生在国际环境中的相关组织，则经常以族裔民族主义势力的面目出现。作为对民族国家的误读和民族自决权滥用的结果，民族分离主义除了在少数国家中表现出通过政治机制实现独立的政治目标外，大都采取暴力或以暴力相威胁的极端恐怖主义手段。这至今仍然是危及主权国家安全和社会稳定的因素，也是美国等国际社会中的“强者”用以弱化和分化相关国家的一种政治资源。“强者”通常将适用于殖民地解放的民族自决权放大到主权国家内部，损害他国利益。一些民族分离主义势力，在积极迎合和利用“新干涉主义”理论进行自决实践的过程中，“成为霸权主义通过鼓励民族分离主义来分化、弱化其特定目标国的政策选择”。

近年来，民族分离主义和霸权主义合流的趋势比较显著。民族分离主义一边宣扬“民族自决”，一边提出新的理论，即“民主”“人权”等，试图以民主、人权等为借口，迎合霸权国家的意识形态，吸引国际注意，把国内问题国际化。车臣分离分子以民主、人权、宗教自由等为其分离运动做辩

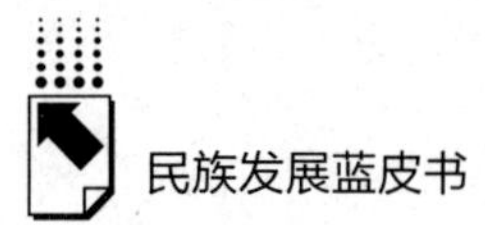

护。科索沃则是典型的在霸权国家所谓的“人道主义干涉”下实现的“独立”。同时，霸权国家为了维护世界霸权，利用民族分离主义势力来实现国家利益，以民主、人权、宗教自由为借口，进行所谓的“人道主义干涉”。西班牙政府在将巴斯克分离主义的激进组织“埃塔”列入恐怖主义名单后，随之受到来自美国的压力。① 在中国西藏、新疆问题上，美国一直以民主、人权、宗教自由等干涉中国内政问题。

在美国等西方国家纵容甚至支持下，一些恐怖组织和极端分子不仅在也门和北非一些地区频频活动，还不断向伊拉克、叙利亚等国渗透。“东突”组织“东伊运”参与叙利亚内战，伊拉克安全形势的恶化，极端伊斯兰教组织射杀尼日利亚警察和对马里北部的践踏，极端民族主义势力在中亚和南亚一些国家的嚣张，由此引发的灾难触目惊心。

同时，库尔德分离主义运动引发的伊拉克、伊朗和土耳其等国之间久存难消的摩擦，我国与土耳其、沙特阿拉伯、阿富汗等国家在“东突”问题上的分歧，阿富汗部分少数民族中存在的分离主义倾向和独立运动招致的相关国家的矛盾，印度当局对达赖集团分裂活动的支持，土耳其等伊斯兰国家对“东突”分裂势力的赞许，凡此种种，民族分离主义对国际关系的影响不言而喻。

从理论上说，民族分离主义是一种超越社会制度的意识形态，现已影响到全人类社会生活的各个方面，并且在目前全球化时代背景下继续充分表现出特有的张力。从这个意义上说，民族分离主义问题是当今世界多民族国家普遍存在的社会问题，其复杂性、重要性和敏感性具有超出一般社会问题的趋势，处理不当会造成国家和地区动乱不安乃至流血冲突。对国际社会和有关国家应对民族分裂势力策略的研究，以及对民族分离主义的理论根据——民族自决权原则的适用性的反思，可为我国反对民族分离主义提供策略借鉴和理论依据。

① Basque Separatist Terrorism, *The International Institute for Strategic Studies*, Vol. 6, Issue 8, October, 2000.

（五）被指责者的一个反诘：谁操弄了民族主义

事实告诉我们，民族主义确已成为当今国际关系实践之中最具力量和最富影响的思潮之一。西方国家动辄指责发展中国家操弄民族主义，那它们对自己的作为又能做出怎样的解释呢？但愿美国人霍弗所谓“帮别人，没有人耻笑”的观点可以让多数人信服。

在和平与发展成为时代主题的今天，霸权主义和强权政治依然存在，新干涉主义理论方兴未艾，成为一些国家干涉他国内政的强大思想武器。西方国家借口人权干涉别国的事件更是屡见不鲜。它们以“人权卫士”自居，借发表“国别人权报告”干涉别国内政。比如美国在“国别人权报告”中，多次不顾中国人权取得的历史性进步，歪曲事实，无端攻击中国人权状况，对中国民族、宗教和司法制度等说三道四。除中国之外，该报告还对俄罗斯、巴基斯坦、朝鲜、古巴、伊朗、索马里、津巴布韦等许多国家的人权状况评头论足。在“国别人权报告”中，美国只谈公民权利和政治权利，避而不谈经济、社会和文化权利；它片面强调人权的普遍性，而否定人权的特殊性；它坚持人权高于主权，认为美国可以对任何国家的人权状况予以指责；它肆意干涉别国内政，否认人权在本质上是一国的内政。

当今世界是一个主权独立和平等的社会，任何国家都不得借口尊重和保护人权，侵犯他国主权和干涉他国的内政。众所周知，20 世纪国际法的最大成就之一，就是主权国家成为一种世界现象。《联合国宪章》和《国际法原则宣言》等国际文件均明确肯定了国家主权原则作为国际法的基本原则。

面对欧美国家贸易保护主义愈演愈烈，中美、中欧贸易顺差被严重夸大，西班牙人精心“绘制”购房移民的“大饼”，马德森女士在《纽约时报》上所揭示的“美国特色”的民族主义实践，对“中国的崛起”和东方文明复兴表现出的日益强烈的反应，日美同盟、韩美同盟的强化，以及“列强”对索马里内部冲突、叙利亚内战、涉藏问题、阿富汗内政、钓鱼岛争端、朝核问题、库尔德人问题、巴以冲突等“他者”事务的干涉，备受西方国家指责的发展中国家很自然地会提出反诘——究竟是谁操弄了民族主义？

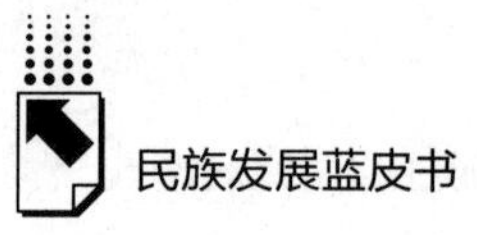

近年来，虽然出现了这样或那样令人烦扰、担忧的局面和问题，但是仍旧发生了一些“可圈可点”的事情，比如缅甸政府对少数民族诉求做出了让步的姿态，二战信德人和罗姆人受难纪念碑在柏林揭幕，诸多区域合作的良性发展，民众对极端民族主义、恐怖主义势力所持有的理性态度。

今后若干年内，因民族主义而引发的各类问题仍然难以呈现下降态势，霸权作为一个拥有全球性利益的全球性主导力量，通过形成和建立符合自身利益和偏好的霸权秩序，在全球事务上仍然将不懈发威，民族主义议题仍然是中外学界长盛不衰的研究领域。从人们共同体发展进程看，主权国家仍将长期充当国际关系中的行为主体，民族主义因此并非是全球化所能取代的过时的观念，其存在和发展的合理性不会因其表现形式的变异而丧失。

2012 年 12 月 21 日，世界没有步入“末日”，民族主义亦不会因某种意志而蛰伏，几乎成为一切冲突本源的民族主义冲动当然也不会终结。

二　国内世界民族研究的发展态势

民族主义实践是人类社会的一种基本现象和客观存在，人们从不同角度进行研究，并形成了不同学科，如民族社会学、民族文化学（也叫文化人类学）、民族历史学、民族语言学、民族文学、民族地理学、民族文献学，等等。这些学科主要是对具体和单个民族进行研究，不涉及或较少涉及“民族主义问题”，特别是不同民族之间的政治互动和政治治理问题。这后一种研究，在我国属于“民族理论研究”学科的范畴；而在国际学术界，则属于政治学的一个分支，学科名称有两个：一是政治人类学，一是民族政治学。政治人类学研究从古代到现代的一切社会的政治制度、政治行为和政治思想及其发展，特别关注前现代的少数民族社会。民族政治学主要研究现代国家内部少数民族社会的差异性存在与治理问题。

（一）建设方向

无论是国内的“民族理论研究”还是国外的民族政治学，都有其局限性：国内的“民族理论研究”传统上以马克思主义民族理论和中国民族问题与民族政策为研究对象，基本不研究国外民族问题、民族政策及各种理论。这大大限制了该学科发展创新的空间和与国际学术界对话水平的发挥。国外的民族政治学主要依据自由主义理论和观点，研究少数民族的差异性及其权利保障问题，不太重视研究少数民族问题产生的原因，如近代民族主义与“民族—国家”形成等问题，这些问题在国外主要属于世界历史和国际政治研究的内容。

随着学界对民族主义问题关注力度的加大，民族学、人类学与政治学在研究民族问题上的汇合点日渐增多，作为交叉学科的政治人类学和民族政治学随之问世。它们通常据方法和视角的不同被列为上述相应的传统学科的二级学科。以民族学的方法和视角开展的研究，重点关注的是少数民族内部的政治结构和行为，以及对各种不同形态的人们共同体的政治实践的比较。以政治学的方法和视角开展的研究，通常的研究重点是不同民族之间的政治关系以及对这种关系的调控。①

近年来，我国世界民族学科开始将发展方向定位于民族政治学。作为国内一种新兴研究领域的开拓，民族政治发展研究既是民族国家现实发展的呼唤，也是民族政治学学科发展的需要。为促进民族政治发展研究的有序开展和规范前行，需要建构民族政治发展理论体系。从理论上看，该体系可以为民族政治发展研究的拓展和深化奠定学理基础、廓清研究框架；从实践上看，该体系可以凭借自身的解释力和适用性，为中国民族政治发展的现实服务。

① 参见 Amitav Acharya，“Foundations of Collective Action in Asia：Theory and Practice of Regional Cooperation”，American University-School of International Service，February 14，2012，ADBI Working Paper No. 344，http：//papers. ssrn. com/sol3/papers. cfm? abstract_ id = 2005473；Robert Bedeski & Niklas Swanstrim（ed.），“Eurasia's Ascent in Energy and Geopolitics：Rivalry or Partnership for China，Russia，and Central Asia?” June，2012；Chol Nam Jong，Federation：A Comparative Study of European Integration and Korean Reunification，*ASIA PAPER*，August，2012；Jose，A.，*On The Future of European Integration：Idea，Economics，and Political Economy*，Tavares，http：//www. josetavares. eu/wp-content/uploads/2012/07/European-Integration-Dahrendorf-Tavares. pdf；Song Ri Hyon，“Confidence Building Between the DPRK and the U. S.：The Foundation for Settling the Korean Issues”，*ASIA PAPER*，August，2012。

当今的世界民族研究，从其发展现状和学术成果来看，不仅研究马克思主义民族理论，也研究自由主义民族理论及其当代发展；不仅研究国别少数民族问题，也研究国际移民和跨界民族问题；不仅研究有关国家的民族政策，也研究国际组织和地区组织有关少数民族权利的约法；不仅研究多民族国家内部民族问题的治理理论，也研究民族主义、民族—国家建设和地区联盟理论。因此，我们认为有必要以“民族政治学与当代世界民族问题研究”来概括世界民族学科的研究领域。

（二）研究内容

民族主义与民族国家建构问题，是世界民族学科关注的一个重要话题，目的是为我国的民族工作服务。我国的民族问题治理方式有其自身优势和特点，但也存在需要发展和完善的方面。我国的民族关系理念是文明和进步的，但如何实现则需要具体落实。为此，借鉴和汲取国外民族问题治理方式的有益经验和失败教训，使民族政策顺应时代民族问题的发展变化，是我国世界民族学科多年来一直重视的问题。一些学者认为，政治权力的变化可导致有关族际冲突根本不同的解决方法的生成，主体民族应对多文化社会的实践直接影响民族—国家的社会发展。[①] 一些大学和研究机构纷纷建立国别问题研究中心、世界民族研究中心，使得组建中的研究队伍日渐壮大。

研究的基本内容包括以下几点。

第一，理论研究。有学者认为，西方对于民族主义的研究主要在其含义及起源、分类及主张等层面展开，形成了“现代主义”理论、“族群—象征

---

① 参见常士訚主编《多元文化与国家建设》，天津人民出版社，2012；杨立华：《新南非的包容性发展之路——非国大 100 周年纪念》，《西亚非洲》2012 年第 1 期；王猛：《苏丹民族国家建构失败的原因解析》，《西亚非洲》2012 年第 1 期；李鹏涛：《土著话语与非洲民族国家建构——以科特迪瓦危机为例》，《西亚非洲》2012 年第 1 期；田德文：《国家转型视角下的欧洲民族国家研究》，《欧洲研究》2012 年第 4 期；刘鸿武、方伟：《国家主权、思想自立与发展权利——试论当代非洲国家建构的障碍及前景》，《西亚非洲》2012 年第 1 期；刘泓：《东北亚民族关系与图们江区域合作开发》，《中国边政》2012 年第 190 期；周少青：《民族治理的国际经验和教训该如何鉴取》，《中国民族报》2012 年 4 月 13、20、27 日；李伯军：《非洲民族国家建构面临的挑战与国际法》，《法治研究》2011 年第 5 期。

主义”理论、公民民族主义与族群民族主义等理论流派。民族主义既是构建民族国家、推进民族政治发展的重要力量，又是破坏国家统一、阻碍民族政治发展的重要因素。有学者指出，当今世界的民族—国家大都面临着多元文化背景下的国家建构问题，这是由族群和文化多样性所决定的，并且国家一体化与族群自我发展之间的内在张力使这个问题变得更为复杂。①

第二，政策研究。值得注意的是，国内学术界对民族政策研究给予了越来越多的关注。有学者指出，民族—国家应推行积极的民族政策，引领民族

① 参见郝时远、朱伦主编《世界民族》8 卷本，中国社会科学出版社，2012；朱伦：《民族共治——民族政治学的新命题》，中国社会科学出版社，2012；马戎：《现代国家观念的出现和国家形态的演进》，《西南民族大学学报》（人文社会科学版）2012 年第 2 期；周少青：《多元文化主义视阈下的少数民族权利问题》，《民族研究》2012 年第 1 期；杨恕：《分裂主义产生的前提及动因分析》，《世界经济与政治》2011 年第 12 期；王英津：《有关“分离权”问题的法理分析》，《世界经济与政治》2011 年第 12 期；胡兆义：《国家统一视阈下民族认同与国家认同的整合》，《云南社会科学》2012 年第 4 期；周平、白利友：《多民族国家的政治认同及认同政治》，《思想战线》2012 年第 4 期；王丽君：《论民族认同与国家认同》，《长江大学学报》（社会科学版）2012 年第 3 期；张军：《全球化视域下的国家认同及其建构》，《青海社会科学》2012 年第 2 期；谢晓光、李建明：《民族主义作为政治手段持久性的博弈模型分析》，《辽宁大学学报》（哲学社会科学版）2012 年第 5 期；张践：《宗教的类型对民族国家认同的影响》，《西北民族大学学报》（哲学社会科学版）2012 年第 3 期；刘泓：《民族主义与多元文化政策》，《马克思主义与现实》2012 年第 4 期；周少青：《论伊斯兰法的圣战思想》，《甘肃政法学院学报》2012 年第 4 期；刘永刚：《民族认同、国家认同与民族国家——民族政治学视野下的现代国家分析》，《内蒙古社会科学》（汉文版）2012 年第 7 期；于春洋：《论族际政治理论的基本内容及其当代价值》，《西南民族大学学报》（人文社会科学版）2011 年第 12 期；王威海：《西方现代国家建构的理论逻辑与历史经验：从契约国家理论到国家建构理论》，《人文杂志》2012 年第 9 期；马得勇：《国家认同、爱国主义与民族主义——国外近期实证研究综述》，《世界民族》2012 年第 6 期；景向辉：《外论中的主权国家与国际幕后集团》，《国外社会科学》2012 年第 5 期；仇发华：《霸权与秩序：一种不必然的相关性》，《法制与社会》2012 年第 24 期；徐楠：《西方民族分离主义问题研究》，河南大学硕士学位论文，2012；周坤鹏：《国外学者关于少数民族国家认同指涉内容研究现状分析》，《新西部》（理论版）2012 年第 7 期；刘毅：《跨界民族、错误知觉与大国对冲——后冷战时代俄格冲突特征再考察》，《重庆交通大学学报》（社会科学版）2012 年第 6 期；李捷：《对基于自由民主角度的分裂权利理论的简评》，《世界经济与政治》2011 年第 12 期；方雷等：《东欧国家民族主义的多重性》，《国外社会科学》2012 年第 5 期；冯绍雷：《一场远未终结的辩论——关于苏联解体问题的国外学术诠释》，《世界经济与政治》2012 年第 3 期；彭伟步：《美国少数族群传媒理论研究的进展及缺陷》，《世界民族》2012 年第 3 期。

完成其现代建构，即从文化认同走向文化自觉。[①] 在这一过程中，出现了主张“以族群替代民族”、民族问题“去政治化”、民族关系“去政治化”等观点，还有人主张实行所谓的“第二代民族政策”等，在学术领域和社会上都引发了一些争议和讨论，甚至造成思想、理论上的混乱。围绕“第二代民族政策”说展开的讨论，使得以往聚焦于民族识别、民族关系、民族区域自治政策和操作层面的问题上升到基本理论和方法论的层面。主要观点有：“第二代民族政策”在有关改变中国民族政策的若干依据、中国民族政策的核心原则、少数民族地区经济社会发展水平、反恐反分裂斗争的基本原则、民族区域自治制度的法律地位等方面，存在一系列理论和实践误区；所谓“国际经验教训”基本不符合事实，违背民族发展规律；应排除干扰，坚持和完善现行民族政策。有学者还在评析以“去政治化”为内涵的“第二代民族政策”设计的同时，对相关文章存在的思想方法、学风等方面的问题提出质疑和批评。[②]

近年来，少数人权利保护研究得到诸多关注。这类成果主要集中在少数人的定义、少数人保护的正当性、少数人保护的策略等方面的研究。也有学者从多元文化主义与民族国家建构视角，解读少数人权利保护问题，认为多元文化主义一开始就与少数民族争取平等权利的要求密切相关；在“少数民族权利”多元文化主义的五个维度（事实、理论、意识形态、政策和价值理念）下，多元文化主义呈现不同的面相，具有不同的意义和效果。少数民族权利保护与多民族国家构建是同一个历史过程的两个方面。

---

① 包胜利：《“小民族”与“大民族”：中国、蒙古国驯鹿民族的发展道路比较研究》，载《“多元文化视角下的达斡尔族、鄂温克族、鄂伦春族比较研究”学术研讨会论文集》，2012；严庆、周涵：《浅谈跨界民族的认同构成及调控》，《民族论坛》2012年第6期。

② 参见郝时远《评“第二代民族政策”说的理论与实践误区》，《新疆社会科学》2012年第3期；郝时远：《美国是中国解决民族问题的榜样吗？——评“第二代民族政策”的“国际经验教》，《世界民族》2012年第4期；郝时远：《巴西能为中国民族事务提供什么“经验”——再评“第二代民族政策”的“国际经验教训”说》，《西北民族大学学报》（哲学社会科学版）2012年第7期；周少青：《我们为什么坚持这样的民族政策》，《中国民族报》2012年2月24日。

多元文化主义不仅是少数民族的权利理论，也是多民族国家构建的重要理论支点。①

第三，问题研究。有学者认为民族问题因差异而生，突发或现存的民族问题，不会对社会造成实质性影响，但有些地区的族际冲突使主权国家直接面对非传统安全的威胁挑战。②

在民族问题研究中，“热点问题”也是学界关注的一个重点。从近年研究的总体态势来看，随着典型的多民族国家内部族际冲突的和缓，体现民族国家时代特征的地区性的、属国家民族范畴的矛盾彰显，学界对后者的关注日渐增多。“东亚岛屿争端”“中韩岛屿争端”“日韩岛屿争端”“中日岛屿争端”“南海争端”“北极地区领土争端”“中印领土争端”“中菲领土争端”“伊拉克地区领土争端”等相关话题成为学者关注的议题。跨界民族问

① 参见周少青《多元文化主义视阈下的少数民族权利问题》，《民族研究》2012 年第 1 期；常安：《作为宪法命题的多民族大国的族群治理与国家建构》，《西北民族研究》2012 年第 5 期；田艳、卫力思：《卢比康湖部落诉加拿大案对中国少数民族传统生活方式保护的启示》，《中央民族大学学报》（哲学社会科学版）2012 年第 5 期；赵虎敬：《“少数人”的权利保护刍议》，《人民论坛》2012 年第 22 期；冯广林：《美国少数人受教育权法律保护研究》，中央民族大学博士学位论文，2012。

② 参见朱守信《拉美地区双语教育的发展困境及归因》，《比较教育研究》2012 年第 3 期；马胜利：《法国民族国家和民族观念论析》，《欧洲研究》2012 年第 2 期；杨解朴：《从文化共同体到后古典民族国家：德国民族国家演进浅析》，《欧洲研究》2012 年第 2 期；王猛：《苏丹民族国家建构失败的原因解析》，《西亚非洲》2012 年第 1 期；梁茂春：《“跨界民族”的族群认同与国家认同——以中越边境的壮族为例》，《西北民族研究》2012 年第 5 期；黄光成：《从中缅德昂（崩龙）族看跨界民族及其研究中的一些问题》，《东南亚南亚研究》2012 年第 6 期；黄慧：《阿尔及利亚卡比尔人问题探析》，《西亚非洲》2012 年第 1 期；杨新宇：《基于民族主义视阈的车臣问题研究》，中央民族大学博士学位论文，2012；裴圣愚：《非洲萨赫勒地带民族问题研究》，中央民族大学博士学位论文，2012；于卫青：《普什图人与普什图尼斯坦问题》，《世界民族》2012 年第 6 期；冀开运：《伊朗俾路支斯坦民族问题解析》，《世界民族》2012 年第 8 期；余芳琼：《印度特里普拉邦的民族冲突及其发展》，《贵州民族学院学报》（哲学社会科学版）2012 年第 12 期；张彤：《南斯拉夫民族冲突原因探析》，《中南民族大学学报》（人文社会科学版）2012 年第 9 期；汪树民：《论跨界民族及跨界民族问题》，《西南科技大学学报》（哲学社会科学版）2012 年第 4 期；王菲：《认同危机与国家安全——基于新疆跨界民族问题的视角》，《理论导刊》2012 年第 7 期；雷勇：《跨界民族问题的发生学分析》，《内蒙古社会科学》（汉文版）2012 年第 9 期。

题、欧盟等地区人们共同体的建构问题，也一直吸引着学界。相关研究既有个案分析，也不乏理论探讨和政策研究。①

第四，国际移民、海外华人研究。有学者认为国际移民认同研究在时间线索上依据从单一到多维的趋势发生和发展，可提供多领域研究之间的共同理解的基本框架。多元文化主义并非协调少数族群和主流族群的政治策略法宝。②

① 参见曲波《南海周边有关国家在南沙群岛的策略及我国对策建议》，《中国法学》2012 年第 6 期；周永生：《日本铤而走险的岛屿战略与中国的对策》，《人民论坛学术前沿》2012 年第 12 期；任虎：《中·日和韩·日岛屿争端的比较研究及对我国的启示》，《华东理工大学学报》（社会科学版）2012 年第 5 期；沈海涛、李永强：《东北亚地区岛屿主权争端的发展趋势》，《内蒙古大学学报》（哲学社会科学版）2012 年第 3 期；马斌：《俄日岛屿争端及其对俄地区战略的影响》，《太平洋学报》2011 年第 10 期；刘泓：《日本民族主义动态与走向》，《人民论坛》2012 年第 31 期；于红：《南苏丹荆棘丛生的独立之路》，《武汉大学学报》（哲学社会科学版）2011 年第 5 期；吴传华：《摩洛哥与西班牙领土争端》，《亚非纵横》2012 年第 1 期；解析、李兴：《俄日领土争端：解决方案差异与发展前景》，《哈尔滨工业大学学报》（哲学社会科学版）2011 年第 7 期；邵建平：《缅甸和泰国领土争端的由来及解决前景》，《东南亚南亚研究》2011 年第 12 期；马菡若、应文：《中国南海岛屿主权争端问题及对策探析》，《思想战线》2011 年第 12 期；盛世良：《俄日领土之争的历史与现实意义》，《俄罗斯学刊》2011 年第 2 期；张沱生：《东亚领土与海洋权益争议及其政治经济含义》，《中国国际关系》2011 年第 2 期；吴传华：《土耳其与希腊爱琴海争端解析》，《西亚非洲》2011 年第 2 期。

② 参见李明欢《国际移民政策研究》，厦门大学出版，2011；周敏、黎相宜：《国际移民研究的理论回顾及未来展望》，《东南亚研究》2012 年第 6 期；刘伟才：《“跨界民族—国际移民综合症”与非洲国家冲突——以科特迪瓦为中心》，《世界民族》2012 年第 6 期；李志永：《21 世纪初中国国际移民与国家安全》，《国际关系学院学报》2012 年第 4 期；郭秋梅：《国际移民组织与联合国难民署之比较：关系、议程和影响力》，《国际论坛》2012 年第 4 期；范可：《移民与“离散”：迁徙的政治》，《思想战线》2012 年第 1 期；李其荣、姚照丰：《美国华人新移民第二代及其身份认同》，《世界民族》2012 年第 1 期；李明欢：《国际移民研究热点与华侨华人研究展望》，《华侨华人历史研究》2012 年第 1 期；罗圣荣：《英属时期印度人移民马来亚的原因及其影响研究》，《东南亚研究》2012 年第 6 期；宋全成：《论欧洲国家的技术移民政策》，《山东大学学报》（哲学社会科学版）2012 年第 5 期；廖建裕：《全球化中的中华移民与华侨华人研究》，《华侨华人历史研究》2012 年第 1 期；陈肖英：《南非中国新移民面临的困境及其原因探析》，《华侨华人历史研究》2012 第 1 期；万晓宏：《当代加拿大华人精英参政模型分析》，《华侨华人历史研究》2012 第 1 期；康晓丽：《战后马来西亚华人再移民：数量估算与原因分析》，《华侨华人历史研究》2012 第 1 期；丘立本：《印度国际移民与侨务工作的历史与现状》，《华侨华人历史研究》2012 年第 1 期；韩冬临、崔大伟《国际移民的跨国联系——基于留日海归的实证研究》，《国际观察》2011 年第 5 期；余彬：《国际移民认同问题：一种身份政治研究方法》，《华侨华人历史研究》2011 年第 2 期。

第五，国外民族史志研究。比如，有学者对上古时期地中海沿岸的古里亚人的族源进行了解读。部分学者还对欧洲、非洲一些民族—国家的建构历史进行了思考。比如，探讨瑞士在强邻并立的地缘政治环境中，在国内不同语言和文化族群的条件下，打造统一的国家、民族认同和稳定的国家体制的历史进程。有些学者则对历史上出现的民族争端及其解决方式给予了关注。①

（三）存在的问题

学科研究目前存在的一个主要问题，表现为部分学者评介外国民族政策失实的问题。我国现在进入社会转型期，民族问题随之出现增多的趋势，引起国内不同学科学者的关注并提出各种各样的政策调整建议。在此过程中，所有学者几乎无例外地都要援引国际经验教训作为参考。但一个值得注意的问题是，有相当部分学者对国际经验教训的介绍，实际上是在并不了解国际上处理民族问题的全面情况的情况下完成的，往往采取东抄西凑的办法，找些个别案例，加以片面、失实的评介，然后建议我国应学其所谓“成功经验”，未能顾及他者的国情与我国的国情。这些学者对外国民族政策一知半解的推介，很容易误导人们。例如，一些学者认为美国只讲公民个人权利平等，不搞“民族群体”政策，所以没有民族分裂问题，建议我国应学习美国。但这种认识并不符合美国的实际，美国的“移民群体”与我国的“少数民族”也不可等量齐观。再如，还有的学者片面理解我国的民族区域自治制度，把目前民族问题增多、凸显归因于这个制度，主张取消它，却不知

① 参见沈坚《上古地中海沿岸利古里亚人述略》，《世界民族》2012 年第 4 期；赵柯：《“小国家”整合“大民族”——瑞士国家与民族建构的历史进程》，《欧洲研究》2012 年第 2 期；张海洋：《从天主教共同体到失败的民族国家——西班牙国家构建的历史考察》，《欧洲研究》2012 年第 2 期；孙银钢：《试论查理曼对萨克森人的征服》，《古代文明》2012 年第 1 期；杨廷智：《解析赞比亚独立以来的酋长制度》，《西亚非洲》2012 年第 2 期；杨解朴：《从文化共同体到后古典民族国家：德国民族国家演进浅析》，《欧洲研究》2012 年第 2 期；黄民文：《新中国成立后中印领土争端史》，《长江论坛》2011 年第 2 期；高艳杰：《肯尼迪政府与印（尼）荷西伊里安领土争端的和平解决（1961～1962）》，《南洋问题研究》2011 年第 4 期。

世界上现有20多个多民族国家在实行不同形式的民族地方自治，基本上都是成功的，问题仅在于如何进一步完善。还有的学者对自由主义的多元文化主义政策大加赞赏，殊不知这种政策正是来源于对我国尊重文化多样性的民族政策的借鉴，如20世纪70年代在西方世界首倡多元文化主义的加拿大，就是其总理在我国留学时学到经验和得到启发后，提出和推行这种政策的。

三　关于民族主义研究

民族主义古典理论家设想通过民族—国家的建立，避免民族间的激烈暴力冲突。但恰是在民族—国家时代，人类战争达到前所未有的规模和惨烈程度。导致民族—国家发生激烈冲突的深层原因是什么；随之而来的民族—国家的局限性问题，民族—国家间的利益失衡问题，民族主义极端势力对民族—国家暴力的操纵问题，基于发达的民族—国家利益而形成的国际社会不公和国际社会约束无力的问题，以及当前民族—国家间的区域一体化能在何种程度上解决这些问题，国际社会和国际组织能发挥什么作用和怎样发挥作用等，在中外学界引发了诸多思考。

自20世纪90年代以来，中外学界对民族主义问题的研究兴趣日益浓厚，研究队伍日渐庞大，包括国际问题研究者、民族学和人类学研究者、历史学者和政治学者等。

（一）研究现状：观念、视角、范围与方法

1. 国内研究

国内学者关注的内容大体包括两个方面。一是以主权国家为基本单位的民族主义。大多坚持民族主义基本理论所主张的民族—国家主权观念，认为现代世界秩序的根本保证依然是对民族—国家主权的尊重，主张构建以民族—国家为基础的合理的国际政治经济秩序，同时赞赏民族—国家间的区域一体化。然而，也有一些学者从经济全球化和全球治理的角度出发，指出民族主义及民族—国家的局限性，认为民族—国家观念必须适应时代发展的要

求。二是以语言、文化、族类共同体为基础的民族主义，也就是人们通常所说的“无国家民族”或少数民族的民族主义。他们中的文化人类学研究者大多从保护人类文化多样性的角度看待民族主义（文化内涵），主张保护少数民族的存在与发展，尽管他们不一定赞成民族主义的政治内涵，特别是其分离主义诉求等极端表现。而民族问题理论研究者大多否定民族主义，他们在反思苏联等国家的解体时，在考虑我国反分裂的任务时，认为民族主义不利于多民族国家建设，对多民族国家具有解构作用。

鉴于上述情况，我国学界对民族主义问题的研究，大多采取的是功能主义立场，也就是主要对民族主义的工具价值进行判断。相反，对民族主义基本理论的内涵，特别是对其思想和实践中的理性和反理性问题，思考比较少。

我们看到：在我国的许多学术著作中，学者一方面把民族主义的基本理念——民族—国家视为国际关系的基本单位，另一方面又提出多民族国家理论和反对民族分离主义，并把多民族国家和民族—国家不恰当地视为相互对立的形式。这种理论矛盾，始终没有得到解决。由此，在回答现实问题时，难免不发生随意性，乃至发生对民族主义理论的误读和误用。

而且，从功能主义立场对民族主义进行价值判断时，不仅不同论者对民族主义的理解不同，有的甚至是以民族主义的异化形式作为立论前提的。这种研究立场，必然导致观点对立：有的对民族主义持坚决否定的态度，有的则持基本肯定的态度；“民族主义是一把双刃剑”这种比较普遍的折中观点，实际上也是在肯定与否定之间摇摆，也是受这种或那种异化了的民族主义影响而得出的认识。

我国对民族主义现象的研究，还存在脱离实际的问题。许多著作都囿于对民族主义经典理论家设定的概念、理念和原则进行阐释，忽视结合现实进行独创性的科学解释。例如，从西方民族主义古典理论家到斯大林，都对“民族”（nation）概念做出了各种同质性规定。对此，我国民族理论界少有质疑。虽然毛主席在20世纪30年代末说到中华民族构成的多样性，费孝通先生在90年代初又提出“中华民族多元一体”的观点，但我国民族理论研究者大多不以为然，在谈到民族主义问题时继续信奉对“民族”概念的绝对同质性规定。“民族”是民族主义理论的基本和关键概念之一，对“民族”的认识不科学，也就难以正确解释民族主义问题。

当然，自20世纪90年代以来，国内对民族主义问题的研究也呈现出良好的发展态势。具体体现在：国内一些综合性和专业性杂志如《中国社会科学》、《民族研究》和《世界民族》等，最近十多年发表了一系列有关民族主义理论的论文，其质量也达到一个新的高度和水平，而且大多数论文跟踪的是国际学术界的前沿课题；我国学者撰写和翻译的有关民族主义问题的学术著作，最近十多年在数量和质量上也超过以往任何时候。但总的来说，我国学术界对民族主义基本理论和实践问题的研究，现还处在零散状态，缺乏系统研究，特别是创新成果较少，可成“一家之言”的更少。

作为当今世界最强大的政治力量之一，产生于近代欧洲的民族主义现象，无论是从社会意识形态角度出发，还是从社会政治运动视野而言，它所追求的外在体现形式，都是建立在领土政治基础上的民族—国家。人们将这种追求称为“一个人民，一个民族，一个国家”的“古典理论”。

但是，在把这种论说或理想付诸实践时，则另当别论了。世界上有数千个“人民”，但有资格称为“民族”和有能力建立独立国家的，自法国大革命两百多年来只有不到200个。而民族—国家所要求的公民忠诚，也被国际移民的合法性和合理性所突破。至于民族—国家的外壳功能，以及民族—国家间的关系，也没有完全按照民族主义古典理论家们的设计和设想发展。

2. 同质化民族—国家观的重拾：“第二代民族政策论”的提出

关于民族主义的国内外论著数不胜数。虽然视角和观点不尽一致，但是抛弃民族—国家的绝对同质化观念、尊重文化多样性和少数民族差异，已经成为大多数学者的思想共识和道义主张，而且逐步变成了包括我国在内的众多国家管理和协调族际关系、制定少数民族政策的基本理念和原则。

然而，近年来国内却有学者主张对少数民族要“去民族身份”，要“淡化民族意识”，民族工作要“去政治化”，“不给任何人声称是某一‘地方民族利益’代表和领导者的机会”，要“千方百计”地以“核心文化”来整合少数民族，包括采取“鼓励族际通婚”的措施等，认为这些应成为我国“第二代民族政策转型”的具体措施和紧迫任务。同时强调，自己的主张来自中央的信息。

事实上，“第二代民族政策论”者与中央政策毫无关系。2010 年 1 月和 5 月，中央分别召开西藏和新疆工作座谈会，提出了“促进民族交往交流交融”的意见。“第二代民族政策论”的提出者据此认为“这是我国民族政策从第一代开始向第二代转型的标志”，同时，把自己设想的“第二代民族政策”确定为“一体化”政策，又曰“整合”政策。然而，“一体化”或“整合”概念，不仅与“促进民族交往交流交融”的原意相去甚远，而且所谓促进各民族间的“交融一体、繁荣一体”，实际上就是要对少数民族进行全面的强制“同化”，彻底消除少数民族的差异性。中国共产党自诞生起，对少数民族从来就没有这种思想。

“一体化”政策的提倡者和制定者的理由也是为了加强民族—国家建构，并与同化主义进行了理论区隔。但一体化的实践过程，却不可避免地伴随着人为的制度性同化，因而“一体化”一词被国外一些学者视为同化主义的同义词，而非族际关系的善政善治之策。若强制推行，不仅会对我国“平等团结互助和谐”的民族关系建设过程和目标产生“副作用”，在国际上也会使我国成为不尊重少数民族群体人权和文化多样性的典型而遭到非议。

追根溯源，“第二代民族政策论”者的思维方式，包括理念和理据，都是对民族主义和民族—国家现象的误读。他们的出发点是从反对民族分离主义而非民族关系治理的角度出发的。民族关系治理与反对民族分离主义是两码事。民族分离主义，不源于民族差异的存在，更不是一切少数民族的必然，反对民族分离主义，不一定非要进行民族同化，二者不是必然的逻辑关系。既然如此，“第二代民族政策论”者求助同化主义来反对分离主义的原因何在？即在于他们对民族主义和民族—国家现象的误读，把欧洲早期民族主义思想家的同质化民族—国家主张视为真理了。然而，这种主张既没有把握民族主义思想的本质，也不合乎现代民族—国家建立的真实。

欧洲早期一些思想家设想以同质化的人民和民族来划分国家单位，至多只能说这是在为反对当时的社会政治现象寻找社会群体动力而已，绝不能由此推定各族人民不能共同建立一个国家，也不能认为多民族国家就保证不了人的自由、平等与博爱，建立不了公民权利社会，保障不了人民主权，实现不了社会和谐。不看民族主义的本质和民族—国家建立的真实，而对欧洲早期民族主义思想家设想的“一族一国”形式感兴趣，不仅是当今所有分离主义者对民族主义的片面理解，也是一切同化主义者通常的思维逻辑。“第二代民族政策论”者，也未能出其左右，只不过采取了反向思维，由“一族一国”演绎和推导出“一国一族”罢了。

3. 国外研究

目前，国外学术界对民族主义的核心问题——民族和民族—国家的研究，基本上分为现代主义和原生主义两大学派。

现代主义学派比较强调民族和民族—国家的建构性，在对民族和国家关系的认识上认为，国家并非都是民族形成的结果，国家反过来也对民族具有塑造作用；一个民族可以建立不同国家并向不同民族演化，不同民族也可以建立同一国家并逐渐同化为一个民族。这一学派比较著名的学者有B. Anderson，E. Gellner，E. kedourie，E. J. Hobsbawm，P. Alter，J. Anderson，Seton-Watson，K. Deutsch，E. Werber，Wallestein，G. Mosses，等等。与民族主义古典理论一样，现代主义学派同样没有突破对“民族”同质性的假设和认定，也不否定民族主义古典理论设定的民族—国家理想。

原生主义学派主要关注民族的形成及其先期存在形式——族类（ethnos），认为这种先期存在形式的同质性是决定一个民族形成的关键因素。由于这个原因，原生主义学派中有一派自称为“族类—象征主义”，认为国家也不过是这些族类认同的象征之一。这一学派比较著名的学者有I. Berlin，M. Hroch，A. Smith，等等。原生主义者比民族主义古典理论家和现代主义者更加强调民族的同质性。

在如何以自己的观点解释现实世界的民族时，现代派和原生派都承认民族形态的多样性，并将其大致分为“文化民族”、“政治民族”和“法律民族”。在这一点上，二者都超越了民族主义古典理论家的认识。一般认为现代派的观点既可为民族分离主义者利用，也可为反分离者利用；而原生派的观点，既可凝聚一个民族和国家，也可涣散一个多族类的民族和国家。

需要指出的是，国外对民族主义现象的研究范围，不只限于基本理论、民族冲突、民族—国家和世界秩序，还涉及对民族主义的各种变异形式的考察。此外，国际移民和跨界民族问题，现在也是国外民族主义研究界的重要话题。

（二）发展趋向

1. 民族主义基本理论研究

民族主义古典理论是建立在“一个人民，一个民族，一个国家”的政治理想基础之上的。早期的民族主义理论家把“人民”（people）界定为一种历史形成的具有语言文化同质性和利益一致性的人们共同体。这种共同体与领土和政治权利联系起来而成为“民族”（nation）。“民族”应当建立自己的独立“国家”（state）以保护自己的利益和避免民族间的冲突。他们认为现代世界的基本政治单位应当是“民族—国家”（nation-state）。

今后的相关研究将首先系统研究这种理论产生的过程和基本观点，结合产生它的西欧社会的实际，评述它的积极意义是什么、它是否实现了自己设定的目标、它在哪些方面存在认识上和理论上的缺陷以及为什么会存在这些缺陷，由此揭示近代以来民族主义运动的真实情况是什么以及怎样解释这个实际情况。

2. 民族主义理论在世界各地的实践问题研究

民族主义理论在近两百多年间传遍整个世界，成为反帝、反殖的思想武器，帮助建立了近200个所谓的“民族—国家”，但这并没有消除世界各地的民族冲突。

今后的相关研究将对民族主义古典理论在世界各地的实践问题进行研究，揭示现代国家不能按照民族主义古典理论设计的模式组成的客观原因，证明所谓的“民族—国家”只是一种理想，只有少数案例大致符合这种理想，而大多数情况（95%以上的现有国家）是形成了“多民族国家”。但民族主义基本理论所描绘的“一族一国”理想的影响之大，使一些“无国家的民族”对“多民族国家”的现实和世界国家格局不愿接受。这是造成当今一些国家和地区民族冲突不止、分离主义不息的思想理论根源。

3. 民族主义与民族冲突研究

民族主义古典理论家设想通过民族—国家的建立，避免民族间的激烈暴力冲突。但恰恰是在民族—国家时代，人类战争达到了前所未有的规模和惨烈程度。

今后的相关研究将关注民族—国家发生激烈冲突的深层原因——民族—国家的局限性问题、民族—国家间的利益失衡问题、民族主义极端势力对民族—国家暴力的操纵问题，以及基于发达的民族—国家利益而形成的国际社会不公和国际社会约束无力的问题。与此同时，研究当前民族—国家间的区域一体化能在何种程度上解决这些问题、国际社会和国际组织能发挥什么作用和怎样发挥作用。

4. 民族主义与多民族国家建设研究

如果说在第二次世界大战后，国际层面的民族冲突以冷战方式得到一定程度的控制的话，那么，多民族国家内部的族际矛盾和冲突则屡见不鲜，并导致了一些国家的解体和民族屠杀。各种和平的或暴力的民族分离主义组织和势力，在许多国家都是一个潜在的社会政治问题。

今后的相关研究将对上述问题进行深入探讨，从研究世界有关国家处理内部民族问题的政策和各种模式入手，探讨适应多民族国家建设需要的、可以弥补民族主义古典理论缺陷的族际政治理论。

5. 民族主义的变异研究

民族主义理论对民族问题认识的不全面，导致各种异化的民族主义形式在实践中产生。这些形式反过来又激化了民族问题。今后的相关研究将探讨各种异化的民族主义形式产生的原因、特征和危害。

事实表明，因民族主义而引发的各类问题仍然难以呈现下降态势，民族主义并非是全球化所能取代的过时的观念。在今后若干年内，民族主义仍然是中外学界长盛不衰的研究领域。

皮书起源

“皮书”起源于十七、十八世纪的英国，主要指官方或社会组织正式发表的重要文件或报告，多以“白皮书”命名。在中国，“皮书”这一概念被社会广泛接受，并被成功运作、发展成为一种全新的出版型态，则源于中国社会科学院社会科学文献出版社。

皮书定义

皮书是对中国与世界发展状况和热点问题进行年度监测，以专业的角度、专家的视野和实证研究方法，针对某一领域或区域现状与发展态势展开分析和预测，具备权威性、前沿性、原创性、实证性、时效性等特点的连续性公开出版物，由一系列权威研究报告组成。皮书系列是社会科学文献出版社编辑出版的蓝皮书、绿皮书、黄皮书等的统称。

皮书作者

皮书系列的作者以中国社会科学院、著名高校、地方社会科学院的研究人员为主，多为国内一流研究机构的权威专家学者，他们的看法和观点代表了学界对中国与世界的现实和未来最高水平的解读与分析。

皮书荣誉

皮书系列已成为社会科学文献出版社的著名图书品牌和中国社会科学院的知名学术品牌。2011 年，皮书系列正式列入“十二五”国家重点图书出版规划项目；2012~2014 年，重点皮书列入中国社会科学院承担的国家哲学社会科学创新工程项目；2015 年，41 种院外皮书使用“中国社会科学院创新工程学术出版项目”标识。

法律声明

权威报告・热点资讯・特色资源

皮书数据库

ANNUAL REPORT(YEARBOOK) DATABASE

当代中国与世界发展高端智库平台

皮书俱乐部会员服务指南

1. 谁能成为皮书俱乐部成员?

● 皮书作者自动成为俱乐部会员

● 购买了皮书产品（纸质书/电子书）的个人用户

2. 会员可以享受的增值服务

● 免费获赠皮书数据库100元充值卡

● 加入皮书俱乐部，免费获赠该纸质图书的电子书

● 免费定期获赠皮书电子期刊

● 优先参与各类皮书学术活动

● 优先享受皮书产品的最新优惠

3. 如何享受增值服务?

（1）免费获赠100元皮书数据库体验卡

第1步 刮开附赠充值的涂层（右下）；

第2步 登录皮书数据库网站（www.pishu.com.cn），注册账号；

第3步 登录并进入“会员中心”—“在线充值”—“充值卡充值”，充值成功后即可使用。

（2）加入皮书俱乐部，凭数据库体验卡获赠该书的电子书

第1步 登录社会科学文献出版社官网（www.ssap.com.cn），注册账号；

第2步 登录并进入“会员中心”—“皮书俱乐部”，提交加入皮书俱乐部申请；

第3步 审核通过后，再次进入皮书俱乐部，填写页面所需图书、体验卡信息即可自动兑换相应电子书。

4. 声明

解释权归社会科学文献出版社所有

皮书俱乐部会员可享受社会科学文献出版社其他相关免费增值服务，有任何疑问，均可与我们联系。

图书销售热线：010-59367070/7028
图书服务QQ：800045692
图书服务邮箱：duzhe@ssap.cn

数据库服务热线：400-008-6695
数据库服务QQ：2475522410
数据库服务邮箱：database@ssap.cn

欢迎登录社会科学文献出版社官网（www.ssap.com.cn）和中国皮书网（www.pishu.cn）了解更多信息

社会科学文献出版社 SOCIAL SCIENCES ACADEMIC PRESS (CHINA) 皮书系列

卡号：694877379747

密码：

S 子库介绍
Sub-Database Introduction

中国经济发展数据库

涵盖宏观经济、农业经济、工业经济、产业经济、财政金融、交通旅游、商业贸易、劳动经济、企业经济、房地产经济、城市经济、区域经济等领域，为用户实时了解经济运行态势、把握经济发展规律、洞察经济形势、做出经济决策提供参考和依据。

中国社会发展数据库

全面整合国内外有关中国社会发展的统计数据、深度分析报告、专家解读和热点资讯构建而成的专业学术数据库。涉及宗教、社会、人口、政治、外交、法律、文化、教育、体育、文学艺术、医药卫生、资源环境等多个领域。

中国行业发展数据库

以中国国民经济行业分类为依据，跟踪分析国民经济各行业市场运行状况和政策导向，提供行业发展最前沿的资讯，为用户投资、从业及各种经济决策提供理论基础和实践指导。内容涵盖农业，能源与矿产业，交通运输业，制造业，金融业，房地产业，租赁和商务服务业，科学研究环境和公共设施管理，居民服务业，教育，卫生和社会保障，文化、体育和娱乐业等 100 余个行业。

中国区域发展数据库

以特定区域内的经济、社会、文化、法治、资源环境等领域的现状与发展情况进行分析和预测。涵盖中部、西部、东北、西北等地区，长三角、珠三角、黄三角、京津冀、环渤海、合肥经济圈、长株潭城市群、关中—天水经济区、海峡经济区等区域经济体和城市圈，北京、上海、浙江、河南、陕西等 34 个省份及中国台湾地区。

中国文化传媒数据库

包括文化事业、文化产业、宗教、群众文化、图书馆事业、博物馆事业、档案事业、语言文字、文学、历史地理、新闻传播、广播电视、出版事业、艺术、电影、娱乐等多个子库。

世界经济与国际政治数据库

以皮书系列中涉及世界经济与国际政治的研究成果为基础，全面整合国内外有关世界经济与国际政治的统计数据、深度分析报告、专家解读和热点资讯构建而成的专业学术数据库。包括世界经济、世界政治、世界文化、国际社会、国际关系、国际组织、区域发展、国别发展等多个子库。